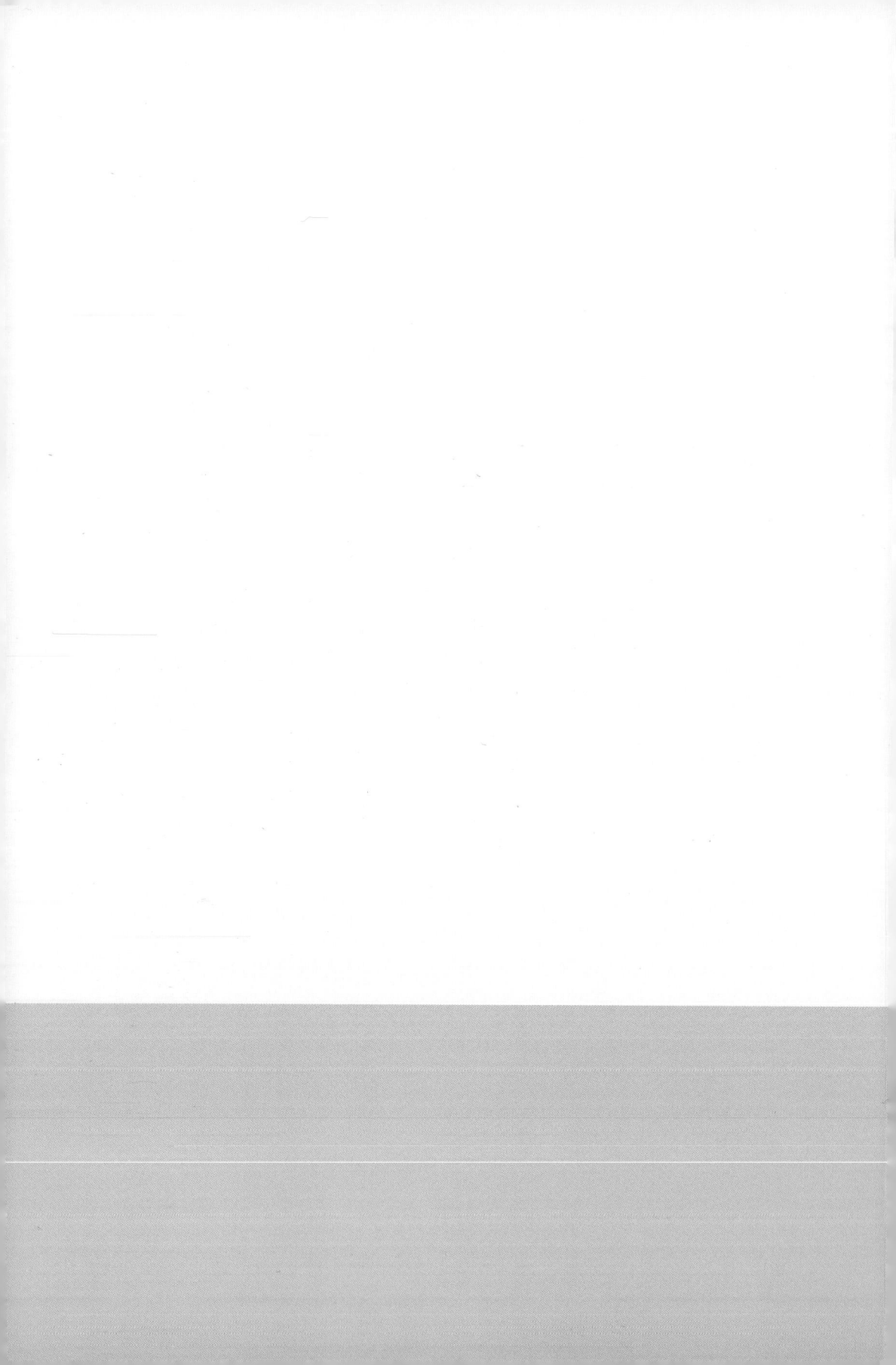

华文越风：

17—19世纪民间文献与会安华人社会

张　侃
（壬氏青李）　著

国家出版基金项目
NATIONAL PUBLICATION FOUNDATION

厦门大学出版社
XIAMEN UNIVERSITY PRESS
国家一级出版社
全国百佳图书出版单位

图书在版编目(CIP)数据

华文越风:17—19世纪民间文献与会安华人社会/张侃,壬氏青李著.—厦门:厦门大学出版社,2018.11
(海上丝绸之路研究丛书)
ISBN 978-7-5615-6854-5

Ⅰ.①华… Ⅱ.①张…②壬… Ⅲ.①华人—历史—研究—越南—17世纪—19世纪 Ⅳ.①D634.333.3

中国版本图书馆CIP数据核字(2017)第320831号

出 版 人	郑文礼
责任编辑	薛鹏志
封面设计	夏 林
技术编辑	朱 楷

出版发行 厦门大学出版社

社 址	厦门市软件园二期望海路39号
邮政编码	361008
总 编 办	0592-2182177 0592-2181406(传真)
营销中心	0592-2184458 0592-2181365
网 址	http://www.xmupress.com
邮 箱	xmup@xmupress.com
印 刷	厦门集大印刷厂

开本	720 mm×1 000 mm 1/16
印张	25
插页	2
字数	420千字
印数	1～3 000 册
版次	2018年11月第1版
印次	2018年11月第1次印刷
定价	74.00元

本书如有印装质量问题请直接寄承印厂调换

厦门大学出版社
微信二维码

厦门大学出版社
微博二维码

海上丝绸之路研究丛书

总　序

　　海上丝绸之路是自汉代起直至鸦片战争前中国与世界进行政治、经济、文化联络的海上通道，主要包括由中国通往朝鲜半岛及日本列岛的东海航线和由中国通往东南亚及印度洋地区的南海航线。海上丝绸之路涉及港口、造船、航海技术、航线、货品贸易、外贸管理体制、人员往来、民俗信仰等诸多内容，成为以往中外关系史、航运史、华侨史乃至社会史研究的热点领域。

　　当然所谓"热点"，也随时代的变化而呈现出冷热变化。鸦片战争前后，林则徐、姚莹、魏源、徐继畬、梁廷枏、夏燮等已开始思索有关中国与世界的海上关系问题，力图从历史的梳理中寻找走向未来的路。此时，中国开辟的和平、平等的海上丝绸之路何以被西方殖民、霸权的大航海之路所取代？中国是否应该建立起代表官方意志的海军力量，用于捍卫自己的国家利益，保证中国海商贸易的利益？

　　随着20世纪中外海上交通史学科的建立，张星烺、冯承钧、向达等对海上丝绸之路进行了诸多开拓性的研究。泉州后渚港宋代沉船的出土再度掀起了海上丝绸之路的又一股研究热潮，庄为玑、韩振华、吴文良等学者在这方面表现显著。20世纪80年代之后，海上丝绸之路研究又获得了国家改革开放的政策支持，呈现出"百花齐放，百家争鸣"的活跃局面。学者们对中国古代海外贸易制度演变、私人海上贸易、中国与东南亚海上交通路线、贸易商品和贸易范围等问题进行了更加深入的探讨。

　　进入21世纪，海上丝绸之路建设与研究逐渐明显地被纳入到"海洋强国"战略之中，先是有包括广州、漳州、泉州、福州、宁波、扬州、南京、登州、北海在内的诸多沿海港口的联合申请世界文化遗产项目的启动，继而有海洋考古内容丰富的挖掘成果，接着是建设海洋大国、海洋强国的政策引导，建设21世纪海上丝绸之路成为该领域研究更强劲的动员令。

从海上丝绸之路百年研究史中，我们能清晰地体会到其间反复经历着认同中华文明与认同西方文明的历史转换，亦反复经历着接受中国与孤立中国的话语变迁。

从经济贸易角度看，海上丝绸之路打通了中国与沿线国家之间的物资交流通道，中国的丝绸、陶瓷、茶叶和铜铁器纷纷输出到海外各国，海外各国的珍奇异兽等亦纷纷输入中国。在海上丝绸之路上活跃的人群频有变幻，阿拉伯人、波斯商人是截至南宋为止海上丝绸之路上的主角，时至明代，中国的大商帮如徽商、晋商、闽商、粤商乃至宁波商人、山东商人等等都纷纷走进利厚的海贸领域，他们不仅主导着中外货品的贸易，而且还多次与早先进入东亚海域的西班牙、葡萄牙、荷兰直至日本的海上拓殖势力展开了针锋相对的斗争，或收复台湾，或主导着澳门的早期开发。时至清代，中西海上力量在亚洲海域互有竞争与合作，冲突有时也会特别地激烈。中国的海上贸易力量在西方先进的轮船面前日益失去优势，走向了被动挨打的境地，但民间小股的海商、海盗乃至渔民仍然延续着哪怕是处于地下状态的海洋贸易，推动着世界范围内的物资交流与汇通。从文化交流角度看，货物的流动本身已是文化交流的重要载体，东亚邻国日本对"唐物"充满敬佩与崇拜，走出中世纪的欧洲亦痴迷中国历代的书画及各种工艺，因此，伴随着丝绸、陶瓷等的向外输出，优秀的中华文化亦反复掀起一波又一波的中国热。

在既往的海上丝绸之路研究中，或着眼于国际间的经贸往来，或着眼于港口地名的考辨、航海技术的使用与进步，或着眼于各朝海疆疆域、海洋主权的维护等内容，这些或被纳入中外关系史学科，或被定义为边疆史地研究，缺乏整体系统的全面把握。

重建21世纪海上丝绸之路战略的提出是在建设海洋强国的国策下的具体而微，这标志着中国将重启与海上丝绸之路沿线各国之间业已悠久存在的平等的国与国之间的政治关系、和谐的文化交流与融合互摄关系以及国与国之间友好的民间交往等等，历史的梳理便于唤起人们对共同文化理念的笃信，便于彼此重温既往共同精神纽带之缔结的机理，历史传统可以历经岁月的淘洗而显得清晰，亦势必将主宰人们的心理倾向和处世态度。

因此抓住重建21世纪海上丝绸之路的时代契机，认真开展历史上海上丝绸之路的人文思索和挖掘，其学术意义与社会意义都是不可小视的。借着国家"一带一路"策略的东风，海上丝绸之路研究进入了新的再出发阶段。与中国综合国力的迅速提升相比，中国当下的文化建设似未得到足够的重视。我们理应回归到更加理性的层面，思索在海上丝绸之路早期阶段中国话语权的树立，思索海上丝绸之路顿挫时期中国海洋话语权的失落，思索当今建设海上丝绸之路时我们在文化上、历史中可以寻找到的本土资源，形成具有中国风格、中国气派、中国特色的话语体系，弘扬儒家"仁"、"和"、"协同万方"思想，为新时期人类和谐、和平、合作开发利用和开发海洋做出我们自己的理论贡献。

如今，包括广州、漳州、泉州、福州、宁波、扬州、南京、登州、北海在内的九个港口城市联合申请世界文化遗产，这些城市的港口史研究均能被称为申遗的重要佐证。

如今，海洋考古取得了长足的发展，诸多的沉船考古新发现为我们拓展海上丝绸之路的研究提供了丰赡翔实的资料来源。

如今，若干新理论、新方法和新史料的调查、汇集与整理为我们开展专题性的研究提供了更好的平台。

我们有充分的理由相信，海上丝绸之路系列丛书的面世将能够向世人充分展示海上丝绸之路更加丰富的历史面貌，揭示以中国为主导的海上丝绸之路时代贸易的实态、参与人群及其生活方式、海洋贸易及其制度管理状况等，从而使中国海上丝绸之路文化有更进一步的呈现，为新时期海上丝绸之路建设提供一份资鉴。

王日根

2016 年 12 月

目　　录

第一章

绪　　论

越南古城会安(Hoi An)在 1999 年被联合国教科文组织载入"世界文化遗产名录"。作为文化遗产,它保存着较为完整的中国文化风格。全城建筑以中式为主,诸如文庙、武庙、中华会馆、广肇会馆、潮州会馆、陈氏祠堂、黎氏祠堂、叶同源号等等。在占婆王国时代,会安就是一座港口。16 世纪以后,阮朝在此开港通商,中国、日本、南洋各国以及西方商人的船只频繁进入,一举成为越南中南部地区的经济文化重镇,成为亚洲海域最重要的贸易交流中心,大量的闽粤移民也聚居于此。会安的社会文化变迁浓缩着华人海外发展的历史轨迹,同时也展现华人走向世界的文化适应机制。本书以会安现存的汉文民间历史文献为基础展开研究,以下先简略回溯越南华人社会的形成、会安商贸地位的演变,然后说明本书的先行成果和研究意图,最后介绍基本史料类型。

一、越南华人社会的形成

越南是中国的邻邦,位于中南半岛的东部,南临暹罗湾(Golfe de Siam),东临东京湾(Golfe de Tonkin)及南中国海,与中国山水相连。现在越南境内的地区名和国名屡经更替,内属中国时,有交趾、交州、安南都护府等,独立后有大瞿越、安南、大虞、大越等名称。自秦在岭南设郡开始,越南中北部地区曾作为中原王朝的郡县达千年之久。

唐末五代时期,藩镇割据,群雄并起,政局动荡不安,中原王朝对安南失去了政治控制。不过,沿海商业往来并未中止,如《岭表录异》中的"海鳅鱼"条中记:"每岁,广州常发铜船过安南贸易。北人偶求此行,往复一年,便成斑白云。"①后晋天福四年（939年），吴权自立称王，在安南被捕建立独立政权。吴权死后，安南境内割据纷争，先后形成12个地方割据政权，历史上称为"十二使君之乱"。宋太祖开宝元年（968年），丁部领平定"十二使君"，建立了大翟越，安南逐渐成为独立的封建制国家。宋淳熙元年（1174年），宋孝宗封安南李英宗为安南国王，越南作为独立国家的地位得到了中原王朝的承认。越南立国后，宋元明清诸朝就不断有华人浮海南下，有的因王朝更替的政治避难，有的则是经商谋生。由于越南王朝与中国存在藩属关系，对待华人的态度也较为微妙，不同时期采取了不同政策，影响了华人的分布及身份标识。在中国和越南的史籍中，对华人表述极为多样，诸如"北人"、"华民"、"汉民"、"唐人"、"明人"、"清人"等，越南民间也有各种称谓，诸如Ngurói Tàu、Ba Tàu、bon Tàuô，②这些现象背后是不同时代的人群移动以及由此产生的文化堆叠。

越南自主立国始于丁朝（Dihn Dynasty，968—980），而后由前黎朝（Tien Le Dynasty，980—1009）取代。丁朝和前黎朝属于国家政治尚未稳定阶段，王权更替较为频繁，如沈括《梦溪笔谈》卷二十五载："景德元年（1004年），土人黎威杀（丁）琏自立。三年，威死，安南大乱，久无尊长，其后国人，共立闽人李公蕴为主。"李公蕴建立李朝（Ly Danasty）之事在《桂海虞衡志》中有说明，"相传其祖公蕴，亦本闽人"。李公蕴与福建海舶商人的交往关系密切，"闽商附海舶至者，必厚遇之，因命之官，资以决事"③。李朝的统治较为稳固，《宋史》卷四八八《交趾传》云："李氏有国，自公蕴至昊旵，凡八传，二百余年而国亡。"福建民间文献对李公蕴之事有所记载，韩振华先生利用嘉庆年间晋江东石人蔡永兼所著的《西山杂志》确定李公蕴属泉州安海李氏家族。如"李家港"记载：李公蕴之父名为李松，"开运元年（944年），南唐议伐闽，侍中李松不可也，松（居）吾山（即安海梧山）之左，航海南来，避难于此（晋江县安海梧山之左的李家港）。其子李淳安，字山平，弃学经商，航舟远涉真腊、占城、暹罗湾诸国。安南、交趾尤熟。每次舟行，村里成偕之去。少子李公蕴"。李氏航海还见之于各条资料，如"下庄"条云："宋太平兴国，大

① （唐）刘恂：《岭表录异》卷下，鲁迅校勘，广州：广东人民出版社，1983年，第28页。

② "ngurói"在越南语中是"人"的意思，"tàu"是"艚"的发音，是"船"的意思。有时"tàu"也是指称"中国"，诸如 hàng tàu（中国货）等。"bon Tàuô"意为"乌艚帮"。

③ （宋）范成大：《桂海虞衡志》，《范成大笔记六种》，孔凡礼点校，北京：中华书局，2004年，第153页。

房李氏航海。海滨贮货之所，别出，下二庄，上庄，大房，近海曰下庄。后，颜氏入居之，又称下村焉。”“大房”条云：“大房口蓬山之称也，其非大宋之强房也”，“宋时迁居溪边五李社，历世单丁，明德公至繁衍，而五李俱航海，安海而家之大房”。① 明代李诩的《戒庵老人漫笔》卷六“安南邓尚书”则叙及李朝后事时论及相关情况，“按谱，公本李姓，为唐宗室，有讳公蕴者，宋封南平王。八传至昊旵，无主，以女昭圣主国事。闽人陈京入，为国婿，生子威晃，执国柄，歼灭李族。李嫔方妊，潜归其父邓氏，生子名蓁，遂从邓姓”②。

李朝之后进入陈朝（Tran Dynasty），《宋史》对李、陈两朝政权替代是这样描述的，“昊旵卒。无子，以女昭圣主国事，遂为其婿陈日煚所有”，意“陈京”即“陈日煚”。宋人周密《齐东野语》卷十九所记闽人陈日煚较为详尽，摘录如下：

> 安南国王陈日煚者，本福建长乐人，姓名为谢升卿，少有大志，不屑为举子业，间为歌诗，有云“池鱼便作鹍鹏化，燕雀安知鸿鹄心”，类多不羁语。好与博徒、豪侠游，屡窃其家所有，以资妄用，遂失爱于父。其叔乃特异之，每加回护。会兄家有姻集，罗列器皿颇盛，至夜，悉席卷而去。往依族人之仕于湘者，至半途呼渡，舟子所颁未满，殴之，中其要害，舟遽离岸。谢立津头以俟，闻人言舟子殂，因变姓名逃去。致衡，为人所捕，适主者亦闽人，遂阴纵之。至永州，久而无聊，接受生徒自给。永守林旵，亦同里，颇善里人。居无何，有邕州永年寨巡检过永，一见奇之，遂挟以南。寨居邕直间，与交趾邻近。境有弃地数百里，每博易，则其国贵人，皆出为市。国相乃王之婿，有女亦从而来，见谢美少年，悦之，因请从归，令试举人，谢居首选，因纳为婿。其王无子，以国事授相，相又昏才，遂之属婿，以此得国焉。自后，屡遣人至闽，访其家，家以为事不可料，不与之通，意以岁久，难以访问返命焉。

周密所记故事颇富戏剧性，学界对陈日煚的身份尚有不同看法③。不

① 转见韩振华：《宋代两位安海人的安南王》，《安海港史研究》，福州：福建教育出版社，1989年，第41～43页。

② 张秀民：《安南王朝多为华裔创建考》，《中越关系史论文集》，台北：文史哲出版社，1992年。

③ 黎正甫的《郡县时代之安南》（《图书季刊》1945年第3～4期）认为陈日煚为闽人，而童书业、陈云章的《越南陈氏王朝得国经过考》（《山东大学学报》1962年第2期）持否定意见。

过将上述史料与闽南地方文献核对，则可发现诸多契合之处，说明亦非虚事。"林昆"见于《晋江县志》卷十五《古迹》："瑞莲堂，在州学之讲堂之右"，"乾道七年(1167年)林教授昆建斯堂，额曰瑞莲"。陈日煚也出身于海商家族，《西山杂志》另有说明，在"纱岗"条中指出他们进行土布贸易的行迹，"陈厝盖自三国豫时之宗族也。从岭南至闽中，到处有木棉，又曰茄蒤。陈氏已能于纺且织，机杼手拂之，自梳棕，皆自为之。一方人咸绩，绩之纺也。陈有木棉絮，田野丰稔，皆出而易之纱，晒之岗也。织布之雅，运之交州，交人皆曰陈氏之布焉"①。

交趾、占城均通过海道与宋朝建立朝贡贸易往来关系，也带动中国商人到越南等地贸易。《续资治通鉴长编》卷一三七记载：庆历二年(1042年)泉州海商邵保在占城捉拿军贼归案之事，"保本海商，尝至占城国见军贼鄂邻，归而言之。及朝廷命使臣赍诏赴占城，保与俱往，获邻等还"②。同一件事见《续资治通鉴长编》卷一三三，庆历元年(1041年)广东路转运使的报告："商人邵保至占城国，见军贼鄂邻等百余人羁縻在其国中。诏本路送使臣二人，持诏书、器币赐占城国主，执送贼酋于阙下，余党令就戮之。始邻与广州兵逆战海中，值大风，有告邻溺死者，州以事闻。提点刑狱南昌袁抗独曰：'是日风势趣占城，邻未必死也。'既而，果得邻于占城。"③邵保等人对占城情况极为熟悉，与官方有密切接触，才得以获得抓拿鄂邻的机会。宋朝海商经常与占城贡使共同活动，《宋史》卷二六八《张逊传》载："交趾岁入贡，通关市。并海商人遂浮舶，贩易外国物，阇婆、三佛齐、渤泥、占城诸国亦岁至朝贡，由是犀象、香药、珍异充盈府库。"④《宋会要辑稿》引用《中兴礼书》中记载的绍兴二十五年(1155年)占城朝贡的详细情形：

> 占城番使部领萨达麻状：昨蒙番王遣，同纲首陈惟安领贡奉物色并章表，前来本朝进奉。窃念达麻等化外，不谙天朝礼仪，全借纲首陈惟安递年兴贩本番，译语至熟，正音两通，兼与番王知熟。今次说谕番王前来进奉方物，表内明指陈惟安引进，虽有译语随行，窃虑传闻不尽，礼节乖违。兼缘贡奉物色亦是陈惟安同共赍领前来。

---

① 转见韩振华：《宋代两位安海人的安南王》，《安海港史研究》，福州：福建教育出版社，1989年。

② (宋)李焘：《续资治通鉴长编》，北京：中华书局，1985年，第3287页。

③ (宋)李焘：《续资治通鉴长编》，北京：中华书局，1985年，第3175页。

④ 《宋史》卷二六八，《张逊传》，北京：中华书局，1977年。

"纲首"即海外贸易商人的首领,拥有自己的船只,有时也称"舶主"。当时前往占城开展贸易活动的纲首群体主要是福建商人。洪迈的《夷坚三志己》记载王元懋的贸易情况,显示了商业资本与海外贸易之间的互动关系,以及由此形成了规模庞大的海商集团。"泉州人王元懋,少时祗役僧寺。其师教以南蕃诸国书,尽能晓习。尝随海舶诣占城国,王嘉其兼通番汉书,延为馆客,仍嫁以女,留十年而归,所蓄奁具百万缗。而贪利之心愈炽,遂主舶船贸易,其富不赀,留丞相、诸葛侍郎皆与为姻家。淳熙五年(1178年),使行钱吴大作纲首,凡火长之属一图帐者三十八人,同舟泛洋,一去十载。以十五年七月还次惠州罗浮山南,获息数十倍。"①王元懋等海商在外住蕃多年,与当地女子成婚,生育子女称为"土生唐人"。土生唐人与占城王室内保持密切合作关系,甚至协助他们对别国海商进行抢掠。《宋会要辑稿·蕃夷》记载福建路市舶司报告乾道三年(1167年)大食国商人乌师点控诉:

> 本国财主佛记、霞啰池各备宝具、乳香、象牙等驾船赴大宋进奉,至占城国外洋暂住候风。其占城蕃首差土生唐人及蕃人,招引佛记、霞啰池等船入国,及拘管乌师点等船众,尽夺乳香、象牙等,作己物进贡。②

文中"占城蕃首"为"邹亚娜",即占婆国十二王朝的阇耶因陀罗跋摩四世(Jaya Indravarman IV,1167—1190)。乾道三年(1167年),占婆国王邹时兰巴(阇耶诃梨跋摩二世,Jaya Haravarman I,1145—1160)去世。③邹亚娜即位后,他抢掠阿拉伯商人贡物以向宋高宗朝贡。④如《宋会要辑稿》蕃夷七《历代朝贡》记载:"本土纲首陈应祥等昨至占城蕃,蕃首称欲遣使副恭赍乳香象牙等前诣太宗进贡。今应祥等船五只,除自贩物货外,各为口载乳香、象牙等并使副人等前来。……继有纲首吴兵船人赍到占城蕃首邹亚娜开具进奉物数。……十一月二十八日,市舶司言,纲首陈应祥等船回,分载正副使杨卜、萨达麻并随行人计一十二人,赍到蕃首邹亚娜表章,番字一本、

---

① (宋)洪迈:《夷坚志》,何卓点校,北京:中华书局,1981年,第1345页。

② (清)徐松辑:《宋会要辑稿》蕃夷七之四九,北京:中华书局,1957年,第7864页。

③ [法]鄂卢俊、马伯乐:《秦代初平南越考》,上海:上海古籍出版社,2014年,第190页。

④ 建炎三年(1129年)正月,占城国王杨卜麻叠入贡,封为怀远军节度使、检校太傅、琳林刺史兼御史大夫、上柱国,加食邑一千户。绍兴二十三年(1153年)十一月,占婆国十一王朝杨卜麻叠(Jaya Harivarman IV)死。邹时兰巴立,遣使萨达麻等人贡方物请求封爵,南宋朝廷"以其父初之爵授之"。

唐字一本，以唐字货数一本"①。宋高宗鉴于邹亚娜进贡物品为抢掠大食国之贡品，"诏却之，遂不议其封"。马端临的《文献通考》亦云："乾道三年(1167年)，占城邹亚娜遣使入贡，诏受其献十分之一。既而福建市舶司言，大食国人乌师点灯诉占城入贡即所夺本国物。上以争讼却之。……臣僚亦言，邹亚娜承袭，若以礼入贡，则当议封。既与大食争讼，难即降诏，俟再贡如礼，然后赐命。"②

华人在越南的活动具有多元性，如日本学者和田久德认为，以海商为主的群体与当地贵族保持密切关系，具有政治与经济的共同利益，这为华人社会形成奠定基础。与此同时，随着侨居生活的展开，海商与当地人群建立婚姻关系，出现了土生唐人群体，他们利用特殊的混血身份，可以入仕国主，成为连接土著社会和华人社会的纽带。③ 南宋灭亡之际，大批宋人因此南下，如《大越史记全书》卷五《陈纪》记宝符二年(1274年)冬十月"宋人来附"一条时，夹注行间小字，"先是，宋国偏居江南，元人往往侵伐。至是，以海船三十艘，装载财物及妻子，浮海来葛罗原。至十二月，引赴京，安置于街媚坊，自号'回鸡'。盖我国呼宋国为'鸡国'，以宋有缎子、药物等物，置卖为市故也。"南宋移民到越南之后，主要居住在北部地区以及南部的占城和真腊等地，流寓的宋代文武官员数量相当大，他们"或仕占城，或婿交趾，或别流远国"④。他们有相当一部分成为越南抗击元朝的将领，如越南文献记载的，"初，宋亡，其人多归于我，(陈)日燏纳之，有赵忠者最骁勇，用为家将，故败元之功，日燏居多"⑤。政治避难、军事对抗与海外经商并行不悖，《大越史记全书》有多条资料予以描述，"重兴三年(1287年)十一月，(仁惠王)庆余初镇云屯，其俗以商贩为生业，饮食衣服，皆仰北客，故服用习北俗"⑥。元代周达观的《真腊风土记》记载的情形也较为相似，"唐人之为水手者，利其

---

① (清)徐松辑：《宋会要辑稿》蕃夷七之四九，北京：中华书局，1957年，第7864页。

② (宋)马端临：《文献通考》卷三百三十二，《裔考九·占城》。

③ [日]和田久德：《东南亚初期华侨社会(960—1279)》，庄景辉译，见庄景辉：《泉州港考古与海外交通史研究》，长沙：岳麓书社，2006年，第427页。

④ (宋)郑思肖：《心史》《大义略叙》，《北京图书馆古籍珍本丛刊》第90册，北京：书目文献出版社，1998年，第972页。

⑤ 《越史通鉴纲目正编》卷七，第1060页。

⑥ [越]吴士连等：《大越史记全书》卷五，《本纪·陈纪一》，陈荆和校注，东京：东京大学东洋文化研究所，1986年，第348～349页。

国中不著衣裳,且米粮易求,妇女易得,居屋易办,器用易足,买卖易为,往往皆逃逸于彼"①。

明初确立朝贡制度,朱元璋积极主动地派出使节赴海外宣谕;永乐年间,郑和下西洋也具有相同的宣谕目的。安南、占城为海外宣谕的第一站,与明朝的政治军事往来较为频繁,不少卫所官兵在此建立了南下北上的基地。明代存留的《卫所武职选簿》中记载军官信息有所显示:

> 王得保,年四十五,直隶和州含山县人……(王得成,洪武)二十年充建宁卫左卫前所总旗,征进广东,二十一年亡故,二十二年得保补役。二十四年并枪,仍充总旗。永乐四年征进安南,攻多邦隘城,克东都。六年回卫,七年往西洋等年公干。

> 宗信可,年二十一岁,系南京锦衣卫指挥佥事,原籍交趾清华府。一世祖宗忠,同二世祖宗真,洪武六年进,真忠涂故,宗真到于占城府充头目。九年,差领押象进贡。

> 何义宗,江都县人。先因年间,为因兵革,随父何仲贤到达占城,充吏目。洪武十九年,差做通事,跟占城王子管领船支(只),到京,回还本国。二十年,仍同使臣进象,钦赏锻匹,回至广东,蒙勘合取回。二十一年,钦留提调,操练象支(只),拔充锦衣卫中右所总旗。三十年,占城国招谕,引领占城王子等,赴京朝见。三十五年,往爪哇国。

"朝贡"与"贸易"互为表里,双方在进贡和册封等活动中进行商品贸易,由此带动了华人到安南、占城等地开展商业活动。如《明实录》记载成化年间的事例,"工科右给事中陈俊峻等使占城……初,峻等封国王槃罗茶悦,航海至占城新州港口,守者拒不容进,译知其地为安南所据,而占城王避之灵山。既而之灵山,则知槃罗茶悦举家为安南所房,而占城之地已改为交南州矣。峻等遂不敢入,然其所赍载私货及挟带商人数多,遂假以遭风为由,越境至满剌加国交易,且诱其王遣使入贡"②。到了明中叶,朝贡贸易带动的私舶贸易更为繁盛,福建商船常至安南,如《全浙兵制考》中记载了万历十九年(1591年)福建巡海道审问江西临川人朱均旺的报告,其中叙及朱均旺在万历五年(1577年)随漳州商人陈宾松到交趾顺化贸易的情形,"均旺据称

---

① (元)周达观:《真腊风土记》第三十八,《流寓》,第180页。

② 《明宪宗实录》卷一三六,成化十年(1474年)十二月乙未,上海:上海古籍出版社,1983年,第2553~2554页。

江西抚州府临川县人，于万历二年在建宁府开铺生理。至丁丑年（1577 年）三月，到漳州海澄八都港口贩卖布匹……搭船搭该县三都客人陈宾松装铜、铁、磁器等货往交趾顺化地方。那时共有福建船十三只。因货多难卖，于本年五月十九日，另雇交趾小船到所属广南转卖"①。

明清鼎革之际，明朝遗民遁迹越南者为数甚多，"因耻事异族，相率南渡，越南睦毗两广，海通八闽，来越者尤众"②。中国移民数量极为可观，"自明季寇乱中华，士民流寓彼境者以亿万计"③。徐孚远在 1658 年经安南时，曾见到刚迁居安南不久林明卿，有诗赠之：

> 交州聊借一枝栖，逃名似入武陵溪。
>
> 不商不宦无世事，闲写青山手自题。
>
> 笔墨时随烟雾迷，周人冠弁汉人衣。
>
> 河干来访语依依，看君非复忘情者。
>
> 天南重见五云飞，莫使常占作少微。④

越南移民中，有官宦和军人，也有商人与平民。他们进入越南各地后，或投靠北方郑主辖地，或寓居广南阮主辖地，有的则进入高棉、暹罗等地，形成唐人聚居地。郑成功部将陈上川、龙门总兵杨彦迪等人进入南圻，形成了唐人街，《大南实录》记载：

> 故明将龙门总兵杨彦迪，副将黄进，高廉雷总兵陈上川，副将陈安平，率兵三千余，战船五十余艘，投思容、沱灢海口。派员人富春，自陈以明国遗臣，义不事清，故来愿为臣仆。时议：以彼异族殊音，猝难任使，而穷途来归，不忍拒绝。真腊国东浦地方，沃野千里，朝廷未暇经理，不如因彼之力，使僻地以居，一举而三得也。上从之，乃命宴劳嘉奖，仍各授以官职，令往东浦居之。又告谕真腊，以无外之意。彦迪等诣阙谢恩而行。彦迪、黄进兵船驶往雷腊海口，驻扎美湫；上川、安平兵船驶往芹滁海口，驻扎于盘辚。⑤

---

① （明）侯继高：《全浙兵制考》卷二，附录《近报倭警》，《四库全书存目丛书》子部第 31 册，济南：齐鲁书社，1995 年，第 177 页。

② 张文和：《越南华侨史话》，台北：黎明文化事业股份有限公司，1975 年，第 24 页。

③ （清）余缙：《大观音堂文集》卷二，《属国效顺疏》，《四库全书存目丛书》史部第 67 册，济南：齐鲁书社，1995 年，第 126 页。

④ （明）徐孚远：《交行摘稿》，北京：中华书局，1985 年，第 9 页。

⑤ ［越］阮朝国史馆：《大南实录》前编卷五，己未三十一年春正月条。

杨彦迪之所以称为"龙门总兵",因其活动基础为北部湾的龙门岛。龙门岛位于钦州南部,不仅为屏障钦州的水上门户,而且是钦州和廉州通往安南的水路要冲,明末编撰的《廉州府志》描述以廉州府治合浦城为中心到达钦州、交趾和占城的海路航程:从合浦大潭口出发西行,半天抵达大洸港(即大观港),一天抵达平银渡,两天抵达钦州城,中历猪沙、南沙、大石、三娘湾、乌雷、三墩、思笏湾、水急湾、麻蓝头、牙山、七十二径、龙门小海、茅墩、官渡等地;从乌雷启程西行,经过大小鹿墩、思勒隘、茅头、捍门等地,两天达交趾海东府永安州;从中越交界处的白龙尾向南行,若遇信风,七八天就可到达交趾与占城交界处的青化府,再向南就进入占城境内。① 在此海路航线中,龙门"枕交广之间,当钦州正南,为外户。自钦州发舟,不一日至。重峰迭岫。七十有二,错落大海中,大小各不相续。海疆多事,则往往盗贼盘踞为窟宅"。②

杨彦迪又名"杨二",曾联合邓耀、冼彪、杨三等人盘踞廉州龙门等地多年。郑氏集团和清军拉锯之际,他们接受了郑氏集团的招抚,联合抗击清军,任务是保护郑氏往来南洋的船只。他们还控制广东沿海若干岛屿,作为郑氏集团向大陆进攻的跳板。顺治至康熙前期,杨彦迪等人以钦州龙门岛为基地,不断袭扰钦州、廉州、雷州、海南岛等地。顺治十七年(1660年),方国栋、张伟率清军征剿龙门岛"海寇",邓耀被杀。③ 康熙二年(1663年),受到平南王尚可喜、总兵栗养志等所率清军的打击,杨彦迪放弃龙门岛,率领一部分士卒前往台湾投靠郑成功,受到郑氏集团的接纳。"三藩之乱"爆发后,康熙十六年(1667年)杨彦迪率领80艘战船、数千士兵重返龙门岛。随着郑氏集团灭亡,杨彦迪等人率众投奔安南国王,自称"大明逋臣,为国矢忠,力尽势穷,明祚告终,不肯臣事大清,南来投诚,愿为臣仆"④。他们将水师带到上文所谓的"思客"(相当于今天的顺化港)和"沱㶞"(岘港)。清朝统一台湾之后,施琅也报告了杨彦迪等人不愿降清而流亡海外之事,他说:

> 据刘国轩云:伪礼武镇总兵杨彦迪一队船艍在广南、柬埔寨;伪水师二镇总兵周云隆船艍在舟山;房锡鹏一队船艍在浙江乌洋。察杨彦

① (明)张国经:《廉州府志》卷六,广州:岭南美术出版社,2009年。
② (清)潘鼎珪:《安南纪游》,《安南传及其他二种》,上海:商务印书馆,1937年。
③ (清)周硕勋:《廉州府志》卷五,广州:岭南美术出版社,2009年。
④ [越]郑怀德:《嘉定通志》卷三,《疆域志》,戴可来、杨保筠校注:《岭南摭怪等史料三种》,郑州:中州古籍出版社,1991年,第121页。

迪妻子皆在台湾，臣已令保释安插，正俟正月间遣人往调。其周云隆、房锡鹏亦当遣人谕令来归。

在刘国轩的引导与配合下，郑氏旧部开始归顺清朝，如《清实录》记载了福建巡抚金铉的疏报，"乌洋、舟山伪将军房锡鹏、周云隆，伪都督阮继先率伪官一百余员、兵四千一百余名投诚"①。也有不少郑氏将领拒绝投清，杨彦迪的情形在《华夷变态》卷八《风说书》的《二十番东宁船之唐人口述》有所描述：

> 秦舍是否准备剃发或者进入内地，尚未知晓。又据内地传来的消息，秦舍手下武将礼武之官名杨二者，考虑行藏，与秦舍不是一条心，此人现在柬埔寨，有关情况先船亦有所述。杨二现在柬埔寨战阵之中，或有志于柬埔寨，自东宁撤退。总之到此时，东宁百姓上下失怙夺气，兵船大小不过数百，军士不过数千，面临大敌，无有胜算，故此人心散乱，看样子唯有准备剃发。

《风说书》署为"亥（1683 年）八月十一日"，正是指郑克塽与清朝交涉投降之事。郑克塽幻想接受清廷剃发要求，条件是留驻东宁，但这一提议被康熙帝拒绝。郑氏政权内部对于削发登岸也有不同意见，在柬埔寨征战的杨彦迪决意全师撤离东宁。黄进流亡至琉球，寨东波，自封为大将军。康熙二十四年（1685 年），黄进率所部至广南与杨彦迪会合，入垦美湫。康熙二十四年（1685 年）三月十三日，施琅在《论开海禁疏》中再次提到杨彦迪等人，"惟南之柬埔寨尚有伪镇杨彦迪下余孽黄进，聚艘百余号；北之浙江乌洋，尚有房锡鹏残党及抚而复叛之刘会集艘数十只游移海洋"②。《华夷变态》关注杨彦迪及其属下的船队活动，陈波先生已经整理资料详细说明。③。《风说书》的基本功能就是采集情报，对事态描述得极为详细，使得我们了解杨彦迪各种活动的基本面貌，如卷八《十九番暹罗船之唐人口述》记录内容是：

> 东宁秦之手下礼武之官名杨二者，亦如先船所述，为保护自东宁

---

① 《清实录·圣祖实录》卷一一四，康熙二十三年三月辛未条，北京：中华书局，1985 年，第 5 册，第 183 页。

② （清）施琅：《海疆底定疏》，《靖海纪事》，福州：福建人民出版社，1983 年，第 132～133 页。

③ 陈波：《17 世纪末期明郑残部之南海移植——以"唐船风说书"的记载为中心》，刘迎胜主编：《元史及民族与边疆研究集刊》第 28 辑，上海：上海古籍出版社，2014 年，第 112 页。

往诸处之商船,以兵船七十余艘,军士三千左右,秘密巡逻广东边境以及广南、东京、柬埔寨之滨海,于当年夏初,乘船入柬埔寨,欲借其地,作稍事休整之处。杨二率领兵船,陡然进入柬埔寨内地,柬埔寨乃边鄙之国,人民寡少,自国主以迄大臣,慑于杨二之势,或以为来攻,国主撤往深山之中,迄至我等发船,杨二仍寄住柬埔寨,原本似无攻取柬埔寨之意,故此亦无残害人民之举,亦向山中之国主遣使,告知无妨贵国可出之意,然国主心深疑之而不出,柬埔寨国亦同于他国,如为可攻取之地,乃天赐杨二,国主幸而逃生,未及一战而取之,可谓幸运之至。然总而言之,若柬埔寨国人不为国主,则不成其所,他国人为国主之事,前代所无,不言而喻亦无唐人为王之事。他国似亦有暂时攻取之情况,若然,国之诸色土产不出,人民不附,所输之物亦无分毫。依杨二之本意,似无攻占柬埔寨之企图。然柬埔寨自古以来,即为向暹罗朝贡之属国,此次杨二滞留柬埔寨之事,亦闻于暹罗国王,国王遣使往谕杨二曰:柬埔寨原为敝国属邦,敝国与东宁,互为通好,足下如为东宁之部下,定无异心,若承此意,仍可寄住旧地,若然,则定不可妨害柬埔寨之民,如有何不如意事,可报闻敝国,如无,可来敝国一会。杨二回复曰:诚如来意,已悉。敝人自碇泊之时起,原无妨害贵国之心,勿庸忧虑。殿下希望敝人来会,然无必要,因暂驻贵地,稍后即准备归国。[①]

杨彦迪与黄进驻扎在雷腊海口(嘉定地区)之后,"辟闲地,构铺舍,清人及西洋、日本、阇婆诸国商船凑集,由是汉风渐渍于东浦矣"[②]。康熙二十六年(1687年),杨彦迪军队内部发生变故,黄震(进)发兵攻杀杨彦迪,《大南实录》详细记录了情况:

> 龙门副将黄进杀其主将杨彦迪于美湫海口,自称奋勇虎威将军,统龙门余众,移屯难溪,据险筑垒,铸大炮,缮战船,纵兵掳掠。真腊正国王匿秋怨之,与其屋牙贡沙谋,乃绝职贡,筑碧堆、求南、南荣三垒,贯铁锁于江中,为固守计。二王匿秋知其谋,驰报镇边营副将枚万龙,驿上其书。上怒召群臣议出兵。掌营宋德明进曰:匿秋癣疥小蛮,不必劳朝廷大将,镇边该奇阮胜龙有智略,习知真腊水土,可使为统兵以代之。黄进擅杀主将,拥兵难溪,其心亦未可知,请另进为先锋,以观向背,倘

① [日]林春胜、林信笃:《华夷变态》卷八,东京:东洋文库,1958年,第397~399页。
② [越]阮朝国史馆:《大南实录》前编卷五,太宗孝哲皇帝己未三年十一年正月。

心怀犹豫，即进兵击之、匿秋阻其前，大兵逼其后，进可擒矣。既胜进，乘势直捣真腊，此万全计也。①

黄进的举动引起阮主对黄进的戒备，他们采取了趁郑氏集团军队内乱伺机剿灭并攻伐柬埔寨的一石二鸟之策。黄进对于阮主的如意算盘也心中有数。据《华夷变态》元禄二年五十二番柬埔寨船唐人云：该年三月，广南遣使前往黄船，敦促其登陆赴阮方商议军略，黄进知其诈，杀死两名使者并阮兵500余人。阮军猛攻黄进，败进于柬埔寨外匡郎之地，进退走山中，不知所终。② 黄进被阮主剿灭后，其部众被陈上川所并。1698年，阮氏政权把东浦列入版图，居民超过了4万。③ 陈上川不仅升任藩镇都督，而且备受阮主信赖，被委以封疆重任。陈上川坐镇柴棍，建立铺市，广招商客，垦殖开发边和的农耐大铺。史籍记载，"农耐大铺在大铺洲西头。开拓初，陈上川将军招致唐商，营建铺街。瓦屋粉墙，岑楼层观，炫江耀日，联络五里。经画三街，大街铺白石磁路，横街铺蜂石磁路，小街铺青石磁路。周道有砥，商旅辐射。洋舶江船，收风头提，舳舻相衔。是为一大都会，富商大贾，独此为多"④。康熙五十四年（1715年），陈上川病卒，以功追赠辅国将军。后人怀念陈上川功德，在平阳县从政村（地属西贡）立陈将军祠（庙），祀奉陈上川。1778年，在堤岸建明乡会馆，馆址在嘉盛乡，会馆内祀奉陈上川，有联曰："明回日月耀南天，凤翥麟翔嘉锦绣；香满乾坤馨越地，龙蟠虎踞盛文章。"横额是"嘉盛堂"三字。

明朝遗民归顺于阮氏政权，但由于风俗语言的不同，统治者对此怀有戒心。1663年8月，"令旨各处承司察属内民，有外国客人寓居者，各类以闻，随宜区处，以别殊俗"⑤。景治四年（1666年），"命诸外国人寓居入籍，其衣服、居处与国俗同，所在社村庄岗册类入户籍"。"府僚奉传，北国人原已入籍在我国某社村者，其言语衣服当遵我国俗，不得妄为异器异服，违者许镇守提领官礼察拿来，处杖五十。其各商船客人就寓我国各处贩卖，常入京

---

① ［越］阮朝国史馆：《大南实录》前编卷六，英宗戊辰元年六月。

② ［日］林春胜、林信笃：《华夷变态》卷十六，东京：东洋文库，1958年，第1127～128页。

③ ［越］阮朝国史馆：《大南实录》前编卷六，己巳二年。

④ ［越］郑怀德：《嘉定通志》卷三，《疆域志·边和镇》，戴可来、杨宝筠校注：《岭南摭怪等史料三种》，郑州：中州古籍出版社，1996年，第219～220页。

⑤ ［越］潘清简：《钦定越史通鉴纲目》卷三三。

城,有所职人经引者,不在此禁。若无人经引而擅入京城者,亦许拿治如法。"①黎朝正和十七年(1696年),"严饬北人来寓者一遵国俗。自清入帝中国,薙发短衣,一守满洲故习,宋明衣冠礼俗为之荡然。北商往来日久,国人亦有效之者。乃严饬诸北人籍我国者,言语衣服一遵国俗。诸北商来寓,无有知识人经引不得擅入都城。沿边之民亦不得效其声音衣服,违者罪之"②。后黎朝时期,屡次下令区分华侨与越南人,强制同化华侨,不让民众学习北客习俗。

表 1-1　越南南部各镇华人概况表

镇　　名	华人概况
定祥镇	兴和江,华民、唐人、高蛮杂处。八刔江,道前半里,华民、唐人、高绵杂聚,交易山林原泽土产货物,有巡司所往收脚屯税课,十分收一。光化江守所,华民、唐人、高蛮杂居生理,有巡司征收脚屯税利,防御边警。……安泰江,有守御所,华民、高蛮杂处。争堤海门,沿边江河灌莽丛杂,内皆土阜,唐人、高蛮多栽芬烟、萝卜、果瓜,殊甚美硕。美清海门西岸守所,华民、唐人、高蛮店舍稠密,栽植芬烟、瓜果。
永清镇	茶温江,市肆稠密,华民、唐人、高蛮会集之地。波忒海门,洋商船舶停泊之所,华民、唐人、高蛮杂居,街市络绎。……歌音山,华夷耕牧渔钓于其下。真森山,华人、唐人列屋比居,结村会市,以从山林川泽之利。牙斌江,多华民新垦园之地。泛交江,华民开垦田宅,后之林莽为高蛮所居溶栏。优昙江,华民田宅,后林为高蛮杂居之地。新江,华民高蛮间居。
河仙镇	华夷杂处,专事商贾,其唐人、高绵、阇巴独多,沿海而居,地利未垦,人无土著,古迁徙不常。……胡同穿贯,店舍络绎,华民、唐人、高绵、阇巴类聚以居,洋舶江船往来如织,海陬之一都会也。……芹渤港,旧为绵獠旷地,华民流徙,聚成仙乡村落,唐人、高绵、阇巴,现今稠密。陇奇江,为郹玖初年南来,作高绵屋牙辰,开荒占地,召集华人、唐人、高绵人、阇巴人,会成村市之地。

1802 年,阮福映建立阮朝后,鉴于西山之乱中清朝商人的活动形态,为

①　[越]潘辉注:《历朝宪章类志》卷二九,《丁户之籍》。
②　[越]潘清简:《钦定越史通鉴纲目》卷三四。

区别不同时期进入越南的华人群体，1807年，下令在全国设立明香社以管理明人后裔并编入户籍。1810年又下令，"清河、会安二铺稽查清商。凡清人来商，以三、四月还国。愿留及他往贩鬻，地保出结，所在官给凭。擅去留者，坐以罪"①。这种编户方式既区别了各色人群，也整合了街区聚落，并由此形成分而治之的行政效果，"辛未嘉隆十年（1811年）秋八月，钦命坚江道该奇教化侯张福教为河仙镇镇守，铨定祥镇记录明德侯裴文明为叶镇。于是，明德侯整理官衙军寨，招流民、集商贾、设学舍、垦荒田，经画街市次序，区别华民、唐人、高蛮、阇巴以类相随，政从宽简，不事烦扰，其镇务始稍有条绪可观矣"②。在《嘉定通志》中，华民、唐人、高蛮、阇巴等是居民划分的基本标签，也反映了当时人的族群认同和人群边界。其中"华民"或"汉民"是越南人，"唐人"为华人，主要指明代遗民——明香人，高蛮、阇巴为嘉定一带的土著人群。③

明香社主要分布在越南中南部地区，税例不一致，"如承天、广南、富安，人岁输银二两；平定、广义，人岁输布二匹，庸缗钱一缗五陌；北城、怀德人数一百余，岁输银二百两；义安人数二百余，岁输银一百两、附银十两；山南人数七十余，岁输银六十两；清葩无人数，岁输银三十两；嘉定属城人岁纳庸缗钱一缗五陌；永清、河仙、龙川、坚江，壮项岁输庸缗钱一缗五陌，丁老、疾半之"。明命七年（1826年），"更定诸地方别纳明香社税例"，统一税则。此后，"南至嘉定、北至北城，凡在明香籍者，均定为岁输人各银二两，民丁老、疾半之，庸役并免。至如清葩明香未有人数，请令镇臣查明着簿，照例征收"。例外的是"承天明香，六人奉事关公、天妃二祠，嘉定属城明香三百余人以昔年输铜微忱可录，听各仍纳庸税如例"。明命八年（1827年），阮朝下令将越南各地的"明香社"一律改为"明乡社"。④ 明命十年（1829年），《嘉隆律书》的补充修订中规定，"凡明乡人夫妇及其家族，不得复返中国"，明乡人可以像越南人参加科举考试，从政为官，这些均标志着明乡人向本土居民身

① ［越］阮朝国史馆：《大南实录》正编第一纪，卷四十。

② ［越］郑怀德：《嘉定通志》卷三，《疆域志·河仙镇》。

③ 金雨雁：《十九世纪越南史籍中"华、汉"含义的考证》，中山大学东南亚历史研究所编：《庆祝中山大学建校六十周年（1924—1984）东南亚历史论文集》，广州，1984年。

④ ［越］阮朝国史馆：《大南实录》正编第一纪，卷五十。

份转化,明乡社成为越南社会的基层组织。①

与此同时,有别于"明乡人"的"唐人"与"清人"的管理措施也逐渐完善。明命皇帝鼓励华人商船进入沿海各港口贸易。英国官员约翰·克劳佛特(J.Crawfurd)统计,1821年前后,中国船只每年到越南各港口的数量为:西贡约30艘,约共6500吨;会安16艘,约共3000吨;顺化12艘,约共2500吨;东京(北部湾)约38艘,共5000多吨;其他港口约20艘,共2300吨。②随着中国移民规模的扩大与商业事务的增多,为了规范对中国人的管理与征税,明命七年(1826年)统一明香社税例后,采纳大臣意见制定了"嘉定唐人税例"。③"唐人税例"的"始附清人"后来被延伸为"清人税例"。明命十一年(1830年)七月,先是户部上奏:"以有无物力为差。有物力者,岁征钱六缗五陌,如嘉定始附清人税额;无物力者半之,均免杂派。年十八出赋,六十一而免。无力者帮长三年一察报,已有产业者将项全征。平和以北亦照此例行。"经廷臣覆议之后,确定为:"凡所在投寓清人,除有物力者全征,其现已在籍而无力者折半征税,统以三年为限,照例全征。不必察报,以省繁絮。间有新附而穷雇者免征三年,限满尚属无力再准半征三年,三年后即全征如例。"④不过,"清人"与"明乡"的区分也并非绝对化,也有一部分"清人"因特殊原因而编入了"明乡社"管理体系,明命十六年(1835年)冬十月,"河仙有清人自暹逃回者一百余人,省臣以奏,准交所在明乡帮长管束生业,嗣有镃基,登籍受税"⑤。

通过以上回溯可知,在法国殖民越南之前,越南的华人社会形成呈现出了多元动态的过程。华人的迁移既受中国国内朝代更替以及中越关系变化的影响,也由越南不同王朝的社会政治经济制度所限。华人迁居当地之后,在户籍身份、贸易体制和文化认同等方面呈现出复杂的适应性转变。如果以会安华人为例可简单地分为两个系统:一部分华人因深度土著化而成为明乡人,他们在各方面已与越南人无异,活动范围也以明乡社为主;另一部

① [越]朱海:《十九世纪越南阮朝的华人政策》,李娜译,《东南亚纵横》2003年第3期;李庆新:《越南明香与明乡社》,《中国社会历史评论》第10卷,2009年。

② 转见田汝康:《17—19世纪中叶中国帆船在东南亚洲》,上海:上海人民出版社,1957年,第33~34页。

③ [越]阮朝国史馆:《大南实录》正编第二纪,卷四十,第16~18页。

④ [越]阮朝国史馆:《大南实录》正编第二纪,卷六十八,第23~24页。

⑤ [越]阮朝国史馆:《大南实录》正编第二纪,卷一百六十,第15~16页。

分华人则积极保存中国语言与文化,活动范围在"会馆"或"帮群"。①

二、会安商贸地位的演变

越南华人聚居区中,会安地位比较突出。② 对于越南狭长的地形版图,石濂大汕在 17 世纪末从海路抵达时,就有描述,"盖大越国土,总是一山曲折起伏于巨洋中,或向或背,皆依山傍海而为都邑。山峻水险,树木丛薆,多犀象虎狼。各府无径相通,凡一港所入,尽可通之地为一府,别府则另一港。故适他府者,必从外海循山而入他港。近岸则浪大难行,遇好风信,一日可达。否则便为半月十日之程。洋艚从五月时放至会安,会安者,升华府属。自顺化到会安,陆路须经艾岭,即《舆记》谓'二、三月时艾花开,流入海,鱼食之化龙者'是也。山峻暑潦,度岭惟艰,将必乘舟沿海焉便"③。会安处于越南中间位置,既是河港,又是海港,具有区位优势,"街之尽为日本桥,为锦铺,对河为茶饶,洋艚所泊处也。人民稠集,鱼虾蔬果,早晚赶趁络绎焉。药物时鲜,顺化不可购求者,于此得致矣"④。嘉隆丁丑年(1817 年)的《重修来远桥记》描述:"明香会安庯,界于锦,有□□,溪有桥。古也相传日本国人所作,经奉先朝宸翰,赐名曰'来远桥'。夫会安庯,广南之好风水也,长江三面□合,贾筏商帆之所集,山陬海澨之所归,岸上列肆,其中为通衢,四方百货,无远不至,此桥之所以名'来远'也。"⑤

从河港区位看,会安位于广南省秋盆河(Thu Bon)的北岸。秋盆河的

---

① [日]三尾裕子(Yuko Mio),The Indigenization of Re-sinicization of People Origin in Central Vietnam,International Conference in Vietnamese and Taiwanese Studies,National Cheng Kung University,2010.

② 现在越南行政区体系中,会安市范围包括 Cam Ha,Cam Chau,Cam Thanh,Cam Nam,Cam Kim,Cam An 六个社,以及今日的市街地区的 Minh An,Son Phong,Cam Pho 三区。一般而言,历史上的"会安"是指后三区的范围,或是指下列的更小范围:与沿秋盆河(Song Thu-bon)平行的陈富街(Tran Phu Street)、阮太学街(Nguyen Thai Hoc Street)、白藤街(Bach Dang Street)三条街道与及几条称为 Hoang Dieu,Nguyen Hue,Duong Tran Qui Cap,Hoan Van Thu,Le Loi,Nhi Trung 垂直于秋盆河的小径所交织成的区块,即 16—17 世纪以来华人的主要居住区范围。

③ (清)大汕:《海外纪事》,余思黎点校,北京:中华书局,1987 年,第 68 页。

④ (清)大汕:《海外纪事》,余思黎点校,北京:中华书局,1987 年,第 80 页。

⑤ 碑铭拓片见附录一,附图 1-17。

水上交通网为会安港的发展提供便利的运输条件和广阔的经济腹地,很多商品通过河流水运汇集于此。黎贵惇《抚边杂录》记载,会安市场聚集了大量商品,"广南则百货无所不有,诸藩邦不及,凡升华、奠盘、归仁、广义、平康等府及芽庄营所出货物,水陆船马成凑集于会安庸。此所以北客多就商贩回唐,曩者货产之盛。盖虽巨艚百只,一时运载亦不能尽"①。

从海港角度看,中国南海的海流都流经会安附近的海域,夏季受西南季风影响,爪哇而来的暖流循东北方向流向越南海域,经过广东沿海流向台湾海峡;冬季,受东北季风影响,菲律宾以东的暖流过巴士海峡流入南海,沿逆时针方向流向越南海岸,同时中国寒流沿海南下,经台湾海峡进入南海,流经广东、海南沿海,进入越南海域。在东北—西南走向的季风海流作用下,每年9—12月,会安洋面刮的是西北季风;1—3月则是东北季风;4—6月是潮湿的东南季风。从东北亚、中国东南沿海南下进入东南亚的海船,一般都要经过会安洋附近海域,进入东南亚其他地区,因而会安就处在东亚、东南亚海上交通的要冲。

越南学者林氏美容对考古材料研究后认为,秋盆河流域中下游地区很早就具有跨地区贸易的经济形态,"在越南中部的秋盆流域地下出土的器物表明其与北方(即东山文化及中国汉朝时期文化)的联系深于印度的,尤其在于自公元前5世纪至2世纪的早期时段"。林氏美容还认为,与印度的联系主要在于贸易及宗教,而其与汉朝主要在于贸易及政治方面的影响,最后其与越南北部东山文化主要交集不仅在于贸易,并且包括居民向南的海洋活动。该活动见于广南、广义省沿海一带出土有许多东山铜器器物及延伸于其墓葬。与其他如泰国及缅甸等东南亚地区的贸易及交化也不能忽略。② 也就是说,会安所在秋盆河流域中下游地区沿江至海,是东南亚地区早期早期海洋贸易的重要节点。

中国汉籍文献对离会安大占海口不远的占不崂岛屿很早就有记载,杜佑的《通典》曰:"林邑城外有不劳山。"占不劳山当时即是往来航线的地标,陈碧笙先生曾指出,该岛在东洋航线为必经之处:

《隋书》说:"其年(隋大业三年,607年)十月,(常)骏等便自南海郡

---

① [越]黎贵惇:《抚边杂录》卷四。

② [越]林氏美容:《广南省秋盆流域的沙黄区内及区外交流》,《印度太平洋史前史协会公告》第29期,2009年。

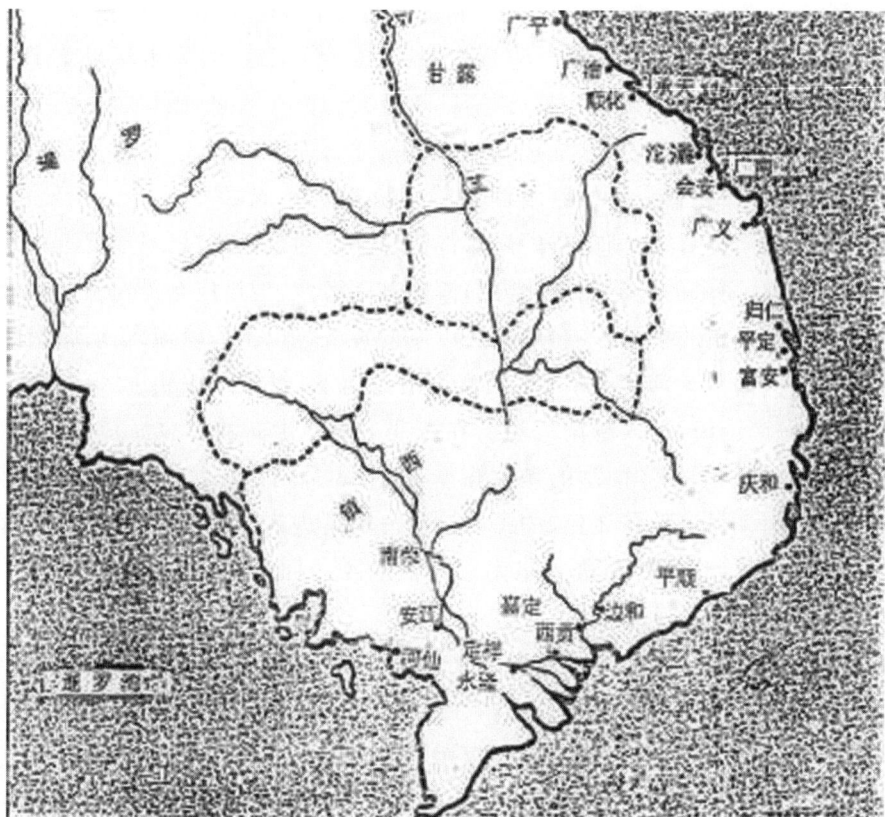

图 1-1 会安港口区位示意图

乘舟，昼夜二旬，每值便风，至焦石山。"焦石山，基利尼曾考订为越南 mui Dong 岬东南一英里半之 Tseu 岛，桑田考订为《隋书·地理志》所载林邑郡的金山，藤田丰八在《狼牙修国考》中谓："殆为贾耽之占不劳山，换言之，即今之 Culao-cham 岣崂占。"我同意藤田之说，但拟进一步指出：它就是占不劳外洋的外罗山（今图作占婆岛，位于岘港东南、会安港外）。《海国闻见录》记载厦门至广南航经七洲洋时说："独于七洲大洋，大洲头而外，浩浩荡荡，无山形标识，风极顺利，对针亦须六七日方能渡过，而见广南咕哔罗外洋之外罗山，方有准绳。"可见外罗山是古代中南航海必经之地。《顺风相送》说："外罗山，远看成三个门，近看东高西低，北有椰子塘，南有老古石……往回可近西，东恐犯石栏。"此"老古石"或"石栏"大概就是"焦石山"得名的由来，"焦"可能是"礁"的简写，

"焦石山"的原义也可能就是有礁石的山。[①]

周运中对于陈碧笙的看法有进一步考证,确认"占不劳"即"占婆岛"。当时林邑(占城)的国都在会安古城西南,即今维州县的茶荞,由此考察隋炀帝杨广在大业三年(607年)派遣屯田主事常骏、虞部主事王君政等出使赤土国路线,其记载内容比陈碧笙要多,即"其年十月,骏等自南海郡乘舟,昼夜二旬,每值便风。至焦石山而过,东南泊陵伽钵拔多洲,西与林邑相对,上有神祠焉"[②]。周运中认为,"陵伽钵拔多洲"为"占婆岛","陵伽钵拔多"是梵语"Lingaparvata","Ling"是占人崇拜湿婆生殖器的塑像,"parvata"是山的意思。在早期海洋认知中,"岛"也被称之为"山",在汉语表达中,也被转化为"洲"[③]。保罗·惠特利(Paul Wheatly)也对《隋书》的相关内容进行分析,并绘制了相应的航线图[④](见图1-2)。

常骏路线也是唐代海路至天竺的航线。《新唐书》卷四三《地理志》七下记唐德宗贞元(785—804年)贾耽入四夷路程中广州至印度路线为:"广州东南海行,二百里至屯门山,乃帆风西行,二日至九州石。又南二日至象石。又西南三日行,至占不劳山,山在环王国东二百里海中。"[⑤]

"环王"也就是"占婆",《新唐书》卷二二二下《南蛮传》曰:"环王,本林邑也,一曰占不老,亦曰占婆。"[⑥]而在其他唐代文献中,"占婆"也被记为"占波",其中以佛教文献为多。如义净《南海寄归内法传》云:"骥州正南步行可余半月,若乘船才五六潮水,即至匕(北)景。南至占波,即是林邑。"[⑦]又如慧命到天竺取经,"泛舶而行至占波遭风"[⑧]。《中国印度见闻录》是阿拉伯

---

① 陈碧笙:《〈隋书〉赤土国究在何处》,龚缨晏主编:《20世纪中国"海上丝绸之路"研究集萃》,杭州:浙江大学出版社,2011年,第222页。

② 《隋书》卷八十二,《南蛮传·赤土》,北京:中华书局,1973年,第1834~1835页。

③ 周运中:《中国南洋古代交通史》,厦门:厦门大学出版社,2015年,第171、181页。

④ Paul Wheatly,"Ch'ih-t'u",The Journal of the Malaysian Branch,Royal Asiatic Society(JMBRAS),Vol.XXX Part1(1957),p.123,转见韦杰夫(Geoff Wade):《18世纪以前中南半岛与马来世界之间的海上航线》,李庆新主编:《海洋史研究》第5辑,北京:社会科学文献出版社,2013年。

⑤ (宋)欧阳修:《新唐书》,北京:中华书局,1958年,第1153页。

⑥ (宋)欧阳修:《新唐书》,北京:中华书局,1958年,第6279页。

⑦ (唐)义净撰:《南海寄归内法传校注》,王邦维校注,北京:中华书局,2000年,第17页。

⑧ (宋)释志磐:《佛祖统纪》卷二十八,台北:新文丰出版公司,1989年,第143页。

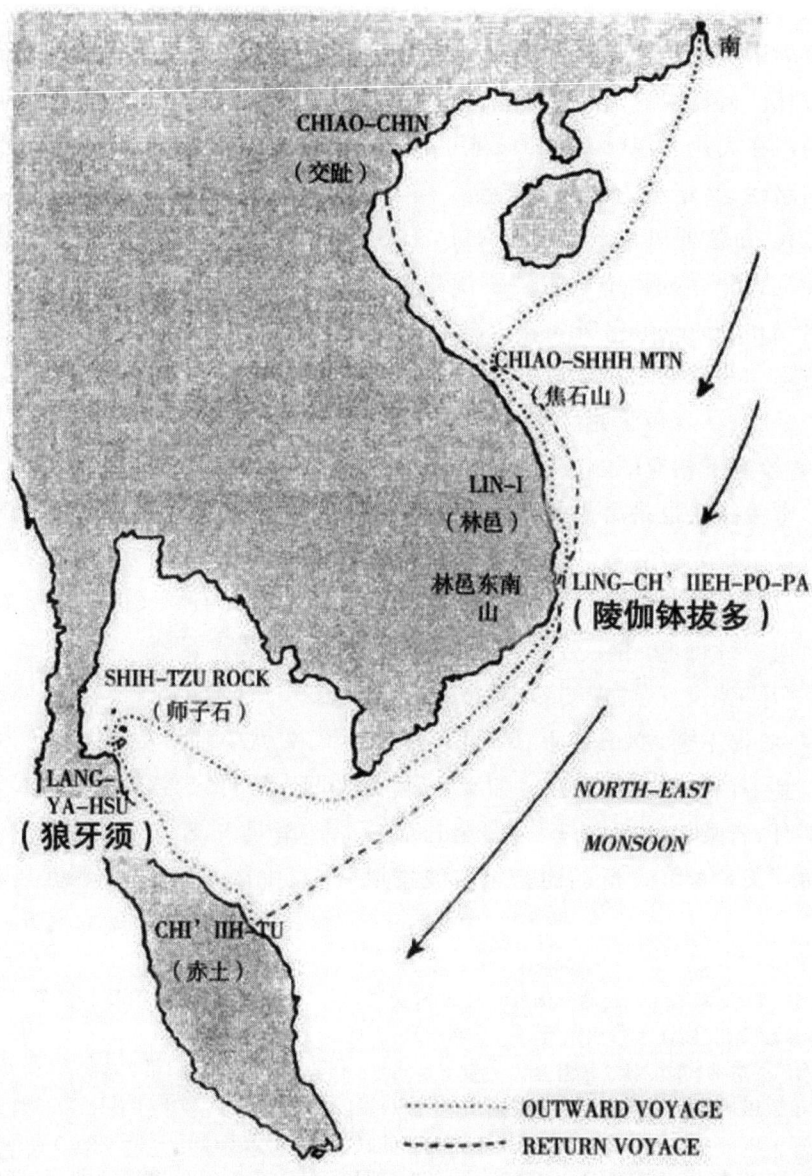

图 1-2　隋朝出使赤土国航线图

人 9 世纪中叶记录东南亚的书籍,也记载了"占不劳山"的相关信息:

　　商船向潮满岛(Tiyouman)前进,如果需要的话,那里也有淡水;这
　　段路程需要十天。接着,我们起航去奔陀浪山(Pan-do-uranga),又是

十天的时间。如果需要的话,那里也能找到淡水——同样,在印度的一些小岛上,随地挖井就可找到淡水——这里有一座居高临下的山峰,是逃亡奴隶和强盗的避难所。随后,船只航行了十天,到达一个叫占婆的地方……得到淡水以后,我们便向一个叫占不劳山(Tchams)的地方行进,这山是海中的一个岛。①

16 世纪中叶,黎朝的郑氏、阮氏分别割据南北,其中阮氏获预言家暗示说"横山一带,万代容身",于是率师南下,建基于顺化。其后允许外侨开埠,会安成为广南的对外贸易中心。会安港附近海域对中国、日本、菲律宾、马来西亚、印度尼西亚等环南海国家来说是接近等距离的中心点。如厦门出发的中国帆船沿中国海岸向西南航行,经珠江口沿海南岛东岸南下;四五天后,可到达越南海岸附近的外罗山(广东列岛),然后经占不劳山(越南占婆岛)、会安到顺化,三天后,到达新州港(归仁)。其间,帆船从海上进入会安通过两个海口:一是大占海口(即大门),从大占海口溯秋溢江行约 6 公里即可到达会安;一是北部的翰海口,经岘港向南沿鹭颈江也可进入会安。17世纪末,由"杜伯""杜公道"或"杜道甫"编撰而成的《纂集安南路》,后于 18世纪中期完成的《纂集天南四至路图》②,其中绘有会安以南的大占海门、和合海门、沙淇海门、小海门、大海门、美亚海门等,部分绘本加以"图说",以题字方式予以详细说明:

> 海中有一长沙,名罢葛镬,约长四百里,阔二十里,卓立海中。自大占海门至沙荣,每西南风,则诸国商舶内行,漂泊在此;东北风,外行亦漂泊在此,并皆饥死,货物各置其处。阮氏每年冬季月持船十八只,来此取货,多得金银钱币铳碑等物。自大占门越海至此一日半,自沙淇门至此半日。③

在繁盛的海洋贸易的带动之下,海商进入会安均需要经过大占海门,该地名也频频见之于各种史籍。如《交州志》的《广南处三府》图绘有升华府:河东县有江,其出海口"俱低门";醴阳县有江,其出海口"输门";会安庯,其出海口"大占门",维川县有江,其出海口"合和门"。18 世纪史料记载了中

---

① 《中国印度见闻录》,穆根来、汶江、黄倬汉译,北京:中华书局,1983 年,第 9 页。

② 牛军凯:《从"征占"到"平南":15—18 世纪越南"南行路程图"研究》,《国家航海》第14 辑,上海:上海古籍出版社,2016 年。

③ 转见韩振华:《〈我国南海诸岛史料汇编〉导论》,海南省文化历史研究会主编:《韩振华选集》,北京:长征出版社,2008 年,第 265 页。

国商人自大占海门入会安贸易的详细状况如下：

> 广东商船客有陈姓者惯贩卖，伊言："自广州府由海道往顺化处，得
> 顺风只有六日夜，入坟海门至富春河清庸，入大占海门到广南会安亦
> 然。自广州往山南（按，即宪铺）只四日夜余一更。"……水陆船马成凑
> 集于会安庸。……问自唐带来诸货名目如何，到此间有滞货否？伊云：
> 转贩流通，脱货快利，无有滞积不售。所带者五色纱缎、锦缎、布匹、百
> 味药材、金银纸、线香各色、丝线各色、颜料各色、衣服、鞋袜、哆罗绒、玻
> 璃镜、纸扇、笔墨、针纽各样、台椅各样、锡铜器各样、瓷器、瓦器，其饮食
> 物则芙茶叶、柑、橙、梨、枣、柿、饼、线曲、灰面、饼食、咸榄、菜头、鱐油、
> 姜酱、甜酱、豆腐、金针茶、木耳、香信之类，彼此有无，互相贸易，无不得
> 其所欲也。①

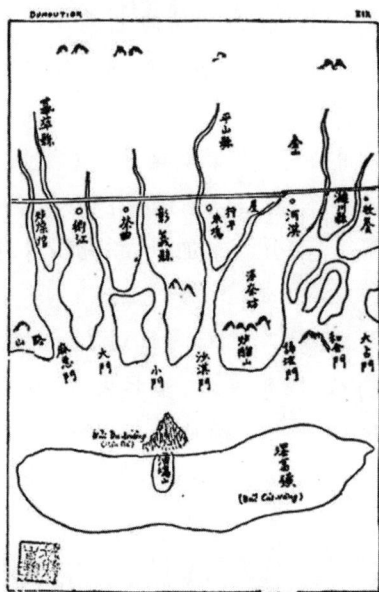 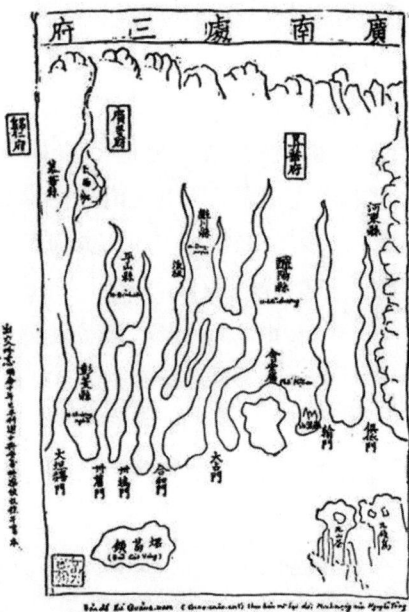

图 1-3　黎朝过广南路图，据迪穆蒂埃重绘本　图 1-4　广南处图（交州志），据明命朝阮宗
　　　　　　　　　　　　　　　　　　　　　　　　　的重绘本

对比黎朝与明命时期重绘图，会安因商业贸易地位，而与诸多海口形成

　　①　［越］黎贵惇：《抚边杂录》卷四。

了"庸"与"门"的区位关系。[①]

表 1-2　会安港贸易量比较表

		东京	西贡	会安	小计	占比
海南	船数	18	20	3	89250	36%
	担/艘	2000	2250	2750		
	小计	36000	45000	8250		
广州	船数	11	2	6	54750	23%
	担/艘	2250	6000	3000		
	小计	24750	12000	18000		
福建	船数	7	1	4	37750	15%
	担/艘	2250	7000	3000		
	小计	15750	7000	12000		
江南	船数	7	7	2	63000	26%
	担/艘	2500	6500	2500		
	小计	17500	45000	5000		
合计		94000	109000	43250	246250	
占比		38%	44%	18%	100%	

　　18 世纪末,西山起义波及全国,广南成为大战场,西山军、郑军、阮军在此交战。1792—1796 年间,广南大压海口、大占海口、春台海口、沱灢海口等处发生激烈海战。1801 年 3 月,阮军收回广南营,与西山大战于广南营附近及周围地带如罗瓜、施胡、罗带、铺花、坊场、富沾、金芄,以长江为险势。会安归属阮主,广南战争结束。会安港口在战乱中被严重地摧残,随着秋溢江的淤积,会安的航运能力也在下降,走向了衰落,贸易船只开始停泊于岘港,如嘉隆十六年(1817 年)六月记载,"玛糕船泊沱灢,以黄沙图献"[②],"暹罗使船如清,遭风泊于沱灢"[③]。1823 年,约翰·克劳福德(John Crawfurd)

---

　　① 转见韩振华:《瑈葛鐄、瑈长沙今地考》,吕一燃主编:《南海诸岛地理、历史、主权》,哈尔滨:黑龙江教育出版社,2014 年,第 274、275 页。

　　② ［越］阮朝国史馆:《大南实录》正编第一纪,卷五十五,第 19 页。

　　③ ［越］阮朝国史馆:《大南实录》正编第一纪,卷五十五,第 20～21 页。

在报告中记载了当时与中国的贸易总量为 311750 担，其中有分别详细记录中国各地商港到主要三个港口，即东京港、西贡港、会安港的贸易量。[①] 通过表 1-2 的分析可见，会安港贸易地位下降，只排在末位。

1835 年，因风灾而漂流到越南的蔡廷兰也叙述了中国船只到越南各港口的多寡序列。"中国船所聚，以嘉定（即陇奈）为多，次广南（即会安），次平定（即新州）、广义，次富春（即顺化）、南定（俗称碑放）、义安等省。"[②]此后，轮船时代到来，航运转向了以海港为中心的模式，法国在印度支那建立殖民政府，西贡成为海洋贸易中心，会安丧失了主港地位，不少华商开始迁移。不过，会安利用秋盆河运输土产，仍有一定优势。还有相当部分华商继续开展工商业活动，仍在经济上扮演着重要角色。如史籍所载：

> 海云山障其北，尖笔峰峙其东，关河峻阻，岛屿萦回，原野宽平，民居周密。其重险则旗檀、福山各有屯堡，以控扼山蛮。大占、沱㶞诸汛，安、奠二城实为疆冲要。至若茶饶、安业，江广水深，乃南北帆樯凑泊之所，会安明乡，铺舍蝉联，为商旅都会之处。真形胜之名区，南直之巨省也。[③]

三、学术旨趣与研究回顾

越南与中国山水相连，越汉文化交流源远流长，被视为儒家文化圈的一部分，尤其汉字长期作为越南的官方语言文字，成为中国文化不断传播与发展的载体，越南成为受中华文化影响最深、最广的亚洲地区之一。冯承钧先生在《占婆史》的序言中谓，"昔之四夷漫染中国文化之最深者莫逾越南"[④]。郭廷以先生也说："在环绕中国的邻邦中，与中国接触最早，关系最深，彼此

---

① Alastair Lamb, *The Mandarin Road to Old Hue: Narraties of Anglo-Vietnamese Diplomany from the 17th Century to the Eve of the French Conquest*, London: Arehom Books, 1970, pp.264-265.转见陈荆和：《会安历史》，王璐译，李庆新主编：《海洋史研究》第 9 辑，北京：社会科学文献出版社，2016 年，第 145～146 页。

② （清）蔡廷兰：《海南杂著·越南纪略》，台北：台湾银行经济研究室，1959 年，第 37 页。

③ ［越］阮朝国史馆：《大南一统志》卷五，第 7 页。

④ 冯承钧：《译序》，见［法］马司培罗：《占婆史》，台北：台湾商务印书馆，1956 年。

历史文化实同一体的,首推越南。"①陈序经先生有比较完整的概括:"自汉代以后,越南在长期中,既为中国版图的一部分,其文化之为中国文化,是自然而然的。而况,在明朝时代,在越南对于四书五经之诵读,又积极提倡,而衣服装饰,也又从了明制,所以越南的华化程度,更为深刻。自法国统治越南之后,极力去提倡西方文化,而数十年间,越南的文字,也用了罗马字母。然而直到现代,凡是到了越南各处的人,总可以随时随地,见得中国文化在越南的留痕。房舍而尤其是庙宇,是模仿了中国的样式,所谓舞文弄墨的对联,又像有求必应的牌额,北至河内,南至河仙,都可以看到。此外,社会制度,以至于所谓种种的精神文化,也尚遗传到今日的,不可胜举。"②

越南的伦理道德、国家制度、社会结构、文学艺术和风俗习惯带有浓厚的中华色彩,以致有"小中国"之称。甚至在某些时期,人文景象盛于中国境内某些地区,如张秀民比较隋唐时期的文化状况说:"斯时岭南八闽文风寂寞,而安南人文蔚起,仿佛海滨邹鲁,猗欤盛哉!"③由此可见,越南虽然是东南亚国家,但其文化体系与中国、韩国、日本为主体的东亚文化相近。日本学者提及东亚社会内部机制的三项标准:汉字佛教经典、儒家伦理秩序、国家制度之汉字文化,无不适应于越南。在长期的越汉文化互动中,中华文化已深深地渗透到了越南社会肌理之中。越南历史学家陈重金也认为,"本国濡染中国文明非常之深,尽管后世摆脱了附属中国的桎梏,国人仍不得不受到中国的影响,这种影响年深日久,已成了自己的国粹,即使今天想清除它,也不易一时涤荡干净"。④ 有学者认为越南文化是以汉文化为主而融合了若干地方土著习俗的文化,即便法国人挟近代欧洲文明在越南统治了70年,并对越南的政治、经济与物质建设产生了相当大的影响,但越南人的生活方式、精神文化传统仍未被破坏,中国因素仍在发挥作用。这种情况一直持续至今,如基思·泰勒(Keith W. Taylor)描述的,"即使二十世纪的越南在文化和政治生活方面重新调整方向,大大远离(此前的)中国(模式),但中国对越南的影响永远不会是无足轻重。法国人来而复去;日本人来而复去;

①　郭廷以:《中越一体的历史关系》,《中越文化论集》(一),台北:中华文化出版事业委员会,1956年。

②　陈序经:《越南问题》,岭南大学西南社会经济研究所,1949年,第12~13页。

③　张秀民:《唐代安南文学史料辑佚》,《中越关系史论文集》,台北:文史哲出版社,1992年,第43页。

④　[越]陈重金:《越南通史·序言》,戴可来译,北京:商务印书馆,1992年,第3页。

美国人来而复去；苏联人也来而复去。但只有中国却一直没有离去，而且也永远不会离去"①。

中华文化在越南的传播和发展并非单向运动，更确切地说，这不是一个替代过程，而是共生共存的本土化转变。基思·泰勒曾论述道："汉人不得不调整自己的行为习惯以适应当地文化，他们无法把自己的生活方式强加于人。"②应该看到，中国与越南的交流是多层次的。以闽粤为核心的中国南方地区凭借南中国海的海上通道，与中国、越南、柬埔寨、暹罗、马来等国地区进行数千年的人群流动与社会互动，以此与连接日本海、黄海、南海、苏禄海和西里伯斯海，形成了"亚洲的地中海"的发展格局。③"亚洲的地中海"的理论源流除了受欧洲研究的"地中海世界"启发外，就亚洲和太平洋地区的研究而言，主要有两个研究基础：一是民族学家由"南岛语族"而衍生出的海洋族群的种种论说④；二是中外学界对华人与东亚贸易网络、华人在东南亚的组织活动的研究成果。

在15世纪之后全球化贸易格局中，海洋贸易、港口城市和市场网络被视为基本要素。一些西方学者就"亚洲的地中海"这一概念认为，围绕着港口城市形成了亚洲海洋系统的两种商业模式：一种是商业中心式的贸易活动，广泛多样的商品在这里汇集，定期经销，致力于远程贸易；另一种是中转港式的贸易活动，呈现为进口再出口的商业活动特点⑤。无论是何种经济模式均具有全球性经济活动特征，并产生多元文化网络的叠加、整合、重组与分化态势，其过程如西方学者总结的：

---

① Keith W. Taylor, "China and Vietnam: Looking for a New Version of an Old Relationship," in The Vietnam War: Vietnamese and American Perspectives, eds, Jayne S. *Werner and Luu Doan Huynh*, Armonk. New York: M. E. Sharpe, 1993, p.280. 转引孙来臣：《明末清初的中越关系：理想、现实、利益、实力》，见牛军凯：《上室后裔与叛乱者：越南莫氏家族与中国关系研究》，北京：世界图书出版公司，2012年，第1页。

② Keith W. Taylor, The Birth of Vietnam, Berkeley and Los Angeles, California: University of California Press, 1983.

③ ［法］弗郎索瓦·吉普鲁：《亚洲的地中海：13—21世纪中国、日本、东南亚商埠与贸易圈》，龚华燕、龙雪飞译，广州：新世纪出版社，2014年。

④ 凌纯声：《中国古代海洋文化与亚洲地中海》，《中国边疆民族与环太平洋文化》，台北：联经出版事业公司，1979年，第335～344页。

⑤ ［法］弗郎索瓦·吉普鲁：《亚洲的地中海：13—21世纪中国、日本、东南亚商埠与贸易圈》，龚华燕、龙雪飞译，广州：新世纪出版社，2014年，第109页。

这种普遍的强化意味着来自其他主要港口的海上贸易将繁荣起来.那些能使商人开展经营活动的新贸易区会在一些农业城镇的边缘发展起来。首先,我们会提及东印度群岛的许多苏丹国,它们持续繁荣直至 19 世纪,诸如,从亚齐顶端到苏禄群岛和棉兰老岛,以及位于泰国和马来文化交汇处的北大年,远离顺化、位于越南中部的会安,18 世纪高棉和越南交汇处的河仙。还有一个新市场区临近河内建立起来。它的每条街道都有不同的专营范围,这些街道发展到接近勃固和阿瑜陀耶城。在这些新的郊区,有来自远方(如中国、印度和欧洲)的外国人或该地区其他地方的人(现在属于越南一部分的交趾支那、勃固、爪哇、巴厘以及望加锡),还有一些从乡下旧阶层脱离出来想进入新地区的人,以及一些从遥远的沿海地区俘获过来作为奴隶的囚犯。货币的日益广泛使用意味着巨大的个人财富的建立和价值观自身的发展。

对于人们来说,游历变得更容易了,而其中一些人习惯于四海为家的气氛。尽管有着"印度化"的共同点,但以前曾与世界其他部分隔绝的地区,趋向于变成围绕一个内海组织起来,这一内海日益像地中海一样运作。三个网络正在被建立起来,通过竞争,将会一起运转以推动其自身优势的整合。它们就是中国、穆斯林和基督教网络。[①]

荷兰学者包乐史(Leonard Blussé)教授的相关研究更注重于微观分析,他将巴达维亚、广州、长崎作为东亚三个典型港口城市予以考察,揭示"全球发展的区域性影响"。他指出,"每个旧世界的商业中心都再现了它们各自服务的政治经济体制的各种筹谋擘画,其目的是实现对全球贸易的稳固控制。同时,它们也见证了这个制衡机制的持续发展,而这个制衡机制被设计的目的是调节那些年海洋运输业的转移"[②]。在前人研究基础上,未来可以对华人宗族、庙宇、会馆、秘密会社等组织形式和功能予以重新审视,并对人员和交易跨边界流动的分析也更具弹性[③]。

会安是 17—18 世纪东亚重要的海洋贸易区域,东西方各国商人都在这

① 彼得·伯克、哈利勒·伊纳尔哲克主编:《人类文明史(15、16 世纪至 18 世纪)》,南京:译林出版社,2015 年,第 287 页。

② [荷]包乐史:《看得见的城市:东亚三商港的盛衰浮沉录》,杭州:浙江大学出版社,2010 年,第 113 页。

③ 陈博翼:《"亚洲的地中海":前近代华人东南亚贸易组织研究评述》,《南洋问题研究》2016 年第 2 期。

里活动，并留下不少文字记录和历史遗迹。华商群体在当地贸易占了主导位置，至今较为完好地留存了许多华人的宗教文化遗址及居民建筑。1940年代以来，越南的历史学家如阮邵楼、陶维英等在收集与利用当地保存的古汉文文献的基础上，比较系统地研究越南华人社会、文化等方面，其中对会安明乡社的形成和发展也作了细致考察。随着日本对越南的殖民势力的膨胀，日本学者也开始致力于研究曾到会安贸易的日本商人及其失落已久的定居点。会安口岸研究逐渐受到日本学界的重视。日本学者如岩村成允、藤原利一郎等的越南华人史方面的论文在涉及封建时期越南统治者对华人的政策时，也关注了明香社等重要问题。[①] 当时日本学者在本国收集了丰富的原始资料，如地图、墓刻、文稿、书信集等，并整理出版了大量文献汇编。直至20世纪末，日本学者仍致力于到会安考察及搜集有关资料。他们着力调研的结果为当代研究者提供了许多宝贵史料。从1992年起，日本文化厅、昭和女子大学国际文化研究所与河内国家大学历史系合作对会安老街区进行多次挖掘调查，以确定文化遗产，制定保护措施，其中从当地居民家庭收集到了一批契约，包括了从18世纪至20世纪初会安民间的土地买卖契、典当契、借契等。1996年，昭和女子大学国际文化研究所出版了在东京举办的有关会安古街建筑的研讨会论文集，涉及了会安民间契约收集等情况。[②]

1950—1960年代，华侨史专家陈荆和对越南华人史，尤其对会安明乡人开展了卓有成效的研究，撰写了《郑怀德撰〈嘉定通志〉城池志注释》（《南洋学报》第12卷第2辑，1957年）、《清初华舶之长崎贸易及日南航运》（《南洋学报》第13卷第1辑，1957年）、《十七、十八世纪之会安唐人街及其商业》（《新亚学报》第3卷第1期，1957年）、《关于"明乡"的几个问题》（《新亚生活双周刊》第8卷第12期）、《承天明乡社与清河庙——顺化华侨史之一页》（《新亚学报》第4卷第1期，1959年）、《清初郑成功残部之移植南圻》（《新亚学报》第5卷第1期，1960年；第8卷第2期，1968年）、《河仙镇叶镇鄚氏家谱注释》（《台湾大学文学院文史哲学报》1955年第7期）、《河仙鄚氏

---

① ［日］藤原利一郎：《安南の"明乡"の意义及ひ明乡社の起源について》，《文化史学》1952年第5期；《安南阮氏治下の明乡の问题——とくに税例について》，《东洋史研究》第11卷第2期，1951年。

② 马克畅（Mark Chang）编：《会安町家文书》，东京：昭和女子大学国际文化研究所，2007年；陈氏桂霞译：《越南会安古街建筑》，河内：世界出版社，2003年。

世系考》(《华冈学报》1969 年第 5 期)、"Historical Notes on Hoi An (Faifo)"(*East Asian Culturel Studies Series*，No.12，1973)[①]等。此外，英国著名华侨史专家巴素(Victon Purcell)的著作《东南亚的华人》(*The Chinese in Southeast Asia*，New York：Oxford University Press，1965)，也注意到明乡人、明乡社的若干重要特点。

1980 年代末，西方学者在研究东南亚贸易史时对 17、18 世纪诸如庯宪和会安的越南港口有所关注，如 Anthony Reid 的 *Southeast Asia in the Age of Commerce*，1450—1680(New Haven，1988)。澳大利亚的李塔娜(Li Tana)较为全面地研究越南海外贸易，其博士学位论文 Nguyen Cochinchina：Southern Vietnam in the Seventeenth and Eighteenth Centurie(Ithaca，NY：Southeast Asia Program，Cornell University，1998)涉及相关内容甚多。另外，Charles J.Wheeler 的博士学位论文 Cross-cultural Trade and Tranls-regional Networks in the Port of Hoi An Maritime Vitemam in the Early Modern Era(Yale University，2001)则以会安为核心对跨文化贸易、跨区域网络进行探讨，强调华人群体在这个港埠贸易中的作用。西方学者对殖民地时期越南华族研究则涉及明乡机构，如 Ramses Amer 的 *The Study of the Ethnic Chinese in Vietnam：Trends Issues & Challenges*(Singapore，1998)。

从 1980 年代末至 21 世纪初，越南学界以会安港埠为主题举办了多次国际性研讨会，参加者囊括越南和其他国家的重要学者。会议荟萃了国内外多年来对会安历史文化等方面所做出的研究成果，为会安华人乃至越南华人研究提供了若干新资料和新视角。越南、日本等地学者在岘港、会安、东京等地多次举办了国际学术研讨会，以交流会安研究的最新成果。会议论文主要探讨 18 世纪末以前会安的对外贸易、外国商人的活动及阮朝的贸易管理等问题[②]。1996 年，顺化科学大学历史系杜邦(Do Bang)出版《17—18 世纪顺广地区的港市：会安—清河—咸水》，分析三个港市兴起和衰落过程。2003 年，杜邦撰写 The Relations and Pattern of Trade between Hoi An and the Inland，对会安与内陆关系进行了深入探讨[③]。会安当地学者也

---

① 陈荆和：《会安历史》，王璐译，李庆新主编：《海洋史研究》第 9 辑，北京：社会科学文献出版社，2016 年。

② 会安国际研讨会委员会：《会安古城》，河内：社会科学出版社，1991 年。

③ Ancient Town of Hoi An，Hanoi，Printed in Vietnam，2003.

获得了较大成就，如阮志忠（Nguyen Chi Trung）、陈文安（Ttan Van An）、陈映（Tran Anh）、宋国兴（Tong Quoc Hung）编的《17—19世纪会安商港与明乡社》《会安的庙会与节日》《会安民间文化艺术》等，范叔鸿编纂的《会安古遗址里的汉喃字文学》等，宋国兴的《会安商港的明香——华人》（2009），杨文辉（Duong Van Huy）的《1600—1777年会安华人社会》（*The Chinese Community in Hoi An*，Lap Lambert Academic Publishing，2010）。

近年来，中国学者李庆新的调研中对越南明香的起源与建制，庸宪、会安港明乡社的演变、明香的"中国特色"等方面有较为深入的探讨和研究，如《17—19世纪会安的华人、唐帮会馆与华风》（《华人研究国际学报》，2009年），《越南明香与明乡社》（《中国社会历史评论》，2009年），《会安：17—18世纪远东新兴的海洋贸易中心》，（《濒海之地：南海贸易与中外关系史研究》，中华书局，2010年）。张濯清、黎氏梅发表的《清初在越华商移民及其文化形态——以〈罗塔洲重修公亭碑〉为线索》（《中州学刊》2016年第1期）也是最新的研究成果。

台湾学者对会安也有诸多研究论文。如黄兰翔的《越南会安与台湾鹿港传统店屋建筑之比较》（*PROSEA Occasional Paper*，No.24，1998）、《华人聚落在越南土地上的深植与变迁——以会安为例》（《亚太研究论坛》2004年第26期）、陈毓埤的《越南"明乡人"及其会馆》（《广东文献》第29卷第4期，2001年）、刘陈石草的《越南会安华人的族群认同》（台湾暨南大学东南亚研究所硕士学位论文，2013年）等。

在前人研究的基础上，本研究秉持"弹性"的论述原则，希望以会安为中心就以下关键词（key words）或大词语（big words）进一步展开分析。第一个是"海域"，在以"水"为文明互动、文化演变的交流媒介的视野之下，将"海洋"视为独立而真实的历史空间，而不是将其视为陆地或国家之间的虚空，在此基础上论述超越国家的历史进程。第二个是"移民"，将通商港口作为多元族群的流动平台，审视不同人群间在空间移动上的互动机制。第三是"区隔"，将通商港口作为社群区隔形成的重要场域，分析外来人群的本土化与区域化进程。第四是"传承"，将通商港口作为社会文化延续与转变的载体，既考察华人得以维持住在国与家庭、"侨乡"及祖国的纽带，也分析华人在异国他乡构建赖以生存和发展的亚社会结构的基本过程。

四、基本史料与分析框架

前辈学人对会安文献的精细解读,已丰富了学界对会安历史的认识,拓宽了研究思路和视角。不过仍有研究者曾认为,在为数不多的研究成果中,存在地域上对南方华人关注较多、对北方关注较少,时段上注重近代早期华商研究的问题,并且对越南华人的概述性研究较多,而对华人本身缺乏深入考察。[①] 造成这种情况的原因可以归结到一点,即相关资料收集缺乏系统性和规范性。近些年来,学者们利用越南的汉文和汉喃民间历史文献进行研究。1999 年,云南学者阮锦翠、李塔娜整理出版了有关 49 个胡志明市华人会馆碑刻收集(Litana,Nguyễn Cẩm Thúy:"Bia chữ Hán trong Hội quán người Hoa tại Thành phố Hồ Chí Minh",Nhà xuất bản Khoa học xã hội, 1999)。2000 年,阮锦翠、高自清出版了一部有关永隆省明香社汉字资料收集的书(Nguyễn Cẩm Thuý, Cao Tự Thanh:"Định cư của người Hoa trên đất Nam Bộ: từ thế kỷ XVII đến năm 1945",Nhà xuất bản Khoa học xã hội, 2000)。2003 年,范氏翠荣出版了《后黎朝时期京北地区碑铭及其所反映的村社生活》(河内文化通讯出版社,2003 年),等等。从 1980 年代末 1990 年代初起,乡约文本整理也获得较大进展。阮氏凤女士介绍了俗例书库现存的 645 部乡约,文本记载包括了义安以北的北部 18 个省市直辖的 74 个县、府、州之俗例、券约[②]。陈秋红女士根据《越南汉喃遗产·书目提要》和《汉喃铭文拓本名目》两本书统计,认为河内以前直属的社、村地方俗例资料现存约有 56 本(通)[③]。阮清编的《太平乡约》,介绍了太平省现存的 400 多份乡约文本以及现为太平省地域的先兴、太宁、建昌等三个旧府的 60 份改良乡约文本[④]。丁克顺主编的《越南村社古传俗例》选译了 18 个省市的俗例、簿例、券例、券

---

① 闫彩琴:《17 世纪中期至 19 世纪初越南华商研究(1640—1802)》,厦门大学博士学位论文,2007 年,第 8 页。

② [越]阮氏凤:《介绍汉喃研究院图书馆的俗例书库藏本》,《汉喃杂志》1989 年第 2 期。

③ [越]陈秋红:《对于汉喃研究院书库里现存的古传河内有关的汉喃书籍进行了解》,《汉喃杂志》2000 年第 4 期。

④ [越]阮清编:《太平乡约》,河内:民族出版社,2000 年。

约等 83 份乡约文本①。阮佐而等选编《兴安古传乡约》,公布从景兴二十八年（1767 年）至启定三年（1918 年）兴安省三县五总的村社、甲、文会之乡约、俗例、券例、条例,共 15 份文本的翻译。②

会安作为世界文化遗产,遗迹管理机构系统地整理了自 16 世纪至 20 世纪的大量有关华人、明乡人等的汉字资料,包括上千张汉字、汉喃字的各类文书、册文、碑刻及木刻文本、族谱、土地租让契约等。除了这些资料之外,笔者也通过实地调查得到不少田野资料。会安史料是丰富多样的,包括典籍、文集、神话、传说、经文、祭文、族谱、碑刻、契约等,但这些"史料"具有不同性质和层次、不同的创造背景,甚至不同的"真实"程度。如何处理、解读和利用这些史料,将是本研究主要面对的问题。郑振满设计的从文化传承角度研究民间历史文献的基本思路值得借鉴,他指出了三个研究面向:一是区域研究与比较研究相结合,即对民间历史文献进行分区考察、收集与解读,再进行区域之间的比较研究,解释民间历史文献的区域特征与传播模式;二是专题研究与综合研究相结合,即先对各种民间历史文献进行分类研究,深入分析其历史文化内涵,再进行多学科的综合研究,揭示各种民间文化的总体特征和传承机制;三是实证研究与理论研究相结合,即先进行具体的历史考察与文本分析,澄清基本的历史事实,再寻求相应的概念工具,建构切合中国实际的理论模式。③

笔者根据上述研究思路,以整理会安华人的汉字资料为基础,并结合其他文献资料,对有关该地华人群体的各个方面加以探讨、分析。研究依托的主体资料为金石碑铭、谱牒文献、契约文书等,因为这些资料均各具文献特性并相对完整,分析也依照文类而展开。本书的内容,除了绪论和结论外,各章具体如下:

第一,金石碑铭。会安的关公庙、观音堂、来远桥、萃先堂、五行庙、羲和庙、清明祠、文圣庙、义祠、信义祠、家族祠堂、墓地等为华人祭祀场所,所保留的大部分碑刻较为完整,仅有几件残泐和一件现已不在原所在地(海平宫碑)。第二章主要利用会安明乡社的碑刻探讨明乡聚落的庙宇体系和信仰

---

① ［越］丁克顺主编:《越南村社古传俗例》,河内:社会科学出版社,2006 年。

② 阮佐而、吕明姮、杜氏碧选编:《兴安古传乡约》,阮翠峦译,河内:时代出版社,2013年。

③ 郑振满:《民间历史文献与文化传承研究》,《东南学术》2004 年增刊。

结构，明乡士人的科举入仕、儒学传播与地方事务管理，以及明乡人群管理海外贸易与五大商帮的互动关系。

第二，谱牒文献。20 世纪之前，会安各个家族普遍地使用汉字编撰族谱，尤其阮朝时期的会安，每个家族大多都曾编修家谱，宗族资料相当丰富。经过多次战火及浩劫，会安族谱总数仍很可观，并藏于各家族。据会安遗迹管理中心近年的统计，该机构已收集了 20 部族谱，大部分修纂于 19 世纪初。其中一些族谱原本修纂于中国，由华人从家乡带来会安，如张姓、周姓、罗姓等族谱。第三章以会安华人族谱作为主体资料，分析会安华人家谱的多种形态和丰富内容，并将其与越南族谱进行比较研究，讨论宗族组织与祖先崇拜、华人家谱的形制与内容、家谱资料展现的华人日常生活，以及家谱中的婚姻与女性等问题。

第三，契约文书。1993 年至今，河内国家大学历史系与日本文化厅、昭和女子大学国际文化研究所合作对会安老街区进行多次挖掘调查，以确定文化遗产、制定保护措施。其中从当地收集到了一批契约，包括了从 18 世纪至 20 世纪初会安民间的土地买卖契、典当契、借契等。2007 年，昭和女子大学国际文化研究所在整理这批资料的基础上出版了《会安町家文书》（又称《会安华人文书》）。第四章首先着眼于《会安华人文书》的基本形态，讨论契约文书的律法传统、文书格式与演变源流；其次就《会安华人文书》的主要内容，分析契约文书中的经济活动、社会群体与女性地位。通过对私文书的深入探讨，揭示会安华人个体性的经济活动轨迹。

第二章

金石碑铭与社区生活

　　碑铭指含有文字内容的石刻和钟铭等，它既是历史文化的物质载体，也是古代社会的重要文体。海外华人聚集地留有不少金石碑铭，学界已有比较系统的收集整理，成为华人研究的重要内容①。立碑属于越南常见的文化传统，从朝廷到地方，均以树石立碑作为万古流芳的载体，各地有大量汉文、喃文的碑刻，是重要的历史资料。日本学者山本达郎在 1930 年代曾描述：

　　　　1936 年，我当时在河内，曾于 4 月 30 日往访粤东会馆。一入门，有一约 30 米的大厅，当时是作为华侨的学校之用。在近大厅入口的左右墙壁，分别嵌有一块石碑，右侧的碑文史《鼎建粤东会馆碑记》，左侧是《鼎建会馆签题录》，两碑都立于嘉隆二年（1803 年）。……大厅左面墙壁中部，树有两块民国十四年（1925 年）立的《重建粤东会馆碑记》……关公庙的左侧又有《重修会馆后座碑记》和《重修后座签题录》碑石，均为绍治甲辰年（1844 年）修建。在天后庙左侧，也有三块碑文：《重修会馆碑记》、《重修捐报录》、《重修签题录》。②

　　越南曾经开展过多次大规模的碑铭拓片整理工作。第一次是法国远东学院在 1910—1945 年对越南全国进行了大规模的金石搜集工作，共收集石刻、钟铭等资料 11651 件，拓片 20980 份。1958 年至 1980 年代，汉喃研究院

---

　　①　陈荆和、陈育崧编：《新加坡华文碑铭集录》，香港：香港中文大学，1972 年；傅吾康主编：《印度尼西亚华文铭刻汇编》，新加坡：新加坡南洋学会，1988 年；傅吾康、陈铁凡编：《马来西亚华文碑铭萃编》，吉隆坡：马来西亚大学出版社，1982 年、1985 年、1987 年；Claudine Salmon(苏尔梦)：*Chinese Epigraphic Studies in Southeast Asia：An Overview*；李庆新主编：《海洋史研究》第 5 辑，北京：社会科学文献出版社，2013 年。
　　②　［日］山本达郎：《河内的华侨史料》，罗晃潮译，《东南亚研究资料》1984 年第 1 期。

等单位又进行一次拓片工作，大约拓有 4000 份，后来又不断收集，拓片数量进一步增加，大约达到了 30000 份拓片。随后，汉喃研究院与法国远东学院合作，由潘文阁和苏尔梦主持，在 1998 年出版了《越南汉喃铭文汇编》第一集；2002 年，台湾中正大学文学院与越南汉喃研究院合作，由毛汉光、郑阿财、潘文阁主持出版了《越南汉喃铭文汇编》第二集，两集分别摘录了越南北属时期至李朝、陈朝的部分铭文①。与此同时，越南河内出版社拓印出版《越南汉喃铭文拓片总集》，《总集》收集了明末至 20 世纪初的碑铭，共 15 册②。西南大学获得全国高等院校古籍整理研究工作委员会资助，计划出版《越南汉文碑铭萃编》，拟从越南汉文碑铭拓片中精选约 2000 件编辑出版（《西南大学报》，2013 年 6 月 14 日）。另外，越南各地也出版了一批专题性的碑铭文献，如阮光红主编的《越南汉喃铭文（目录提要）》（河内：社会科学出版社，1993 年）、介香的《顺化寺院碑铭》（内部发行，1994 年）、丁克顺的《莫朝碑铭》（河内：社会科学出版社，1993 年）和《扶宁村碑铭》（河内：社会科学出版社，1993 年）、李塔娜和阮锦翠主编的《胡志明市华人会馆汉字碑铭》（河内：社会科学出版社，1999 年）等。

越南碑铭的史料价值如汉喃研究院前院长潘文阁在《越南汉喃铭文汇编》序中提到，"越南铭文不仅具有事奉、功德内容（事实上，光是祠奉、功德、信仰、心灵之内容亦已十分珍贵，还反映越南民众方面的生活）"③。台湾学者耿慧玲曾以《越南汉喃铭文汇编》第一集、第二集为基础，从民族、风俗、文献、制度等现象入手探讨越南李朝政治权力结构、妇女问题、四邻关系、官僚制度，并比较越南与中国的各种文化事象。④

中国学界对碑铭有不同的分类标准，有按碑刻内容分为记事赞颂碑刻、哀谏纪念碑刻、祠庙与寺观碑、诗歌散文碑、图文碑刻、应用文碑刻、石经、题名与题记和其他特殊的碑刻⑤。又按照碑刻性质分为四大类：纂言、纪事、

① Phan Van Cac & Claudine salmon, eds., *Van Khac Han Nom Vietnam: Tap I-Tu Bacthuoc den thio ly*, Paris-Hanoi: Eeole bancaise d'Extreme-Orient & Vien Nghien cuu Han Nom, 1998.

② 陈日红、刘国祥：《〈越南汉喃铭文拓片总集〉述要》，《中南大学学报（社会科学版）》2013 年第 6 期。

③ 李焯然：《中心与边缘：东亚文明的互动与传播》，桂林：广西师范大学出版社，2015 年，第 40 页。

④ 耿慧玲：《越南史论：金石资料之历史文化比较》，台北：新文丰出版公司，2004 年。

⑤ 毛远明：《碑刻文献学通论》，北京：中华书局，2009 年，第 5 页。

述德、文学艺术。纂言类如官方文书、私家文书、乡规民约、告示、诉讼、制诰、禁碑、劝诫碑等；纪事类如各种建筑及道路桥梁的创建、重修碑、兴修水利碑、族谱等；述德类如墓志铭、传记碑、德政碑、墓碑等；文学艺术类如诗词、警句、书法等①。也有分为私人性民间记事碑刻文书与公务性碑刻文书两大类。私人性民间记事碑刻文书包括墓志铭、契约碑、碑记、收支碑或征信录、善书，公务性碑刻文书包括示禁文书和褒奖文书②。汉喃研究院铭文项目工作组根据越南碑铭内容，大致分为了十个主题：

1.表扬善人、善事、乡村义举。记载人们供资进田，兴工修建寺庙，乐捐资助村社解决荒年、官役、还债等公共事务，或通过此举获取乡村人民尊保为后神、后佛。人民向寺庙、村社或乡村组织供田寄忌。

2.朝廷令旨与官方文件。皇帝、郑主或朝廷下颁令旨加封神号美字，准给祀田，准许方民为皂隶；衙门官处分争讼田地、渡口、市肆等民事案件；朝廷或地方衙门禁令。

3.家谱、宗族世系。从皇家、官吏、名人、僧侣至平民等各阶层家族谱系、祖先来源、家庭传统、资产流传、前人遗训遗嘱。

4.人物行状、功绩。名臣名将事业、功绩；禅师、道士传教，艺师传艺故事。

5.乡村各种生活活动。提及乡村各方面生活，包括村社内部有关农业耕作、信仰奉祀、节会文化活动，斯文、乡老、乡饮、教坊等组织的乡约条例；建设重修寺庙、亭宇、桥梁集资规定；乡饮条例；推举后神后佛保词，许诺永久祭祀供忌端言；对乡村有贡献的人的酬恩制度；田土、房屋、产物或特殊权利的买卖契文，祭文样式、礼会仪式、祠堂布置图案、建筑标尺准则。

6.古迹寺庙历史。各地神祠、佛寺、亭宇、文庙、文址、祠堂、宝塔等古迹的创始、存在及流传过程。

7.神谱事迹。乡村奉祀城隍、祠庙尊神事迹，显灵奇事，授封睿号以及民间祭祀风俗。

8.诗文类。皇帝、官吏、文人、名人对名胜古迹题咏诗文；歌功颂德铭词、赞扬，阐明佛教、儒教道理。

---

① 吴敏霞、何炳武、王京阳：《陕西碑刻的现状与保护对策研究》，《文博》2005年第5期。

② 唐力行：《明清以来苏州的社会生活与社会管理——从苏州碑刻的分类说起》，《上海师范大学学报》2009年第3期。

9.寺庙建设、重修。记载寺庙、亭宇等历代兴建、重修经过及有关集资情况。

10.杂类。包括地界标志、奉祀神位、匾额、书法刻字等。[①]

阮文原统计了汉喃研究院现已收集的越南碑铭的年代,得出分布形态为:15世纪之前数量大约为0.2%,16世纪大约为2%,17世纪大约为19.9%,18世纪为37.6%,19世纪为25.7%,20世纪为14.2%[②]。因为历史上还有很多被湮灭的碑铭是无法被计算的,因此以拓片计算各个年代的碑铭状况并不能准确反映历史事实。不过,就随机分布的状况而论,17—19世纪为碑铭文献的高峰并非偶然,这是与社会经济的整体发展有关。

17世纪以来,会安华人逐步建造各种宗教信仰建筑。亭寺庙宇之多,居越南各华人聚居城市前列。宗教信仰场所成为社区中心,建筑内外随处可见古碑,是研究会安历史,也是华人历史的第一手资料。会安汉文碑铭大部分由基层村社中职役、色目、乡饮或乡老会、斯文会、善会、信施会等倡导主持,撰文作者除进士、乡贡、生徒(即以后阮朝改为举人、秀才)等具有科举功名人以外,大部分还是文人、儒生、社官以及稍通文字的普通人。碑文体现了乡民多方面活动,比如规约类的碑铭常常是村社群体约定的日常规范条文或田土交易诉讼裁决;事功类的碑铭常常涉及宫庙、祠堂、会馆、亭桥等缘起、经过、规模和捐资群体等。本章主要利用会安明乡社的碑刻探讨明乡聚落的庙宇体系和信仰结构,明乡士人的科举入仕、儒学传播与地方事务管理,以及明乡人群管理海外贸易与五大商帮的互动关系。

---

① 转见[越]阮文原:《越南铭文及乡村碑文简介》,《成功中文学报》2007年第17期。
② [越]阮文原:《越南铭文及乡村碑文简介》,《成功中文学报》2007年第17期。

第一节　明乡聚落的庙宇与信仰

一、佛法南传与佛教丛林

16世纪末到17世纪中期，越南出现了佛教复兴的局面。一方面，郑氏政权取代了鄚氏统治，盘踞北方地区，而阮氏政权则占领南部顺化、广南地区，互相对峙，越南进入了郑阮纷争的时代，民众有了宗教信仰的需求。与此同时，南阮政权以佛教作为统治的精神基础，阮主均为虔诚的佛教弟子，他们对佛教活动极力支持。另一方面，明清更替，政局动荡，南下移民增多，他们形成定居点，也有宗教生活的需求，不少南方僧侣渡海南下，也推动了越南佛教的发展[①]。近年来发现的《拙公语录》展现了明末僧侣活跃在越南各地的情形[②]，可见一斑。

拙公和尚（1590—1644），俗姓李，俗名天祚，法名圆炆，法号拙拙，惯称拙公，为"大明国福建省漳州府海澄县渐山人"。据陈自强先生考证，该地即现在的漳州龙海市东泗镇渐山村[③]。《继灯录》记载，拙公和尚是临济宗的第三十四代传人，他的师承是：临济义玄—兴化存奖—南院慧颙—风穴延昭—首山省念—汾阳善昭—石霜楚圆—杨岐方会—白云守端—五祖法演—圆悟克勤—虎丘绍隆—应庵昙华—密庵咸杰—破庵祖先—无准师范—雪岩祖钦—高峰原妙—中峰明本—千岩元长—万峰时蔚—宝藏普持—（车）明（慧）岩—海舟永慈—定封明暄—天奇本瑞—无闻明聪—笑岩德宝—幻有正传—密云圆悟—林野奇—二隐谧—陀陀—圆炆拙公。临济宗义玄承继于黄

---

①　谭志词：《十七、十八世纪岭南与越南的佛教交流》，《世界宗教研究》2007年第3期。

②　谭志词：《〈拙公语录〉的编者、版本、内容及文献价值》，《古籍整理研究学刊》2005年第6期；谭志词：《闽南侨僧拙公与越南佛迹寺》，闽南佛学院编：《闽南佛学》第5辑，北京：宗教文化出版社，2008年。

③　陈自强：《拙公和尚：从漳州南山寺的小僧成长为越南高僧》，《漳州古代海外交通与海洋文化》，福州：福建人民出版社，2014年。

檗希运,黄檗希运承继于百丈怀海,百丈怀海承继于马祖道一,马祖道一承继于南岳怀让,南岳怀让承继于六祖慧能,拙公禅派是南禅的一个支派。

大约从 1607 年开始,拙公赴古眠国(下柬埔寨)弘法长达 16 年,受到国王及王公贵臣的热情接待。1623 年曾回福建老家,约同年又到越南中部广南、顺化等地说法长达七八年,受到广南阮氏政权的厚待。拙公在此遇到明行禅师,收为徒弟。明行禅师(1595—1659),俗姓何,法名明行,法号在在,为明末清初江西省建昌(今江西抚州地区)人。约 1630 年,拙公与弟子明行从广南、顺化北上河内,途中曾在义安天象寺、清化泽林寺作过短暂停留,于1633 年抵达河内。到河内不久,越南皇室贵族纷纷拜其为师,他便住持河内看山寺,宣讲佛法。不久赴北宁省住持佛迹寺,曾到河内看山寺、隆恩寺等地讲法。大约在 1642 年去住持北宁省寺,直到 1644 年在该寺圆寂。

拙公和尚除弘扬佛法外,还主持宗教科仪。"拙公及其弟子曾组织一个大斋坛,给那个时代的亡灵超度。这种斋坛及其仪式颇受黎氏朝廷、郑主及王侯公卿们欢迎。《水陆诸科》从此在北方寺院中广泛使用。"[1]明行禅师嗣承拙公衣钵,住持笔塔寺 15 年,直到 1659 年圆寂。拙公和明行禅师圆寂后,分别被越南黎朝皇帝黎神宗追封为"明越普觉广济大德禅师肉身菩萨"、"成等正觉大德禅师化身菩萨",并分别被奉为笔塔寺的第一、第二代祖师,现该寺祖堂内仍奉二祖师木雕像。拙公和尚在越南北方创立了拙公禅派,拙公禅派在越南共传承了十代,绵延近 200 年。关于他们的传承关系,拙公和尚的《传法偈》云:"明真如性海,金祥普照通;智道成正果,觉悟证真空。"

拙公和尚和明行禅师在广南一带弘扬佛法,与会安等地民众有何宗教互动尚不清楚。现保存在岘港市五行山郡三台寺有一通撰写于 1640 年的《普陀山灵中佛碑》,碑文虽然有些内容尚需要考订,但已初步显示早期会安的外国聚落及越人村社参与佛教宗教活动的情形。

三台寺为岘港的镇山佛教,《大南一统志》卷五《广南·寺观》记载:"三台寺,在五行山之西,多古迹名胜。"后阮时期属于国寺,嗣德七年(1854 年)十二月,皇朝颁发敕令,分给各寺院公田,如天姥寺、妙谛寺、圣延寺、灵佑寺、隆广寺、三台寺、应真寺、开祥寺等。1883 年 1 月 22 日(十二月十四日),唐景崧游三台寺,在其《请缨日记》中记:"海防主事张伯珩约游五行山之三台寺。同行者为铁崖、阮述、阮籍、黎桢,仆从数人,分坐两舟。约行十

---

① ［越］阮郎:《越南佛教史论》,河内:文学出版社,2000 年,第 535 页。

里,至山下,遥见猿猴往来石穴、林杪间。登岸约行二里许,至水山。盖其山有五,土人按五行呼之也。一百六十三级,至中台,入山房小憩,僧人献茶。至三台寺,由寺北行,至上台,入元空洞,有石榻二,可席坐。再入为藏眞洞,门首塑神像四,内列佛龛。洞极阴幽,石乳滴沥,长藤蜿蜒而下。峭壁峻石曰麟凤龟龙,其龟形则首尾酷似也。苔碧石寒,不可久留。出洞至一石窟,环抱若城,向东题曰洞天福地;向西题曰云根月窟;北一洞曰云通洞,窈暗不可入;南一洞曰天龙岩,皆在石城中。曲折行石磴,至上台,高处一碑,题曰望海台,阮福映明命十九年立。天风海祷,浩渺无际,极为化观。"①有学者摘录部分碑文如下:

> 大越国广南处靖加县瑜玔社范文仁字惠道明禅师念见佛迹颇有颓蔽……重修开创上普陀山新造下平安寺……日本营、日本国、大明国、从本营、陶卫社、新安社、茶东社、柏洞社、茶路社、南安社、会安社、福洲社、海洲社、锦铺社、安福社、薄板社、智物社、富桥社、瑜玕社、福海社、慕华社、不二社、智勇社、艳山社、景阳社、洴溙社、蒲明社、富沾社、由芽社诸地方人信供银钱。②

碑刻中所提"平安寺"何时改为三台寺,史料阙如,不得而知。据谭志词推测,石濂大汕的弟子兴莲果弘可能在阮福溙在位期间来到越南中部,并在广南延福县创建了三台寺③。阮福溙在位时间为1687—1691年,迟于平安寺碑铭时间。因此在平安寺与三台寺之间关系尚未梳理清楚之前,三台寺是否由兴莲禅师建造尚需要斟酌。不过有一点可以确定,兴莲以"国师"身份在顺化、广南一带活动,与周边禅院关系非常密切,三台寺成为兴莲果弘在顺化、广南一带的重要传播地,也是他的道场所在。石濂大汕到广南传法,《海外纪事》中记载了海上望"三台寺"的情形,提到了"道场"之事。"圭峰突出海岸,所见皆海。右手一带苍山为艾岭。沿山东北上,为会安港口,舟行将来便径云。群山皆峻嶒耸削,独几点青螺如髻,覆于群山之下,与粤东七星岩相似。监官指曰:'此三台也。寺居其中,为果国师道场矣。'"大汕

---

① 唐景嵩:《请缨日记》,中国史学会主编:《中国近代史资料丛刊:中法战争》(二),上海:上海人民出版社,1957年,第57页。

② 转见[越]黎氏梅:《越南广南古代生态环境与文化研究》,华中师范大学博士学位论文,2016年,第227页。

③ 谭志词:《十七、十八世纪岭南与越南的佛教交流》,《世界宗教研究》2007年第3期。

后来乘海船到会安港后,也到三台寺参观,并提到了日本商人在此活动的痕迹,"一古藤从上石隙垂透地下,粗如盃口,矫矫百尺,直如弩弦,东洋彝曾以千金构求不许"①。大汕回到会安港,泊船江中之际,还写了"《游三台山》长歌一章、七律二首"②。

兴莲果弘来到会安一带弘法源自于另一位僧人元韶禅师的邀请。元韶禅师是广东潮州程乡人,俗姓谢,字焕碧,其事迹在《敕赐河中寺焕碧禅师塔记铭》有记述:

> 焕碧禅师于丁巳年(1677 年)从中华来,出锡归宁府,创造十塔、弥陀寺,广开象教,再回富春山,崇造国恩寺,并普同塔。至圣考前朝,又命禅师回广东,延请长寿石和尚,并请佛像及法器递回来往,完成颇多功绩,自此奉旨住持河中寺。……禅师原籍广东潮州府程香县,谢氏子,生于戊子年(1648 年)五月十八日,戌牌十九,辞亲出家投入于报资寺旷圆和尚,法名元韶,字焕碧,历自航来余境,计五十年矣。③

兴莲果弘在大汕推荐之下,在 1689 年来到广南。兴莲果弘到了之后,又再次向阮主举荐了如大汕,1694 年,大汕到了越南,他对阮福淍说的,"(果)国师系老僧法子,王所供养,因国师而得亲近老僧"④。引领大汕到达越南的是福建商人:"(甲戌,1694 年)八月初四日,知客叩门,称大越国专使至。见之,使闽人也,捧黄封甚谨。"《华夷变态》记载担任专使的闽人是往来于广东、广南之间的商客——陈添官、吴资官,两位闽商是否居留会安,史料阙如,尚不明确。从《华夷变态》在 1688 年记载第七十五番船的相关情况看,他们是以广南会安为起点,流动沿海各个港口直至长崎进行贸易活动,并非固定于某一港口的驻商。在此过程中,他们有时搭乘其他船只进行贸易:

> 吾船去年六月廿六日自广南出发,渡海到贵地,船头陈添官。吾船在广东海面被大风吹折帆柱,驶入广东修理。吾船系大船,在广东无合用之帆柱可更换,唯有卖去原船,在广东过冬。此次所乘之船乃去年东渡之贵地之十五号福州船也。此船从贵地回航,又至广东贸易。吾等

---

① (清)大汕:《海外纪事》卷四,北京:中华书局,1987 年,第 76 页。

② (清)大汕:《海外纪事》卷四,北京:中华书局,1987 年,第 78~80 页。

③ 此碑立于国恩寺,转见黄兰翔:《越南河内与顺化佛教伽蓝配置差异的分析》,《台湾东南亚学刊》2006 年第 2 期。

④ (清)大汕:《海外纪事》卷四,北京:中华书局,1987 年,第 117 页。

买下该船，本次船头陈胜官、副船头陈仲官，乘员四十二人，其中十人是在广东招纳；除原载广南货物外，更添置了些广东货物。去年之船头陈添官携带广南首领的货物，仍由其管领，乘广东至广南便船返回。……吾船在广东出发之际，有谢春官船一艘、周良船一艘同行。

大汕达到会安后，即下榻弥陀寺，"此早登岸，住弥陀寺"①。弥陀寺位于今明安坊阮惠街 7 号，也称为旃檀林、广安寺。原坐落于明乡路（今潘周桢街）文圣庙旁边，法属时期扩大市区，在佛寺地分修建公路，缩小佛寺庭院。后来，明乡社将佛寺迁建于关公庙后院。按大汕看法，庙宇开始建于唐朝："惟兹梵刹，创自唐朝，寺在会安，乃八郡三州之要道；僧投大越，宝云来水往之衢途。"②弥陀寺为会安华人较早建立的宗教场所，今寺内匾额上书"庆德癸巳二月旦，信官员老敬立"，"庆德"为黎神宗年号（1649—1662 年），"癸巳"即庆德四年（1653 年）。大汕来到弥陀寺的时候，"院宇逼窄，不足以容大众，分布于观音堂各处"，他与弟子兴莲果弘商议向闽商募捐重建寺庙：（国师）顶礼云："今弥陀寺当此要冲，为往来云水止息之处，历年久远，风雨倾颓，某欲重建，乞垂一言为引进。知老人以笔墨作佛事，现毫端之宝刹，微情仰白，必叨慈允也。"大汕作《募修弥陀寺疏》进行劝捐。③

不过，影响会安寺庙的南传佛教支派并非拙公、大汕、果弘、元韶等人的支系，而是元韶在 1690 年带来师侄明海和尚以祝圣寺为基地形成的宗派。明海禅师生于庚戌年（1670 年）六月二十八日，俗姓梁，名世恩，福建省泉州府同安县人。其塔铭刻写为"同安本寺开山临济正宗三十四世，梁公号法宝老和尚塔，禄生庚戌六月年八戌时，寿享七十七岁，寂于丙寅十一月初七日酉时"；祝圣寺内牌位则写"嗣临济正宗三十四世讳明下海号德智赠法宝老和尚之位"。祝圣寺还明海禅师父母墓碑："显考敦厚梁府君之墓。时在庚贵十二月穀旦。男世宝、世恩、世定立石。"可知明海法宝有三个兄弟④。明海在九岁（1678 年）至潮州报资寺从超长禅师出家，二十岁（1689 年）受具戒，可能是在鼎湖山庆云寺得戒，明海的临济宗师承如表 2-1 所示。

---

① （清）大汕：《海外纪事》卷四，北京：中华书局，1987 年，第 81 页。
② （清）大汕：《海外纪事》卷四，北京：中华书局，1987 年，第 82 页。
③ （清）大汕：《海外纪事》卷四，北京：中华书局，1987 年，第 81 页。
④ 范文俊：《闽南明海法宝禅师与越南南方佛教史》，《泉州师范学院学报》2015 年第 5 期。

表 2-1　临济宗历代传承表

临济宗历代	演派字	诸祖传承
第二十九世	正	幻有正传(1549—1614)
第三十世	圆	密云圆遇(1566—1642)
第三十一世	通	木陈道忞—通觉(1596—1674)
第三十二世	行	旷圆行果(？—？)
第三十三世	超	元韶超白(1648—1728)
第三十四世	明	明海法宝(1670—1748)

表 2-2　祝圣寺历代主持表

序	法名法学	生卒年	临济世传序	住持时间
1	明海法宝	1670—1746	临济三十四世	1696—1746
2	实妙正贤	？—1809	临济三十五世	1746—1809
3	大踊超根	？—？	临济三十六世	1809—？
4	全壬为意	1798—1883	临济三十七世	？—1883
5	彰道宣从	1851—1893	临济三十八世	1883—1893
6	彰旷宣田	1833—1903	临济三十八世	1893—1901
7	印炳祖顺	1865—1914	临济三十九世	1901—1914
8	真证道心	1881—1962	临济四十世	1914—1962
9	如篆解隶	1909—2004	临济四十一世	1962—2001
10	同敏通念	1953—	临济四十二世	2001—

资料来源:[越]黎氏垂庄:《越南南河地区十六至十九世纪中国禅宗的传播和发展及相关文献的考察》,华东师范大学博士学位论文,2014 年,第 180 页。

　　明海在广南弘法之初,先建立了一座草庵,而后才建立祝圣寺,其传承偈四十字:"明实法全彰,得正律为宗;印真如是同,祖道解行通;祝圣寿天久,觉花菩提树;祚国祚地长,充满人天中。"明海分为两段为弟子取法名和法字,门人有实妙正贤(？—1809),亦为福建省泉州府同安县人,继师住持祝圣寺。实营正显(1712—1796),初住祝圣寺,后立福林草庵,实慰正成(？—1770),住持广义省天印寺,有实灯正智(1699—1782),号宝光,开平定省龙山寺。

维新乙卯(1915年)所立石碑记云："祝圣寺,其南州诸山均称祖庭焉。追昔明朝景泰甲子年福建省泉州府同安县明海和尚振锡南来,营成本寺五尊七派,永久流芳。福林寺、三台、灵应寺、古林寺等诸寺供奉。平定省人、潍川县人诸和尚。"会安地区的福林寺、万德禅寺、天德寺、明乡禅寺与金山禅寺(现今之福建会馆)等大部分广南以南是祝圣寺禅派弟子修行场所。明海法宝为方便弘法,他与众弟子组织刻印经板,印送发行到弟子的寺庙。福林寺保存很多佛经刻板,如《大乘金刚般若波罗蜜经》《金刚寿命经》《妙法莲华经》《阿弥陀经》《盂兰盆经》《寿生经》《华严经》等。这些刻经得到明乡社成员捐助,如刻有："广南省青霞福林寺贯通和尚,明乡社养男张德权同奉僎。圣迹乘留板文置通明鉴珍重拜刻印施。"[1]明乡张氏族谱记载该族的各代亲人出家福林寺,明乡社1747年的丁簿也记载该社出家者的姓名,说明福林寺与明乡社的关联性。

会安历史博物馆陈列一口康熙二十七年(1688年)广东省广州府督粮厅戴某供奉会安广安寺的梵钟,铭文如下：

> 风调雨顺,国泰民安。广东广州督粮厅加一十二级戴口口仝妻信奶陈氏虔口洪钟一口,重二百余,供奉广安寺佛前。佛山汾水万名炉铸造,时康熙二十七年岁次戊辰吉旦[2]

梵钟是在佛山铸造的,"汾水"指的是佛山的汾江正埠码头。"督粮厅"即"通判",此时正值海禁废除,南海贸易也由郑氏集团垄断而转变为大陆官商船舶纷纷南下,会安作为重要的贸易港口,聚集于此的清商为寺庙捐助了梵钟,以为祈福之举。寺庙安抚孤魂的功能一直存在,如今其楹联仍书"一尘不到菩提地,万善同归般若门",完整地表达了普度之义。1740年,明乡社成员重修广安寺,碑文如下：

> 寺以广安名,佛以广安灵,人以广安亨,僧以广安盛,诚云坞之宝地,为兰若之□□。特以婆娑世界,焉得如来香钵。跎跌徒众,未免伊满不充,欲使众教久存,必须檀那布功。以明香社有洗府讳祥翁,悯斋钟之冀,发般若之慈航。庚申岁,施钱一百贯,购田三亩以资佛事。而

---

① 转见范文俊：《闽南明海法宝禅师与越南南方佛教史》,《泉州师范学院学报》2015年第5期。

② [法]苏尔梦：《从梵钟铭文看中国与东南亚的贸易往来》,郑德华、李庆新主编：《海洋史研究》第3辑,北京：社会科学文献出版社,2012年。

本社复出公钱购田八亩,合拾一亩有余,在楂咱楂室楂场处。岁时收贮,永为禅仓。于是香积无时缺之供,沙禄有常足之粮。谈宗演教,金策铃铃锜锜;法鼓慈灯,菩提树树煌煌。甘雨于西陲,天花散布;祥云于南极,贝叶成章。是知欲造将来之福泽,必先种目前之嘉梁。善不由外来,名不可虚作。孰无施而有报,孰不实而有获。俾而寿而富,俾尔炽而昌,登诸兜率而以摩尼将见。广安丛林日光,阿弥赫濯日皇。明香士女,日臧不二,传灯回洋,檀越之功德,固无量哉!诸公请记于寅敬执笔书此以志,明乡社乡老、乡长各职同社等勒石。

桐城晋水逊敏斋吴廷贤拜撰

龙飞岁次庚申年花朝榖旦①

此次倡议人"洗府讳祥翁",在明香社内被称为"洗国公",即明香社三大老家的洗国祥。洗氏生活于 18 世纪,可以判断该碑刻可能设立于庚申岁即 1740 年。撰碑者署名为"桐城晋水逊敏斋吴廷贤","桐城"应为"刺桐城"简称,即泉州,"晋水"即晋江,吴廷贤应为泉州人氏。

庙中还有两通成泰十六年,即甲辰年(1904 年)碑刻。一通立于甲辰年六月,记载重修捐钱的社内各组织与个人;另一通立于甲辰年八月,记载为修造旃檀寺佛像捐款的社内各商铺与个人。1943 年,该寺院再次翻修,碑刻记载重修捐钱的社内各族派、组织、官员与社民以及重修佛寺的具体时间。

二、锦海二宫的仪式统合

会安古迹中,锦霞、海平二宫(又称为"巴姥"和"祖亭")为明乡先贤建造的具有特色的宗教信仰建筑之一。武文黄的研究认为,锦霞宫为明乡社祖亭,原创建于 1626 年②。20 世纪初,法国远东博古院曾评列该建筑为会安市代表性的三个名胜古迹之一,即日本桥(来远桥)、锦海二宫和潮州会馆。1930 年,为满足市民交通出行需求,当时管辖会安市的法国殖民政权割取该庙庭院的部分土地改建为公路。1960 年代,为反抗中圻各地由佛教界领袖领导的斗争运动,越南南方政权派遣其军队占据并毁坏会安各所寺庙,其

---

① 碑铭拓片见附录一,附图 1-1。

② [越]武文黄:《会安的锦海二宫》,《过去与现在》第 232 期,2005 年。

中有锦海二宫。此庙今已不存，只留下前门墙壁。

图 2-1　锦海二宫前门

越南启定七年（1922 年）所竖的锦海二宫重建石碑今寄存于明乡佛寺，撰者为张同洽，碑铭记录了重修过程的若干信息：

> 广南风水，吾乡其最也。天宝物华，都会有年矣。民之安居，惟神所劳，昔人所以□于祠宇致意，此地子乾亥起祖癸艮而卯，秀龙左环，作一大局。譬如好花一株，枝枝开朵，昔人相其第一朵者，以先朝熙尊孝文皇帝丙寅年卜筑锦海二宫，盖自锦铺夹青霞地而迁于此也。贞乎哉！亥水朝尊，财会江河之宝，辛沙高耸，文笔铺锦绣之章。锦霞居其左也，祀保生大帝，以封神三十六将配焉。海平居其右也，祀天后圣母，以生胎十二仙娘配焉。基址既宏，规模更古，为南来创立之先，而祖亭、巴姥之称，实本诸此。

> 越嗣德戊申（1848 年），秀才张至诗先生重起前关，增兴范表，门对峙而巍峨，月当中而光大，不但二宫增壮，而观兹杰构，足以表一乡文化之雄。欧亚博古家游览到此，莫不口焉称之，影焉摄之，以为广南第一建筑。岁久当修，识者曰：存古迹，今日大题目也。图前功后人继述也。凡乡中有道者，皆乐出财力，及劝捐贵客，得银贰仟元以上。鸠工既集，古庙重营，阅四月间，聚手奏绩，辉云映日，不改前观耳。而目之咸美，

独占人和,可为吾乡今日颂美哉! 凭依有所引翼无疆振古如斯,若英灵之盛德千秋屹立,留胜迹于名区,先正有题云:造化流形,丹青莫状。非泛语也。神安人安,其在是欤! 喜而记之。[①]

据碑记可知,锦霞和海平二宫为一左一右的相邻庙宇。前者奉祀保生大帝,配祀三十六将;后者供奉华人的航海保护神天后圣母,配祀专司民间生育的生胎十二仙娘。锦霞宫在历史上也存在变迁,陈荆和先生根据锦海二宫碑文认为,"十老复迁往青霞社,于此他们又营建一所共同的祠堂,称为祖亭,因祖亭位于青霞社及锦社之界,故亦称为锦霞宫。不久青霞之河道亦日益淤浅,十老复迁往锦铺、会安及古斋等社。在此三社之接境地方,十老收买了十四亩半之土地为共同之居地(此乃明香社最早之土地)"[②]。在此过程中,发生了华人和日人势力消长的转化。阮氏推行开放海外贸易的政策,以吸引外国客商前来南河贸易。阮氏允许华人和日本人在会安建立华人街和日本町。1636 年,日本幕府开始禁止西洋教和限制海外贸易,导致日本人在会安的地位迅即衰落。到 1686 年,明乡先贤买下位于锦铺社的日本商馆土地后,将锦霞祖亭迁建到此地(今会安市明安坊潘周桢 81 号),并在祖亭右边另建娘娘庙,即海平宫。[③] 18 世纪中叶,锦海二宫与关公庙成为会安明乡社举行各种民间节日祭祀活动以及宗教信仰活动的中心。景兴二十六年(1765 年),明乡社传统节日活动是生动例证。[④]

表 2-3　明乡社传统节日一览

祭礼活动	形式	日期	地点	钱数
元旦节	祭礼、结花灯、放水灯	1 月 1 日	澄汉宫、锦霞宫、海平宫	5 陌
元宵节	祭礼,结花灯,行轿	1 月 15 日	澄汉宫	15 贯 5 陌
			锦霞宫	11 贯 5 陌
			海平宫	11 贯 5 陌
关帝诞生	祭礼	1 月 13—15 日	澄汉宫	8 贯 5 陌

---

① 碑铭拓片见附录一,附图 1-2。

② 陈荆和:《十七、十八世纪之会安唐人街及其商业》,《新亚学报》第 3 卷第 1 期,1957 年,第 282 页。

③ [越]武文黄:《会安的锦海二宫》,《过去与现在》第 232 期,2005 年。

④ [越]陈文安、阮志忠主编:《17—19 世纪会安商港与明乡社》,广南古迹遗产保护中心,2005 年,附录。

续表

祭礼活动	形式	日期	地点	钱数
举行祭拜	祭礼	1月15日	锦霞宫	3贯5陌
举行行轿仪式	祭礼	1月15日	海平宫	16贯5陌
生胎娘娘诞生	祭礼	2月2日	海平宫	17贯5陌
观音诞生	祭礼	2月19日		8贯
安慰节祭礼	祭礼	3月1—18日	锦霞宫	30贯32陌
天后诞生	祭礼	3月23日	海平宫	11贯5陌
端午节	祭礼	5月5日	澄汉宫	5陌
			锦霞宫	3陌
			海平宫	3陌
圣诞关帝	祭礼	5月13日	澄汉宫	22贯
观音诞生	祭礼	6月19日		5陌
中元普度节	祭礼、放水灯、分送食品	7月15日	澄汉宫、海平宫	每宫16贯
土地诞生	祭礼	8月15日	澄汉宫	18贯10贯
			海平宫	
观音诞生	祭礼	9月19日		5陌
下元节	祭礼	10月15日	澄汉宫	5陌
冬至	祭礼	11月	澄汉宫、锦霞宫、海平宫	每宫2陌
除夕送神迎神	祭礼	12月	澄汉宫、锦霞宫、海平宫	4贯

三、关圣庙的祀典转化

明清之际，已在中国民间广为传播的关公信仰也进入会安。大汕和尚在《海外纪事》记载："（弥陀）寺之右有关夫子庙，嵩祀最盛，闽会馆也。"会馆主事者预乞大汕撰写庆贺五月十三日神诞的祝文，大汕写道：

乃圣乃迪，允文允武，读书明大义，具法眼于一部麟经；报国尽孤忠，抱遗恨于三分鼎足。但知有汉，岂肯受孟德寿亭之封；业已无吴，不妨爽子敬荆州之约。秉烛达旦，挂印辞金。一生谨守臣心，百代崇加天爵。自古英雄，称帝称王，未有称夫子，猗欤超哉；从来豪杰，即正即直。

如斯即圣贤，蔑以加矣。高人烈士，动辄长揖傲王侯，若美髯公之遗像在兹，自然稽首；孝子义夫，无过一方隆俎豆，乃普天下之昭承由是，莫不感通。处处山呼，年年嵩祝。某等躬逢上寿，叩拜下风，同志二百六十余人献爵五月十三吉日，圣其降耳，凛凛犹生；神则缋之，洋洋如在。伏愿河清海晏，长浮蘋藻之香；世足家丰，共沐岁时之庆。微情敢告。[①]

现在会安关帝庙位于明安坊陈富街 24 号，匾额题为"澄汉宫"，越南人称之为"翁寺"。关帝庙建筑结构包括前堂、院子和后宫三个部分，呈现为"国"字形。房子与房子之间由椽木连接起来，屋顶上则铺满了彩色的管状琉璃瓦。其装饰物还包括用陶瓷做成的五颜六色的柠檬树花、龙和小狮子。前堂分一堂两庑，堂屋正中央摆放着供桌，供奉关公的侍卫。两庑分别摆放着一口大铜钟和一面大鼓，大鼓的支架为阮朝末代皇帝保大御赐。前堂和后宫之间为露天院子，中有一口人造池子，内造假山，山上塑像为"桃园三结义"、"关公护送二位嫂子"、"关公擒曹操"等三国故事。院子两侧各有一排偏房，房内墙上嵌有碑文。后宫正中摆放着关公的供台，供台前面分别是赤兔马与白兔马。后宫左右两侧分别是关平和周仓像，像高两米有余。关公像置于后宫的最里处，像高近 3 米。像骑在白虎，面如重枣，卧蚕眉，凤目，长髭髯，身披青色锦袍，袍上饰以盘龙。头戴盔甲帽，帽上饰以双龙戏珠。关公像后面的墙壁上挂着一件锦袍，此袍系 17 世纪明乡人带到越南。每年农历六月二十四日人们在这里举行隆重的庙会活动，每 23 年举行一次大的庙会，持续三天（农历六月二十四至二十六日）。[②]

会安关帝庙建造的确切时间至今未有定论，现存匾额存有年份记录："敕封三界伏魔大帝、神威远振天尊。庆德癸巳年季冬吉旦书，明香员官各职全社立。"关帝敕封号始于万历四十二年，可知该庙建造不会早于 1614 年。至清朝顺治九年（1652 年），关羽又被为"忠义神武关圣大帝"，不会迟于该年。另由"庆德癸巳年季冬"可知该庙建于 1653 年前。现存碑文提及了 1753 年、1827 年和 1864 年的重修。1753 年关帝庙第一次重修所立石碑铭文载："关圣帝庙、观音佛寺，本乡鼎建百有余年矣"。1827 年修石碑说该庙"今计其年将二百矣"，以此推断，关帝庙应与退守到会安的明乡人有关，

---

① （清）大汕：《海外纪事》卷四，北京：中华书局，1987 年，第 83 页。

② 谭志词：《越南会安"唐人街"与关公庙》，《八桂侨史》2005 年第 5 期；Viet Nam Tourist Guidebook，Ha Noi：Viet Nam National Administration of Tourism，2008，p.33.

可能是"明香员官各职"的来由。根据此资料，不少学者认为会安明香社出现的时间在 17 世纪初，甚或更早。陈荆和认为"明香社"设立的时间在 1645—1653 年之间，很可能在 1650 年前后。当时祭祀活动中，关帝庙设有"关圣会"，会众达到二百六十余人，规模宏大。

此时正值郑氏集团被清朝击败之际，鼎革大局已定。如大汕等心向明室、身着明装的海外流亡者别有感触，家国何在，以何种认同安身立命，成为他们为关切之重点。大汕的祝文写得极合事宜，文中所谓"报国尽孤忠，抱遗恨于三分鼎足。但知有汉，岂肯受孟德寿亭之封；业已无吴，不妨爽子敬荆州之约"，不仅包含自身强烈的个人情感和政治认同，也反映了在会安港口生活的闽人心声，因此关帝庙成为明乡人信仰核心是顺理成章之事。

汉澄宫现存碑铭比较完整，一方面体现庙宇的不断重建过程，另一方面也体现其从社区信仰纳入王朝祭祀的过程。第一通为龙飞癸酉年碑刻，额饰以双凤朝日，两沿及碑底饰以花，以汉字楷书撰写，记载明香社后三贤洗国祥、吴廷宽、张弘基为重修捐助钱款的主要发起人，参与者为乡官、职役等地方精英：

> 事之创成于始而能垂□之，缵美于前而克□昌德，望胜龙先□□□可谓全盛久而弥□。关圣帝庙、观音佛寺本乡鼎建，百有余年矣，地占山川旺气，灵钟河岳精英，护社稷以匡盛，佑商旅以休征，遂有希求如响之应。然而岁久大不如初，毂蚁毒穿栋柱，成空洞之，□□历落堂房，有□□之。神像如不豫之颜，乡岂有翻构之议，然而动当数千之费，待三厘以何年。幸有洗国祥、吴廷宽、张弘基行素怀植德，济资不慕扬名，乡里推为俊士，力量大作槽越，三公慷慨自出□金以应用，不辞繁费。本社欢协，着实董事，以□□为，只望速成。念先人乐善构始，规模壮丽，今□历□重兴，制度轩然。记姓名，昭世代，□硕德。及云仍落成，神人齐庆鼎新，远近俱瞻。兼有本社公钱充入应用，俾成厥事。兹纪。
>
> 明香社乡官各职役补增□伯乡老：郭自明、陈惟馨、柯国瑞、陈惟德、张弘道、谢光弼、陈元善、孙天瑞、康达瑜、李有德、邵天杨、徐天焕、郑兆铨、陈世良、马甲训、陈能安、徐耀爵、吴国柱、吴淑兰、李廷耀撰序
>
> 龙飞岁次癸酉年（1753 年）仲春旦①

---

① 此碑为越南汉喃研究院拓片号 30370，录文参考谭志词：《越南会安"唐人街"与关公庙》，《八桂侨史》2005 年第 5 期。

第二通题为"龙飞癸卯年"的碑刻,立碑时间为1775年,这是越南历史上南北纷争的一个关键年份。1771年,广南西山阮文岳三兄弟起兵反抗阮朝,称"新阮",新旧阮就此争战不断。1775年,安南黎郑军队南下,攻击新旧阮,南海海寇也加入争战。在战乱前后十余年间,战火绵延使广南各地华侨社会,几陷灭顶之灾。1780年代后,西山政权在顺化等地杀戮华人,老侨新客生命财产损失惨重。尤其是广南各地华社,均元气大伤。嘉定沦为战场后,原本繁荣的唐人街区几至荒废,华舶贸易随之衰微。这从商艚数量、税钱收入的减少可得到验证,"辛卯年(1771年),诸处商艚到会安十六只,税钱三万八千贯。壬辰(1772年)十二只,税钱一万四千三百贯。癸巳年(1773年)八只,税钱三千二百贯"①。

边和镇三江西岸的码头原本是中国商船辐聚、华民常寓之地,"自西山之乱,人地流移,今成灌莽"②。关帝庙成为社会重建支撑点,如《嘉定通志·城池·边和镇》中记载,"关帝庙:在大铺洲南三街之东,面瞰福江,殿宇宏丽,塑像高丈余。后观音观,外包砖墙,石麟蹲于四隅。与大街西头福州之会馆,东下广东之会馆为三大祠。经西山乱,人民离散,三祠毁废,唯此是本铺公共之庙,竟得独存"③。安南黎郑军队与西山阮军在会安交锋后,公共设施遭到废弃,唯独关帝庙香火鼎盛,得以维持,如《重修关圣帝庙》的碑刻曰:

> 盖闻事创始而垂后,缵美以继前,先后并美,诚为尽善矣。我本乡关圣帝自昔贤鼎建,后继重兴,由来久矣。地抱群山之秀,灵钟环水之英。神明响格,远近咸沾。后竟罹兵革,诸庙塌毁,而公庙犹初,益见神明显赫,庙食千秋也。然而日久年湮,圣容冠衮悉为蛛网尘封,殿宇窗楹尽被烟熏雀穴,登堂顶祝,奚安英灵?同人祈筶,圣许修容。乡里共推缘首许献瑞素怀植德,自倡出以囊金,社内欢欣,共聚裒于指日。将见圣颜威赫,同瞻冠服焕文。堂庙貌规模,共仰英风昭日月,从此神人胥和,遐迩欣瞻,聊继前人之乐,志俾书后,胤之芳名为志。④

---

① [越]黎贵惇:《抚边杂录》卷四。

② [越]郑怀德:《嘉定通志》卷六,戴可来、杨保筠校注:《岭南摭怪等史料三种》,郑州:中州古籍出版社,1991年,第220页。

③ [越]郑怀德:《嘉定通志》卷六,戴可来、杨保筠校注:《岭南摭怪等史料三种》,郑州:中州古籍出版社,1991年,第218页。

④ 碑铭拓片见附录一,附图1-3。

缘首"许献瑞"在会安的《许尊家谱》有记录："一世显高高祖考，中大夫户部左侍郎兼知艚务禄进侯谥温良许献瑞公行三神位。生于癸亥年（1743年）九月十一日卯刻，卒于己未年（1799年）十二月初二戌刻，葬在（青霞社）㴶桥处。"①关帝庙在战乱之中成为社会整合的重要象征，是中国商船冒着风险时至广南进行贸易的公共场所。1793年，约翰·巴罗（John Barrow）来到广南，对贸易情形进行描述："最近的革命及多年来蔓延此国的不安局势并未中断农业及商业活动。每年都有一些中国戎克船抵达会安。"在沱㶞附近见到小型的甘蔗园，甘蔗榨汁后被制成"有色有、较厚的、像蜂巢一样的有孔块状的蔗糖"，然后装货运往中国。② 许献瑞身份为艚务官，生逢乱世，出面倡议重修关帝庙势在必行。

第三通为丁亥年（1827年）的碑刻，碑额饰以双龙朝日及云，两沿亦饰以龙、云，碑底无花纹装饰，虽有残缺，但对相关事项有详细记载：

> 宇宙间开辟以来，惟周□素王孔夫子为师表百王，有国家者则崇祀之。及汉，帝君□□□为□神灵，□古普天下□□仰奉之，一作春秋，一治春秋，先圣后圣，其揆一也。本乡香□之东有澄汉宫焉，乃祀关圣帝之庙，□后梵宫连所，奉事□□□，乃古时前哲所创也。其地则土凭高垱，位向正阳，江涵秀水罗前，浪涌明沙拥后，如砥通衢交接，可封比屋周旋，诚□□□也。其形则梁栋森严，洞窟耸峻，堂陛不壮而丽，廉隅不□而□。□回廊道，坦平中外，重门洞达，诚□度之 □中也。一方□□□，兹然伊昔，规模犹存，朴略竟无文华之饬焉。□□屡更，百余年矣。嗣后□前诸公相继有兴，曾经修造而后奂伦□□□，今计其年，将一百矣。夫人以时过而代谢，物经年久而朽坏，兹则神祠不如前之□，圣像非复古□，墙皆倾□，□□□沉。思以□新之，然动以千计，非朝夕之所能谋□，□□隐忧未妥，□伸□然启有。
>
> 迨于皇朝明命六年（1825年）乙酉夏五月，圣驾南巡省方，驻□镇城，十六日□□御舟抵庙前津次，圣天子幸临庙宇□□□□□□感慕，

---

① ［越］许玉和、许玉发：《许尊家谱》，保大五年（1930年）手抄本。

② John Barrow，A Voyage to Cochinchina，in the Years 1792 and 1793，London：T. Cadell and W.Davies，1806，pp.349-350；310；Gorge Staunton；An Authentic Account of an Embassy from the King of Great Britain to the Emperor of China，Vol. I，London：G. Nicol，1797，p.171.转引廖大珂：《清代中国与越南的贸易》，包茂红、李一平、薄文泽主编：《东南亚历史文化研究论集》，厦门：厦门大学出版社，2014年，第441页。

旨着赏银三百两,为帝王庙香火修庙香火□用,以示神人共庆,圣恩优渥。神祠愈得显名,远近闻风,莫不倾心仰慕。银□□□□买土庸一所,在香胜邑罗为。帝有香油常例,乃从本年乡老黄栋观、乡长蔡庄观、林香观、李鸿观、张联观、杨陶观、屈□□、余宝观仝先□□捐赀及出题缘□,化诸善信,以助其费。于是以夏六月起工,换其旧而更新,随其缺而补正,丹护粉□□,又增构后堂,连□垣墙,以周广玄武。粤季冬□功告竣,既落成,将勒石以识事。然窃念颇修营补葺,乃当职分内事也。□□□碑,未兑物议,颇近好名。第以前贤始之难而终以继之,欲使后之视今亦犹今之视昔,所以不嫌于此举。是正□筏进览斯碑而兴起,仍旧贯而重修,则关帝庙愈以而愈新,长留穹壤间,工垂不朽,云是为记。

皇朝明命万年之间丁亥年冬十二月吉日

明乡社乡官、乡老、乡长、员职仝记,本乡墅堂居士张正鹄谨撰[1]

将碑刻置于19世纪初的时代背景分析,原属明乡人的关帝信仰与越南阮朝国家祀典存在关联。1802年建立的阮朝是越南的最后一个封建王朝。在西山起义时期,阮主得到来自华侨华人(包括明乡人)的众多支持,包括郑氏家族、何喜文集团、陈公璋和义军集团、郑怀德、吴仁静等[2]。嘉隆(1802—1819年)和明命(1820—1840年)两朝是阮朝较为兴盛的时期,也是他们实行中国友好政策,全面学习中国文化模式的时期。阮朝建立后,嘉隆帝(阮世祖)阮福映派遣使者到中国请求册封,嘉庆皇帝在1803年赐予国名"越南"。1804年派齐布森在升龙册封阮福映为越南国王,成为清朝的藩属。1821年,清朝派遣使者潘恭辰到河内册封继任的明命帝(阮圣祖)阮福晈,明命帝就专门从国都顺化到河内,名之为"北巡",实际上是节后册封,"问清国事"[3]。作为拥有独立主权的藩属,明命帝一度视为清朝为"清国",并认为清朝是"以夷变夏",阮朝则是"以夏变夷",才是中华正统。在此理念驱使之下,越南力图将自己塑造为"华夏"的继承人借鉴中国历代王朝的典章制度将自己打造为中南半岛上的"天朝上国"。在此过程中,模仿礼仪制度成为重要举措,因此都城设立了文庙、武庙、历代帝王庙、神农祠、先医祠

① 此碑为越南汉喃研究院拓片号30371,录文参考谭志词:《越南会安"唐人街"与关公庙》,《八桂侨史》2005年第5期。

② 郑瑞明:《试论越南华人在"新旧阮之争"中所扮演的角色》,许文堂主编:《越南、中国与台湾关系的转变》,"中研院"东南亚区域研究计划,2001年,第14~35页。

③ [越]阮朝国史馆:《大南实录》正编第二纪,卷一二,第14~15页。

等祀典场所。在此礼仪整合过程中，原来在各地已广泛传播的关公祠、关帝庙也得到重修，并纳入到了国家祀典之中，会安关公祠也不例外，越南方志有多条资料记载了此次盛举，如《广南省志略》，"关公祠：在延福县会安铺，明乡人会造。明命六年（1825年），驾幸广南，过其祠，赐银三百两"；《大南一统志》卷五也记载相似信息，但略有错漏，"关公祠：在会安铺，明乡人建，规制壮丽。明命五年（1824年），南巡过其祠，赐银三百两"。

会安关帝庙得到明命帝的赐银重建，并引发明乡人的积极响应，显示阮朝政权华侨政策逐步成型。1802年，阮朝建立之初，就准许全越各地设立"明香社"。在此过程中，关公祠、关王庙、关圣庙等祭祀关帝的场所成为社区自治机构，得到了官方确认。其情形如《嘉定通志》记载边和镇的关帝庙重修：

> 世祖己未二十二年（1799年），镇边大水，像被浸坏，而栋梁檐瓦以经年，多所朽弊。丁丑嘉隆十六年（1817年），乡人会谋重修而力不逮，恳臣做主，以臣旧贯之所在也。初臣口勉许诺，姑以悦之，而心犹未果。及其撤下正梁，上有附钉一板，虽虫蠹，并已侵蚀，而字刻宛然，止为香烟霉久所熏黑，令轻加洗刷，仔细观之，其漆发坚厚，字刻分明，前列主会八名，间有臣显祖姓名，余人甚多，俱不认识，后刻"岁次甲子正和五年（1684年）四月吉日"。左梁一板，刻主会十一人，间有臣显考姓名，后刻"岁次癸亥景兴四年（1743年）仲春毂日"。臣彷徨久之，而众人争观其板，寻自坏烂。爰向庙前祝而焚之，谨念神与臣家三世既有宿缘，臣如何敢不成先世之善愿？故毅然募众共襄其事。新其庙，塑其像，修理祀事。[①]

越南王朝和地方官绅利用华人原乡信仰凝聚社群，推行管理政策与制度。1826年，阮朝针对各地明香人"税例供输不一，轻重亦殊"，谕令"凡在明香籍者，均定为岁输人各银二两，民丁、老疾半之，庸役并免"。1827年，改"明香社"为"明乡社"，1829年，下令"明乡人夫妇及其家族不得返中国"，就在这种背景之下展开。

从现有文献记载可知，1820年代之后，越南各地新建不少关帝庙或对

---

① ［越］郑怀德：《嘉定通志》卷六，《城池志》，戴可来、杨保筠校注：《岭南摭怪等史料三种》，郑州：中州古籍出版社，1991年，第218页。

原有庙宇进行了重修①,如 1835 年建薄僚省关公庙、1842 年建清化省玉山县关公庙,顺化关公庙、河内粤东会馆内关公庙得到重修。在此过程中,越南国王不断给关公颁布敕封,宣扬关公的忠义精神,以此号召人民忠君爱国。1850 年,嗣德帝亲命朝臣负责顺化关庙的重修并命撰碑铭以资纪念,碑铭赞关公曰:"惟公忠义正气赛乎天地间,壮哉崇祠,荣哉褒衮,为此江山增色,其所以佑我民,为世世忠臣烈士劝,皆于是乎在,岂仅皇州一壮观已哉"。在此背景之下,会安汉澄宫分别于 1864 年、1904 年进行重修②。

四、信义谱与阴灵祭祀

华人在东南亚活动,客死他乡的现象时常发生。未得到祭祀而阴魂不散成为社会不安定的隐患,如新加坡漳泉义冢恒山亭碑铭中形容未得到祭祀"游魂":"眼见恒山之左,叠叠佳城,累累蚯墟,或家乡远阻,弗祭不至;或单形只影,精魄何依,饮风餐露,诚无已时。"③由此,华人奉祀孤魂野鬼的行为极为普遍,除了上述如大汕通过佛教仪式予以超度,或者在寺庙旁边设立义冢外,各地还有其他处置方式。新加坡各方言群(帮)埋葬和祭祀客死异乡、无力购买葬地的同乡,闽籍人士义冢是漳泉义冢恒山亭,潮籍人士建立了泰山亭义冢,海南籍人士建立了玉山亭,广府和客家两个方言群联合建立了绿野亭义冢,广州、肇庆和惠州三属建立了碧山亭和青山亭,客籍当中的嘉应五属人士建立了五属义山,"丰永大"三属人士建立了毓山亭等。④

越南文化观念认为,无亲无故或没有直系亲属的孤魂因生前没有后代,也没有家产,没能为自己立嗣,死后就会四处游荡,因此出于怜悯和安抚,需定期祭祀这些孤魂和饿鬼,希望它们也能在地方配享香火。不少文学作品与此宗教仪式有密切关系,黎圣宗的《十戒孤魂国语文》包括十一段,开头为总论,正文十段分别是对十个阶层人士的告诫,即禅僧戒、道士戒、官僚戒、

---

① 陈益源:《越南关帝信仰》,萧登福、林翠凤主编:《关帝信仰与现代社会研究论文集》,台北:宇河文化出版有限公司,2013 年。

② 碑铭拓片见附录一,附图 1-11。

③ 陈荆和、陈育崧编著:《新加坡华文碑铭集录》,香港:香港中文大学,1972 年,第 2211 页。

④ 曾玲:《越洋再建家园:新加坡华人社会文化研究》,南昌:江西高校出版社,2003 年,第 61～64 页。

儒士戒、风水先生戒、良医戒、将军戒、花娘戒、商贾戒和浪子戒。阮攸的《招魂文》为六八体，分为四部分。第一部分：说明立坛祭祀以便为孤魂们申冤救苦的理由。第二部分：列举了"十类众生"的名称：(一)被杀帝王。(二)含冤而死的富贵女人。(三)失势大臣。(四)败仗将领。(五)死于途中的贪财者。(六)死于馆驿的追逐名利者。(七)死予异域他乡的商人。(八)阵亡兵士。(九)孤独老死的妓女。(十)其他因为贫困、灾祸等原因死亡的人，如饿死途中的乞丐等。第三部分：描写了上述孤魂们贫困落魄、到处流浪的凄惨景象，作者召唤他们回来听经。第四部分：求佛为孤魂们超度，请孤魂们享受香火祭祀。

在这种文化观念引导下，越南各地出现由民众自发组织、用于供奉亡灵的民间组织。该组织为民众合约建立，有土地、庙亭、成员，并有整套规章制度、供奉仪式。奉祀孤魂而建造这类祠堂称之为"义祠"，组织称为"义谱"，成员称为"义族"。越南民间还保留不少"义谱"文书，从中可以看出其运行的实态。现转引广西民族大学硕士谢林轩在田野调查中所获"咸顺府胜安总善庆村善义谱"的有关文书以为例证：

> 咸顺府胜安总善庆村□□□谱嗜（耆）旧职役等为立"同应束约"事。缘于成泰拾五年（1903 年），就官乞立谱号自向来，上和下睦，各己平情。兹有黎光、杜体控争这土与阮谟武有承，饬收消单凭。兹□嗜（耆）等乃立"同应"，就官再造新单，格式叶例，常年清明至日并三元、四季、正旦、端午置供祭延（诞），或有南义流民，或正寓村内，无有亲人，死毙保全骸骨，乃同应连名记指，就呈本村证认属实为凭，应□别□。为此，同应束约词。①

文书显示，"善义谱"运行相当有条理，不仅需要得到官府衙门承认，而且施行义举需要向村中机构申请核实。就仪式而言，每逢清明节、夏至、冬至、上元节、中元节、下元节、立春、立夏、立秋、立冬、元旦、端午节要进行供奉和举行祭祀活动。根据现在田野考察，祭祀过程中，祭师、护法门徒和成年人参与其中，祭师是最大的，由他主持并指挥仪式进行。祭祀过程中敲打锣鼓是为了吸引亡灵们"回来"，告诉他们这里准备祭祀他们；"撒米"是为了给孤魂们喂饭，象征着给阴灵们提供食物；"烧纸钱"是为了给孤魂们送钱，

---

① 转见谢林轩：《越南义谱研究——以含进地区为例》，广西民族大学硕士学位论文，2013 年。

象征着给阴灵们提供钱财。

清初,石濂大汕来到会安设佛坛向本地信徒传授佛法,旅居于此的华人居佛教影响极深的,祭礼册记载关于恭逢释迦牟尼佛、阿弥陀佛、观音菩萨的诞辰及成道纪念日。超荐亡人是佛教仪式中的重点内容,并由此超度一切孤魂野鬼,寺庙周边常常建有义冢,以行善事。大汕除了传法戒度之外,目睹客居此地华人无法入土,于是依托弥陀寺向闽商倡建义冢,以安抚客死异国而无法魂归故里的华人,"客居既繁,因之旅梓无归而遗骸暴露者,在在都有。余闻之,愀然动念,嘱国师语闽客为倡首者,募义冢地,收掩孤骨"①。为了募集捐款,大汕特地为缘首作"引"买地,此文极为凄凉,反映了明清鼎革流亡华人的真实处境:

> 窃惟庆生悼死,乃亲友之常情;掩路埋胔,宣仁人之厚德。近员遗骸遍露,多闻旅梓无赀,背井离乡,置身何地,不出代白,莫可相成。兹大越国会安府,百粤千川,舟楫往来之古驿,五湖八蜀,货商络绎之通衢。间有财并陶米,岂无义同鲍叔。悲填沟壑,惨踏牛羊,如其祖居川左,难返太行,设或产河南,焉回衡岳。经年浪迹,惟余两眼含酸;一旦危亡,顿尔四肢落寞。值眷绝亲疏之日,况天遥海阔之方。秋与怨俱深,砧断杵残孤魄泪;梦随家共远,风吹雨打湿磷灯。骨尚暴于烟郊,信何传于闾里。利名兴尽,岁积体房劳;腐朽谁埋,路穷童仆散。孰料半途捐馆,堪怜绝域栖魂。雁断长空,那得寻声遥赴;闺中有待,还思满载归来。忆昔欢歌,慷慨之音,竟同流水;只今侠气,周全之谊,须藉路人。顾范希文麦舟之助,古道犹存;想徐孺子束刍之仪,遗风可续。即一粒一钱之乐赠,亦再生再世之弘慈。得葬高原,招回故国之魂,当图结草;但求柸土,纵作他乡之鬼,亦赖脱骖。非徒惠于无名,胜矣素车白马;若施恩而不报,悲哉治草王孙。原欲举义坟,必需善士。缘应首倡,愧糠秕在前;事必合光,颂功德无量。谩比鹤归华表,相将牛卧介山。挂剑延陵,埋琴子敬,勿辞协力,布台同心。

大汕等人倡议的义冢之举历代传承,会安明乡社建有多个义冢,其中"信义祠"坐落在会安市场的北面(今明安坊阮惠街 3 号),内悬挂牌匾的《明乡社信善族序引》云:

> 义祠者,见义则为也。何者,沙场寂寞,触景兴悲,万里凄凉,伤心

---

① (清)大汕:《海外纪事》卷四,北京:中华书局,1987 年,第 80 页。

竭禁。本族于壬午年（1822年）见郊野之外，荒冢孤坟约以千万数，谁先谁后，其知耶？乃与通同人常年祭扫于野，此共创之初，特为权耳。明命拾年己丑（1829年），本族始同捐资，力助购买土园一顷，在会安社林沙处建此义祠，四辰香火，为栖神之所。每春首祭扫一筵，每三年建醮一筵，此为例定。其前人肇之，必须后人培之，以为永远之基，阴骘中之一端耳，是为序。

"荒冢孤坟"说明信义谱祭祀既不属于族祭，也不属于家祭，"会员"不是来自同一家族，死者"无亲人、无后代"或该尸首"无人认领"，"每春首祭扫一筵，每三年建醮一筵"，说明信义祠由专人负责，其形式即如中国民间的"会社"，他们三年举行一次打醮仪式，以超度亡灵。"义祠"又称"义谱"，信义祠的中梁柱载："成泰十八年（1906年），岁次丙午六月初八日己卯，明乡社信义普恭造"，"普"应为"谱"，《信义祠序》对祠堂重建有比较全面的展现：

> 明乡社东邑有新祠在焉，信义谱奉灵处也。是地寺馆、亭场砂横酉庚，亥未水朝，虽由人力，默有天成，亦乡中一胜局也。特移际而能使江山效用，喜气盈门，盖亦信义之诚所感孚也。他辰兴旺，可知本谱乙亥年发信义之心，就家设祭，初当阙如也。未几而买宅栖神，祠始有焉有祠。未几以开路，故而破旧址而卜新基，与夫前年信善、今日萃英同一，革故鼎新之土宇矣。际兹辰代，谁不以为□然。不有废者，其何以兴百年香火之基资，此则可喜也。悉虽非谱中人而得预办之寄，深为本谱喜之。以本谱心卜本谱运，又可喜也。是祠以五月蠲吉，命工七月工竣落成，将详始末，寿之贞石而征辞焉。悉不揣肤见，恭纪其事，以劝来者，是为序。①

义祠重点在于建筑物的，"谱"则是突出其社会人群结构。《信义祠序》说明了信义谱的内在构造，"谱"作为会安明乡社内部的小型慈善团体，是信义祠的创建、重建、移建的核心力量，成为处理社群内部的公共事务的重要组织。现存碑记中留有题捐名录：

> 明乡社，喜题花银壹拾大元；长成堂，喜题花银壹拾大元。

> 正管谱、旧司礼张至忠，银四元；管谱、试差正总、从九品周丕训，拾贰元；知谱、乡长邵进德，银陆元；理财兼总理陈青莲，银陆元；司礼、旧守务李有伦，银伍元；正督工、知祠邵进芝，银肆元。

---

① 碑铭拓片见附录一，附图1-15。

旧会事王有彩,银贰元;旧会事、守务杜仲,银肆元;旧会事、守务张玉瑜,银叁元;旧会事邓端蓉,银陆元。

当年会事陈科宏,银伍元;当年会事沈维清,银柒元;当年会事王庭光,银肆元。

司书、邑长邱生茂,银叁元。

正管谱、司礼、管谱、知谱、理财、总理、守务、正督工、知祠、会事、司书等名目存在,可以推测信义谱内的周密分工。当年会事、旧会事的区分则说明了管理上实行轮值替换制度。乡长、试差总办、邑长等地方基层官员的参与,充分显示了信义谱的自治功能。"管谱"等职应是通过公举并得到官府批准而任命的,如"咸顺府胜安总善庆村善义谱"的另两份文书可以佐证:

咸顺府胜安总善庆村善义谱职役等为置举事。缘本谱职役择得谱内旧管谱武文胡,谨慎之人。致上下令,应举伊为师谱。春秋二例,将会择日,并唱饬仪文。若所事弗勤,有公法在,为此兹置举词。右置举师谱武文胡据此。

咸顺府胜安总善庆村善义谱职役等为选举事。缘本谱相会,选得谱内人□奇谱武胡,为人醇□,性行可堪。致上下令,应举伊为拜谱。嗣□春秋祭例,检顾诸□。若所事弗勤,有公法在,为选举词。右选举师谱武文胡据此。[①]

捐款人构成显示信义谱是各姓人员以个人名义参与的地缘性组织,有男性,也有男性。《信义祠序》男性题名如下:柯文待,贰元;黄登雁,贰元;苏有本,壹元;守务林咏,肆元;潘文祥,肆元;陈季赏,贰元;张公言,贰元;阮文归,壹元;陈谦,贰元;陈文杏,壹元;阮廷兰,叁元;张文春,肆元;许玉良,叁元;张玉统,叁元;邱生莲,壹元;吴正心,壹元;许玉燕,壹元;黄金垒,壹元。

信女捐款名单:范氏梨,贰元;杨氏馁,伍元;梁氏排,贰元;陆氏瑶,伍元;黄氏盛,伍元;郭氏鸾,壹元;陈氏丑,贰元;陈氏荫,壹元;吴氏发,壹元;阮氏勇,壹元;张氏超,壹元。

信义祠作为明乡社之下的社群组织,处理本社区内的孤魂野鬼。随着会安对外贸易的发展,这种内部组织也向社外华商开放。成泰十八年(1906年)题为《阴灵祠址事成敬列本庸诸贵商宝号喜题银各千所有芳名》出现了

① 转见谢林轩:《越南义谱会研究——以含进地区为例》,广西民族大学硕士学位论文,2013年。

会安铺商号与妇女（表2-4）。

表2-4 信义祠会安商铺及妇女捐输芳名及数额表

类型	名　　　称	数额（元）	小计（元）
商号	许长胜	20	255
	蔡顺胜	15	
	谢和记、蔡均胜、黄芝草	10×3＝30	
	谦光号、天泰号、丁福美、耿庵号、谢长利、柔合号、叶顺成、德昌号	5×8＝40	
	杨德记、陈泰发、喜盛号、合利隆、阮才惠、陈尊周、和源栈、武□合、□南兴、谢福记	3×10＝30	
	惠芳号、振隆号、和昌公司、安记号、共光和、天利号、陈昌胜、万胜号、德记号、振长号、福源号、林万昌、广裕兴、林□富、长炳号、邓兰记、陈财利、陈如流、蔡顺兴、俊成号、许光廷、许合利、沈美南、荣兴号、谢字记、春生号、□泰艮、杨兴美、阮维藩、莫泉胜、武文智、邱生花、黎子兰、盛利号、阮文力	2×35＝70	
	许渭滨、张怀璪、吴荣昌、黄云居、□人源、□□号、□□乡、信芳号、陈捷泰、刘意识、黄茂昌、郑义昌、韩记、范清辉、李萱记、盛元号、裕记、辉记、叶同春、陈长春、黄光盛、万芳馆、兴隆号、永记、陈和昌、陈尧禧、广芳号、李灿盛、金合号、阳光号、唐炎记、志轩号、谢尊元、谢悦记、吴益记、陈兴发、周协利、陈盛兴、唐明峰、裴发明、卞挺、武长发、阮川至、陈玉珠、冯保和、额合号、邱生兰、保和号、黎明珠、阮文培	1×50＝50	
妇女	范氏云、苏俚式	3×2＝6	20
	王氏超、黎氏特、林氏鹅、武氏坡、胡氏应	2×5＝10	
	康氏福、杨氏茂、范氏银、□□□	1×4＝4	
合计			275

第二节　明乡士人的科举与儒教

一、科举入仕与出使活动

　　阮朝科举考试体系与中国明清时期的科举类似,共分四级:考核与复核、乡试、会试、殿试。嘉隆六年(1807 年)开乡试,初定六年一比。至明命六年(1825 年)始定三年一比,以子、卯、午、酉年为正科。明命二年(1821年)始开恩科。阮初乡试以四场期,乡试中三场者为"生徒",中四场者谓"乡贡"(明命六年改"生徒"为"秀才",改"乡贡"为"举人")。① 这是阮朝选拔人才和官僚队伍的有效渠道。士人中举是极高的社会声誉,从国家到地方均予以鼓励和宣扬,其中作为重要的象征性标志之一是进士题名碑,越南现存进士题名碑有两个类别:一是保存在国家级文庙,河内文庙 82 通,顺化文庙34 通;二是省级、府级到村级的文庙、文祠中的题名碑。另外,还有一些民间团体自发镌刻的碑记。现位于胡志明市第五郡陈兴道大道 380 号的明乡会馆内的《重修旧宦科缘碑记》就是此类碑刻,记录了嘉定明乡社官宦与科甲人员,显示明乡人科举入仕之繁盛。②

　　碑文的第一部分为"社人诸科各榜",按照举人和秀才记载 1819 年到1864 年的科举人士(见表 2-5)。

　　明乡社居民成为编户齐民后,享有应试科举和担任官职的权利,并豁免劳役、兵役等有优待政策。如:"永隆省明乡社士兵孙慎德叩禀为乞暂准事。由士年庚甲戌,三十岁,系是一籍民、素从学业。届冬课期,士癙病,不便入课,颇士社公务纷烦,恐亏学业。为此敢乞学政上司小试文批准,免公务搜徭,许士便从学业,以待来课。今叩禀。付该名颇有实学,该社应权准搜徭,

---

　　① 刘志强:《中越文化交流史论》,北京:商务印书馆,2013 年,第 177 页。
　　② 〔澳〕李塔娜、〔越〕阮锦翠:《胡志明市华人会馆汉文碑铭集》,河内:越南社会科学出版社,1999 年,第 469～470 页。

以待后课。"①经过科举选拔之后，秀才、举人、副榜、进士等会直接授予训导、教授、督学、翰林院官、知府知县等官职，享受俸禄并取得较高的社会地位。比如承天明乡社陈养纯家族第七世陈践诚，名养钝，字时敏，号逊斋，后避嗣德帝讳，赐名践诚，于明命十九年（1838年）登戊戌科第三甲同进士出身，后官至兵部尚书，充机密院大臣。②

表2-5　1819—1864年科举情况一览

年　份	姓　　　名	
	举　人	秀　才
乙卯科(1819)	张好合、朱继善	郑其如、邱书香、潘屏、黄启泰
辛巳科(1821)		黎达道、施声磐
壬午科(1822)		池有凤
乙酉科(1825)	王有光	王有仪、詹履泰、武怀仁
戊子科(1828)	阮谦光	
辛卯科(1831)	张怀瑾	
壬寅科(1842)		枚瑞芳、黎辰敏
癸卯科(1843)		黄玉润
丁未科(1847)		张经济、张义明
戊申科(1848)	王进用	陈攸叙、李进辉、王胜礼
己酉科(1849)		李逢彬
壬子科(1852)	枚瑞芳	邱书文
甲子科(1864)		潘辰敏

碑文的第二部分为"社内诸宦名榜"，就特别彰显明乡人中因科举而担任较高官位的15人，上至大学士、吏部尚书等，下至知县一级，其中碑文第一部分已出现的有王有光、张好合、朱继善、郑其如、郑怀侃、张怀瑾、枚瑞芳：

---

① 阮锦翠主编：《定居越南南圻的华人》，河内：越南社会科学出版社，2000年，第157页。
② 陈荆和撰，陈元烁编辑：《承天明乡社陈氏正谱》，香港中文大学新亚研究所，1964年。

前勤政殿大学士协办领吏部尚书郑文恪公；前钦差嘉定城协镇工部尚书吴肃简公；前神策军右营副都统制王威勇公；前中奉光王抚、义知兼都察院右副都御使南义抚院王有光；前广义布政使乩嘉定黍追赠忝知御潘靖；前吏部侍郎——张好合；前兵部郎中朱继善；前福隆知府郑其如；前兵部清史司额外务黎进德；前光禄寺额外司务张光海；前工部郎中郑怀恨；前弘治知府王进用；前广田知县张怀瑾；前建和知县枚瑞芳；前钦差左直几权充剿抚使黄柏祯。

明乡身份的官员熟稔中国文化，不少人担任了越南王朝向中国朝廷朝贡的使节。越南的朝贡内容包括岁贡、谢恩、请封、告哀、进贺、祝寿、奏事等，越南统治者受到中国的册封后，才算"正统"，才能巩固其在国内的统治地位。1803 年，阮朝贡期确定为两年一贡、四年两贡并进。按照《大清会典事例》规定，进贡物品为象牙两对，犀角四座，土绅、土纨、土绢、土布各二百匹，沉香六百两，速香一千二百两，砂仁、槟榔各九十斤[①]。清朝针对岁贡的例赏，初定为赏给越南国王锦、织金缎、织金纱、织金罗各八匹，纱十二匹，缎、罗各十八匹；贡使每人织金罗三匹，缎八匹，绢各五匹，里绸二匹，布一匹；行人每人缎、罗各五匹，绢三匹，布八匹[②]。越南官员也通过出使获得物质利益和仕途升迁。出发前，皇帝在内宴时会赏赐正副使，并发放专门的使禄钱。回国后，有的可仕至高位。如上文碑刻中的张好合（号亮斋）多次参加朝贡活动，明命十一年（1830 年）十月担任甲副使出使中国，史料记载，"遣使如清，以吏部左侍郎黄文宣充正使，广安参协张好合改授太常寺少卿、翰林编修潘辉注升授侍讲充甲、乙副使"。明命帝对他们交代政治任务外，特别指出购买中国书籍，"朕最好古诗、古画及古人奇书而未能多得，尔等宜加心购买以进。且朕闻燕京仕宦之家多撰私书实录，但以事涉清朝故犹私藏未敢付梓。尔等如见有此等书籍，虽草本亦不吝厚价购之"[③]。

朝贡也是重要的贸易渠道，清初对外国贡使的贸易活动有所规定"凡外国贡使来京，颁赏后在后来同官开市，或三日，或五日，惟朝鲜、琉球不拘期限。由（礼）部移文户部，先拨库使收买，咨覆到部方出示差官监视，令公平

---

① （光绪）《大清会典事例》卷五〇四。

② （嘉庆）《大清会典事例》卷三一。

③ 王柏中等辑录：《〈大南实录〉中国西南边疆相关史料辑》第 7 册，北京：社会科学文献出版社，2015 年，第 118 页。

交易"①。越南使节在清朝政府免税政策推动下，直接进行商业行为，从中获取丰厚经济利益，外交使团俨然就是一个贸易商队。1828年，阮朝规定，入华使团除了携带19箱贡品，打发物件9箱外，可以携带私人商品，"使臣三员，每员私装四箱；行人八员，每人八箱；随人九名，共四箱"。② 私装多寡与确定官派夫役关系密切，随着私装不断增加，地方夫役负担越来越重。1832年，阮朝制度规定，使团回国后，私装由谅山、北城（河内）派夫运送，但需要上报箱数，不得"徇情滥用，致劳民力"。张好合出使到1832年四月回国，后因出使记录潦草，回国辎重甚多而导致滥用民力，结果遭受处罚，如史料记载：

> 如清使部黄文宣、张好合、潘辉注等还，多拨驿站递私装。帝闻而厌之，谕礼部曰："黄文宣、张好合等身衔王命，责在周询，乃日记访察清国事状率皆草略，无一可堪入览，已属不职。迨回程，所办私货数倍于公，多费民夫抬递。且朕念驿站日夜奔走，屡降恩施，每事务从省节。惟使部自谅山至河内水程不便、陆路又艰，前经酌量，不论公私货项均准由驿。诚以在外经年劳顿，不得不曲加体悉也。若河内来京水陆顺易，凡一切私装听令随便转运在所不禁。至如由驿，止有帮项以省邮传。定例具在，彼等何敢违越邪？黄文宜方初出使，未几即遴授卿贰，待之何等优厚？乃奸巧营私、不忠不正，诚负国恩多矣！其即革职交刑部挐问严议，张好合、潘辉泹亦一并议处具奏。"及案上，黄文宣坐杖一百、发镇海台充当苦差，张好合、潘辉注俱革职从部效力；河内按察裴元寿滥给引文、布政阮文谋、总督阮文孝预有会办，各降罚有差；再追雇工银百余两，散给沿途诸驿。帝又以史程日记惟地名、里数，而民情国事不曾叙及，敕礼部嗣届使期宜传旨使臣，询问民情利病、国内灾祥，明白登记；至于地名、里数，已有典故可考，不必赘叙。③

尽管如此，1840年冬十月，张好合仍被派遣出使中国。当时既是岁贡之期，也是道光皇帝"六旬万寿"。《大南实录》记为，"帝以开年届如清岁贡课例，又值清帝六旬正寿庆节，命廷臣遴举二部使。乃以兵部左侍郎阮廷宾

---

① （光绪）《大清会典事例》卷五一〇。

② （光绪）《大清会典事例》卷一二八。

③ 王柏中等辑录：《〈大南实录〉中国西南边疆相关史料辑》第7册，北京：社会科学文献出版社，2015年，第128页。

改授礼部左侍郎充贺寿正使,户科掌印给事中潘靖改授光禄寺少卿充甲副使,礼部员外郎陈辉璞加翰林院侍讲学士衔充乙副使;海阳按察黄济美加礼部左侍郎衔充岁贡正使,兵部郎中裴日进改授太常寺少卿充甲副使,户部员外郎张好合加翰林院侍讲学士衔充乙副使"①。"岁贡"是物品交换,也是一种贸易,越南朝中也有讨论:

> 科道邓国琅、武范启等上疏言:"向来如清使部尝带将物项兑换清货,以我文献之邦素为清人所重,若因奉使而兑易,恐不知者视此为轻重,未足以示雅观。请嗣凡如清使部有应买者以银两兑换,其附带之物并止。"帝曰:"所奏殊不近理! 夫物各出于其所产,以有易无,古今通义,即如肉桂、豆蔻、燕窝等项均是本国所有,每遇如清之期,曾有附带多少,换易人参、药材、书籍、清贵之品以充国用而已,非如市肆之贩买杂货图利者,向来已经成例,于国体何伤? 况清国易其所有而得其所无,想亦未尝不乐,岂有视此为轻重邪? 若谓必以银两抵换而后可,试思以银抵换与以物抵换彼此何异? 其所见卑鄙不足道也!"②

贡使在物品交换过程中,常常形成了债务拖欠和公款挪用行为。1840年冬十二月,张好合又被处罚,"户部员外郎加翰林院侍讲学士衔充如清岁贡乙副使张好合,前者如东公回所得赔赃未清,至是,借以出差故意延宕。尚书何维藩以事面奏。令即革职,交刑部严追"③。从文献看,"严追"可能未果。1842年,张好合再次准备出使,没有成行,《大南实录》记为,"绍治二年春三月……预遣黄济美、裴日进、张好合如清谢恩。清国寻报留抵下次正贡,美等不果行"④。1845年,张好合再次出使中国,"绍治五年春二月……以鸿胪寺卿办理户部事务张好合补授礼部左侍郎充如清正使,翰林侍读学士充史馆编修范芝香改鸿胪寺卿、内阁侍读王有光升授侍讲学士充甲、乙副

① 王柏中等辑录:《〈大南实录〉中国西南边疆相关史料辑》第12册,北京:社会科学文献出版社,2015年,第258页。

② 王柏中等辑录:《〈大南实录〉中国西南边疆相关史料辑》第12册,北京:社会科学文献出版社,2015年,第258页。

③ 王柏中等辑录:《〈大南实录〉中国西南边疆相关史料辑》第12册,北京:社会科学文献出版社,2015年,第259页。

④ 王柏中等辑录:《〈大南实录〉中国西南边疆相关史料辑》第13册,北京:社会科学文献出版社,2015年,第269页。

使"①。他们通过国境的镇南关进入清朝国内，取道广西省的太平府、梧州府、桂林府、湖南省长沙府、湖北省汉阳县、河南省偃师县和直隶邯郸县，前往北京。他们在年末列席保和殿宴会，并且参加第二年元旦的太和殿早朝，元宵节（正月十五日）次日出席了在圆明园举行的宴会②。

王有光，字用晦，号济斋，据载："历官至巡抚，为人劲直，百折不少屈。暮年事禅说，胸次泊如也。尝有句云：'岁与人为客，官非病不闲。'"③他在出使之初，职位为越南副使，并在湖南浯溪的摩崖上镌刻了无题诗：

> 三吾何事老元君，到处湖山独尔闻。近水亭台千古月，横林花草一溪云。崖悬石镜留唐颂，雨洗苔碑起梵文。题咏曷穷今昔桑，满江烟景又斜曛。
>
> 道光二十五年乙巳孟冬月上浣越南使王有光题④

王有光与中国文人诗文往来，如龙启瑞《汉南春柳词》有《庆清朝》序云："今年冬，越南贡使道出武昌，其副使王有光以彼国大臣诗集来献，且求删订。余以试事有期，未之暇，略展阅数卷而封还之。其中有越国公绵审及潘供，诗笔之妙，不减唐人。如'茶江春水印山云'、'画屏围枕看春山'，皆两人集中佳句也。乃录其数十首，并制此词，以寓蜎轩采风之意，因见我朝文教之遐敷焉。"⑤"越国公绵审"是阮朝明命皇帝的第十子，字仲渊，号椒园、白毫子，仓山为其别业，是当时著名的文学家和文学批评家，撰有《仓山诗话》等。但是此次出使在1847年回国途中滥用民力，结果遭到贬斥，"绍治六年秋七月……如清使部礼部左侍郎张好合、鸿胪寺卿范芝香、翰林院侍读学士王有光公回。初，好合、芝香之抵燕也，清帝三次宣召，亲御赐酒，人皆荣之。及回，沿途多拨民夫抬递私装。事发，交刑部议处，好合、芝香俱坐革留，有

① 王柏中等辑录：《〈大南实录〉中国西南边疆相关史料辑》第14册，北京：社会科学文献出版社，2015年，第288页。

② ［日］夫马进：《朝鲜燕行使和朝鲜通信使：使节视野中的中国·日本》，伍跃译，上海古籍出版社，2010年，第327页。

③ 绵审：《仓山诗话》，转见蒋寅、张伯伟主编：《中国诗学》第9辑，北京：人民文学出版社，2004年，第252页。

④ 李花蕾、张京华：《湖南地方文献与摩崖石刻研究》，上海：华东师范大学出版社，2011年，第414页。

⑤ 龙启瑞：《汉南春柳词》，转见李花蕾、张京华：《湖南地方文献与摩崖石刻研究》，上海：华东师范大学出版社，2011年，第414页。

光降留。寻,调补好合户部左侍郎、芝香刑部郎中、有光刑科掌印给事中"①。

1847年,王有光再次出使,任务是阮福皎去世而向清朝告哀求封,告哀与求封都是对华邦交的头等大事,"告哀,所以正终也;求封,所以正始也,邦交之礼,孰重于此?"②从统治者出发,老国王崩逝后及早地向清朝告哀、请封,有利于其新君政治地位的巩固。《大南实录》记载:"绍治七年(1847年)十二月……以刑部右参知裴槿充如清使,礼部右侍郎王有光、光禄寺卿阮攸副之,往告国恤。寻,命发国书,并交该使部递达,恳请使来京举行邦交钜典,从阮登楷、尊室弼之请也。"③他在途经河南岳飞庙时,写下《谒汤阴岳忠武王庙》:

> 家衅蘖蘖罪人谋,终古纷纷论未休。
>
> 遗恨两宫劳百战,精忠一节足千秋。
>
> 河山不逐莺花改,风雨犹闻草木愁。
>
> 天为英雄长解甲,燕云今是帝王州。
>
> 道光戊申(1848年)嘉平月中浣天南陪臣王有光拜题④

1849年二月,潘靖等人以岁贡名义进入中国,"如清(岁贡)正使潘靖、乙副使阮文超等陛辞,奉赍国书就道"。与此同时,三月,越南国王让张好合等人准备迎接清朝使节,"帝以邦交近期(前恳清使来京行邦交礼,经得报清帝允从),命都统尊室弼充董理在京殿堂,参知黄济美副之。统制阮仲并董理使馆船艘,侍郎尊室潜副之。巡抚黎长名董理治平使馆,侍郎丁文铭充协同董理。总督邓德赡董理安静使馆,侍郎杜光舒协同。总督尊室恭董理清化、宁平使馆,布政潘偌协同。总督黎文富董理自嘉瑞以北至谅枚使馆并北圻水程船艘,巡抚张好合协同。各派出贤良公正科道一人,会同捡办"⑤。

---

① 王柏中等辑录:《〈大南实录〉中国西南边疆相关史料辑》第14册,,北京:社会科学文献出版社,2015年,第285页。

② 王柏中等辑录:《〈大南实录〉中国西南边疆相关史料辑》第15册,北京:社会科学文献出版社,2015年,第292页。

③ 王柏中等辑录:《〈大南实录〉中国西南边疆相关史料辑》第14册,北京:社会科学文献出版社,2015年,第288页。

④ 傅炳熙、傅乃芹辑校:《宋元明清咏岳飞广辑》,郑州:中州古籍出版社,2015年,第639页。

⑤ 王柏中等辑录:《〈大南实录〉中国西南边疆相关史料辑》第15册,北京:社会科学文献出版社,2015年,第292页。

赋诗作词是古代中国士人文化修养的基本要求，越南赴清的朝贡使臣均为才华横溢之人，善于诗文。任何一个时代有关域外知识的汇集，都与特定的国家战略和对外贸易有内在关联，以出现在贡使人群的明乡官员，他们一路上遣兴抒怀，并与中国文人有较多接触，并进行了诗赋唱和，留下不少《燕行录》，不仅使汉文诗赋在越南不断传播，而且他们的所见所闻成为越南民众认识中国的基本资料，为他们构建"天朝上国"的图景提供了可能。

二、文昌崇拜和明文会

教育制度和科举取士是儒家思想传播的主要载体与传播路径。越南仿中国实行科举制度进行人才选拔，李仁宗太宁四年（1075年）二月举行首次秀才考试，"诏选明经博学及试儒三场"。陈朝科举制度更为完备，史家称为，"陈家启治，继辟科途，试定三甲之分，准限七年之例，法式颇详"①。文庙作为国家祀典，也在府州县普遍建立，每年举行祭祀仪式。在科举推动之下，科举繁盛带动了科举信仰在基层社会传播，士人信奉"科举神"，各地建造了文昌阁或文昌祠，供奉文昌帝君。

文昌帝君又称梓潼神、梓潼帝君、梓潼真君，是道教司禄主文运的神明。民众认为他预知科举，成为笃信的"科举神"。越南各朝推行科举制度，带动了文昌帝君崇拜，各地建有文昌祠或文昌宫，会安明乡社也不例外。会安明乡人筹款建立文圣庙和文昌祠，成为祭祀孔子和文昌帝君以及各位先儒、先哲具有仪式空间，不仅如此，科举人士和科甲之家也就此参与地方事务，进行儒家教化。1943年的一次重修过程中，明乡社民众将文昌庙从茶饶社迁至萃先堂西边，将原存于文昌庙的石碑砌在萃先堂的东面墙壁中。该碑文撰写时间为嗣德十八年（1865年），作者为"诰授中顺大夫、鸿胪寺卿、领广南布政使、丁未科解元、望津黄中邓"，"望津黄中邓"即邓辉㷫。邓辉㷫（1825—1894），字黄中，号醒斋，越南清良乡人（现属越南承天——顺化省香田县香春社）。邓辉㷫出身于书香门第，其父邓文重（惕斋）虽然未能取得高级功名，只是乡村教师，但其大伯邓文和官拜尚书，二伯邓文职为太医院御医，可视为官宦家族。绍治三年（1843年），邓辉㷫登癸卯科第三名举人。1847年，邓辉㷫参加会试，但因犯讳，"庭试蒙黜"，后获恩准入试，再登丁未

---

　　① ［越］潘辉注：《历朝宪章类志·科目志》。

科解元，成为进士。历任清化通判、广昌知县，入为翰林，继外任广南布政。邓辉煋两次被派往中国广东公干，第一次为嗣德十八年（乙丑，清同治四年，1865年），时间约半年；第二次为嗣德二十年（丁卯，清同治六年，1867年），时间约二年半[①]。

邓辉煋对中国文化比较熟悉，碑文中首先追溯了文昌帝君起源于四川梓潼县的故事，"按：梓潼为四川属县，四川上直参、宿。参有忠良孝谨之象，其山水深厚，为神明所宅。或谓'斗魁'，为文昌六府，主赏功进爵；或谓神为张宿之精，《诗》所谓'张仲孝友'者是也，是故梓潼神祠在处有之，而学宫事之尤谨"[②]。把这段文字与对明代都印的《三余赘笔》中的"梓潼神"对比，可见其如出一辙："梓潼神祠在处有之，而学宫事之尤谨。按：梓潼为四川属县，四川上直参、宿，参有忠良孝谨之象，其山水深厚，为神明之所宅，或谓'斗魁'为文昌六府，主赏功进爵，故掇科之士往事之。或谓神为张宿之精，《诗》所谓'张仲孝友'是也。其说不可深考"[③]。

此通碑文描述了文昌庙兴建过程，并指出集资修建文昌庙的乡村儒学结社组织——明文会组建和兴建行动中的领导作用：

> 吾乡文风日振，操觚握椠之士歌棫朴颂藻芹者屡屡掇科弟，此必冥冥之中，神默有以主之，乃祀典独阙焉，是可以无□也。嗣德癸丑年（1854年）春，乡中诸同志者协出私本，立明文会，将建祠为帝君祀事，谋而未能也。比年，择一人主其事，以春孟之吉暨誣日于乡者□门黄余庆家净处，陈俎豆，设礼容，致祭一筵，以重文星而答神贶也。会中人有冠昏丧祭者，财力相同，是亦阴骘中一，以佩服帝君遗训也。非乡人者不得搀入，乡人预会者，亦不得出入自由，盖志坚意定而后事成也。今十有二稔而香火如新，其可继也必矣，是可以无文乎？若夫操履方洁，而帝君重有以福我斯文则存，乎吾辈之自立。

明文会就是东亚地区儒学文人祭祀文昌帝君的结社组织——文昌会。文昌会是随着文昌帝君信仰的盛行和扩散而形成，南宋吴自牧在《梦粱录》卷十九的"社会"中谓"二月初三日，梓潼帝君诞辰，川蜀仕宦之人，就观建

---

① 李标福：《寓粤越南使臣邓辉煋与清人之交谊及其他》，《五邑大学学报（社会科学版）》2015年第2期。

② 碑铭拓片见附录一，附图1-12。

③ （明）都印：《三余赘笔》，王云五主编：《三余赘笔及其他二种》，上海：商务印书馆，1939年，第2页。

会"。文昌会一直是士人祭祀文昌帝王的主要组织，清朝嘉庆年间的顾禄在《清嘉录》中记载中国苏州地区祭祀文昌帝君的情形，也指出了"文昌会"的存在形态，"二月初三日为文昌帝君诞，大吏致祭于竹堂寺畔之庙。庙属长州境，故长邑宰亦祭于此。他邑有其庙者，各邑宰为之主祀。余如道宫、法院、会馆、善堂供奉帝君之像者，俱修《崇醮录》，谓帝君掌文昌府事，主人间禄籍。士大夫酬答尤虔，虽贫者，亦备分烧香，纷集殿庭，谓之'文昌会'。"

伴随着文昌信仰的兴盛，在道教思想的推动下，人们普遍认为科名禄位、文章学问，无不从阴德中来，于是围绕着文昌帝君编写各种山善书进行社会教化，形成了《文昌帝君阴骘文》、《文昌功过格》、《文昌帝君劝敬字纸文》等善书著作，其中以《文昌帝君阴骘文》影响最大，《文昌帝君阴骘文》有时简称"阴骘文"或者"丹桂籍"，该善书流行后，士人纷纷予以注解，又出现了《文帝阴骘文注》、《阴骘文像注》、《阴骘文图证》、《阴骘文图说》、《丹桂籍注案》等书籍。由此，《阴骘文》和《太上感应篇》、《关帝觉世经》成为明清善书中的《三圣经》。文昌帝君不仅呈现为司籍科甲的科举神明，而且成为道德济救世人的劝善神明[1]。清代是文昌信仰从中国向周边地区传播的重要阶段，越南奉行科举取士制度，文昌信仰也随之流行。著名学者黎贵惇（1726—1784）曾出使中国三年（1760—1762年），时值善书盛行之际，他接触了中国的善书并引介到了越南的士人之中。他利用出使期间购置的黄正元乾隆二十六年（1761年）刊印的《丹桂籍》以及乾隆四十一年（1776年）购置的宋思仁辑录的《阴骘文注》，并于1781年刊行《阴骘文注》二卷。黎贵惇是后黎朝末期的文学家、政治家、史学家，被誉为18世纪的越南"博学家"。他著述宏富，有《大越通史》、《黎朝通史》、《全越诗录》、《易经解说》、《书经演义》、《四书约解》、《群书考辨》、《抚边杂录》、《桂堂诗汇选全集》、《唐高都护渤海郡王诗传》、《黎贵惇家礼》等二十种，既接受朱熹的儒学思想，也吸纳明清实学观念，其学说在越南学界具有很大影响力[2]。在此格局之下，由他提倡文昌信仰，在士人中也引发了广泛回响。

清朝在嘉庆年间曾掀起兴建文昌祠高潮，可作为越南修建文昌祠的政治背景。嘉庆五年（1810年），五省白莲教起义逐渐平息，清军在嘉庆五年

---

① 陈霞：《道教劝善书研究》，成都：巴蜀书社，1999年，第61～63页。

② 于向东：《黎贵惇》，《东方著名哲学家评传越南卷》，济南：山东人民出版社，2000年，第201～202页。

取得川西战役胜利。由于战事发生在梓潼县，以此附会文昌神的保佑，嘉庆帝在北京地安门外的明成化年间的文昌祠旧址重建宫庙，祭祀文昌帝君。嘉庆六年（1811 年）修庙竣工之日，嘉庆皇帝亲谒文昌庙致祭，“行九叩礼”，并颁布谕旨：“敬思文昌帝君主持文运，福国佑民，崇正教，辟邪说，灵迹最著，海内崇奉，与关圣大帝相同。允宜列入祀典，用光文治。着交礼部、太常寺，将每岁春秋致祭之典及一切仪文仿照关帝庙定制详查妥议具奏”。同时还奏准“各直省旧有文昌庙，照山西解州等处关帝庙之例，令该地方官届朝躬谒致祭。其向无祠庙之处，令择洁净公所，设位致祭”[①]。自此，文昌帝君的神格与地位大为提高，遍及全国各地。虽然没有直接证据说明清朝提升文昌帝君的神格地位与越南士人建造文昌祠、文昌庙的确切联系，但是1841 年的河内儒生组成的“同善会”、改造玉山祠、设文昌帝君祠的那个事态说明，两者颇有应和之处。玉山祠坐落在河内市中心还剑湖北岸和湖中玉岛上，如今保留的绍治三年癸卯（1843 年）北宁省学政武奂甫等撰书的《玉山帝君祠记》记载文昌帝君成为祭祀神明的经过，其文曰：

由来可景未尝虚置，右望湖旧称还剑，故畿一名胜也。湖面之北土山，浮出可三四高，相传是黎利钓台处。向者药溪信斋翁因有关帝祠而加葺之，名“玉山寺”，寺面南，前起钟阁。……岁久而颓……近日同善会，有自科目中人者，结会之初，以勉行方便为主。信斋翁诸子颇与会相善，情愿让焉。……同会仍修补关帝祠，撤下钟阁，改造文昌帝君祠。祠三间，正中奉安新像，左右庑各一间，东西房各五间。以辛丑（1841 年）冬起构，暨壬寅（1842 年）秋工竣。[②]

根据史料记载，玉山祠不仅是士人祭祀文昌帝君的神圣场所，而且是在越南传播文昌帝君“阴骘”信仰的主要源头，玉山祠刻印《文帝全书》、《阴骘文注》、《阴骘解音》、《文昌帝君解厄宝训》等善书在民间流传甚广。

会安明乡社士人在 1854 年组织明文会祭祀文昌帝君，也与整个时代的文化转向有关。嗣德二十八年（1875 年），明文会终于在茶饶社购置田土，建立文昌庙祀奉文昌帝君，完成了前人愿望，会众由此撰写碑文予以纪念：

设会来有年矣，前蒙布政使邓大人制撰序文昌帝之事迹，与会约既

① （光绪）《大清会典事例》卷四三八，礼部一四九，中祀

② 转见王卡：《越南访道研究报告》，《道教经史论丛》，成都：巴蜀书社，2007 年，第 451 页。

备述之，迄今又十年矣，不思久计，则无以表尚文之意，亦非当初设会之心。乃本年春协出财力，造买私土于乡之东蔡，以吉月日营建庙宇以奉祀事，以垂永远，备答神庥。将来吾乡乐善之君子，有能继之培之者，深有望焉。

建造文昌庙既是士人的愿望，也是社区的期待，是明香社全体成员的共同事务。文昌信仰的枢纽为明文会，现从碑中镌刻的会名单可以了解当时明文会运行机制。转录"今有会人题钱数千铭刻于左"的信息如下：

> 会尹黄嘉端，钱四百贯；副会尹、文阶九品黄善继，钱六百贯；秀才李承泽，钱三百五十贯；文阶九品冼文福，钱二百五十贯；乡长黄成美，钱四十贯；司礼林春淑，钱二十五贯；知祠陈贞吉，钱三十贯；会事李承俊，钱一十贯；会事高成安，钱一五贯；会事黄瑶林，钱三十贯；会事黄玉珍，钱二十五贯；会事陈英俊，钱五十贯；会事冯嘉会，钱三十贯；会事王大有，钱二十五贯；会事林士广；会事吴玉燕，钱二十五贯，会事康茂续钱五贯。（余下为五十位会员捐钱）

设立会尹、副会尹、会事等职位，显示出明文会具有完整的组织结构与运行制度，并且强调其乡土性，即如碑文所谓，"非乡人者不得搀入，乡人预会者，亦不得出入自由，盖志坚意定而后事成也"。而从副会尹具有"文阶九品"等职位看，起领导作用的是品级官宦与科举士人。阮朝文武分为九品十八阶，翰林院供奉、书吏、太医医正、寺丞、府吏目等为文阶正九品，翰林院待诏、书吏、省医生、县吏目、正总等为文阶从九品①。越南的村社组织，常常由有学识的耆老、儒士组成咨文会，负责劝学、科举、卫道以及祭祀圣贤之事，属于村社的知识分子阶层。会安明香社的文昌会也具有这种性质，会员凭借政治身份而形成社区中的文化权力，把修建梓潼宫转化为整个明乡社乃至于其他社会组织以及会安铺各商帮的公共事务，反映出明文会的基层统合和社区整合作用。在名为"梓潼宫告成日所有社、帮、诸会、本乡本铺士商供钱数千具列芳名于左"的碑刻对此有完整反映。按照捐款者身份可分为以下人群构成：

第一为具有"本社"标签的捐款群体。如"本社"捐资"钱十五贯"。"本社员职"捐资情况为："原先兴府知府张怀璞，钱十贯；正九品衔秀才张怀瑛，钱二十贯；秀才蔡惟宁，钱十贯；秀才王兴讲，钱十贯；正九品行人李亭俊，钱

---

① ［越］陈重金《越南通史》，戴可来译，北京：商务印书馆，1992年，第316～318页。

二贯;文阶九品张同流,钱二十贯;文阶九品黄玉珪,钱五贯;九品百户陈正模,钱三贯;旧乡长余美才,钱一贯;旧乡长张承绣,钱一贯;乡长李善述,钱五贯。"从身份而言,他们与明文会主事者基本相同。另外,还有一些本社人员捐资,如里长、邑长、医生、百户、试生、妇女等。

第二为外来商帮及中介组织、会社和职员。如"四帮,钱十贯",所谓"四帮"指的是广肇、福建、潮州、海南四帮,各帮设帮公所,由各帮华侨推选帮长、副帮长。"信义会,钱二十贯,典和会,钱十五贯"应是地方性的慈善组织。"和隆公司、万美公司、成源税司、三宝、通言、管仓、知市、共有堂"等应为商业管理或中介机构。

第三为在会安经商的商铺,诸如和利号、张源记、益泰号、就合号、福利号、蔡合胜、盛元号、姚君记、邓广和、谦益信、顺胜号、顺安号、星胜号、楷记、美源号、信成号、泰胜号、福兴号、浔记、南明利、和发号、万源号、长顺号、德记、森茂号、竹合号、广泰号、黄誉顺、杜捷兴、益胜号、和隆号、胜吉号、正发号、成兴号、玉成号、陈训记、振兴号、顿泰号、安成号、泉记号、长胜号、恒安号、瑞发号、保和号、芝草号、銮顺号、和美号、陈元丰等。

三、文圣祠与儒学保教

一般认为,儒学传入越南的时间"不会早于汉武帝平定南越、开设九郡(公元前 111 年)之时,也不会迟于锡光任交趾、任延守九真之时(公元 29 年)"[①]。梁志明则认为,"儒家学说是伴随着中国的政治经济势力向南发展,随着中国与交趾地区文化交往而传入越南的","儒学传入越南的起始时间可上溯至赵佗建南越国时期,即公元前 207 年至公元前 111 年"。[②] 到唐朝时,孔子学说在安南广泛传播。特别经过李朝、陈朝、后黎等各朝采取独尊儒术的政策,政治、经济、文化以及社会制度均以儒家思想为原则,儒家思想成为正统,如陈朝末年的胡季犛在《答北人问安南风俗》自豪地说,"欲问安南事,安南风俗淳。衣冠唐制度,礼乐汉君臣"。儒家思想也向日常生活渗透,深刻地影响了越南社会的礼仪法度和民间风俗。越南学者潘玉是这

---

① 何庭玉:《儒学在越南的传播和影响》,《东南亚纵横》1993 年第 2 期。

② 梁志明:《论越南儒教的源流、特征和影响》,《北京大学学报(哲学社会科学版)》1995 年第 1 期。

样总结的，"越南文化，不管是文字、政治、风俗、礼仪、艺术、信仰，没有哪一点不带有可以被视为儒教性质的印记；任何一个越南人，不管他怎样反对儒教，也都不可能摆脱儒教的影响"①。

12—16世纪，儒学在越南成为统治者的思想纲领，视为"国教"进行宣传，孔子也得到了神明化。孔庙或文庙成为儒学宗教化的重要象征，也是儒学观念仪式化的主要场所。黎朝初年，统治者下令各地建造文庙，用以祭祀孔子与先贤，并以此打通乡土之贤与圣人之教的精神内涵，"宇宙间唯赖吾孔子之教，而万世人纪立；故其祠特盛于国朝与诸路，而乡贤之祀，社则有之，社则有之，乡贤服先圣之教者也"②。阮朝非常注重民间教育，嘉隆二年（1803年），嘉定留守阮文仁上书说："为国必本于人才，行政莫先科举搜身于教化。囊者天造草昧，嘉定之人笔砚荒废。今山河再造，海宇清平，正学者得成其业。请宜申定教条，俾多士有所成就，以副圣上投戈讲艺之意。"此议得到阮世祖赞同，因此制定《课士法》，规定各社选择一名德行文学之人，免除其徭役，令其教授本社子弟，规定儿童八岁开始学习《小学》，然后学习《孝经》、《忠经》，十二岁以上学习《论语》、《孟子》、《中庸》和《大学》四书，十五岁以上依次学习《诗经》、《尚书》、《周易》、《礼记》和《春秋》五经，此外还要学习历史和诸子。在此普及儒学教育的过程中，越南省、府、县各级儒学机构也建有文庙，省学称为"文庙"，县学称为"文祠"，社学称为"文址"。

阮朝皇帝重视祀孔仪式，其仪注仿照中国的制度，祭祀采用明朝乐章，"用明乐，凡六奏"，即在迎神、奠帛、初献、亚终献、撤馔、送神时奏乐和唱歌。《大南实录》记载，遣官祭祀时还有饮福受胙。嘉隆七年（1808年），世祖阮福映曾问礼部曰：'天子亲祠文庙，三献之后饮福受胙，于礼有诸？'，阮嘉吉对约："无之。臣观明清会典，此一节特为祠官摄祭设耳。"按照仪规，阮世祖于嘉隆七年（1808年）八月亲自主持秋祭③。后续的明命皇帝也在明命三年亲自到文庙举行春祭④。阮翼宗在嗣德七年（1854年）亲自祭祀孔子，并撰写《视学诗》十四章。上行下效，每逢春、秋，越南地方官员与士人也在各地举行隆重祭典，犹如《清文献通考·安南》说"交州有国学、文庙，各郡县皆建

①　[越]潘玉：《越南文化本色》，河内：河内文化通讯出版社，1998年，第209页。

②　[越]撰人不详：《凤凰山祠碑记》，载无名氏撰、康世昌校点《人物志》，陈庆浩、王三庆主编：《越南汉文小说丛刊》第一辑第六册，巴黎：法国远东学院，1988年，第161页。

③　[越]阮朝国史馆：《大南实录》正编第一纪，《世祖实录》。

④　[越]阮朝国史馆：《大南实录》正编第二纪，《圣祖实录》。

学,祭祀、配享俱如中国"。

会安文圣祠由明乡社建造于嗣德二十四年(1871年),现存神位中,孔子一龛,牌位题作"至圣先师孔子神位";配享二人一龛,牌位别题作"复圣颜子神位"、"述圣子思子神位"等。此外东西六个牌位,西侧左起分别为"先哲神位"、"先贤神位",最外一个文字不清,应是先儒神位,东侧右起第一个牌位题为"先哲神位",其他二个文字已经脱落,大略而知两排应该分别是先哲、先贤和先儒的牌位①。现存邓辉燩撰写的碑刻描述了文圣庙修建的前后因果,录文如下:

戊辰(1868年)秋,余寓粤,得广南明乡来信,以文圣祠告成征余言。余曰:"此义举也,寿之石可也",既而曰"未也"。夫祀圣,大事也,文以传世也。明乡从古未有圣祠而科宦者相继,大哉圣人之道乎!不待有数仞之墙,两楹之奠,然后福之也。今诸绅衿乃能以义起报嘉贶也,余何吝于言?

然而可患者,乡前辈自张翁至诗、李翁泰鸿没后,乡政多不举。迩来丁数减,银税增,市利失,商路壅,甲子(1864年)之饥馑,乙丑(1865年)之火灾,乡之绌于财者久矣。虽神祠佛寺,前人所建立,同乡所供奉者历多年,所有颓坏亦弗暇修,而况于圣祠新建,又出于十指之私产者乎!砂水不合法而朝更夕改欤?工料不如式而易榱正瓦欤?日久怠生、心力不继而香火之凄凉欤?堂坦之摧缺欤?是余忧也,姑迟迟以观厥成可也。

客夏,余在龙编乡,赏授正九品秀才张怀珽复来请余,告之曰:"姑俟,正为是耳"。今夏,余在北军,有人自南来,余访之,则曰:"可无三者之患矣"。余曰:"祠之建,今三年矣。天道三年一小变,可以三年,斯可以百年矣,是可文也"。乃枕戈而记之。是祠也,建于乡(香)定邑萃先堂旧址,壬山丙向兼亥巳。丁卯秋九月初十日培基,十一月二十五日上梁,戊辰三月十六日告成鸠工,乃正玖品秀才张怀珽也。

皇朝嗣德二十四年(1871年)辛未夏四月望,帮班谅平宁太军务、丁未科解元邓辉著恭记
明乡社本社同试生共贯敬贺书②

---

① 孔祥林等:《世界孔子庙研究》,北京:中央编译出版社,2011年,第709页。
② 碑铭拓片见附录一,附图1-7。

碑文撰写者邓辉煡即上文论述的文昌庙重修碑的作者。通过邓辉煡的叙述可知，明乡社倡议建造文圣祠的时间是1868年，正值邓辉煡第二次到广州公干期间。同治六年（1867年），邓辉煡再次被派往广东，此次在粤，与经营中越跨国贸易商人过从甚多，并在广州娶妾生子。[①] 邓辉煡于1864—1865年任广南布政使，对会安明乡社情况有深入了解，与明乡社士大夫群体有较多往来，他曾于嗣德十七年（1864年）为会安关圣庙撰写重修碑记，嗣德十八年（1865年）曾为明文会撰写设会之序文及会约。他在碑文中首先指出明乡社原来并无设立文圣祠。其次，他认为建造文圣祠是整合社区的"义举"。明乡社在张至诗、李泰鸿等人去世之后，乡政管理出现了危机。在社会经济逐渐没落之际，修建文圣祠的行为能够实现，邓辉煡有所顾虑，即所谓"砂水不合法而朝更夕改欤？工料不如式而易榱正瓦欤？日久怠生、心力不继而香火之凄凉欤？堂坦之摧鈌欤？是余忧也，姑迟迟以观厥成可也"。

表2-6　文圣祠捐资名单

捐资人	头　衔	捐资额（贯）
张怀瑛	吏部主事充机密院	250
李茂瑞	行人司从七品行人	300
张怀珽	赏授正九品秀才	230
杨兴时、蔡惟宁、王兴讲、庄而谨、黄光煌、陈彝伦、李士隆、李承泽	秀才	420
庄而通	正九品百户	10
黄善继、张同流、蔡如奎、黄玉珪、吴道玩、共元清	文阶从九品	1015
陈正谦、曾清赞	从九品百户	100
冯忠恕、余美才、张承绣、蔡量亨、陈克允、黄嘉瑞	旧乡长	175
杨玉庭、张承缮、张文振、李善述、王胜善、邱嘉福	乡长	140
林春淑	司礼	15

---

① 李标福：《寓粤越南使臣邓辉煡与清人之交谊及其他》，《五邑大学学报（社会科学版）》2015年第2期。

捐资人	头　衔	捐资额(贯)
陈贞吉、共如璧、林弘济、蔡光亨、张怀瑜、陈适用、王富有、陈允恭、张玉缵、曾有翼、林士廉、陈伯缜、李丰美、周维桢、李廷询、冯允谐、李玉阮、张德教、林惠德、曾有声	试生	566
黄成美、陈至善	守务	50
谢光耀	三宝	10 以下
倪文福、倪有胜	邑长	20
徐进午	通言	10 以下
共有堂、李承恩、高成侒、梁春树、蔡善堂、陈英俊、张光仪、陈文豹、周维翰、陈有觉、黄宏迪		98
香和派、香庆派、香盛派、香山派		39

　　1868 年的捐资题名,其中以团体性质的有:锦铺社、信善族、四帮、明文会、福建帮、潮州帮、成文会、均泰公司、天龙公司、胜兴税司。个人捐资有秀才、百户、管仓以及商号铺户,除此之外,还有信女、义妇等人①。1870 年,主持修建者明乡社秀才张怀斑到河内预告进展顺利。1871 年夏天,文圣祠在萃先堂旧址落成,明乡社再次请邓辉燋为文圣祠撰写碑文。碑阴为捐资名单②(见表 2-6)。

　　时值邓辉燋任职帮办谅平宁太军务,准备抗击法军。以此考察会安文圣庙修建,可带入当时的国际环境因素。阮朝开国初,阮世祖曾得到法国传教士百多禄(Pigneau de Behaine)的帮助,天主教获得了较为自由的发展环境。明命皇帝时代,由于天主教徒起兵反叛,遭到禁教的处罚。1841 年,明命帝去世,清朝在鸦片战争中的失败给越南王朝敲响了警钟,采取更为严厉的禁教政策。1848 年至 1860 年间,约有 25 名欧洲神父、300 名越南神父、和近 30000 名教徒因违法禁教令而被处决③。1847 年,法国远征舰队即借口阮朝杀害传教士,在岘港进行挑衅,并击沉五艘兵船。1858 年,法国联合

---

① 碑铭拓片见附录一,附图 1-8。

② 碑铭拓片见附录一,附图 1-6。

③ [越]阮光兴:《阮朝天主教史》,河内:河内宗教出版社,2007 年,第 15 页。

西班牙炮轰岘港，开展殖民侵略。1862年，法国迫使阮朝订立《第一次西贡条约》，割占南方以西贡为中心的边和、嘉定、定祥3省地区和昆仑岛，建立法属交趾支那殖民地。

阮朝政府及各地儒士面对国家主权及社会文化教育等面临严峻形势，倡议出资建立祠庙，弘扬儒学，以抵御外来文化侵入。永隆省督学阮通在1863年颁发照会书在一定程度说明了这种情况：

> 领永隆省督学阮通为照会□。窃照南圻六省惟边和、嘉定旧有文庙崇奉先哲孔子暨七十二子、前代先儒，春秋丁省官备仪致祭礼至钜也。嗣因兵□，庙貌俎豆鞠为灰烬，斯文沦世，为教同悲。目今释氏、天主寺馆巍峨，而我圣贤教泽在人，曾无两盈之地、一辨之香。华岳与岣嵝让高，明月为繁星戬耀，其如贰家关何？忝职业与同省教训士子，各行指出私资，议以本年八九月间卜地构造先贤庙宇一所。春秋二祭，备仪致祭□□道□。因念总里、豪目及百户诸员与明帮人等□□学业，或子孙预在士林，其间尊师重道、轻财好义，谅不乏人，局不为之告喻，未免孤(辜)负一片好心。辄此照会祈转，报辖内总里、豪目及百户诸员与明邦人等，和系起发善念，乐供钱文，助办若干，祈编取该供主姓名、贯址并供钱数目，赐覆得便，预先筹办。落成之后，忝职愿勒之穹石，以劝后来。贵职南中先达，扶植斯文，亦预写其责。愿熟思而勉行之，是望须至照会也。
>
> 右照会定远府知府贵职两照，嗣德十七年(1863)正月二十日。
>
> 右转录明乡社社长，照内遵奉在遍饬社内□各通知。[①]

该照会特别指明"明帮人等"并由"明乡社社长"遍饬社内，倒在一定程度上揭示出会安明乡社修造文圣祠的动机所在。1867年，法国又攻占昭笃、河仙、永隆3省地区，越南南部6省即南圻全部沦为法国的殖民地。法国人就把当地儒教学习和科举考试的各种形式一律停止。在此情形之下，明乡社与邓辉𤎜将文圣祠的兴建行为作为了反抗殖民统治的工具。

---

① [越]阮锦翠主编：《定居越南南圻的华人》，河内：河内社会科学出版社，2000年，第223页。

第三节　明乡人与艚务管理

一、朱印船与唐船的势力消长

1558 年（正治元年），阮太祖阮潢镇抚顺化。1570 年，阮潢以顺化总镇之职兼管广南。南阮为了与北郑争雄，大力发展海上贸易，鼓励外国商船到顺化、会安、新州（归仁）、提夷等港口贸易。阮潢对海外贸易的管理比较自由，如张燮《东西洋考》记："贾舶既到，司关者将币报酋。舶主见酋，行四拜礼。所贡方物，具有成数。酋为商人设食，乃给木牌于廛舍，听民贸易。酋所须者，辇而去，徐给官价以偿耳。"[①] 各国商船借此便利，云集会安进行商品交换，其中华商与日商占有显著地位，明末何乔远即指出，"日本国法所禁，无人敢通，然悉奸阑出物私往交趾诸处，日本转乎贩鬻，实则与中国贸易矣"[②]。这种情形如安东尼·瑞德（Anthony Reid）总结的："中国继续禁止与日本'海盗'的贸易，东南亚的港口就成为必要的贸易中转站；在这里，日本人用白银换取中国的丝绸和东南亚的蔗糖、香料和鹿皮。这种贸易最大的受益港口是马尼拉和会安（海铺）。"[③]

日本来到会安贸易的商船主要是"朱印船"。1592 年，丰臣秀吉支持日本商人向海外发展，专门给海外贸易船只颁布"朱印状"。所谓的"朱印状"是日本政府颁发准许海外贸易的渡航证明书、船籍证明书，用于进行异国贸易的特许状，与对方国家的承认与否相联系，相当于外交执照。丰臣秀吉发出的朱印状是前往吕宋、澳门、安南、东京、占城、柬埔寨、暹罗、太泥等国。丰臣秀吉选定了京都、堺港和长崎的八个富商颁发朱印状，最早得到许可证的是：长崎的末次平藏 2 艘，船本弥平次 1 艘，荒木宗右卫门 1 艘，系屋随右

---

① （明）张燮：《东西洋考》卷一，西洋列国考，"交趾"条。

② （明）何乔远：《镜山全集》卷二十四，《开洋海议》，福州：福建人民出版社，2015 年，第 687 页。

③ ［澳］安东尼·瑞德著：《东南亚的贸易时代 1450—1680 年》第二卷，孙来臣译，北京：商务印书馆，2010 年，第 20 页。

图 2-2　朱印船图

卫门 1 艘；泉堺的伊予屋良前 1 艘；京都的茶屋四郎次郎[①] 1 艘，角仓 1 艘，伏见屋 1 艘[②]。

1634 年的朱印船荒木船

1634 年朱印船角仓船

---

① 茶屋四郎次郎(Tyaya Sirouzirou)，本姓中岛，茶屋是商号，四郎次郎是对该家族成员的通称，并非某人的名字。茶屋清延在天文至庆长因安南贸易起家，第二代清忠曾侍奉德川家康，第三代清次为丝割符制度的重要成员，第四代仍从事朱印船贸易。锁国令终止朱印船贸易之后，茶屋氏成为御用和服供应商

② ［日］中田易直、中村赏校订：《崎阳群谈》，转见高淑娟、冯斌：《中日对外经济政策比较史纲——以封建末期贸易政策为中心》，北京：清华大学出版社，2003 年，第 195 页。

1634 年的朱印船末吉船   1634 年朱印船末次船

图 2-3　朱印船样式

    朱印船的船型和帆是中式造船技术,船尾、舵、船尾楼、回廊等采取了西班牙结构。京都清水寺藏有一幅大阪海商末吉孙左卫门海外贸易船只图可见一斑。[①] 朱印船载重在 200～300 吨,平均载重 268 吨,加藤清正的船只为 270 吨左右。但船只因船主实力而异,如茶屋船的龙骨长二十二间,宽四五间,能乘载 300 余人,承重 560 吨,角仓船的龙骨长二十间、宽九间,能乘载 397 人,承重 680 吨。一些大船也有 800 吨之巨[②]。各种船只的样式如图 2-3。[③]

    德川家康时期,朱印船的“官许贸易”色彩更为浓厚。朱印状在日本国内发放给“九州诸大名和京都、大阪、堺港、长崎等地的豪商”。1604—1635 年,共有 299 艘商船获得日本幕府的“朱印状”前往东南亚贸易[④](见表 2-7)。

---

    ① ［日］相贺徹夫编:《万有百科大事典》,5,日本历史(上),东京:株式会社小学馆,1983 年,第 544 页。

    ② ［日］坂本太郎:《日本史概说》,汪向荣等译,北京:商务印书馆,1992 年,第 289 页;［日］井上清:《日本历史》上册,天津市历史研究所译校,天津:天津人民出版社,1974 年,第 326 页。

    ③ 辛元欧:《中外船史图说》,上海:上海书店出版社,2009 年,第 171 页。

    ④ ［日］岩生成一:《朱印船与日本町》,东京:至文堂,1966 年,第 35 页。

表 2-7　赴东南亚的日本朱印船总数

年份	港　口							
	东京	交趾支那	占婆	柬埔寨	暹罗	北大年	菲律宾	年总量
1604—1605	5	9	2	10	4	5	9	45
1606—1610	2	9	3	10	18		13	59
1611—1615	3	26		4	14	2	13	62
1616—1620	9	22		3	2		8	45
1621—1625	6	7	1	4	8		9	35
1626—1630	3	5		4	8		2	22
1639—1635	9	9		9	2		2	31
港口总数	37	87	6	44	56	7	56	299

表 2-8　1603—1624 年间朱印船往来行程简表

	东京	占城	会安
林三官		1606	
朱五官			1610、1613、1614、1616
欧阳华宇	1616、1618		1614、1615
张三官	1614		1615、1616
四官			1614
三官			1614
二官	1618		
肥后四官			1617、1618(2 艘)
六官			1614
李旦	1617、1618、1621		
合计	6	1	13

　　1611—1620 年是日本与东南亚的朱印船贸易的高峰，持有者达 105 家。其中大名 10 家（龟井兹矩、岛津忠恒、加藤清正、细川忠兴、有马晴信、松浦镇信等），幕吏等武士 4 家（如担任长崎奉行的长谷川藤广等），商人 68

家(京都的茶屋四郎次郎[清延]、角仓了以①,堺港的纳屋助左卫门,长崎的末次平藏②、荒木宗太郎③,大阪的末吉孙左卫门[吉康]、角屋七浪兵卫荣吉、船本弥七郎[平次]、西村太郎右卫门、角仓了以④),中国人11人(周性如、李旦、欧阳华宇等),欧洲人12人(其中如英国人三浦按针⑤、荷兰人耶扬子⑥。⑦ 岩生成一统计了中国福建商人在1603—1624年间通过朱印船往来于日本九州与东京、占城、会安的情况,其中以出入会安港的频率最高。⑧朱印船约每年于10月至次年4月间乘东北季风向东南亚进发,在各地贸易之后,于5月至9月在西南季风的吹送下回航。朱印船将银、铜、铜钱及武器变卖给阮主,或换中国带来的商品及贩卖本地居民的丝绸、物产。⑨ 1622年,在日本平户的荷兰商务员估计每年卖到那里的中国商品达100.8万里亚尔,其中2/3是生丝,1/3是丝绸。日本商人买走了大部分中国货物。

朱印船贸易除了日本幕府的政策驱使外,同时来自于越南政府的推动,其中阮潢的鼓励至关重要。日本庆长六年(1601年)五月,阮潢给德川家康

① 角仓了以(Suminoku Raryouyi,1554—1614),京都豪商,因朱印船贸易而获巨大财富,1606年成功疏通大堰河,然后又挖通富士川、天龙川、高濑川等河流。

② 末次平藏(Suetu Fuheisou,?—1630),出身博多豪商之家,取得朱印状后,与吕宋、暹罗、台湾、安南邓第开展贸易,曾担任长崎奉行官,掌握市政和贸易大权。

③ 荒木宗太郎(Araksi Soutatou,?—1636),又名一清,统称右卫门。原来是肥后国熊本的武士,1588年到长崎经商,与暹罗、安南的贸易,并娶阮福源之女为妻。

④ [日]中原光信:《通向越南的路》,东京:社会思想社,1995年,第41页;[日]山冈庄八、[日]桑田忠亲:《德川家康决胜录》,胡毅美译,海口:南海出版公司,2012年,第214页。

⑤ 英文名为William Adams(1564—1620),英国海员,1600年到达日本后,深受德川家康信任,教授几何学、地理学及造船学等,建造了帆船。作为德川家康的外交顾问,努力促进日本与荷兰、英国通商。获赐相模三浦郡领地,改名三浦按针。

⑥ 荷兰名为Jan Joosten van Lodenstijin(1556—1623),荷兰船员,1600年与三浦按针同船到达后,得到德川家康的厚待,活跃于外交及朱印船贸易领域。担任荷兰东印度公司博爱号(De Leifde)船长,居住地名为八重洲町。据说,进入船只进行情报刺探由其创立,《通航一览》第246卷《荷兰国篇》云:"宽永时期,有船长名为耶扬子者禀陈,嗣后,每年进港之时,令其呈报关于被禁黑船以及各外国之变乱异说等见闻之事。此后,进港船只呈交报告遂成惯例。"附有注解:"此项报告称为传闻书,历年之传闻书以载于《华夷变态》等处者为多。其动机原为南蛮邪教事所引起云云。"[日]增田涉:《西学东渐与中日文化交流》,由其民、周启乾译,天津:天津社会科学院出版社,1993年,第42页。)

⑦ 沈仁安:《德川时代史论》,石家庄:河北人民出版社,2003年,第99页。

⑧ [日]岩生成一:《朱印船与日本町》,东京:至文堂,1985年,第218～228页。

⑨ [越]黄英俊:《17世纪越南与日本之间的邦交及贸易关系》,《下一代系列的国际学术论坛》第1期,关西大学文化研究学院,2010年。

写信，希望能与日本进行贸易：

> 安南国天下统兵郁元帅瑞国公兹屡蒙家康公贵意，前差白滨显贵发船往返通商结好，又蒙赐文翰，乃前任都堂往复。今我新任都统元帅，欲依前事两国交通。不幸至旧年四月间，显贵船在顺化处海门被风荡船破，无所依恃。顺化大都堂官不识显贵良商，与船众争气。不意都堂官事误身，故诸将帅与兵报怨，且日日要杀显贵。我在东京闻此消息，爱惜难胜。于上年，我奉命天朝，复临巨镇，见显贵尚在我国。我本欲发船许回，奈天时未顺，延至今日。幸见贵国商船复到，显贵晴晓事由，我无不悦。爱谨具菲仪，聊表微意。庶容少纳，外专书一封，烦为传上位示下。予显贵返国，以结兄弟之邦，以交天地之仪，诚如是则，助以军器，以充国用，我感德无涯，异日容报，至祝兹书。①

从阮潢信中表达意思看，德川家康此前已遣使白滨显贵致信，表达通商意愿。十月，德川家康予以回信，确认以"朱印船"模式进行通商：

> 日本国源家康复章安南国统兵元帅瑞国公：信书落手，卷舒再三。自本邦长崎所发之商船，于其地逆风破舟，凶徒杀人者，国人宜教诚之。足下至今抚育舟人者，慈惠深也。贵国异产如目录收之，夫物以远至罕见为珍；今也我邦四边无事，群国升平也。商人往返，沧海陆地，不可有逆政，可安心矣。本邦之舟，异日到其地，以此书之印为证据，无印之舟者不可许之。敝邦兵器，聊投赠之，实千里鹅毛也，维时孟冬，保啬珍重。②

为了维系朱印船贸易，阮潢与德川家康的书信往来较为频繁。1603年，阮潢写信给德川家康，"遥闻宰执德声含咏，仁风胜十地之雄；道化偏遥，惠露洒两天之渥，欲成贵鬼之义。去岁敢凭片楮，陈其悃诚，并方物小礼，幸蒙宰执垂纳，会兹年仰见宰执玉札遥传，芳情道达，晓成昨日之事，不胜欣贺之至。顿首稽首，拜之读之，增其水谷。况又赠以甲胄军器，锡以珍重如此，非荣何赐之乎。其恩深沧海，义重丘山。真宰执含宏兼爱之度，即欲遣人诣于阶前拜谢。其奈尧天舜海，何徒悬念而已。感曰，海云里隔千余，信义心孚一片，此书中第一义也。且之陋邦乃卷石勺水之区，无有奇货异物，曷足

---

① 《安南国都元帅瑞国公上书》，[日]近藤守重：《外蕃通书》第十一册，东京：日本图书刊行会，1905年，第72页。

② 《神君复赐安南国大都统瑞国公书》，[日]近藤守重：《外蕃通书》第十一册，东京：日本图书刊行会，1905年，第73页。

以彰其赐。兹因驿使言还,辄以土产小物,聊表微忱。爰及折简,谨陈肝隔数言,冒达宰执殿下。礼虽曰小,伏乞笑纳。愿自兹以后,共信此心,莫违其仪,使两国相亲之厚,百年至于千万年必矣"。1604 年,阮潢又致德川家康书信,"自兹岁通商舶,只要就口本国以便贸易,若清华(化)、义安等处素与口相为雠敌,万望国王业已交爱于口,理宜禁止商舶勿许通往彼处"。清化、义安两地均处郑氏政权的控制范围。阮潢希望德川家康禁止商船出入清化、义安,以垄断对日贸易。德川家康回复此信并由船本弥七郎(Funamato Yashichido)带回。

庆长十年(1605 年),德川家康让位其子秀忠。自己移居骏府(今静冈市),称大御所,外交、通商事宜由他自己和亲信本多正纯(Honda Masazumi)负责①,形成了独立于江户秀忠政权之外的相对独立的自治体系,形成了二元权力格局。骏府的核心人物是本多正纯,成濑正成、安藤直次、青山成重、竹腰正信、大久保长安等德川家的后起之秀为成员。另外,茶屋四郎次郎、后藤庄三郎等富商及林罗山、藤原惺窝、天海僧正、金地院崇传为支持者②。正因为此,阮潢除了给德川家康写信外,也给本多正纯写信。本多正纯担任上野介一职,也被称为本多上野介正纯或本多上野介。给后者信中,阮潢说自己将船本弥七郎收为养子以约束安南的日本商人,"明年复许弥七郎整饬叁艚,便来本镇,一平交易,两全恩义。……其余客商,不得混进,倘有暴恶,正以国法,谓不能容"③。

万历三十八年(1610 年),德川幕府通过向广东商船颁发"朱印状",以对明朝政府示好,托周性如致信给福建总督陈子贞。本多正纯作为德川家康的亲信,由林罗山起草了一封信,其内容为:

> 日本国臣本多上野介藤原正纯奉旨呈书福建道总督军务督察院都御使所:夫吾邦之聘问于商贸于中华者,杂于汉、隋、唐、宋、元、明之史及我国记家乘者昭昭矣。然前世当朝鲜纷扰时,随中华贵价来我邦,而译者枉旨执事抵牾,而其情意彼此不相通,比来海波扬而风舶绝,可谓遗憾。方今吾日本国主源家康一统阖国,抚育诸岛,左右文武经纬纲

---

① [日]中岛乐章:《日本"朱印船"时代的广州、澳门贸易——从"西洋渡航朱印状"说起》,郑德华、李庆新主编《海洋史研究》第 3 辑,北京:社会科学文献出版社,2012 年。

② [日]网野善彦:《日本社会的历史(修订版)》,刘军、饶雪梅译,北京:社会科学文献出版社,2012 年,第 305 页。

③ 转见王来特:《近世初期东亚海域纷争中日本的策略》,《日本研究》2015 年第 2 期。

常，遵往古之遗法，鉴旧时之炯戒。邦富民殷，而积九年之蓄，风移俗易，而追三代之迹。其化之所及，朝鲜入贡，琉球称臣，安南、交趾、占城、暹罗、吕宋、西洋、柬埔寨等，蛮夷之君长酋帅，各无不上书疏宾。由是，益慕中华，而求和平之意无忘于怀。今兹应天府周性如者适来于五岛，乃诣上国，因及此事，不亦乐乎？明岁福建商船来我邦，期以长崎港为凑泊之地，随彼商主之意，交易有无。开大哄市，岂非二国之利乎？所期在是耳。比其来也，亦承大明天子之旨，以赐勘合之符，则必我遣使船一只而已，明其信也。若余船之无我印书而到者，非我所遣也。乃使寇贼奸究伏窜岛屿，而猎中华之地境之类，必须有刑法。若又我商船之往来于诸蛮者，因风浪之难，有系缆于中华之海面，则薪水之惠何赐加之。今将继前时之绝，而兴比年之废，欲修遣使之交，而索勘合之符，复古之功，不在于斯乎？我邦虽海隔日出，抑谚所谓叢尔国。中华以大事小之意，想起不废乎。然则来岁所为请，颁符使来则海东之幸，而黎庶之所仰望也。中华设虽贵重，而不动遐迩博爱之意。感激之在于言外命旨件件，请宜领诺。岁舍康戌季冬十六日。御朱印。①

朱印船上的船员和商人少则几十人，多者 300 人②，乘坐朱印船进行商业活动的达到 7 万人次之多。不少人由此留居海外，居住会安日本街的日本人最多达千人左右③，难免发生各种商务纠纷。阮潢委托船本弥七郎"整饬叁艚"就是与中日商人之间的冲突有关，主要是日本商船对福建船只进行了掳掠，如当时官方示谕所云：

> 天南国钦差雄义营副都督将行下顺化广南等处太尉瑞国公为晓谕日本国商等：盖闻为国九经，一曰柔远人。吾于上年见日本商人有艚三艘，远来吾国贩卖，以恩抚之，厚燕待之，欲存信义，使自感吾德也。彼等乃自逞恶，横行国中，掳掠福建商人货财，劫奸傍近居民妇女，傲物肆志，越法乖常，吾常使人以义谕旨，欲其改过迁善。彼乃非遵吾命，愿自决战，吾不得已，加以兵威，非贪彼等货利也，恶其无礼也。兹尔等亦日本富商大贾，再就贩卖，欲得方物大利，尔等忽遇艰患，吾见之，于中心有憾焉。吾当戒国人勿为侵掠，尔等各自谨守所存财物，再整船艘，待

---

① 《林罗山文集》一二，外国书上。
② ［日］坂本太郎：《日本史概说》，汪向荣等译，北京：商务印书馆，1992 年，第 289 页。
③ ［日］中原光信：《通向越南的道路》，东京：社会思想社，1995 年，第 38 页。

顺风回尔本国,以存吾恩信,慎勿疑惧。[1]

为了实现自我管束,船本弥七郎身份得到了本多正纯和土井利胜等人确认,成为了会安日本町的最早头领之一。1633—1672 年,日本町共设六代头领,继续其职位的是 Domingo(1633—1636)和 Fyrabwoa Rockebeoya(1635—1642)[2],前者还兼任阮主翻译,后者兼任阮主港务官。此后盐村宇兵卫和盐村太兵卫父子也担任头领[3]。

图 2-4　交趾国航海图

在日本名古屋情妙寺(The Jomyo Tempel)所藏的绘制于 1630 年左右的《交趾国航海图》(见图 2-4)中,三只越式船只把日本船拖向内港码头,岸上设伞处可能是等候的港务官和交易商,后面即为日本町,也有街区与店

---

①　转见林云谷:《日本锁国以前与南洋的关系》,《民族》1936 年第 1～6 期,第 111～124 页。

②　转见蒋国学:《越南南河阮氏政权海外贸易研究》,北京:世界图书出版公司,2010 年,第 108 页。

③　[日]池内敏:《近世日本人对越南的认识——以漂流记为素材》,载木村汛等:《日本·越南关系》,东京:世界思想社,2000 年,第 5 页。

铺。河的对岸中国町①。这幅航海图原为德川幕府时期的茶屋家族所有，茶屋家族为幕府的御用商人，也是积极参与海洋贸易的商人。1604 年，德川幕府命令御用商人茶屋四郎次郎牵头组成富商联盟共同协商生丝价格，形成了历史上著名的"丝割符制度"或"白丝割符制度"，以对抗葡萄牙商人对中国生丝输入的垄断，这个日本商人集团包括江户、京都、大阪、堺港、长崎五大城市。他们以批发价购入全部生丝，使葡萄牙商人无法利用日本商人之间的竞争而提高生丝价格。

丝绸是中日商船在会安开展贸易的重要物品，西方文献对此有所记录。1614 年 12 月 29 日，荷兰驻平户商馆馆长斯排库斯向荷印总督柯恩报告，"本年中国人向交趾各处带入大量生丝与其他商品，日本人则以廉价买回，在本地获得厚利"②。1615 年 2 月 8 日，葡澳耶稣教会巡察使瓦伦丁·卡瓦略（Valentine Carvalho）报告，"中国人带入该地大量生丝，而为日本人来此收购，装在于彼等之帆船归返日本"③。1617 年 12 月 18 日，荷印总督柯恩报告，"广南是良港，交趾支那停泊地之一处，中国人与日本人年年来此交易，贸易兴盛"④。1618—1621 年居住于会安法籍传教士保尔里（Christophoro Borri）给罗马教皇报告书描述了贸易盛况："与交趾支那的贸易主要由中国和日本的商人通过这一港口长达 4 个月的交易会进行。日本商人通常带来 4 万两到 5 万两标准纯银。中国商人乘帆船满载为数众多的各种器皿，还带来了大批上等的丝、丝纱和各种货物。通过这次交易会，皇家帝国从各国商人那里征收了巨额的商税和关税。"⑤其他西方游记描述，"16 世纪下半叶时，欧洲人到达越南三邦的时候，交趾支那的国王准予华人

---

① 李庆新：《明代海外贸易制度》，北京：社会科学文献出版社，2007 年，第 444～445 页。

② ［日］岩生成一：《朱印船贸易史研究》，荷兰档案馆"殖民地文书"，转见金文：《明代后期海上丝路丝绸贸易主要国际市与主要国际商船贩运数量考》，黄盛璋主编：《亚洲文明》第 3 辑，合肥：安徽教育出版社，1995 年。

③ ［法］帕盖：《日本基督教史》第 2 卷，转见金文：《明代后期海上丝路丝绸贸易主要国际市与主要国际商船贩运数量考》，黄盛璋主编：《亚洲文明》第 3 辑，合肥：安徽教育出版社，1995 年。

④ ［日］岩生成一：《南洋之日本街》，荷兰档案馆"殖民地文书"，转见金文：《明代后期海上丝路丝绸贸易主要国际市与主要国际商船贩运数量考》，黄盛璋主编：《亚洲文明》第 3 辑，合肥：安徽教育出版社，1995 年。

⑤ 转见李庆新：《明代海外贸易制度》，北京：社会科学文献出版社，2007 年，第 443 页。

在他的国土中,选择一便利处所,建一城镇,俾可举行市易。该城命名为会安,居今中圻的中央。该城被计为两区——一属华人,一属日本人——各由一长宦统治。该城贸易时期的揭幕差不多和新年相符。……当需时七月之久的商业交易期过去后,外国商人便装运货物载回本国去"①。何乔远对这种贸易也有所论述,"日本国法所禁,无人敢通,然悉奸阑私扬,私往交趾所处,日本转乎贩鬻,实则与日本国贸易矣"。

西方人各种记录显示会安除了日商与华商之外,还有不少欧洲商人。他们不仅在会安从事商业活动,而且也吸引传教士开展宗教活动。1615 年初,佛朗西斯科·布谢米(Francisco Busemi)、迪奥戈·卡瓦略(Diogo Carvalho)和一名助理修士从澳门出发到会安传教,Nicllao da Costa 神父在一封信中描述了他们在会安活动的情形,"我们的人抵达交趾支那后,受到那块土地的国王和王子的盛情款待,他们批准我们的人可在其王国内自由传播福音。这样,我们的神父开始宣讲教义,并在此基础上对一些人进行洗礼,同时对那些先前经奥古斯丁以及我会(耶稣会)教士吸收入会之人进行安慰和再教育"②。阮氏为了对抗北方政权,需要购买武器,于是对西方人士的传教活动有所容忍。1651 年澳门总督若奥·德·索萨·佩雷斯(Joas de Souscr Pereira)致函阮福泰,请求准许神父们在安南居住,并赠送了一门大炮,由梅特洛·萨卡诺神父(Metello Sacanno)和当时在会安的葡日混血儿佩罗·马克斯神父(Pero Marques)护送前往。

蒋国学先生讨论日商与阮氏贸易曾有一个结论,"如果说华商与南河的贸易更多是由私商主导的话,那么日商与南河的贸易更多的则是由阮氏与幕府来主导,这也是在 17 世纪初日本与南河贸易能迅速发展的重要原因"③。一旦幕府不再成为贸易主导力量时,日商势力就一落千丈。宽永十年(1634 年),德川幕府颁布了锁国令,废除了朱印船制度,日商很快退出会东南亚贸易。不过,锁国体制并非断绝贸易,而是限定特定商人和港口开展贸易活动,为了保持丝割符制度,日本实行"唐船集中令",中日贸易在长崎一港进行,调动了中国海商的积极性,中国船只在对日贸易中的地位也变得十分重要。其中广南对日贸易几乎全部为华人包办。据日本人所见,长崎

---

① [英]巴素:《东南亚之华侨》上册,郭湘章译,台北:编译馆,1966 年,第 307 页。

② 李向玉:《澳门圣保禄学院研究》,澳门:澳门日报出版社,2001 年,第 198 页。

③ 蒋国学:《越南南河阮氏政权海外贸易研究》,北京:世界图书出版公司,2010 年,第 106 页。

常有"福州及漳州之商船航抵该国以办'诸色'之货东渡,此乃为'交趾船'(即广南船)"①。1647—1673 年,东南亚各地到日本的 348 艘华人商船中,广南有占了 105 艘②。《华夷变态》收录的 1674—1717 年间来自东南亚各港唐船的 282 件"风说书"中,属广南的有 77 件,为数最多③。日本文献也记载了广南船或交趾船主要是华人经营的事实,"其地亦有许多唐人侨寓,又有福州及漳州之商船航抵该国以办诸色之货东渡(日本),此乃为交趾船。亦有居留该国之唐人承国主之命舣船赴日,亦有土著之人随船而来"④。

与此同时,明清鼎革的政治变动,激发了民间私商南下的活动,明朝遗民带着部下与眷属来到越南定居。他们带去的海洋商业网络也得到了阮氏顺化政权的重视,他们保护中国船只在周边洋面的安全。如《华夷变态》在 1684 年对第五番船的记载,"吾船原是从柬埔寨出发之船,前年七月初一从柬埔寨驶往广东,同月五日在柬埔寨海面遭贼船抢劫,得广南首领相助。去年六月廿五日复从广南出发,同年七月十二日到广东"⑤。"广南首领"就是指阮氏政权,在他们的支持与合作之下,会安港埠发展成为以华人为主的城镇。⑥ 1696 年 4 月 30 日,英国人托马斯·宝依亚(Thomas Bowyear)致函英国东印度公司评议会指出会安商业管理以华人为主的状况:"会安之房屋为数约一百户,除四五家日人之外,均为华人所居。日人往日为此埠主要之居民,且为港口之管理官,但后来人口削减,至今一切贸易乃华人经营,从日本、广东、暹罗、高棉、马尼拉及最近自吧城,每岁至少有十艘至十二艘中国戎克船航此交易。"⑦大汕在《海外纪事》中也是如此描绘,"盖会安各国客货

---

① [日]西川求林斋辑:《增补华夷通商考》卷三。

② [日]岩生成一:《近世日支贸易に関する数の考察》,(东京)《史学》第 62 卷第 11 号,1953 年。

③ 郑瑞明:《日本古籍〈华夷变态〉的东南亚华人史料》,《海外华人研究》1992 年第 2 期。

④ [日]西川求林斋辑:《增补华夷通商考》,第 328 页。

⑤ 转见陈忠烈:《〈华夷变态〉中的"广东船"资料》,林有能等主编:《香山文化与海洋文明》,广州:广东人民出版社,2009 年,第 313 页。

⑥ 李庆新:《越南明香与明香社》,《中国社会历史评论》第 10 卷,2009 年,第 205、210 页。

⑦ 转见陈荆和:《清初华舶之长崎贸易及日南航运》,《南洋学报》第 13 卷第 1 期,1957 年。

码头,沿河直街长三、四里,名大唐街,夹道列肆,比栉而居,悉闽人,仍先朝服饰"①。

二、萃先堂前贤与会安艚务

会安关公庙东侧的"萃先堂",当地人称为"明乡亭"。萃先堂内祀奉对明乡社之确立与明乡亭之兴建有贡献的前人牌位。亭内正龛祭祀明乡的孔、颜、余、徐、周、黄、张、陈、蔡、刘等"十大老",魏、庄、吴、邵、许、伍等六姓的"乡耆"及后继的冼国祥、吴廷宽、张弘基等"三大家",明乡社历代的乡贤、乡官、乡老、乡长也并列在同一木牌上。在正龛前的神案处立有药王本头公、天后圣母、保生大帝的神位。建筑的左次间神龛内,立"理三宝务班前往神位"、"重建圆寂第四代号惠鸿讳上广下炳公大禅师莲座"、"明清诸族派祠堂之先灵列位"。在右次间神龛内,立"文昌庙明文会会员前往列位""开山大檀越主郑门吴氏法名妙成神位""古斋社里长李有兴神位"。显而易见,"萃先堂"中供奉牌位极为多元,反映出了萃先堂的历史层累进程,也显示了其自身的转变。

萃先堂存撰写于维新二年(1908年)的重建碑文,内容相当丰富,学界已依此对萃先堂进行了初步分析。为了更具体展现萃先堂的历史演变与社会脉络,以下对田野中获取的碑文进行全面解读。

碑文首先回溯了萃先堂与明代遗民的密切关系。"吾乡祠奉祀魏、庄、吴、邵、许、伍十大老者,前明旧臣也。明祚既迁,心不肯二,遂隐其官卫名字,避地而南至,则会唐人在南者,冠以'明'字,存国号也,卅六省皆有所立,而广南始焉。""魏、庄、吴、邵、许、伍十大老者"就是明香社人称的"十老"或"十贤"。"十老"来到越南之后,较早地在距会安十五六公里的升平进行聚落开拓,后来他们从升平迁往茶饶社,而后又从茶饶迁往青霞社。不久,十老又前往锦庸、会安、古斋三社交界之处购置土地定居,形成了会安明乡聚落。如碑文所记,"初居茶饶,寻迁会安,相川原之胜,通山海之利,井里昼焉,闤闠设焉,以永千年于兹者,其所贻也"②。这也是萃先堂供奉"古斋社里长李有兴神位"的原因。"古斋社"与莫登庸有密切关系,《大越史记全书》

---

① (清)大汕:《海外纪事》卷四,北京:中华书局,1987年,第80页。

② 碑铭拓片见附录一,附图1-9。

记："登庸，平河高堆人也。其先祖莫挺之，陈朝状元，官至左仆射。挺之生高，高生邃，邃生嵩，移居清河兰溪社，生萍，萍又涉于宜阳古斋社而居焉。萍生橄，橄取娶本社邓椿长女，生三男，长曰登庸，次曰笃信，季曰嶡。登庸勇有力，以武举入宿卫。"林希元在《条上征南方略》中也说："登庸，起自蛋家，习于舟楫，家住都斋，其地滨海。""都斋"应即古斋。都斋成为鄚氏集团活动的大本营，《苍梧总督军门志》载：

> 先是（莫）登庸以石室人阮敬为义子，敬复以（莫）方瀛次子莫敬典为婿，通于方瀛妻武氏，因得专兵柄。福海卒，宏瀷方五岁，阮敬挟宏瀷自恣。登庸之次子莫正中与莫文明避回都斋，其同辈阮如桂、范子仪诸人亦各还田里。既而阮敬以兵侵海阳，遂逼都斋，莫正中、阮如桂诸人共集兵御之，弗胜，各奔散。莫正中、莫文明率其家属潜赴钦州投诉，奏发肇庆、清远安插。范子仪等复拥兵诈称宏瀷身故，以迎莫正中嗣职为名，寇钦州，官兵执诛之。莫敬典亦捕其余党殆尽。①

这些表明，萃先堂的明代遗民与水上人群背景的莫登庸有着千丝万缕的关系。

萃先堂中的十大老中之"魏"姓可能与来自于福州的华商魏九使有关联。魏九使（1618—1689）也称"九官"，名之琰，字双候，号尔潜，生于福建福清（一说建宁）。成年后前往安南，帮助兄长魏六使（毓桢、之瑗、六官）经商，从事长崎到广南的贸易活动。1635年与六使捐建日本崇福寺妈祖堂，1647年与王心渠、何高材、林守殿等成为崇福寺庙大施主。1654年，魏之瑗客死越南，魏之琰继承产业，在会安娶武氏谊为妻，生子魏高、魏贵。1669年崇福寺的"崇福常住收小缘登姓名簿"记录了当年魏之琰的献金者情况：

> 福州陈三官、卢一官二船主喜舍黄金叁拾五块；福州船主林骥官、赵一官共喜舍金肆拾版正；东京（安南）船主林尔受居士舍香灯资拾版正；东京（安南）船主魏尔潜居士喜舍娘妈殿前上下名埕，至辛亥（1671年）完工，实缘五百两正；福州船主何履峒、欧仕魁共喜舍金贰拾版正。②

东京船主也称为"东京舶主"，福清人即非和尚对此等人群也有所记载，

---

① （明）应槚初辑，凌云翼嗣作，刘尧海重修：《苍梧总督军门志》卷三四，全国图书馆文献缩微复制中心，1991年，第476页。

② 转见童家州：《关于明末清初日本长崎福建籍华侨起源问题初探》，《福建师范大学学报（哲学社会科学版）》1990年第4期。

如语录谓，"东京舶主林尔受、魏尔潜、潘云仍、顾长卿、薛梅初、何岜嵋、何子谦、何君腾诸檀越请上堂"①。朱舜水与魏之琰交往颇深，曾写信给他邀请到长崎长住，"来年事成，必住长崎，甚为长算"②。1672 年，魏之琰携带二子、仆人魏熹离开会安前往长崎定居。入籍后，魏高改名"钜鹿清左卫门"，魏贵改名"钜鹿清兵卫"，他们均担任"东京通事"之职③。魏之琰精通明乐，后被称为"长崎明清乐祖"。由于在东亚海域的商业活动中具有较大影响力，魏之琰与阮氏集团政要的关系也较为密切，1673 年，阮主世子写信向他，除了问候他在长崎生活外，希望能借款 5000 两，以补充军费：

> 安南国太子达书于大明国魏九使贤宾，"平安"二字欢喜不胜。盖闻下者交邻，必主于信，君子立心，允贵乎诚。曩者贤宾遥临陋境，自为游客，特来相见，深结漆胶之义，术历几经，再往通临日本，不谷丁时口嘱贸买诸货物以供其用，深感隆恩。自出家赀代办，一一称心，希望早来，得以追还银数。怎奈寂无音信，其愿望之情愈切。兹者不谷，时方整阅戎装，修治器械，日用费近千金，遥闻贤宾有道治财，营生得理，乃积乃仓，余财余力。姑烦似以白银五千两，以供需用，却容来及时候，舸舰临帮，谨以还璧，岂有毫厘差错。如旨放心假下，当详寄来商艚主并吴顺官递回。④

史料阙如，此事有无结果不得而知。魏氏定居长崎后，成为非常著名的唐通事世家，负责与安南船只沟通的东京通事。仆人魏熹改名为"魏五左卫门"，还在 1693 年协助调查广南漂船。1689 年原东京通事东京久藏去世，魏熹接任通事之职⑤。唐通事是长崎奉行为所属，除了翻译之外，就是管理来航的各种船只，编制商品交易的账簿或报告书，并有职责裁定贸易纠纷，维系唐馆秩序，一些唐通事还有自己商船，直接参与贸易⑥。魏之琰生前始

① ［日］平久保章编：《新纂校订即非全集》，京都：恩文阁，1993 年，第 45 页。

② （明）朱舜水：《朱舜水集》卷四，《答魏九使书》，北京：中华书局，1981 年。

③ ［日］木宫泰彦：《日中文化交流史》，胡锡年译，北京：商务印书馆，1980 年，第 700 页。

④ ［日］园田一龟：《安南国太子致明人魏九使书考》，罗伯健译，《（中国）留日同学会季刊》1944 年第 2 期。

⑤ ［日］木宫泰彦著：《日中文化交流史》，胡锡年译，北京：商务印书馆，1980 年，第 701～701 页。

⑥ 林观潮：《明清福建籍海外移民宗教信仰状况研究——以日本长崎在留唐人为重点》，《闽南佛学》2008 年第 6 辑，北京：宗教文化出版社，2009 年。

终长发，穿戴仍明朝衣冠。1652 年，他参与发起邀请黄檗宗隐元和尚来日本的活动，隐元的《复魏尔潜信士》揭示其遗民心态：

> 何居士至，接来翰，种种过褒，当之殊愧也。闻足下在崎养德，以遂身心，是最清福。然此时唐土正君子道消之际，贤达豪迈之士尽付沟壑，唯吾辈乘桴海外得全残喘，是为至幸。惟冀足下正信三宝为根本，根本既固，生生枝叶必茂矣。原夫世间之事，水月空花，寓目便休，不可久恋于中，恐埋丈夫之志。谁之过欤？更冀时时返熠自己身心，必竟这一点灵光何处柄泊，不可错过此生。到头一着，谁人替代？纵有金玉如山，子女满堂，总用不着。可不慎欤？嘱嘱。①

李庆新先生曾推测《重修关圣帝庙》缘首"许献瑞"即明乡萃先堂所祀乡老"吴、邵、魏、庄、许、伍"六人中的"许"氏②。现存会安《许尊家谱》对"许献瑞"载："高高始祖考，籍贯福建省诏安县之人也，姓许。传闻公未曾身来南地（大南国广南省明乡社），故其讳名、字号及生日、死日均未详知。惟有高高始祖妣张氏太淑（唐女），携子许献瑞来南留住。嗣而始祖张氏终于南越，其子献瑞从南朝为官，家封至禄进侯，今有名字预列于本社先贤匾位。生下男三女一，传子留孙，以有今日美矣哉。木本水源，根深业茂，世代延长，列而弗替。"③家谱另记，"今有名字预列于本社先贤匾位"，即指明乡萃先堂所祀之牌位。家谱为后世编修之文献，也有可能牵强附会于萃先堂之"许"姓。因为按照《重修关圣帝庙》的纪年推算，许献瑞生活在 18 世纪中叶，并未如萃先堂中诸多长老生活在 17 世纪末期的时间段，由此可见，萃先堂牌位上的"许"氏不一定可为"许献瑞"。许氏始祖妣张氏和许献瑞均安葬青霞社，为明香人聚居地，而许献瑞担任艚务官，可能许氏在明清之际经营海洋的渊源有关。根据《华夷变态》中相关记载，1680 年代达到日本长崎的广南船有不少许姓船主，比如戊辰年（1688 年）的第三十三番船主许桢官、庚午年（1690 年）第九十番船主许尚官和许敏官、辛未年（1691 年）第十四番船主许相官等④。

---

① （明）隐元：《隐元诗文选》，北京：中国文史出版社，2014 年，第 327 页。

② 李庆新：《17—19 世纪会安的华人、唐帮会馆与华风》，《濒海之地：南海贸易与中外关系史研究》，北京：中华书局，2010 年，第 324 页。

③ ［越］许玉和、许玉发：《许尊家谱》，保大五年（1930 年）。

④ 转见陈荆和：《会安历史》，王璐译，《海洋史研究》第 9 辑，北京：社会科学文献出版社，2016 年，第 158 页。

在会安活动的早期华商精英具有流动性，内部也存在着代际更替。碑文说明了 18 世纪中叶明香社精英人群从"十大老"到"三家"的转化过程，"十大老既往，三大老家继之，曰：洗国公、吴廷公、张弘公"①。"三大老家"除了上文提及的洗国祥之外，"张弘公"名叫"张弘基"。根据其他学者的田野调查，张弘基的曾祖西泉公从中国"福建泉州府银同"来越经商，"银同"就是泉州府同安县的雅称，根据张氏祠堂中奉祀的《张氏历代尊图》可知，籍贯为泉州府同安县中左所（厦门）。张氏在越南定居之后，第二代为张维缵，第三代为张明柯，第四代即张弘基、张弘业、张弘道兄弟②。张弘基作为张氏家族的代表参与会安明香社管理，成为"后三贤"之一，他捐助建设会安的诸如公共建筑，如癸酉年（1753 年）关圣庙的重修、癸未年（1763 年）来远桥的重修等。张弘基的兄弟承担其他相关事务，张弘业、张弘道出任管理会安港舟船的官吏③，就是类似孔氏兄弟担任的该艚等职。

碑铭交代萃先堂处的来龙去脉，"始建地簿，辟闲土益之以新培，而民居以广，商旅以聚，神祠、寺观营造壮丽，而祀事以修辰，有郑门吴氏发愿捐赀买田土，附之惠鸿大师供祠土广之"④。萃先堂左次间神龛中供奉的"重建圆寂第四代号惠鸿讳上广下炳公大禅师莲座"和右次间神龛内供奉的"开山大檀越主郑门吴氏法名妙成神位"为创建僧人和檀越主。对照临济宗僧人南下会安传播佛教以及大汕和尚等人主持仪式等情形，有理由推断，萃安堂的前身与佛教寺庙存在一定联系。惠鸿广炳禅师的师承不得而知，而"郑门吴氏法名妙成"的女性捐助人牌位题名则进一步说明了佛教渊源。陈荆和先生的研究提及建造于 1685 年的郑门吴氏之墓，根据"故妣"一词判断，此墓是死者的子女所建，不过，墓碑上没有提及其子女名字⑤。1854 年，郑门吴氏之墓由明香社重新修缮，社老所立的碑记述称：死者年轻时成了寡妇，

<hr>

① 碑铭拓片见附录一，附图 1-9。

② 转见陈荆和：《会安历史》，王璐译，《海洋史研究》第 9 辑，北京：社会科学文献出版社，2016 年，第 159 页。

③ 张濯清、[越]黎氏梅：《清初在越华商移民及其文化形态——以〈罗塔洲重修公亭碑〉为线索》，《中州学刊》2016 年第 1 期。

④ 碑铭拓片见附录一，附图 1-9。

⑤ Chen Ching ho, *Historical Notes on Hôi-An（Faifo）*, Carbondale Ⅲ：Center for Vietnamese Studies, South Illinois University at Cerbondale, 1973, pp.155-157.

决定将其所有土地捐给明香社，后出家为尼，法名妙成①。

根据前人对明香社的研究，会安吴氏与吴孕明可能有关系。吴孕明来自福建漳州龙溪，担任阮朝官员征收赋税，获"明德侯"的称号，去世时间为1691年，墓地在青霞社②。郑东愈的《昼永编》记载了1687年朝鲜济州岛人高尚英、金太黄（或为金泰璜）等漂流至会安，后由中国船只送返朝鲜的经过，其中叙及的"明德侯吴"就是吴孕明。《昼永编》对相关情况是这样描述的：

> 随其人入其邑，即所谓会安郡明德府。使军卒送置一岛。于是日往间家乞米，其应给无厌色，到处如此，盖其国俗然也。……时中国商人朱汉源、船户陈乾等来言于渠辈等曰："俺这一船里若俱载你们好好回去，你们当以何物赠我乎？"渠辈等闻说皆喜，答以每一人以三十石大米报汝载去之恩，遂成文券。其国备具此由，以报其王。则自其国以钱六百两偿之，以其国书报我国送漂到人付商船回去之意，回来时必受朝鲜文书以来，则更当厚赏尔等。于是朱、陈两人以戊辰八月初七日举帆向北，五阅月到宁波府，又至普陀山，十二月十三日遇西南风向我济州而发，船行三日而到大静县。

最为重要的是，《昼永编》完整保留随船带到朝鲜的移文，明确指出当时高尚英、金太黄等人漂流之地就是会安：

> 安南国明德侯吴为奉令调载回籍事处。丁卯年（1687年）十月，有漂风小船一只到安南本国，计二十四人，询称朝鲜缘出海贸易，不意风波大作，破船失货物等语。查系贵国商民，俯怜同体。荷蒙本国王体好生之德，施格外之恩，安插会安地方，以给钱米，不意业已病殁三人，现存二十一人，候南风调载送归。但各船归帆俱属广东、福建等处，即有往日本洋船派送回国，奈海洋辽阔，前后不齐，难期必至，恐漂人等终不送回籍之愿也。尽计不全，筹度再三，兹有大清宁波府商船于本年三月间载货来至安南生理，原在招添客货贸易之船，今为漂人等二十一人恳求回贯甚切，幸船主陈有履、财副朱汉源等怜悯众孤流落他乡，慨发

---

① ［法］苏尔梦：《碑铭所见南海诸国之明代遗民》，李庆新主编：《海洋史研究》第4辑，北京：社会科学文献出版社，2012年。

② ［法］苏尔梦：《碑铭所见南海诸国之明代遗民》，李庆新主编：《海洋史研究》第4辑，北京：社会科学文献出版社，2012年。

义举。特将本船客商等辞送别船,抛其生理,允将本船载至朝鲜,送回本籍,以使漂人等遂愿等讲,前来合行咨启。为此,钦奉安南国王令,准宁波府商船任听船主等料理送归本籍,令船主陈友履等捐资整理船只,并请识路、伙长、舵工及招驾船人等一应料理外,本国协助粮蔬食物以资难人等日食备用。船主等率领于本月二十二日扬帆开驾,但恐关津条例森严,准此备文移送朝鲜贵国,希查实验明,敢望回文,即交船主收集俟带本国,以慰悬念也。祈将本船整理,俾其速早以回大清,不胜幸幸。须至文者,正和九年七月二十二日。①

"正和九年"为黎朝年号,时为1688年,发送移文者为"安南国明德侯吴",即吴孕明担任会安港管理之职期间。陈有履、朱汉源等护送飘风人员回朝鲜之后,行迹又出现在《李朝实录》。李朝政府将朱汉源等人押送到北京。此举被清朝官员所否定,康熙令放遣漂流海商,同时通知李朝,"凡遇漂到者,有船则从海放遣,无船则领付凤城,以为式",由此成为定例②。

朱汉源可能就是朱星渚(1658—?,字长梧),浙江桐乡人,著有《长梧子诗集》。朱汉源善诗画,游学王士祯、朱彝尊,与明代遗民交往甚多。朱彝尊在清朝立国后,曾与江南世家弟子密谋抗清。顺治十三年(1656)在广州结识了不少岭南的抗清志士,特别与"岭南三大家"屈大均、陈恭尹、梁佩兰相交甚欢。1658年,郑成功、张煌言等人活跃在浙江沿海,朱彝尊等人在山阴与之联络,但是郑、张兵败后,郑成功手下孔孟文告密朱彝尊等人,酿成"通海案",朱彝尊避难温州海岛,第二年才重新露面。此后他游幕四方,后曾在1672年到桐乡请汪森协助编选历代词集。朱星渚何时跟随朱彝尊游学,已无法考证。明遗民吕留良为桐乡人,思想也影响了周边士人,朱星渚也许其中一员。1688年,朱星渚以宁波船财副身份出现在会安,其缘由已不得而知。朱星渚可能很早就参与了海上贸易。《华夷变态》记载了1687年百十二番船船主浙江人朱仲杨在琼州的商业活动,也可作为佐证,朱仲杨的身份为广东船船头,"吾船此次东渡有各种琼州土产,沉香等物可与广南所出媲美,他国所无。米谷出产亦多,价格低廉。今年帝都北京及诸省并旱,海南丰熟,米谷贩往他省尤多。吾船前年在琼州府制造,去年原拟来航贵地,当

---

① 转见王鑫磊:《同文书史:从韩国汉文文献看近世中国》,上海:复旦大学出版社,2015年,第227页。

② 《李朝实录》下编,卷四。

时有船头二人，其一人为宿病所烦，渡海不成。今年七月十日始从琼州启航，乘员六十六人，船头朱仲杨，出生浙江。十年前到琼州府贸易，定居琼州"。朱星渚长期在广州活动，可能参与了大汕组织的白社。1682 年，大汕到安南，就有白社的饯别活动。1692 年正月，大汕在广州城西郊的长寿寺的"石濂精舍"召集社友雅集，参与者有龚翔麟、王煐、陈廷策、陈子升、屈大均、梁佩兰、陈恭尹、廖煐、季煌、王世桢、沈上钱、方正玉、黄河澄、朱汉源等，大部分为朱彝尊旧交。此次雅集，陈恭尹撰写了《次朱汉源过长寿》（四首）。后来，朱星渚要回江南之际，陈恭尹又写了《次朱汉源留别韵送之归吴下》，其中有"南来滇海上，为日不数数。言寻朱明天，丹砂师抱朴"之句，似乎点明其政治立场。乾隆十二年（1747 年），年届九十的朱星渚为明遗民傅山的《霜红龛集》作序。同年，朱彝尊贬官来到广州再次见友人。

吴氏家族活跃在会安贸易中另一人物为吴秉绰，他担任广南通事，是阮主官定的翻译。《华夷变态》有广南会安至日本长期的贸易记录。其中 1688 年的百八拾五番广南船唐人说："本船携有广南国王致江户书简一封及礼品与致两奉行所书简二通及礼品，司礼监致通事四人书信一通及礼物二样，还有广南通事吴秉绰致长崎通事书简一则。"[1]书简具体内容在《外蕃通书》中另有记载，携带书信的是华商黄宽官、史良舍、韩挺政等，这些信分为三类：一是阮主写给长崎奉行的信；二是得禄侯写给长崎通词的信；三是通言吴秉绰写给长崎通词的信。

长崎奉行是管理长崎贸易事务的官员。文禄元年（1592 年），朱印船贸易开始后，丰臣秀吉命令寺泽广高管理长崎商务。庆长八年（1603 年）德川家康任命小笠原为宗为长崎奉行，正式定职。宽永八年（1631 年），德川秀忠制定了奉书船制度，限定贸易船的派遣，以排挤葡萄牙人贸易，防止基督教的传播。宽永十年（1633 年），德川家光以长崎奉行职务规定的形式发布通告，禁止日本人前往海外。长崎奉行一职改为 2 人共任；到贞享三年（1686 年）又改为 3 人，2 人驻在长崎，1 人驻在幕府[2]。阮主在信中表达的意愿是希望日本同意向安南输出铜钱，以供经济流通之用：

> 昔闻贵国曾已远交结为通好，何其厚也。比闻贵国绝无交质，罕见

---

① ［日］林春胜、林信笃：《华夷变态》卷十四，东京：东洋文库，1958 年，第 1034～1035 页。

② ［日］木宫泰彦：《日中文化交流史》，胡锡年译，北京：商务印书馆，1980 年，第 635 页。

通好，何其薄也。今本国忝以冲人欲修旧好，拟欲通好之意，庶可复定矣。且于往年寓已薄来微物，奉上贵国，以为国交之止信。奈此封域悬望，翰羽遥短，使本国爱慕之心，未中尝一日不在也。今又聊将鄙物，用结新恩，冀以始虽疎而终亦亲之情也。窃思本国经费多资，惟钱为用，但未能操造之切，致使财用不足哉。遥闻贵国地产良铜，权知造币，若此曷不广铸以济其乏乎。所望贵国权时用之宜，布称钱之令，立一时之圜法，铸三品之利源，通流本国，营生买费，于兹两国俱得两利焉。但愿贵国仁推通货意体，移财出百万之缗钱，泽九州之黎庶，此则四邻之人，咸亲其义，自兹向后，两朝通好，信义往来，迩遐如一体，胡越如一家，斯为美事矣。①

值得注意的是此番书信往来的历史节点，1688 年恰值德川幕府重新确定对外贸易政策的转折阶段。为防止走私贸易，德川幕府对每年进入长崎的商船的开航时间及发船地点有了限制：春船 20 艘，南京 5 艘、宁波 7 艘、普陀山 2 艘、福州 6 艘；夏船 30 艘，南京 3 艘、宁波 4 艘、泉州 4 艘、漳州 3 艘、咬留吧 2 艘、柬埔寨 1 艘、厦门 5 艘、普陀山 1 艘、大泥 1 艘、福州 4 艘、广东 2 艘；秋船 20 艘，南京 2 艘、交趾 3 艘、暹罗 2 艘、高州 2 艘、福州 3 艘、宁波 1 艘、广东 4 艘、东京 1 艘、潮州 2 艘②。同时下令禁止中国商人居住长崎市内，在市郊十善寺乡为赴日的中国商人修筑了特定的住所，称为"唐人屋敷"、"唐人馆"或"唐人坊"。这个政策改变了中日商人的贸易形态，也限制了原先较为自由的洋铜贸易。阮氏官买日本红铜之目的为了铸造货币，承担运销洋铜的商船就是中国商人拥有的，"日本土出红铜，每年艚到，即令收买，每百斤古钱四十五贯"③。黄宽官、史良舍、韩挺政等人贩卖铜钱的到特权许可，他们对贸易方式的改变极为敏感，请求阮主等人写信出面交涉。后面两封书信也出于同样目的，请求日本准予黄宽官船在日本顺利贸易，吴秉绰与长崎通词书写道：

兹者上国，因清船众多，以致定额寡少，敝国王上，欲交邻之旧，通贸易之需，由黄宽官、史良舍、韩挺政、曾四使船，与贩上国，肃具书币，奉通上国，请许贸易，尽船准卖。其传达事情，仗在台鼎言，王家附货，

① ［日］早川纯三郎编：《通航一览》第四，东京：图书刊行会，1913 年，第 496 页。
② ［日］木宫泰彦：《日中文化交流史》，胡锡年译，北京：商务印书馆，1980 年，第 650 页。
③ ［越］黎贵惇：《抚边杂录》卷四。

差逸哥、末哥前来经理，更祈格外施恩，准其尽脱，则感佩者，宁有既哉。①

从吴秉绰的信可以看出，黄宽官等的船也并非专为南河政权进行贸易的船只。这些船主的船只并非单点贸易，它们航行在东亚、东南亚各个海域和港埠，进行多点和多线的贸易活动。钱江先生指出，"17世纪至19世纪初，东南亚各主要商埠涌现出了一大批颇具规模的华商侨居社区……就参与越南沿海的帆船贸易而言，较为活跃的主要是来自邻近地区如柬埔寨、暹罗、马来半岛、爪哇岛巴达维亚和万丹等地的华商。他们在前往中国东南沿海（广东厦门、福州、宁波、南京）及日本长崎贸易的途中，往往会有意识地在广南短暂逗留交易"②。也有因为遭遇风灾而停靠会安的，如1684年初来往于巴达维亚（Batavia）与日本长崎之间的华商船主林宗娘从长崎回航巴达维亚，在广南外海遇风失事。获救后得到寓居广南的华商及阮主资助，重新在当地购置商船和货物，再次北上长崎贸易③。他们运载阮氏的货物来到长崎贸易，只是贸易活动的一部分内容。贩运洋铜有一部分可能销售到了中国，以缓解清政府因缺乏洋铜而无法铸币导致的钱制危机④。

《华夷变态》记载，黄宽官是为厦门船主。吧城公案簿记载，有一位名叫"黄宽官"的华商为安海人黄继曾次子，"客于咬𠺕吧，赘番女，子一，举"。咬𠺕吧（Galappa）也被记为噶罗巴、噶喇巴、加留巴，即巴达维亚，因而被简称为"吧城"，现在为雅加达（Jakarta）。吧城公案簿记载黄宽官卒于雍正六年（1728年）的信息，并与《华夷变态》、《外蕃通书》等进行对照，后者记录黄宽官活动时间1688年，与黄宽官去世时间相差40年，有可能为同一人物。根据洪少禄先生对安海《金墩黄氏族谱》的相关资料进行统计，其中与黄宽官同时期生活于𠺕吧的黄姓人员有：

① ［日］近藤守重：《外蕃通书》卷十四，《近藤正斋文集》，东京：日本图书刊行会，1905年。

② 钱江：《十七至十九世纪初越南沿海的中国帆船贸易》，刘序枫主编：《中国海洋发展史论文集》第9辑，台北："中央研究院"人文社会科学研究中心，2005年，第321页。

③ 林春胜、林信笃：《华夷变态》卷九，东京：东洋文库，1958年，第414～417页。

④ 洋铜进口对清朝的币制稳定很重要。康熙三十一年1692年至三十三年1694年出任管理钱法户部右侍郎的王士祯描述1688年长崎贸易形式转变产生的钱制危机时说："近自洋铜不至，各布政司皆停鼓铸，钱日益贵，银日益贱，今岁屡经条奏，九卿杂议，究无良策，即银每两折钱一千之令，户部再三申饬亦不能行，官民皆病。"（清）王士祯：《居易录》卷九，第12～13页。

黄容官,生 1659 年,卒 1703 年咖溜吧。

黄胤开,生 1652 年,卒 1707 年。

黄元良,生 1678 年,1708 年卒于吧洋中。

黄光辉,生 1680 年,1708 年卒于吧洋中。

黄元福,生 1682 年,1709 年卒于吧国,遂葬其地。

黄胤悌,生 1675 年,1773 年卒葬吧国。

黄维崑,生 1691 年,卒 1728 年,葬吧国。

黄洪官,生 1704 年,卒 1742 年,葬吧国。[①]

"黄宽官为安海人黄继曾次子"的信息提示我们,《华夷变态》中频频出现的"黄二官(Huang Erguan)"应该就是黄宽官[②],称其为"厦门船主",应是船只从厦门港出发之故。根据史料记载,厦门与巴达维亚的正常航程为 280 更,即 28 天,如果遇到强劲的季风,可以缩短为 20 天[③]。由此大量闽人奔赴巴达维亚,如同安县人自明朝始至顺治年间,"往葛剌巴贸易耕种,岁输丁票银五六金。此后,每有厦门巨艚载万余石,赴葛剌巴"[④]。黄二官是清初康熙颁布展海令后在海上贸易中崛起的活跃商人,《华夷变态》是这样记载的:

(1)1689 年(47 番广东船,船主李才官,船客黄二官,63 人)四月廿六日由广东本城下出发,六月五日到达长崎,历时 63 天。

(2)1689 年(48 番大泥船,船主黄二官)中转广东,购置货物。

(3)1690 年(78 番大泥船,船主黄二官,60 人)。

(4)1691 年(74 番柬埔寨船,船主郭舍官、黄二官)

(5)1692 年(36 番广东船,船主沈茂生,后为黄二官,62 人)五月廿二日由广东本城下出发,六月五日到达长崎,历时 24 天。

(6)1693 年(73 番咬留吧船,船主黄二官,54 人)前一年冬由宁波

---

① 洪少禄:《从族谱中获得安海居民侨外史料之探讨》,《安海乡土史料》第 1 辑,1957年,第 322 页。

② 17 世纪的长崎住宅唐人长老中也有一位"黄二官",负责调停赴日贸易华商的商业事务或商业纠纷。曾担任长崎唐年行司(1637—1648),后裔袭职四代,改名为黄安右卫门。因"黄二官"卒于 1670 年,并非此次至长崎的黄宽官。

③ (清)王大海撰著,姚楠、吴琅玲校注:《海岛逸志》卷一,《西洋纪略·噶喇吧》,香港:学津书店,1992 年,第 1 页。

④ (清)佚名:《葛剌巴传》,王锡祺辑:《小方壶斋舆地丛钞》第十轶,第 479 页。

去咬留吧，四月廿二日从咬留吧出发，六月廿八日到普陀山滞留，七月十一日由普陀山出发，八月一日入长崎港，历时 68 天。

（7）1694 年（50 番广东船，船主黄二官，63 人）五月廿五日由广东本城下出发，闰五月廿六日到达长崎，历时 62 天。

（8）1695 年（29 番太泥船，船主黄二官，65 人）正月由广东去太泥，五月廿四日由太泥出发，七月朔日入长崎港，历时 37 天。

《华夷变态》按照年度、番号、驶出港记录船只情况。其实，黄二官为船主的船只是同一艘船，它自元禄五年以三十六号广东船初次来航后至元禄十年以九十八号广南船为止，10 年间共进入长崎 9 次。大庭修先生如此描述其航行情况：

> 该船元禄五年五月二十二日离开广东后，六月十五日驶入长崎，返回宁波后又于冬天作咬嚼吧之行。元禄六年四月二十二日离开咬唠吧，经普陀山于八月一日到达长崎。元禄七年五月二十五日驶离广东，闰五月二十六日抵达长崎。返回广东后于次年正月驶往太泥，五月二十四日离开太泥，七月一日抵长崎。九年二月自广东往广南，六月十二日离开广南，七月二日驶入长崎。追踪此船的航行范围，颇有一种纵横凌越东南中国海的感觉。像这样年年更换出港地的船，应该说是较多的。①

往来于巴达维亚、会安、广州、厦门、宁波、长崎等地的海商并非只有黄宽官一人。康熙二十三年（1684 年）至雍正元年（1723 年）厦门驶往日本的商船共有 170 艘，船主姓名可查者有周元信、周元吉、吴楚誉、林两官、黄宽官、黄成官、陈元庚、余四观、张五官、吕宙官、周楝官、吴子明、王兴官、曾明官、林五官、欧阳官、蔡福官、杨奕官、董春官、侯艮官、陈兴官、黄平官、李子官、苏贵官等。对此，钱江先生指出：

> 福建商人在海外的生存、发展过程中一般有一个共同的特点，即他们不仅会建立起各种不同的亲缘关系来编织其在当地社会的人际网络，而且会沿着传统的福建海外贸易的航路向南一路延伸，不断地扩展这一福建人的贸易网络。事实上，在 17 世纪初的亚洲海域确曾存在着一个福建人的经贸关系网。该网络起始于北方的日本九州岛群岛，向南一路延伸至马来群岛，而且早在郑氏家族的海上帝国出现之前，这一

---

① ［日］大庭修：《江户时代日中秘话》，徐世虹译，北京：中华书局，1997 年，第 171 页。

福建人的海上贸易网络就已大致成形,而且运作良好。令人惊讶的是,早期散居在东亚及东南亚各贸易港埠的闽商侨居社区的侨领们实际上几乎彼此熟识,并经常保持密切的联系。……有一点可以明确的是:在近代早期的亚洲海域,散布在不同国家和港埠的各闽商侨居社区之间其实存在着相当密切的联系,其程度远比史学界从前所想象的要密切得多。①

吴秉绰作为会安通事,成为联系海上船主的重要中介,也是闽商网络的重要节点,有机地将印支贸易圈与以长崎为中心的东北亚岛屿贸易圈、以厦门、台湾和马尼拉为中心的贸易圈、以巴达维亚为中心的群岛贸易圈和以马六甲、新加坡为中心的马来半岛南部贸易圈连为一体②。黄宽官等作为活跃在东海和南海贸易圈的商人,依托吴氏的引见与担保,成为阮氏的商业代理人,建立了商业帝国的网络据点。如《华夷变态》中 1689 年 74 番安南籍唐船提到的,此船 1688 年从长崎返回时先抵福州,1689 年在开往柬埔寨途中,因动乱停留会安,另雇小船至柬埔寨采购货项运至会安③。

前十贤和后三贤是一脉相承的,吴秉绰可能与"郑门吴氏"、"后三贤"中的吴廷宽应有所关联④。阮主任用了吴秉绰等人对会安的海洋贸易进行管理,"该艚"是常见的称谓。1646—1654 年,朱舜水六次前往会安,他在《安南供役纪事》记载最后一次活动(1654—1658),"(1657 年)初八日至外营沙,安南音陵甲。为国王屯兵之所。见翁该艚,帖同前。该艚者,专管唐人及总理船只事务,以该伯为之"⑤。"翁该艚"的中"翁",即 Ong,为越语第二及第三人称之敬称,是对"该艚"的尊称。朱舜水将"该艚"与"该伯"分别叙之,说明前者为行政事务官名,后者为具体的人物。"该伯"在石濂大汕的《海外纪事》有记:"到国来燕见文武士夫,常留心物色,如掌清、东朝、豪德、醴泉、该伯辈,皆表表乔楚。然此数老境遇犹顺,惟王三兄韶阳侯,所处为

① 钱江:《古代亚洲的海洋贸易与闽南商人》,《海交史研究》2011 年第 2 期。
② 闫彩琴:《17、18 世纪华商在越南海贸领域的经营及影响》,《东南亚研究》2009 年第 2 期。
③ [日]林春胜、林信笃:《华夷变态》卷十六,东京:东洋文库,1958 年。
④ 维新二年(1908 年)萃先堂重建碑文。
⑤ 陈荆和《朱舜水〈安南供役纪事〉笺注》,《香港中文大学中国文化研究所学报》第 1 卷,1968 年 9 月,第 216、225 页。

难。"①由此可见，掌清、东朝、豪德、醴泉、该伯与韶阳侯一样均为具体人物。确实如此，《海外纪事》另一条记为，"国中左右丞相、四大屯营及国元老东朝侯、学士豪德侯、王兄醴泉侯、韶阳侯诸大老数舆接见"②。史料阙如，"该伯"究竟为何人，不得而知，但与"元老"、"大老"等人并称，应是朝中重要人物。大汕刚刚抵达之间，二国舅宋公为该伯，后来担任了左丞相③。以管理船只的行政职责看，"伯"有可能通"舶"，类近于市舶司之职。《海外纪事》还有四条资料记载了"该伯"，是陪同大汕从顺化到河中寺而后至三台寺、会安的经过，"该伯监官拨红船、澉舍各八头，运载行李"，"该伯、监寺延入殿中供斋"，"吩咐会安该伯官整备停当，驾后日始可来也"，"越日，绳舆已夙驾河干矣，该伯小队为导"④。

种种迹象表明，后来陪同大汕的"该伯"可能就是华人。阮氏让外国商人参与管理港口与船只，一方面方便了港口人员的自我管束，另一方面也有利于征收税收。日本实行锁国令后，会安的日本人贸易迅速衰落，人员也在减少。与此相反，华人却越来越多，阮氏政权中开始有大量华人参加海外贸易的管理。大汕在会安时，果弘国师就请大汕向阮主举荐刘清任"管理洋货该府"之职，说明华人在贸易管理中的一个侧面：

> （余）卧病会安时，果公再四乞举刘清为管理洋货该府之职，偶误听，作札荐之。王批准用旧例应纳国课银一万两，限十日完缴。刘以王批，四处强压勒借。逮余抵顺化，众客船主纷纷归怨，备述其人素为不端，凿凿有据；念荐贤为国，本系美单，若此其人，将必剥商害民，反为厉阶，正拟明悉其弊。且彼更欲恳余赞助速成，然一误不可，可再误乎！遂却之？而果公甚为不悦，谋之近侍宠人，仍请老僧所荐，究成其事。日后伤败，罪过谁？⑤

刘清强压勒索导致华人众商不满，大汕鉴于此，就向阮主写了"论用刘清书"，其中提及，"今老僧舆王名分宾师，爱犹骨肉，前日于刘清曾有一言之荐，是老僧误信国师也。既众口同词，备述其奸，知属不良之人，辜恩负德，其素性也。当我朝扫清海上时，无所依依，蓝总兵止一面之雅，卵而翼之。

---

① （清）大汕：《海外纪事》卷三，北京：中华书局，1987年，第61页。
② （清）大汕：《海外纪事》卷三，北京：中华书局，1987年，第20页。
③ （清）大汕：《海外纪事》卷四，北京：中华书局，1987年，第112页。
④ （清）大汕：《海外纪事》卷四，北京：中华书局，1987年，第68、69、70、78页。
⑤ （清）大汕：《海外纪事》卷四，北京：中华书局，1987年，第115页。

蓝贫不能赠,替渠肩认货船,付之泛海营生,恩德之于刘清,不可谓不厚矣。受蓝厚恩,不思图报,一旦相负,去而不还,累蓝赔贼"[1]。陈荆和先生据此指出,刘清为郑成功余部,为康熙二十二年(1683年)清军攻台时归附清军"蓝总兵",蓝总兵即施琅攻台的主力先锋"蓝理"。刘清投靠蓝理后,蓝理委托他进行海洋贸易,结果刘清卷资而去。由此可见,刘清熟悉海洋贸易[2],也有可能就是会安明乡社先民。

阮朝政权在批准会安明香社成立,仍要该社负责配合各级衙门、艚务司进行监查国外商舶,度量衡并定价货物,通言等工作。明香社直属广南营(省级)而不是像越人村社一样由县、府或总管辖;可协同衙署和艚务司管理外国商船、商定交易价格、担任对外翻译;还能免除市场巡逻、摆渡等伙役和杂役等。其情形如陈荆和先生所说:"因为会安的华商和华侨多为有学识之人,熟悉对内对外贸易之事,故阮主常委以特别职务。如该艚、知艚、该部艚、记录通言及其他与艚务相关的职务,原则上皆由明香社和清河社之侨民担任。"[3]明乡社十大老之一的孔天如担任该府艚之职多年,去世后被明王阮福澍赐封为文惠侯,另有祭祀。坟墓原位于会安锦铺社,墓石碑上有敕封诏书,陈荆和先生在1960年著录过此碑:

> 钦赐该府艚忠良侯,纠率诸国各艚,兼管旧新客上等员人,敕赐加封文惠侯孔天如之神。尔生报国……远商悦慕止至。诏曰:尔今逝世,给四亩地,旌區立祠,以彰名义。
>
> 岁次乙亥年九月初九宁厯
>
> 孝弟记录艚全德侯……孝男孔德毓顿首同立[4]

该墓在嗣德二年(1849年)、保大十七年(1942年)曾重修过,1849年重修碑文上有明乡社、金铺社、四帮、信善族等,1942年重修有中华会馆、明乡社、金铺社、信善族等机构的署名,其性质与萃先堂祭拜先贤极为相似。孔氏有多人担任海外贸易管理之职,被阮氏封为全德侯的孔天宜(仪),陈荆和推测他就是孔天如的弟弟,1689年,他作为船长与另外60名商人离开会

---

① (清)大汕:《海外纪事》卷四,北京:中华书局,1987年,第116页。

② 陈荆和:《释大汕之广南旅行》,《十七世纪广南新史料》,台北:中华丛书委员会,1960年,第28页。

③ 转见蒋国学:《越南南河阮氏政权海外贸易研究》,广州:世界图书出版公司,2010年,第24页。

④ 陈荆和:《关于会安古迹与明乡社的若干评价》,《越南考古期刊》,1960年。

安，经浙江宁波在 1690 年到达长崎。另一位周老爷——周岐山曾担任该府艍，被阮福凋赐封为江南侯，墓葬由其子周首娘碑修建。由此可见，十大老除了以社区精英的面目出现外，凭借熟悉海外贸易的经验，被阮主委任以该艍、知艍、该部艍、记录、通言等职，成为越南政府管理海外贸易和港口事务的代理人①。

三、艍务税例内容及其演变

1683 年，清政府开放海禁后，到达会安中国商船数迅速增多，不仅有来自厦门、广州等地，还有来自长崎、阿瑜陀耶、金边、马尼拉和巴达维亚等地。据英国人托马斯·保衣亚（Thomas Baryear）在 1696 年报道，每年有 10～20 艘中国船到达会安，其中大约有一半来自中国大陆。另一半来自其他港口。这些中国商船在为期四个月的"交易会"上，把载运来的生丝、铜钱和锌换取日本白银和东南亚的土产，特别是胡椒、苏木、樟脑和其他香料，然后载运回国或转运到日本贩卖。越南盛产大米，闽粤地区船只还纷纷到安南贩运洋米，两广总督的奏折报告了闽粤船只开展贸易的情况，"粤东海道自潮州以西迤至琼南几三千里，闽粤放洋船只在在可通"②。相关资料描述了会安"百货无所不有"的情景：

> 广东船商客有姓陈者，惯贩卖，伊言自广州府由海道到顺化得顺风只六日夜，入腰海口至富春、清河铺，入大占海口到广南会安铺亦然。自广州到山南只四日夜余一更。但山南回帆椎化寓余粮一物，顺化亦只胡椒一味。若广南则百货无所不有，诸番邦不及。凡升华、奠盘、广义、归仁、平康等府及芽庄营所出货物，水陆、船马咸凑集于会安铺，故以北商多就商贩回。旧日货物之盛，虽舶三百只，一时运亦不化尽。③

---

① 蒋国学：《越南南河阮氏政权海外贸易研究》，广州：世界图书出版公司，2010 年，第 24 页。

② 《军机处录副奏折》外交类第 1135 号，乾隆四十年十月初二日两广总督李侍尧奏折。

③ ［越］黎贵淳：《抚边杂录》卷二。

表 2-9　会安、广州往来贸物与种类简表

路　　线	货物种类
会安—广州	广南俗称百斤为一谢,槟榔三贯一谢,胡椒则十二贯一谢,豆蔻五贯,苏木六贯,砂仁十二贯,乌木六陌,红木即梠山一贯,花梨即梠侧一贯二陌,犀角五百贯,燕巢二百贯,鹿筋十五贯,鱼翅十四贯,干虾六贯,香螺头十二贯,玳瑁一百八十贯,象牙四十贯,菠萝麻十二贯,冰糖四贯,白糖二贯,其滑石、铁粉、海参各次,及土药数百味,不可胜计。至如琦楠香重一斤则值钱一百二十贯,黄金一笏值钱一百八十贯,缩绢一匹则三贯五陌,肉桂、沉香珍味最好,价之高下多少不定。紫檀木有之,不及暹罗为佳。
广州—会安	五色纱缎、锦缎、布匹、百味药材、金银纸、线香各色、纸料、金银线各色、丝线各色、颜料各色、衣服、鞋袜、哆啰绒(出咬留巴)、玻璃镜、纸扇、笔墨、针纽各样、台椅各样、纱抄各样、锡铜器各样、瓷器、瓦器;其饮食物则芙蓉茶、柑、橙、梨、枣、柿、饼、线曲、灰曲、饼食、咸榄、菜头、铖油、姜酱、豆腐、金针茶、木耳、香信之类。

　　面对繁荣的海洋贸易,阮氏以此为财政税收的主要支柱。17 世纪前期到过广南的克里斯托福罗·博里(Christophoro Borri)就说:"交趾支那国王通过向前来会安贸易的客商征收各种税而获取巨额收入,全国也因此而获益匪浅。"据李塔娜估算,18 世纪中叶阮氏政权大概从外国商船获得约 14 万贯的税收,占财政总收入的 1/4 到 1/3[①]。但是税收征收需要完善的艚务管理体系,阮氏政权设立了艚务司,也称"艚司",其组织架构如黎贵惇在《抚边杂录》中描述:"阮国割据,所收舶税甚饶。设有该艚、知艚各一,该簿艚、该府艚、记录艚、守艚各二员,该房六人,令史三十人,同锐兵五十名,艚俤四队七十名,通事七名。明香、会安、[劸]崂占、锦铺、廊钩等社差司采报,系艚到广南处,入大占海、会安庯、沱㶞、海门、流淋。"[②]蒋国学根据 1747 年会安明香社丁簿,对职业状况进行分类,职业为验船、通言(翻译)的为 34 人,占

　　① 转见闫彩琴:《17、18 世纪华商在越南海贸领域的经营及影响》,《东南亚研究》2009 年第 2 期。

　　② [越]黎贵淳:《抚边杂录》卷四。

总数的 3.9%①。商船来到会安后，该艚等工作情形如下："艚司该簿、知簿、令史、记录各名入广南会安庯，分差属军通异语者守岣崂占与沱瀼、海门，见有诸国商舶到此，一一稽察。果是商贾，爰将其船长、财副入会安庯，呈该簿查实具启，并申该艚官传巡押司押附，全民护送伊入海门泊巡所，令史与各衙就看船长、财副计开货物，计开货数照目迄，始令过巡所，上庯津住。"②货物登记入册并计价标准一般采取明香社的商业惯例，如 1789 年阮福映取消对名贵土特产出口限制时的规定，"准定清人、红毛商船买象牙、犀牛、豆蔻、砂仁税例，该艚务官据明香秤斤报价，每价买百缗折收税钱五缗"③。

艚务司职责主要在于收取商税，根据《大南实录》记载："国初商舶税以顺化、广南海疆延亘，诸国来商者多，设该、知官以征其税。"④税收分到税、回税两种，"到税"相当于清朝海关征收的船舶税，"回税"相当出口货物税。征收之后的分配原则是，"通并得钱若干，以六分纳充港税，存四分军、官吏，军民各银多少均分"⑤。根据粤海关税簿，闽粤与安南之间的往来贸易商品为，"本港商船每岁赴交置备锡箔、土香、色纸、京果等物；其自交回广，则带槟榔、胡椒、冰糖、砂仁、牛皮、海参、鱼翅等"⑥。1770 年代，会安与广州商业

---

① 蒋国学：《越南南河阮氏政权海外贸易研究》，广州：世界图书出版公司，2010 年，第236 页。

② 这种入港情形是当时海洋贸易的普遍模式。如西班牙统治吕宋初期："中国商船到达的时候，先由官员上船。官员未到达以前，船中人不许上岸与他人有所交接。官员既到，即查明货件及船中人姓名。货价当即商定，并按值抽取 3% 的关税。事毕，货物上岸，搬人城外栈房，再行转手交易，无论中国人或西班牙人都不许在船上贸易，所有生意仅可在特设的货栈进行之。"（［美］菲律乔治：《西班牙与漳之初期通商》，薛澄清译，《南洋问题资料译丛》1957 年第 4 期）；日本长崎也有专门管理机构与市场，"唐船维缆之后，当年司事者示期上办。上办，即以货贮库。有关验、有揭封。揭封者，其物零星，在货不货之间另为封识之以待。请给上办，犹日到办。到办则专事此番交易也。故曰某办船，又曰某番以年之次第计之，如申年首到，则为申一番，次到则为申二番，馆内亦以此称呼。本办所居，名曰库，曰清库，司事者与客会集货库，将上办所贮货物，一一盘查，各为号记，俾无遗失。并将各货包皮秤明斤两，以便出货时除算明晰，而清楚也。曰王取，使院择而有取，不在卖额之内。"（清）汪鹏：《袖海编》，《丛书集成续编》第 224 册，台北：新文丰出版公司，1991 年，第 461～462 页。）

③ ［越］阮朝国史馆：《大南实录》正编第一纪，卷九，第 8 页。

④ ［越］阮朝国史馆：《大南实录》前编卷十，世宗乙亥十七年夏四月。

⑤ ［越］黎贵淳：《抚边杂录》卷四。

⑥ 《军机处录副奏折》外交类第 1135 号，乾隆四十年十月初二日两广总督李侍尧奏折。

往来的货物种类与数量有具更为详细描述(见表 2-9)。①

会安等港口的船只不只来自于广州一口,货物也各有不同,"商贾受纳土物各项,其到税、回税,定例有差"②。《抚边杂录》中保存了艚司令史武起记录的不同出发地的外商船的税额:

> 上海艚到税例钱三千贯;广东艚到税例钱三千贯,回税例钱三百贯;福建艚到税二千贯,回税二百贯;海南艚到税五十贯,回税三百贯;西洋艚(荷兰船)到税八千贯,回税八百贯;玛羔艚到税四千贯,回税四百贯;日本艚到税例亦如此;暹罗艚到税二千贯,回税五百贯;吕宋艚到税二千贯,回税二百贯;旧港处艚到税五百贯,回税五十贯;河仙艚到税三百赏,回税三十贯;山都客艚到税三百贯,回税三十贯。③

根据征税原则可知,到税、回税是按照船只而不是货物征收的,也就是清朝海关征收的船钞。其额度也并非固定不变,依照具体情况有所调整。如"上海者浙江船有时天朝奉差官采卖",可能就免税。清朝到安南差官采买之物主要是洋铜。康熙中期开始,日本加紧对洋铜出口的控制,限制中国船只到日本采买洋铜,康熙五十四年(1715 年)颁布"正德新例",将中国商船准入长崎港的船只从 70 艘减为 30 艘,输出铜额减到 300 万斤,康熙六十一年(1722 年),清朝准许商人赴安南买铜,并致书国王,希望不要阻止商人采购活动④。早期各地商人都可参与洋铜采买,以闽粤商人为多,如雍正末年福建巡抚卢焯所说的"各省办铜之官皆至苏杭发价,以流寓之官,安能知商之殷实。商为闽粤之人居多,亦流寓于此,即江浙之官,骤难测其深浅"⑤。乾隆二十年,清政府明文禁止闽粤洋商参与办铜,办铜额商的资格就由江浙民商独占,因而来到安南采购洋铜一般由浙江船承担。乾隆三十五年,清朝一度放松限制,福建商人林承和"由安南发船赴倭贩铜",结果被江浙商人控告越贩私售,要求查清处理⑥。洋铜采办是提供铸造铜钱原料的国家行为,予以免税。《抚边杂录》记载了另外的减税情况,海南者琼州船、玛羔者和兰船,壬辰(1772 年)、癸巳(1773 年)并减到回税钱二千一

---

① [越]黎贵淳:《抚边杂录》卷四。
② [越]黎贵淳:《抚边杂录》卷四。
③ [越]黎贵惇:《抚边杂录》卷四。
④ 《皇朝文献通考》卷三十三。
⑤ 《宫中档雍正朝奏折》第二十四辑,雍正十三年闰四月二十日福建巡抚卢焯奏。
⑥ 《朱批奏折》,乾隆三十七年十一月初一日闽浙总督钟音奏。

百贯。

入港船只还需要缴纳各种"礼钱"，即所谓报信礼、进礼、呈面礼等等，也称之为"上进三礼"，艚务例对此有较为详细记载：

> 其船长撰报信礼，递阮令茶三斤、四柱文班与太监守艚务及该簿各一斤、知簿、该府、记录各半斤。开军差调，纳在正营，阮令看阅，始照发各官。其船长又具进礼，或锦缎绫纱玩物果子各项，计呈该簿，差军递该艚官，始纳阮令。其礼亦无定限，大约当钱五百贯，亦有进一二物以适志，传免税，不为例。进礼讫，船长计开艚内货物，一项一贴，如有隐匿一物以上，察出，尽入官，仍照国律治罪。阮令欲买某物，传该官据帖调纳，公库收贮，船长、财副从入秤斤，其无买者亦许贸易，有鸣官买减价大过，亦许增钱。诸客行李有玩物，一体计递，看官买若干若，并除港税。存欠若干，许发卖后，完纳其呈面礼。该艚视进礼减半，该簿各衙司等，系上海、广东、福建、玛羔各艚并有进礼，海南艚无之，回帆之日，有打进礼者，随其厚薄，例有发许，或许银五笏、绢五匹、钱五十贯、米五包，或银三笏、绢三匹、钱三十贯、米三包，或银二笏、绢二匹、钱二十贯、米二包，亦无定准。

《大南实录》中己酉十年（1789年）的《清商船港税礼例》对港税、艚礼、看饭钱等有具体数目规定，"看饭钱"类似于中国海关的"饭食银"：

> 海南港税钱六百五十缗，该艚礼凉纱六枝、椿十二匹，看饭钱六十缗；潮州港税钱一千二百缗，该艚礼凉纱八枝、綵十五匹，看饭钱八十缗；广东港税钱三千三百缗，该艚礼凉纱十二枝、綵二十五匹，看饭钱一百缗；福建港税钱二千四百缗，该艚礼凉纱十枝、綵二十匹，看饭钱八十缗；上海港税钱三千三百缗，该艚礼凉纱十五枝、綵二十五匹，看饭钱一百缗。其诸衙别恩礼并免之。至如上进礼，随宜不为定限。[①]

"艚礼"等杂费或陋规是海洋贸易中长期存在的惯例。16世纪初，葡萄牙人皮莱资在马六甲就观察到，"华人中式帆船抵达满剌加国受免税待遇，只是呈送些礼物。礼品多寡由当地的港口官决定。（当时）负责中国、琉球及交趾的港口官为水师提督。负责这些事务的港口官无不腰缠万贯，因为他们大肆鱼肉商贾。此生意利润惊人，所以商人忍受欺诈。这在当地司空

---

① 王柏中等辑录：《〈大南实录〉中国西南边疆相关史料辑》第 2 册，北京：社会科学文献出版社，2015 年，第 23 页。

见惯,无人口出怨言"①。以中国帆船抵达巴达维亚为例,船只到达之后,荷兰东印度公司的征税员及其助手在船主的陪同下,上船登记货物。除了进出口税外。船长还要交付停泊税、安全引导通行费及送给港口管理员、收税员、秘书和出纳员的礼物。检查结束后,货物送到巴达维亚城锯前的中国货栈,公开展览出售。商人和其随从则住进当地居民专门用来出租的临时住所②。如在马尼拉,安东尼奥·德·莫尔加在其所撰《菲律宾群岛的成就》一书中指出:"当(中国)商人抵达那个(港口)时,他们在一个(叫做华人区)的地方停泊,那里成为他们的市场。或交换他们国家产品的场所。当一艘商船进港时,(其船长)贡献包括白色阳伞和可供日常使用的各种伞。商人们不得不遵守这些礼仪,以便取悦于那些贵族绅士。"③

西方船只到了中国也需要送交礼钱。以粤海关为例,船至广东,须先在澳门停泊,向海防衙门申报,经批准后方町由引水人员导入海口。船至虎门,先起炮位,经海关检查、丈量、缴纳船钞后。方准驶入黄埔下碇。外商须把装船清单交给行商,由行商代付码头费用后将货物运至商馆,外商则住在商馆内交易。大凡一艘外国商船进口,自官礼银起,至书吏、家人、通事、头役止,共有规礼、火足、开舱、押船、丈量、贴写、小包等名目 30 条,又有放关出口等名目 38 条。乾隆二十八年总督苏昌奏称:"粤海关向来除征收正额税钞,并加一火耗外,另有私收规礼、火足、验舱、开舱、押船、丈量、贝占写、放关、领牌、小包,以及分头、担头等项陋规银两。"④

飘风船只属于特殊海事,艚务例在港税和艚礼等费用上,予以另外规定,"如有艚风飘到,无有货物,难受税例。艚长单呈,即传海门还衙并屯守眷遇,许买柴米,留二三日,驱逐出洋,不许入港,以免生事"。飘风走私者,"然亦有作为漂到暂驻,潜搬货物上庸,而后乞受少税者"⑤。另外,差艚官递漂民、差商船交漂民、风漂乞泊修补的具体规定为:

① 《皮莱资(东方简志)及(弗朗西斯科·罗德里格斯书)》,转见金国平编译:《西方澳门史料选萃》,广州:广东人民出版社,2005 年,第 25 页。
② [荷]包乐史:《巴达维亚华人与中荷贸易》,庄国土等译,南宁:广西人民出版社,1997 年,第 109 页。
③ [菲]欧·马·阿利普:《华人在马尼拉》,《中外关系史译丛》第 1 辑,上海:上海译文出版社,1984 年,第 96 页。
④ 《粤海关志》卷八,第 572～573、578 页。
⑤ [越]黎贵淳:《抚边杂录》卷四。

如上国奉差醋官递漂民交还，例许奉差与本船钱五十贯、民丁水手每人一贯。其差商船交漂民，因而贸易者，免其港税。凡各醋有载本地区货物者，单呈该簿，付各验看，差军调就船，不得擅行私载，有满载者，船长呈单，照到日客数注就船，点日付属军及巡司押附垒民护送出港。至商贾别国遭风漂入，乞暂泊修补，许泊海门与岣崂处，修船既讫，守军及接近民驱逐出洋，有欲入贩卖者，该簿及各醋司属军，就验货物多少转启，货多者三分免一分之税，少者免半分，无货并免。欲抬载客货者，单呈，差看何处户与船大小，载客多少，定取税例，方许借载，亦间有不为例。……其遭风破坏，查照客化，该簿交会馆看守，发给贯钱、月粮每人五陌，待顺风期，配附他船归唐；或在别处，随所在官司发回籍。①

在交涉处置朝贡船只或飘风船只免税等事务中，也会出现一些冲突，1755年即有一事例为证：

（乙亥十年）夏四月，暹罗使其臣朗丕文坤、区沙屡叼赍书来言：其国尝遣人驾船驶往厦门、宁波、广东采买货项，时有因风投入我海口，有司征税至有括其货物者，请照银数发还。并请给与人口点身龙牌十章为凭，使两国官船遭风泊入何港者皆免征税。上谓群臣曰："商船之税，国初已有定额，所在官司不过照例征收，岂有括取货物之理！暹人所言，特欲苟免征税而已，岂敢索我还银！唯所请龙牌与之，诚不伤惠，然一章足矣，何以多为？"乃命送与龙牌一章而为书以复之。②

进入后阮王朝时期，进行海外贸易的船只通过各种手段逃避税收。嘉隆十年（1811年）八月，"海南船潘原记来商，沙祈守御林印私受贿，嘱令匿其货希减税例。事觉，帝命诛之。因谕诸海口守御：'凡商船有隐减者，没其货。'"③嘉隆十三年（1814年）三月，"准定自今海南、潮州来商有粤海关船牌与江门关口员印记者，从广东船例征税"④。其实，来到越南经商的人群来自中国各省，由于海南船税收较轻，其他各省人货就搭载海南船以避税，为了纠正这一局面，嘉隆十六年（1817年）三月，管醋务阮德川奏言："海南船税稍轻，常搭载别省人货以规厚利，请嗣后清船来商有广东、福建人货者，照

---

① [越]黎贵淳：《抚边杂录》卷四。
② [越]阮朝国史馆：《大南实录》前编卷十，《世宗孝武皇帝实录》，第26页。
③ [越]阮朝国史馆：《大南实录》正编第一纪，卷四十三，第4～5页。
④ [越]阮朝国史馆：《大南实录》正编第一纪，卷四十八，第12页。

二省船税征之；如所载人货间杂，据其省人货多者定其税，"此议得到了嘉隆帝赞同①。明命元年（1820年）十一月，阮朝改订外国商船的港税、礼例，按照原来征税制度，"西洋诸国商船来商与广东一例征税"，"以横度尺寸为差等"②。1835年，蔡廷兰也指出了按照船只大小征税的状况，"征税之盈虚及官吏所获送礼之利，皆以船之大小为差"③。为了鼓励贸易，明命皇帝采取减税措施，其港税征收细则如下：

广州府、韶州府、南雄州、惠州府、肇庆府、福建省、浙江省，玛糕、西洋诸国船横二十五尺至十四尺，尺各税钱一百四十缗（向例一百六十缗）；十三尺至十一尺，尺九十缗；十尺至九尺，尺七十缗；八尺至七尺，尺三十五缗（向例自十三尺至七尺，尺一百缗）；潮州府船广二十五尺至十四尺，尺一百十缗；十三尺至十一尺，尺七十缗；十尺至九尺，尺五十缗；八尺至七尺，尺三十缗。琼州府、雷州府、廉州府、高州府，麻六甲、阇婆诸国船横二十尺至十四尺，尺一百五十缗；十三尺至十尺，尺五十五缗；九尺至七尺，尺二十缗。来商在京与广平、广治比嘉定各减十之四，广义、清葩、义安各减十之三，平顺、平和、富安、平定、广南、北城各减十之二。④

与此同时，明命皇帝认为原来各种杂费征收方式没有统一标准，分配也较为混乱，"上进三礼及该艚官礼皆随商船处所折算，多少不齐，未为画一"，于是进行统一划分比例，"乃准定凡所征船户钱银，总名港税、礼例，期满，所在官通计总数，分为港税及诸礼例"。按照百分比划分比例，"七十八为港税，二十二为礼例"，礼例的22％分为四份，"上进御前五分、慈寿宫四分、清和殿三分、该艚官十分"⑤，以此核算，前三份即为内廷所取，御前就是明命

---

① ［越］阮朝国史馆：《大南实录》正编第一纪，卷五十五，第9页。

② 嘉隆八年（1809年）议定《河仙与暹罗下洲商船税额条例》记载度船法，"以官铜尺为准度，自船头遏水版至船尾，遏水版得几丈尺为长，仍中分之为中心；以中心处度自左边盖板上面，外至右边盖板上面，外得几尺寸为横，零分不计"。转见李庆新：《东南亚的"小广州"：河仙（"港口国"）的海上交通与海洋贸易（1670—1810年代）》，《海洋史研究》第7辑，北京：社会科学文献出版社，2015年，第165页。

③ （清）蔡廷兰：《海南杂著·越南纪略》，台北：台湾银行经济研究室，1959年，第39页。

④ 王柏中等辑录：《〈大南实录〉中国西南边疆相关史料辑》，北京：社会科学文献出版社，2015年，第91页。

⑤ 王柏中等辑录：《〈大南实录〉中国西南边疆相关史料辑》，北京：社会科学文献出版社，2015年，第65页。

皇帝的私人钱包,慈寿宫为宫禁之地,"嘉隆初为长寿宫。明命元年改修,晋名为慈寿宫",后又改为名"嘉寿宫"①,为皇太后宫殿,此份进礼为皇太后拥有。清和殿为储君居所,此份进礼为皇太子所得。而该艚官收入为征税总数的 10％,依照惯例的"加一抽"之数。

四、明乡人与清人的商业互动

会安明乡人祖先来自中国,他们以经商为主,一般选住于陆路、水路交通聚集之处,例如集市之区,江河合流处,海口等地,以便其运载货物。18世纪,明乡人居住地点分散在越南中部各个府县、地方,从平原到高山,从秋溢、芜茄河流两岸到沿海的岣崂占、句崂里。广南地区明乡人的居住点分散在升平、茶眉、茶乔、茶绕、中坊、清河、富占、金鹏、盘石、过间、仙朵等县市。会安明乡人居住点因地理位置优势具有稳定性,成为聚集中心,文化习俗上仍保持中国传统,如史籍载,"明乡别居庸馆,商贾为业,习俗均从清俗"②。会安明乡人入籍后,与清人会馆的自治管理不同,身份表述存在较大差异。比如亭寺庙宇里的碑铭纪年就存在不同,明乡社所属的关公庙、明乡亭等处,自称属于广东帮、福建帮、潮州帮、嘉应帮、海南帮等地的华人子弟所寄奉的牌匾、对联几乎全用清朝年号。而明乡人自己的牌匾、对联、铜钟、花灯等物一般使用"龙飞"或越南皇朝年号为纪年。洋商会馆、五大商帮会馆或中华会馆的纪年落款则完全按照清朝纪年而行,由此说明,阮朝下令明乡人需要入籍确定身份之后,明乡人与清人形成了不同的身份特征,也拥有不同的政治经济权力③。

明乡人享有的特权及与社外华人的互动关系成为华商在广南从事商业活动的重要资源,他们对阮氏政权海外贸易管理的直接参与为华商、华舶在会安的贸易活动打开了方便之门,入仕阮朝的明乡官员则可以从自身及华人商业利益出发对政府政策施加影响,这使明乡华商和社外华商在与其他对手的竞争中能够占尽先机,长期维持其在当地的商业优势。

---

① ［越］阮朝国史馆:《大南一统志》卷一,京师。

② ［越］阮朝国史馆:《同庆地舆志》,河内:世界出版社,2002 年,第 772～773 页。转见古小松等:《越汉关系研究》,北京:社会科学文献出版社,2015 年,第 213 页。

③ 黄兰翔:《华人聚落在越南的深植与变迁:以会安为例》,《亚太研究论坛》2004 年第26 期。

此外,明乡人可以拥有土地,社外华商的财富能通过明乡家族投资于贸易之外的其他领域,如发展内地的手工业等生产活动或崇建庙宇等,从而使华商群体及其商业资本与当地社会实现更紧密地结合①。明乡社重要经营方式之一是给国内外商贾出租房子、土地。17世纪中叶,欧洲商人记录如下:"我们很容易找到自己需要的出租商铺,大商铺通常在整个交易季节租价为100银贯。"②1750年,会安的另一位商人也确认这种普遍现象:"他们构建房屋,以现成的房子出租给在当地进行交易的中国客商。大间可以200~500贯的租价出租,小间每月也以8至12贯不等租价出租。"③1787年明乡理三宝务公基金的各项收款统计,仅计该社公共土地及住所出租已收入725贯,占总数78%。

表 2-10 明乡理三宝务公基金收款表

各收款	收额/年
澄汉宫的土、铺出租钱	
澄汉宫的香火铺面房	390 贯
澄汉宫后右面的土地,2 处	25 贯
澄汉宫前左面的土地,4 处(刚出租 1 处)	10 贯
澄汉宫前右面的土地,4 处(未出租)	
澄汉宫右边的土地,1 处	5 贯
追远堂的土、铺出租钱	
临江地,1 处	30 贯
临江地,1 处	40 贯
临江地,1 处	40 贯
地 1 处	40 贯
地 1 处	20 贯

---

① 闫彩琴:《17世纪中期至19世纪初越南华商研究(1640—1802)》,厦门大学博士学位论文,2007年,第239页。

② 转引自河内师范大学越南历史组:《封建制度时期的越南历史——15—18世纪》,1967年,第52页。

③ 陈荆和:《十七、十八世纪之会安唐人街及其商业》,《新亚学报》第3卷第1期,1957年。

续表

各收款	收额/年
山方向的临江房,2 间	10 贯
江方向的临江房,4 间	30 贯
梁会土、铺出租钱	
房,3 间	6 贯
新买地,1 处	5 贯
寄托出租的土地	2 贯
来远桥的土、铺出租钱	
来远桥前面的 18 间铺面房	30 贯
地 1 处	2 贯
虎皮处三宝地的出租钱	
地 1 处(欠缺)	
地 1 处	3 贯
锦霞社溪带处的田地	5 钱
清明利润钱	200 贯
清明各处香火钱	35 贯
书单的抵押钱	2 贯 9 钱 13 盾
3 月、8 月的秋收稻米	700 益
	钱:926 贯 4 钱 13 盾;稻米:700 益

　　海洋贸易规模扩大后,被称之"清商"的人群也在会安不断增加,如《大南一统志》描写:"会安铺,在延福县。会安、明乡二社南滨大江,岸两旁瓦屋蝉联二里许,清人居住有广东(广府)、福建、潮州、海南、嘉应五帮,贩卖北货。中有市亭、会馆,商旅凑集。其南茶饶潭为南北船艘停泊之所,亦一大都会也,其铺税由使座征纳。"①除了管理贸易外,越南政府要求管理人员对清国商民进行登记,如庚戌十一年(1790 年)命令,"凡广东、福建、海南、潮州、上海各省唐人之寓属辖者,省置该府、记府各一。仍照见数或为兵,或为

---

① ［越］阮朝国史馆:《大南一统志》卷五,市铺。

民,另修簿二,由兵部、户部批凭。所在乡长敢有隐漏,一人笞一百,给役夫三年"①。

表 2-11 1747 年会安明香社丁簿显示的会安明香人的职业状况

	居住地和职业	数量(户/人)	比例(%)
1	会安庸经商户	195	22.5
2	金蓬洲经商户	11	1.3
3	茶饶洲经商户	86	9.9
4	富占庸经商户	47	5.4
5	在会安周边地区居住,职业不明	250	28.9
6	在别的地方居住,职业不明	194	3.9
7	验船、通言	34	3.9
8	老弱、孤寡、出家	49	5.7
合计		866	100%

阮氏政权委托明乡华人管理海外贸易,基本模式可参照郑怀德在《嘉定城通志》中描述的,"从古商艚到来,下椗既定,借铺居停,必向行家地主,计开通船货财,役递交关。其行主定价包买,粗好相配,无有留滞。于返帆之日,谓之'回唐'。要用某货,亦须先期开明,照合约单代为收买,主客两便,账目清楚"②。明乡人管理外贸,为华商、华舶在会安的贸易活动打开了方便之门。入仕阮朝的明乡高官则可以从自身及华人商业利益出发对政府政策施加影响,这使明乡华商和社外华商在与其他对手的竞争中能够占尽先机,维持其在当地的商业优势。蒋国学根据 1747 年会安明香社丁簿对职业状况分类。结果显示,经商为 339 户,占明香社总户(人)数的 39.1%③。

明香社大批人成为经商户,与会安的国际贸易经济模式有着直接关系。17—18 世纪,随着"贸易时代"的经济带动,河流上游和下游的经济联系特

---

① 王柏中等辑录:《〈大南实录〉中国西南边疆相关史料辑》第 2 册,北京:社会科学文献出版社,2015 年,第 24 页。

② [越]郑怀德:《嘉定城通志》卷二,山川志,戴可来、杨保筠校注:《岭南摭怪等史料三种》,郑州:中州古籍出版社,1996 年,第 65 页。

③ 蒋国学:《越南南河阮氏政权海外贸易研究》,广州:世界图书出版公司,2010 年,第 236 页。

别密切，海平原地带与山区丘陵地带之间的贸易往来极为频繁。每年十月初到次年一月底雨季之后是贸易季节，各类商品就从长山和秋盆河冲积平原涌进会安市场。皮埃尔·普瓦夫尔（Pierre Poivre）描述，"当地人便肩挑手提地满载着生丝、丝织品和沉香木等货物从深山老林中走了出来，至于稻米、糖、胡椒、铁等大宗货物，则从沿河的村庄用小船将之载运到镇上"。华商也借机渗入到广南地区内部贸易网络的每个角落。"在所有偏远乡村、商业中心和大小海港，都有华商的身影，他们有的开固定的商铺，有的仅挑着货批走乡过村从事买卖"①。根据 1788 年丁册，从芜珈江源头到沿海句崂都有会安明乡社控制的贸易网络中的交易点，会安明乡人还派儿孙来到偏僻、遥远的茶美、仙福、大禄、桂山等高山地区，在那购地建房作为"常住代理办事处"，以便收购地方各种林土产。会安明乡各族的族谱常记录下其族人移居他府经营立业的事迹。明乡《朱族族谱》记：

> 大儿子是伯就（Ba Tuu），他去各省考察贸易情况，到平定省新光地方遇见许多在那生活的熟人，所以他有在那里定居以做生意为生的打算。他看见亲近熟人都取安南妇女作为妻子，使经营工作更顺利，更容易成功。他遇到一个姓尤的女孩，也是入籍明乡的华人女儿，善于做生意，性格贤惠……他便回家请求父母去相亲结婚，并在那居住以联络购买椰子、椰子油、绳线等土产货物运转到会安，又是一个易做生意之处。②

明乡社商人贸易网络扩大到越南山区、平原、沿海的其他府县，诸如如广义、归仁、富安、平康、延宁、平顺、嘉定。可以说，海外贸易将越南南方族群带进了以会安为中心的商业网络，原来被山川河流分割而相对孤立的各地区建立了紧密联系。例如，由于开采黄金利润极大，阮主时期的张福峦就派家人参与开采，并到会安贸易，"旧左外张福巧常有给秋盆源为寓禄，使家人名案奠征收，二十余年得金无算。土人有名江玄者与案奠姻，私买一山，自行开采，常就会安铺卖与商客，一岁不下千笏。镰户坊村诸人皆其役使，所入公税不过千分中之一二"③。

---

① 蒋国学：《越南南河阮氏政权海外贸易研究》，广州：世界图书出版公司，2010 年，第210 页。

② ［越］朱美川：《朱氏族谱》，会安古籍管理中心复印本，第 25 页。

③ ［越］黎贵淳：《抚边杂录》卷四。

第四节　明乡人社区的社务管理

一、明乡社的社务行政

越南具有独立的村社管理传统,从15世纪以后的陈朝和黎朝开始,村民纳入封建国家的编户体系,成为纳税服役的基本单位,村社作为一个整体向国家承担责任。越南村社居民有内籍和外籍之分,内籍是指村社原住民,既包括村社中的富有者、有爵位、有名望的人,即村社地主、富农、土豪、旧官吏、儒生、富商等,内籍民参与村社管理和享受公共利益的同时,也必须承担交纳丁税的义务,被称为民丁;外籍因为没有财产而不必交纳丁税,但必须为村社里上层和公众服劳役,以换取在村社中的生存权[①]。陈朝设立社官职务,是直接管理村社事务的基层官员。黎朝初期,社官改为由乡民推选的"社长"。黎圣宗规定,凡大社有500壮丁以上允许选择4~5位社长共同处理社务。阮朝时期,社长该称里长,其副职有副里和社巡,是介于国家政权和民间的阶层,职役任期期满且无过错者可被封赐职敕。

社官等村社管理人员拥有较为独立的基层处置权,也是王朝制度向民间社会延伸的主要依托。越南村落具有较大自治权,每个村社依其习惯制定乡规民约。朱鸿林先生对越南北部村社券例的研究可作为参照,他认为各村社券例可分为两类。一类是村社自身需要而自定的;一类是村社奉政府之命修订,而后批准然生效的。券例内容有:1."事神"和"饮酒"的各种仪节。包括祭祀社神(城隍)、后神、后佛等的仪节;神庙(城隍庙)的维持;春秋丁祭、乡饮和下田、尝先、尝新、腊节等节庆日的人力组织、物料和费用征收。2.维持社村治安的事情。包括守护公私种植、器物,巡防社内和乡野田地,维持治安的人力组织。3.身份及其所属权责的认定事情。丁男"成丁"和"登老"的义务与权利,乡饮与入乡、入甲的规定,役务开始和结束(割役、化

---

① 戴可来、于向东:《越南历史与现状研究》,香港:香港社会科学出版社,2006年,第86页。

第二章　金石碑铭与社区生活

119

役)的时间与仪式规定。4.社村的职役组织。公职人员的举任方法,各种职役内容(登记丁田、生死、嫁娶和收税、征兵等官家公务,巡防、水利等本社公务,守庙、办祭等事神公务)及其权责赏罚。5.本社的公务事情。如修筑劝农、迎神道路等。6.四礼(冠婚丧祭)与社村公众有关的礼节规定。7.违反乡规民俗的惩罚。如争讼不服本社判决(越诉、外诉),伤伦事情,赌博,造卖私酒、鸦片,殴骂,聚会喧哗无礼,男女私奸等的惩处。8.破坏公物、私物的惩罚。公物包括道路、水利设施、寺庙,私物如田地禾谷等①。

表 2-12　秋溢江南岸土地面积演变表

年份	各类土地面积	注释
景兴三十九年(1778 年)	11 亩,1 巢(译音),7 尺	明乡社的申请免税呈文
嘉龙十三年(1814 年)	17 亩,7 巢,10 尺,9 寸	神寺、佛寺的土地面积为 5 亩,2 巢,11 尺,7 寸
绍治元年(1841 年)	19 亩,1 巢,4 尺,8 寸	新冲积土为 1 亩,3 巢,8 尺,3 寸
嗣德十一年(1858 年)	22 亩,7 巢,13 尺,1 寸	与古斋社合并,增加 3 亩,5 巢,8 尺,3 寸
嗣德十七(1864 年)	23 亩,8 巢,3 尺,7 寸,8 分	新冲积土 1 亩,5 尺,6 寸,8 分
嗣德三十一年(1878 年)	24 亩,4 尺,5 寸,4 分	增征新冲积土 1 亩,2 巢,7 寸,6 分
成太十年(1898 年)	30 亩,8 巢,11 尺,1 寸	

根据会安明乡社 1744、1746、1747、1788 等年份的丁簿资料统计,民丁人数呈现增长趋势,分别为 758 人、806 人、866 人、1063 人(这些数字不包括儿童、妇女,并且不排除隐瞒民丁人口以漏税的情况。1788 年的丁簿不记录其他府的丁民数)。明乡人在会安以结成各个小群体共居,也不断推动聚落的扩大,其中秋溢江南面冲积土地成为扩张的主要区域之一,其演变状

① 朱鸿林:《20 世纪初越南北宁省的村社俗例》,《广西民族大学学报(哲社版)》2007年第 3 期。

况如表 2-12。①

会安华人聚落人口比一般越人村落大,明乡社以会同"社务"的形式作为行政机构,最高职务被称为"该社",其他职位还有乡老、乡长、正长、副长、通事和甲首等。不过,这些职位存在着消亡和更替过程。会安关公庙龙飞癸酉年(1753 年)重修碑刻记载了明乡社诸位乡职乡老,包括一名该社,四名乡老,十六名乡长。龙飞癸卯年(1783 年)的另一个重修碑刻里仅载有社内六名乡老和六名乡长,保大元年(1926 年)重修来远桥的碑刻中记载乡长二人,当年乡人一人,由此可见明乡社的"该社"职务在 1783 年被废除。会安古迹管理中心在 2005 年的研究报告中也指出:从 18 世纪半叶,有关会安明乡社的资料记载很少提及"该社"这一职务,取而代之的是一个称为"代理社务"的机构,包括直接执行及管理明乡社的乡老、乡长。乡老是社里威信最高的老人,也称"乡绅"或"乡目",由他们主持乡会。乡长则由社里名望高并有经济实力的人担任。每年明乡社组织几次公议会议以解决一些对内外事情。在许多有关该社的法律性文件里,均出现乡老、乡长共同联名签字确认的情况。关公庙 1783 年立的碑刻显示了这时期明乡社的乡长成员人数比以前减少的情况。其中,乡长吴国柱在 1753 年的一次重修时是乡长,到 1783 年的下一次重修已成为乡老。

明乡社社务机构下设单位称为"邻",比如启定二年(1917 年)来远桥重修碑刻中,即有如下记载,"香隆邻本邻同供银,五元;香顺邻本邻同供银二十五元;香兴邻本邻同供银七元,香盛邻本邻同供银寺院八毛;香庆邻本邻同供银二十元;香和邻同供银五元,香岐邻本邻同供银九元五毛"②,经过阮绍娄、陈荆和对会安碑刻考究,他们统计出明乡社在各个时期附属系统,具体如表 2-13。

表 2-13　明乡社各邻表

名　称	地　址
香兴邻	在越安社
香庆邻	在三琦,庆寿社
香盛邻	在桂山,香安社

　① 土地呈报计开表,现保存于会安古迹管理中心。在越南中部,一亩 = 4970 平方米,一集(越语译音)= 497 平方米,一尺 = 0.47 平方米,一寸 = 4 厘米,一分 = 4 毫米。
　② 碑铭拓片见附录一,附图 1-16。

续表

名　　称	地　　址
香琦邻	在三琦
香隆邻	在茶饶
香顺邻	在盘石
香和邻	在何闰
香胜邻	在会安庙
香定邻	在会安庙
香安邻	在会安庙（原古斋地区）
香美邻	（？）
香春邻	在广义

1904年，汉澄宫重修碑刻列有香胜邑、香定邑、香隆邑、香顺邑、香兴邑、香和邑、香庆邑、香盛邑等捐资单位，与上文所列来远桥重修碑刻对照，可知"邻"也称为"邑"。邑的管理者被称为邑长、附邑长。"邑"的下属单位为"甲"，管理人被称为"甲首"。甲是祭祀组织和赋役组织统一体，成年丁男（丁壮）在甲内享有参加乡饮的资格，同时可以获得属于本社公产的耕作田地，但同时也缴纳承本甲的各项祭祀活动的费用以及国家征收的赋税、徭役，甚至兵役。乡职主要帮助乡长管理社民，征收税收。大汕对越南村落税收状况有所描述，"随户口多少为一社，社有该有长，有田则种稻，输公者七八，私得二三而已。余但渔樵所得，归于该长，给还而后敢取：然犹纳身税钱十二千。竹术盐米绫绢，一切物料各随上贡。王有公事，该社差拨往役，裹粮以从"[1]。阮氏政权对村落居民的课税种类中除了田赋外，也征收人头税，其中分为正户与客属华人两种，税额有所不同：以广南为例，18～20岁，广南客属华人为0.6贯，广南正户为1.6贯；20～60岁，广南客属华人1.2贯，广南正户2.9贯；老年人，广南客属华人0.6贯，广南正户为1.7贯；残疾人，广南客属华人为0.4贯，广南正户为1.4贯；后备士兵，广南客属华人为1贯，广南正户为2.55贯。[2]

"甲首"督促民丁缴纳各种赋税和社费，抽分10％作为报酬。1747年丁簿资料说明了内容如下：

一、收本庙，共得钱一百十八贯三陌三十文，内许甲首二人全年工领钱十二贯。一、收金蓬、茶饶洲，共得钱三十三贯，内许茶饶甲首加一

① （清）大汕：《海外纪事》卷三，北京：中华书局，1987年，第49页。
② ［澳］李塔娜：《越南阮氏王朝社会经济史》，台北：文津出版社，2000年，第129页。

抽,得钱三贯三陌。一、收富沾庸,得钱二十四贯五陌,内许富沾庸甲首
加一抽,钱二贯四陌三十文。一、收各府各村市,共得钱四百二十五贯
七陌三十文,内许理事二人笔资加一抽,钱四十二贯五陌四十五文。以
上总共本庸及金蓬、富沾、茶饶并各府各村市,除加一抽外,许各甲首工
领钱,实存钱五百四十七贯四陌四十五文。

明乡社除每年向民丁征收丁税外,还根据每户居民或个人的经济条件
及生活水平将其社民分成不同级别,并要求每一级别缴纳相应的礼钱,也称
为"银礼钱"。1747 年的丁簿有关"社费"或称"礼钱"的缴纳情况如表 2-14。

部分清商则通过担任艚务官、通事、记录等明香社人获取入住权,定居
于各个通商港市。在此情况下,他们缴纳"礼钱",初次缴纳较高,而后按年
度缴纳。广南营会安埠的社簿记载丁卯年(1747 年)和戊辰年(1748 年)新
入社的清商[①],可整理如表 2-15。

表 2-14　1747 年明乡社礼钱缴纳规则

社　民	分类	缴纳额/年
寓居锦铺、金蓬、茶饶、富沾等地区的社民	二等户	2 贯
	三等户	1 贯 5 钱
	四等户	1 贯
	五等户	8 陌
	贴户	5 陌
家居在会安庸的社民	大家居	2 贯
	中家居	1 贯
	小家居	5 陌
寓其他府县的社民		5 陌至 1 贯不等
享减免者(出家者、老人、寡力者)		0 至 3 陌

　　① 《梁史观、孙道观代理社务鸠敛本庸并各府各村市等名纳礼钱》,越南会安明乡社册
籍文书,壬氏青李提供。

表 2-15　丁卯、戊辰年新入社清商

年	居住地	姓名	纳钱	原籍	备注
丁卯	东福州社	陈管娘	壹贯	福建省泉州府晋江县平安镇	陈孝娘亲弟,由陈诸娘销供引入簿
	隆福社	吴权娘	壹贯	汀州府上杭县西门外	吴九奇亲子,有供引入簿
	围子仙美社	林松娘	壹贯	福建省漳州府龙溪县石码镇下尾村	林桃娘亲弟。翁该社老有单许入簿
	鲁卿市	陈义娘	壹贯	福建省泉州府晋江县平安镇	陈孝娘亲弟,陈诸娘供引入簿
丁卯	海洲社	林㭭娘	壹贯	福建省泉州府安溪县	梁史观许入簿
	广义府	林富娘	壹贯	福建省龙溪县二十五都碑头社	林□娘、林六娘亲弟,同供递入簿
		林云娘	壹贯	福建省龙溪县二十五都碑头社	林□娘、林六娘亲弟,同供递入簿
	归仁府	吴载生	壹贯	福建省泉州府南安县二十五都林竹社	记录刘老爹缴许入簿
	归仁府	吴春娘	壹贯	福建省漳州府龙溪县海澄社	刘老爹单付入簿,并张杨娘递入簿
	归仁府	夏四观	壹贯	福建省福州府福清县东下社	周老爹付许入簿,翁该老爹许入簿
	归仁府	林训娘	伍陌	福建省泉州府晋江县□□林乡	林通娘亲弟,翁该社老□许入簿
	過江东社	林宝娘	壹贯	广东省广州府番禺县交堂司长洲村	系林孟娘亲弟,有供引入簿
	归仁府	陈绍衡	壹贯	广东省潮州府澄海县蓬洲都六团	陈魁娘亲子,有供引入簿
	锦沙社	张金娘	壹贯	江南府吴江县	周老爹批单呈本社许入簿
	苗芇社	李苓娘	壹贯		李信娘亲子,李缘娘亲弟,由供引入簿。柯□观许入
	花安社	林卞娘	壹贯		林菜娘亲子,郭胜观许入簿

年	居住地	姓名	纳钱	原籍	备注
戊辰	坊西	林才娘	捌陌	福建省福州府福清县永兴村	林鹏娘子,有供引入簿
	斾檀社	杜禄娘	壹贯	福建省泉州府同安县	杜篆娘亲弟,有供引入簿
	富康社	钟度娘	壹贯	福建省福州府古田县十二都	钟仕娘亲弟,有供引入簿
	茶饶社	张汝才	壹贯	福建省福州府闽县	徐春娘保领供领入簿
	归仁府	蔡低娘	壹贯	福建省泉州府南安县	蔡每娘亲子,有供引入簿
	归仁府	周士元	捌陌	福建省泉州府蒲田县	周元喜亲子,康亨观保领入簿
	光现社	陈力娘	捌陌	广东省广州府河南县河南官渡头	系陈鸾娘亲子,有供引入簿
	斾檀社	洪喧娘	壹贯	广东省潮州府潮洋县销州都羊贝乡	由守务人梁史观许入簿
	围子顺安社	杨格娘	壹贯	广东省广州府龙通县奇司馆田心井头社	静娘供领递入簿

二、士人参与的地方公务

阮朝国王将会安海外贸易委托明乡社华人管理[1],使明乡社具有较为独立的行政权,与土著有所区分。如萃先堂碑文谓,"人和事举,俗厚风渤,天宝物花,为南州一都会。自黎朝迄于国初,皆别格待之,与上著异乡,占篆用牙"[2]。"占篆"即"掌篆",就是行政管理权,"牙"就是指出"前十贤"和"后三贤"等中介华商。如前文已指出,大部分明乡社群体有别于与航行于亚洲

---

[1] 蒋国学:《越南南河阮氏政权海外贸易研究》,广州:世界图书出版公司,2010年,第24页。

[2] 维新二年(1908年)萃先堂重建碑文。

海域的华商，他们是入籍越南的华人，明香社在行政上归属越南地方政府，这是碑文中指出的"政属省"。但明香社社会经济状况有别于越南本土村落，生计以商业为主①。经过奏报越南政府，允许明香社以其他形式承担兵役、劳役、赋税等国家义务，如碑文记为，"庆贺、品仪得附奏献，复，兵徭、岁贡、绢布或代以银"②。从事商业贸易，并可以银代役，承担了国家义务，显示了明乡人的"内籍"身份。萃先堂是明香社发展的必然结果，《维新二年（1908年）萃先堂重建碑》总结为，"溯吾乡以有今日，肇基于十大老而成就于三大家，公德不迁，奕叶如见，枌榆之望，本始之恩，人同此心，匪今斯今也"。于是，"明命初元（1820年）建前贤祠，额曰'萃先堂'"，最终建立了类似"公亭"式的场所，成为社区信仰中心。

对照前文讨论明命年间重修关帝庙的历史背景，建造萃先堂也是类似情形。从阮朝政治意图而言，明香社群属于新归附王朝的"编户齐民"，享有与"清人"、"唐人"不同的社会权利，以尽快推动"越南化"进程。到了19世纪上半叶，"明香"转为"明乡"不再指来到越南的具有强烈的"反清复明"意识的明朝人，而是泛指华侨与当地妇女通婚所生的中越混血儿。1842年，阮朝出台政策以界定明乡人身份：

> 凡诸地方如有清人投来，即遵例定，登入帮籍，受纳税例。该帮人所生之子若孙，均不得薙发垂辫，系年到十八者，该帮长即行报官，著从明乡簿，依明乡例受税，不得仍从该祖父著入清人籍。除何省者原有帮人，又有明乡社民者，其该帮人之子孙，即由明乡社登籍。外余何省只有清人帮而无明乡社者，其该帮人之子如孙，一辰登续，现得五名以上，即听别立为明乡社。③

明香社纳入越南国家体制后，明乡人在科举中也脱颖而出，参与国家事务者逐渐增多，如萃先堂碑文记为"人有才智出众者，咸在简振烈版。国朝中兴，功臣则有□国大将军李公与从祀忠勇庙、位列侯伯许多人，名在史乘可征也。嗣后户口日繁，科官相继。领乡荐者三，秀才廿以倍，通籍者几半。

---

① 蒋国学：《越南南河阮氏政权海外贸易研究》，广州：世界图书出版公司，2010年，第236页。

② 维新二年（1908年）萃先堂重建碑文。

③ ［越］阮朝国史馆：《钦定大南会典事例》卷四十四，户部九·杂赋·清人，汉喃研究院藏抄本，编号 VHv. 65/15。

丁籍益征三百余,此专举省辖者,言他辖不及也"①

　　萃先堂建造后,屡有修葺,嗣德二年(1849年)重修。成泰十七年(1905年),"地夹通衢,喧嚣弗静",迁移到了"澄汉宫之左,坐壬向丙"。维新二年(1909年)七月撰写碑文就是为了记录此事,"督工者皆悉心功,以四月起工,八月完竣,计需银二千余圆,皆社内绅骑耆士庶并有物力者于所捐供也。仰兹杰构,慰我同人,爰竖之碑以记之,以表扬我前贤之功之德于无穷,而捐供诸人其善亦不可没也"②。碑文撰者为会安士族张氏的张同洽,其先祖张茂远(1718—1763)大约在18世纪中叶移居会安,来自福建省漳州府诏安县二都人。"二都"位于诏安县北部,与福建的平和、云霄,广东的饶平交界,即今太平、官陂、秀篆、霞葛一带。二都的事假大族有官陂张廖氏、秀篆王游氏、霞葛林氏等,由此对照会安张氏,他们在二都应为"双姓"家族,即"张廖氏"。明清之际,诏安二都一带因明郑与清军拉锯缘故,局势较为动荡。其中与张要成为义军领袖有关,史书载,"崇祯间,乡绅肆虐,百姓苦之;众谋结同心,以万为姓,推要(耍)为首,时率众统距二都"③。清军入关之后,万礼、张要等人投奔郑氏集团,永历四年,"藩驾驻揭扬(阳),诏安九甲万礼等来附,施郎(琅)招出也"④。后来诏安的义军在明郑与清廷之间摇摆,"万氏集团"的重要成员道宗禅师也长期在官陂的长林寺等授徒传教,从事反清复明的秘密结社活动,学界以此认为是"天地会"的源头。张廖氏在17世纪初即达到人口高峰,虽经时代动乱,但仍是当地大族⑤。张茂远生于康熙五十七年,卒于乾隆二十八年,时值康乾盛世,局面趋于平稳,当时也是张廖氏大批移台湾之际,张茂远随海船到会安也在情理之中。张茂远生有二子,长子张承金(号金光,1761—1801),次子张承宝(号惟善,1763—1793)。张氏父子均娶明香社女子为妻,并经营商业。张氏家族入籍明乡社之后,推崇科举,并成为官宦之家。关公庙正殿现挂着张至谨奉供牌匾,上书"灵光不泯",落款为"明命十五年季春,兵部主事张至谨奉供"。明命十五年为1844年。张至谨的弟弟张至诗曾两度考中秀才,并对明乡社建设功劳显著。1848年,

①　维新二年(1908年)萃先堂重建碑文。

②　维新二年(1908年)萃先堂重建碑文。

③　(清)江日升:《台湾外纪》,第93页。

④　(清)杨英:《先王实录》,第16页。

⑤　刘劲峰、魏丽霞:《官陂镇的张廖氏宗族与民俗文化》,杨彦杰编:《闽客交界的诏安》,北京:社会科学文献出版社,2014年,第33页。

张至诗主持锦海二宫的重修工程,撰写此碑者为张至谨之子张同洽。张同洽(1857—1926)字舜夫,于1894年考中举人,之后任职广南训道,从五品衔官,被阮朝赐封为奉成大夫,翰林院侍讲。张同洽还为明乡社撰写各种庙宇碑文,如关公庙1904年碑、萃先堂1908年碑、1913年立的黎族先贤墓碑、清明祠1918年重修碑、锦海二宫1922年碑等。明张氏家族只是明乡社士人参与地方事务的一个缩影,明香社的大部分活动均依托他们倡导并推行。

表2-16　各碑所载捐款

成泰十六年重建关公庙	举人张同洽二十元、秀才苏子坦二元、秀才会式八元、秀才苏子光四元、秀才张玉潘十五元、八品文阶范文玮五元、九品文阶黄玉珪三元、九品文阶李举桂三元、九品文阶曾宁伦一元。 试生以下：王有仕二元、王庭揭三元、蔡日升五元、庄琛二元、张怀璪二元、陈鼎二元、曾□□二元。张廷璟五元、王佐十元、曾烜二元、蔡规二元、□□陈纲十元、□□陈力十元、吴登第二元、□吴笠二元、黄光□二元、苏翠一元、苏琰二元、杨启善一元、杨玉衡二元、邱烜二元。
重修明乡佛寺	教授张同洽,使座□佐陈伯熠,翰林典簿阮炘,八品范仁好,文阶九品胡致和,文阶九品胡致用,九品百户丁福美,文阶九品胡致□(疑似英),九品百户谢光□,补授正宗陈四岳,补授正宗陈忠贤,秀才潘如碧,秀才潘春忻,九品周丕显,九品百户阮□,秀才曾战。
启定二年(1917年)重修来远桥	翰林侍讲张同洽十元、对检讨衔冯语五元、从八品文阶范文玮四元、对典簿衔邵广信四元、从八品衔黄如玉三元、正九品文阶陈纲十五元、正九品文阶黎莹十五元、正九品文阶周光溥一元、从九品文阶王廷扬一元、从九品文阶丁造五元、秀才苏成一元、秀才苏琬一元、秀才蔡规二元、秀才曾烜一元、荫生张怀韬一。

保大元年(1926年)重修来远桥碑铭中记载的捐资人也是同样格局,除了乡职之外,不少人为科举士人。其中一部分与1917年捐资者重叠,只是其中有的职务已有升迁,如《大南保大元年岁次丙寅五月甲午日乙亥己亥牌

明乡胜和谱官员乡职本谱重修碑铭》所记：

> 承天统制范祯祥三元、翰林院著作冯语二元、翰林院著作邵广信一
> 元、正九品文阶王宾一元、正九品文阶陈如璧一元、翰林院待诏曾炬一
> 元、正九品文阶黎魁一元、正九品文阶陈纲二元、正九品文阶黎莹三元、
> 正九品文阶周光溥一元、从九品文阶周丕基一元、从九品文阶丁造三
> 元、从九品文阶黎奇二元、从九品文阶周丕训一元。[①]

据会安萃先堂乡贤谱图，截至1826年，明乡社已有17名秀才，1名举
人，截至19世纪末，该社的举人、秀才数量大大增加。[②] 另一支来自泉州府
同安县中左所（即今厦门）的张氏由于家族的习文传统，张氏子孙在科举仕
途上较为成功，多人考上举人、秀才，如张曾演、张曾治等。其中张曾演生于
辛酉年（1801年），1825年考中举人，他到京都顺化做官，后任大安县知县。
关公庙门前有一幅写于绍治时期对联"一点丹心存北史，千秋义气壮南疆"，
由举人张曾演供奉。会安明乡华人凭借科举功名得以中央及地方行政管理
机构担任各种职务，如各部典部、主事（主要从事文书典籍记载等工作），或
在商业领域当该府艚、财副、内院钦差、管巡薄司，在军队领域当正营、该队、
该机、督理战船官、正卫尉等。甚至有人被封为历朝功臣，如西山朝工部战
船督理美善侯李美、西山朝钦差该机知礼侯蔡宋知、阮朝钦差该机瑞玉侯蔡
文瑞、阮朝中镇尉机副卫成德侯李大成等等。

会安明乡社士人集团的兴起，显示出他们与华人帮派不同特质。他们
融入越南社会，并与朝廷高层官员在文化、教育方面有着非常亲密的关系。
澄汉宫成泰十六年（1904年）重修碑刻所载内容反映诸多中央和地方官员
为该庙供奉银钱的情形：

> 成泰十六年六月吉日本社重修，澄汉宫所有本省大人、官员、乡职
> 员、商社内续供银钱敬列芳名于左：太子少保、协办大学士、管领吏部充
> 机密院大臣、经筵讲官、国史馆副总裁、安长子致仕荷亭阮述，大银十
> 元；太子少保南义总督胡第，十五元；进士、领布政邓如望，五元；按察使
> 丁有磬，五元；领兵陈文事，三元；进士侍讲学士范□，十元；知县陈嘉
> 征，三元；知县陈德懿，十元；进士、知府陈文统，四元；进士、同知范燎，

① 转见李庆新：《越南明香与明乡社》，《中国社会历史评论》第10卷，天津：天津古籍
出版社，2009年，第214页。

② ［越］陈文安、阮志忠主编：《17—19世纪会安商港与明乡社》，广南古迹遗产保护中
心，2005年，附录第16、17页。

一元；副榜、知府潘珍，一元；领知县尊室旦，五元；知县陈玉琇，二元；知县胡德□，十元；正营陈玉华，四元；解元、通判阮瓌，一元；经历黎文□，二元；著作充助教阮汜一元；使座通判陈大宝，三十元；公孙□鹏，五元；七品阮春芳，一元；帮佐吴越，三元；帮佐陈伯燸，二元；翰林典薄阮祥炘，二元；秀才纪录阮品藻，一元五毛；锦铺秀才潘春炘，四元；化闰秀才武弘毅，一元；荷蓝秀才阮俊，二元；养蒙秀才刘葵，一元；锦铺秀才潘沂，二元；清州秀才阮敏，一元；巡城卒队张廷槐，十元。

对比碑刻内容，会安明乡社在每次进行重修亭寺庙宇时，社内所有乡官、社民均参加捐供活动，且名字都被刻在石碑上。值得注意的是碑文中有一部分社民以秀才身份参加捐款。这些碑刻的记载也显示了明乡社有排名次的传统，能自然排上名次的首先是中举之人，做官、有品衔之人。这种排名次的传统也是越南乡村聚落的风俗习惯。按惯例，中考之人的名次要高于做官之人。例如一个考中秀才的人名次可排在一个没中举的一品官之上。可见排名次对他们来说非常重要。这些文化传统的目的就是激励着人们去学习儒学，从而使文化教育更加得到发展。在地方科举士人的领衔和推动之下，保大十八年（1944 年），明乡社对社区内街区上的庙宇进行了全面整合，花费六千余银圆，重新改建明乡佛寺、澄汉宫、萃先堂的诸多标志性建筑，其修建过程的碑文如下：

> 为之前者，既宏创造之功，为之后者，须尽栽培之责。吾乡在诸先公南来以后，三百年余，建立祠宇多所，历世重修，各有碑志，今兹三所地址相连，处都会之中，立文物之美，而岁月既久，随辰损益，又不容缓。庚辰年秋，本社唱护鸠工。佛寺则增兴正寝殿，新筑三关门。澄汉宫则丹涂漆饬之，并修厦轩以为碑室。萃先堂前撤，取瓦铺一间，又迁明文旧庙于堂之西隅，取其原地建造左右洋式二房为会同办事之所。垦治后园，包围外墙，此其大要也。外此二横廊曲径，别占深幽，花坞闲庭，培增爽垲，而气象焕然一新矣。于兹竣工，共需银六千余元，半由乡本摘发，半由社内绅豪、士女暨五帮城铺所乐供也。且吾乡本无公田，祠宇既多，规模宏大，修筑之费□需巨款，辄能数载而告成，非乡人和衷共济，好义急公，能如是乎？故吾人今日绍前人之功，以垂于后，亦欲后之人善继乡风，因辰进展，发扬而光大之，则乡运日隆，而功业将绵衍于无

穷已。①

碑文记录了题捐人员的名单,也还列出了主持重修工程时的各项具体
事务分工(见表 2-17),可见村社组织体系和社会整合之形态。

表 2-17　重修事务分工情况表

事务	头衔	姓名	捐资额(元)
顾问	翰林院侍读	丁造	15
	从八品文阶	陈纲	50
	从八品文阶	黎莹	50
正督工	(中圻)议院商表	周丕基	20
	从九品乡长	张玉瑜	10
	正九品文阶	周光溥	10
	从九品乡长	尤有德	20
副督工	从九品乡长	黄传杰	3
	从九品乡长	谢廷兰	3
	从九品乡长	张廷笔	20
	从九品乡长	李春生	10
理财	翰林院侍诏	黄声	40
	翰林院侍诏	张怀瑶	5
督买物项	从八品队长	陈至和	5
	从九品乡长	黄传铿	5
	旧乡长	杜仲	3
司书汉字	正乡簿	史有涌	3
司书国语	赏正总	张玉莲	15
检项	赏副总	汤如东	2
	赏副总	杨□辉	10
理□白灰	饶老	招进芝	10
专理新房	初学文凭	黎桢	10
修补祀器	赏副总	李必得	15

---

① 碑铭拓片见附录一,附图 1-5。

续表

事务	头衔	姓名	捐资额（元）
轮番助事	赏正副总乡职		
	青年新学班		
当川助事	乡本	枚春阳	3
	乡目	陈荣	3
	乡役	庄桂	3
	乡役	蔡良□	3
□□民夫	乡目	林元惠	2
	当次甲首搜首		

重修时间为1944年，正值第二次世界大战即将结束之际，国内外局势也极为复杂，越南的政治也动荡不宁。原来旧王朝体制下的村社精英和科举士人仍发挥出相当大的社会动员力，"保大十八年正月十六日本社重修旃檀林、汉澄宫、萃先堂三寺庙"的题捐名单更能说明问题。首先是正九品以上的人员：

承天府尹张春梅，卅元；鸿胪寺卿曾莹，五元；嘉莱管道丁文永，十五元；光禄少卿冯语，十元；侍读学士曾煜，十元；侍读学士蔡志，十元；侍读学士曾贶，十元；侍读学士王德馨，十元；侍读招广信，十元；侍读蔡矩，五元；侍读蔡员，五元；侍读汪海树，卅员；侍读陈如璧，十元。

正九书吏、乡政公同曾耀科，三元；医科博士张廷梧，卅元；医科博士张嘉数，十元；医科炮制张春楠，卅元；著作蔡芳，五元；著作周光洵，五元；修撰曾生贤，五元。六品文阶李掌，卅元；六品文阶范兰，十元；编修王光，五元；检讨康有用，五元；如西游学举人黎献卅元；本队黄鸿，二元；七品隶目许文源，十元；八品文阶，张春恒，十元；八品队长张廷焰，一元；供奉蔡本，五元；供奉蔡敬，五元；待诏范雁，五十元；正九文阶黎玉魁，五元；正九队长，李喜。

而后捐款者可分为三部分：一部分为从九品以下的人员，如乡长、从九品队长、恩赐耆民、秀才、荫生、官员父、公孙婿、荫子、员子等；一部分为赏正总以下，有司礼、三宝、试生、初学、乡检、知簿、教师、通事、乡簿、乡本、乡目等;另一部分为乡役以下的人员①。

三、社区生活与乡亭建造

"亭"是普遍存在于越南传统聚落的中心建筑。在越南乡村行政中,县下一级为社,社下级为村,一个村(lang)还可以分为几个小的自然村,每个村都是一个稳固的经济文化共同体。在越南的村社空间布局中,每个村庄都有一个村亭,也称之为"公亭",在英文中可翻译为"community hall"。"亭"最早是为旅行者休息而修建的"驿亭",如《大越史记全书》记载,"辛卯七年,宋绍定四年(1231 年)……上皇诏国中,凡有驿亭,皆塑佛像事之。先是,国俗以暑热,多构亭子以歇人,垩以白粉,号'驿亭'。上皇微时,尝憩于此,有僧谓曰:'少年后当大贵'。言讫,失僧所在。及得天下,故有是命"。当然,"公亭"与"驿亭"在功能上有较大差别,已如论者指出的,越南传统的"亭"是聚落中心的庙宇,也是地方宗教信仰中心。② 公亭最重要的仪式活动是"社祭",《嘉定通志》有比较细致的说明:

> 社祭,每乡各建一亭,祭期预先择吉,至日下昃,长幼咸集,留宿过夜,谓之宿谒。明日清晨,衣冠钲鼓,行正祭礼。次日绎祭,谓之大团,礼成而退。用祭时日,随其乡习多有不同。或用正月,取春祈之义;或用八、九月,取秋报之义;或用三冬,取终岁成功,蒸祭腊,腊报神之义。各有所本,皆谓之祈安。其祭品之外,有无牛牢歌唱,各随乡例。行礼与座位、仪节次序,皆让乡官为首。间有学识之乡,用乡饮酒礼而行,兼讲国律、申乡约,斯称美里。大约是日也,凡乡中一岁收纳赋税、徭役、钱谷盈缩若何,人田登耗若何,即同会面呈照扣算。与夫保置管干乡中职事之人,亦于是日交代,事有规制。③

"亭"作为村落的公共空间,具有行政、宗教与文化三种功能,通过祭祀"亭"中供奉的神明,乡村凝聚为有组织、有系统的整体。具体而言,"亭"的地方行政功能,是根据乡规俗例,商议村务,进行仲裁,施行处罚的场所;在

---

① 碑铭拓片见附录一,附图 1-10。

② 黄兰翔:《越南传统聚会场所的"亭"建筑之性格》,《越南:传统聚落、宗教建筑与宫殿》,台北:"中央研究院"人文社会科学研究中心亚太区域研究专题中心,2008 年,第 15～39 页。

③ [越]郑怀德:《嘉定通志》卷四,《风俗志》。

宗教方面，"亭"作为祭祀地方保护神的场所，常由礼会组织仪式活动，迎水、沐浴礼、加冠礼、迎神回亭、大祭、宿值礼、出籍礼、百戏、乡饮等环节无一例外都由全体村民参与；文化方面，亭是地方举行各种戏剧、歌唱表演的场所，如越南的嘲剧、唱歌等表演①。公亭是国家与村社的关键连接点，使两者在信仰观念、仪式活动和乡规民约等方面达到互补。在村亭制度运作之下，俗例、券例、券约、端辞、端约、乡约等村社制度以文本形式记载并保存下来，内容涉及节日、节气的祭祀，社会关系与尊卑秩序，行政机构和社会组织，村民义务，劝学、劝农、捐赠、科举、功名、修路，诉讼、治安、治水、奖惩等，具有法律性的制约效力。

　　"亭"的建筑格局一般分为两部分：后宫和前庭，前者是祭祀神明的殿宇，后者是举行各种娱乐的场所。村亭所奉祀的村落保护神，一般称之为"城隍"②。大部分村落为一位城隍，也有奉祀两三位、甚至五六位城隍。由于生活背景及文化观念相同或相近，又有不少地方奉祀相同的城隍。根据黎朝礼部统计，944个乡村，1026个亭、庙将"雄王"及其亲属或部将奉为城隍。黎朝将各地城隍根据不同情况敕封为上、中、下三等，以后各朝基本上延续了这种做法。其中上等神为名山大川神祇、天神以及生前安邦定国、功勋卓著的历史人物，它们事迹灵异，经常现身显灵保国佑民、抵御外侵，或托梦示警使人避免灾祸；中等神为地域内乡民奉祀已久，有时遇朝廷祈晴祷雨亦问有灵验但只知姓名不知业绩，或只知官爵不知姓名，甚至只有尊号但亦有灵异；下等神是乡村民众信奉各种地方性神明。值得注意的是，南方新兴村社中，城隍常常是移民过程中产生的领袖人物，如广宁省兴安河南岛礼会祭祀的城隍就是19位最先在这里开荒的人，岛民尊其为"仙翁"，每年十月初十举行仪式祭拜；清化省冯侏礼会祭祀城隍是最早到这里开荒的冯、锐、

---

　　①　马木池：《边缘群体的认同：19世纪广西境上以"亭"为中心的"京族"社区》，劳格文、科大卫编：《中国乡村与墟镇神圣空间的建构》，北京：社会科学文献出版社，2014年。

　　②　城隍作为越南聚落保护神，与北属时期的中国王朝制度有关，据越南学者阮维馨研究，公元823年唐朝安南都护李元嘉恐州人反叛，在都护府的基础上另筑小城，完成大罗城的早期雏形，并且按照中原的习俗封秦朝交州县令苏历为大罗城城隍，开越南城隍信仰之先。属明时期，祭祀城隍在越南得到推广，至黎朝末年到阮朝年间，府县都设有城隍庙。但作为村落保护神的村城隍与城郭保护神的城隍没有必然联系，越南只是沿用汉语"城隍"的汉越音来指代民间村社的地域保护神，神明系统来源一方面与土著文化中的山神、河神、土地神、宇宙神、树神等等有关，另一方面也来自于社会历史过程中出现的英雄人物。

堂、祔四兄弟①。

早期来到会安的华人是否在自己的聚居地按照越南风俗修建"公亭"建筑，不得而知。现存 1755 年的《升华府花洲属罗塔洲官军大小等重修公亭碑记》提供了会安明香社捐助土著聚落的"公亭"重建的信息，显示出明香社人群熟悉公亭祭拜仪式，并参与了当公亭活动。"罗塔洲公亭"为罗塔洲六村共有，罗塔洲六村位于秋溢河下游南岸，大部分在狭长的沿河平原上，北岸就是会安。碑文转录如下：

> 盖闻神威赫弈，千秋肃瑟祀之虔；庙貌巍莪，百世仰弘刚之重。

> 窃维本洲前代该府庆山侯裴贵公构造公亭。地灵人杰，大振州里之风；近悦远来，会为日中之市。啧啧休声，至今未泯也。然而茅茨草创，岁远年湮，榱未免颓坏，则虽遗址尚存，而殿宇大不如初。思欲再廓前规，以照神德，第念本洲历秋涂炭，物力维艰，安得一如裴贵公者，再为盛举哉？幸有平康村便宜记属浛清男潘文礼抵会，过陶庵张君，斋中叙旧，齿及于兹。而张君素性仗义好施，生平拯饥恤患，难以枚举。其于本洲平康村，又属母族。闻言慷慨切桑梓之真情，许诺欢欣鼓种德之善念。愿散囊金，檀越独任。在昔裴公构造，既有安林村张文胜乐施私地。本洲以张家之故，准安林村私分祈安之费，免张门敛钱，再加福分，世世不绝。今者陶庵重建，则有清州村朱单、该府陈福禄愿割所居屋地五尺余，以为公亭恢廓；虬逻村黎光显即凭，首唱培基；而于本洲村举一二，以为董事之人。夫檀越有主，则费取可以无忧；董事唯勤，成功自见不日。从此，庙貌新兮檀洁，神灵鉴有赫倬。远近闻者，咸曰：居士之于神光，果能相与，以有成也，岂不善哉！爰勒于石，以志不忘，并将与事姓名，开列于左：

> 缘首：福建泉州府银同居明香社会安庸张讳弘基号陶庵先生，费钱三仟余贯，另需生息钱壹佰伍拾贯，交本洲六社生息，永为祈安祈福之资。地理师：福建泉州府晋水蔡讳世资先生，公亭择坐未向丑兼丁癸分金未丁丑。日师：明香王讳仲陵先生，择癸酉年仲春二月乙卯朔越十三日己亥时辛未升梁。

> 主祭：便宜记属浛清男潘文礼、清州村朱字该府述职子陈福禄。培

---

① 冯超：《越南城隍信仰初探》，解放军外国语学院亚洲研究中心编：《东方语言文化论丛》第 23 卷，北京：军事谊文出版社，2004 年，第 368 页。

基：虬逻村黎光显。应舍司：裴进胜。社长：潘文福、陈福祷。饶学：胡德光。义举该亭：平康村陶文顺。董事：句当（即勾当）：张文朋、陈福祀、胡文时、杜登成、黎光造、梁文胜、胡德朋、陈文暄；守券：裴进敏、文公桂、陈福禄、阮德□、潘文差、阮文度、陈德贵。

景兴十五年岁次甲戌孟冬十月榖旦立。

张濯清等对此通碑文予以了初步研究[1]。张弘基是来自福建的华商家族，他们落籍会安后，掌管明乡社行政和会安港的贸易活动，前文已显示，张弘基活跃于会安和明乡社的各类事务。罗塔洲六村并非明乡社系统，它包括清洲、安林、平康、虬逻、丽泽、古塔等村，是土著村落。这些村与张氏有通婚关系，平康村是张弘基"母族"所在。据今会安潘周桢路的张氏宗祠中的《张氏历代尊图》记载，张氏移居会安后，就与当地土著结成了婚姻关系，张弘基祖母潘氏滑（喃名读音为 Mai），为越南当地人。碑文中的平康村潘文礼、潘文福、潘文差等人的潘姓家族应与张弘基有姻亲关系，张弘基作为缘首，为母族村落捐助修建公亭费用，设立了提供日常经费的基金。张弘基的生平在 1912 年修订编纂的《张氏家谱》有记，陈荆和先生当年在田野调查中曾有抄录，由于现在尚无法查找到原谱予以核对，只能根据中文译本予以大致描述。张弘基凭借往来与中国的商业活动致富，进而将家族势力推向高峰，他不仅凭借其社会关系获准建立明香社，而且利用社会威望整顿张氏家族，塑造家族的认同符号。1757 年，在会安建立张氏祠堂，并且在广南省奠盘府延福县安仁社建在先祖祠堂，而后又请中国风水师到荼乔社山旁定居，为宗族挑选墓地，将家族成员的坟墓集中到家族墓地之中。由此通过祠堂和墓地建立了以始迁祖张西泉公为核心的家族祖先祭祀体系[2]。

由于张弘基特别信奉中国风水术，因此在为母族建造乡亭时，也请了中国风水师，这就是碑记中特别注明的"地理师"与"日师"两种人员。地理师署名为"晋水蔡世资"。"晋水"即"晋江"，"地理师"即风水先生。越南村社的公亭普遍信奉城隍，城隍是乡里的灵魂所在，修建公亭，必须由"风水先生指点改变亭子的朝向，撤掉妨害城隍的'龙脉'"，因此"乡里的'亭子朝向'和

---

① 张濯清、[越]黎氏梅：《清初在越华商移民及其文化形态——以〈罗塔洲重修公亭碑〉为线索》，《中州学刊》2016 年第 1 期。

② 陈荆和：《会安历史》，王璐译，《海洋史研究》第 9 辑，北京：社会科学文献出版社，2016 年，第 160 页。

'龙脉'决定着乡村全体成员的命运"①。越南的风水理论主要受中国文化影响,地理师中以"北客风水师"影响最为深远②,如《安南九龙歌》记载:"刘达,东汉太师;刘仲进,唐朝大中大夫;高骈,唐朝太史领安南都护;高能明,金山逸士,卜葬前黎祖地;黄万全,风水道人,卜葬李氏祖地;郭龙泉,卜葬陈氏祖地;郭万香,葬阮旧祖地;郭如山,葬阮氏;黄福,明朝尚书领安南都护;黄万善,黄福之弟;黄鲸、黄鲲(黄福之子);黄行(黄福之孙)。"③当然,《安南九龙歌》记载的风水师主要为王室贵族服务,他们流传下很多风水神话。民间社会对风水也极为笃信,比如丧葬活动中,不少家庭"及信地理家,家停柩经年,以择风水"④,由此普遍对"北客风水师"充满神秘感,

张弘基等人参与罗塔洲官公亭重修活动,一方面体现了华人在地化形态和明香社对地方事务的介入能力,另一方面也说明张弘基家族因为自身来自泉州府晋江县,从晋江请地理师勘察风水,可能是确立地方权威的重要手段。"日师"一般由道士担任,他们根据地理师以汉字撰写的风水书挑选动土开工、上梁完工日子。公亭的重修动土和完工上梁工由明香社人王仲陵选择时辰,表示明香社作为移民社区,有自己的道教仪式专家。目前学界尚未对会安明乡社道士派别进行辨析,根据1736年郑天赐招致文学才艺之士,"福建道士苏寅先生接迹而至"⑤的情形看,也许与福建道教有关联。

---

① [越]阮鸿峰:《越南村社》,梁红奋译,昆明:云南省东南亚研究所,1983年,第92~93页。

② 牛军凯:《试论风水文化在越南的传播与风水术的越南化》,《东南亚南亚研究》2011年第1期。

③ 转见宇汝松:《论道教风水观念对越南社会的影响》,《宗教学研究》2016年第2期。

④ [越]郑怀德:《嘉定通志》卷四,《风俗志》。

⑤ 戴可来、杨保筠校注:《岭南摭怪等史料三种》,郑州:中州古籍出版社,1991年,第152页。

第五节　洋商会馆到五大商帮

一、洋商会馆的《公议条例》

　　明清以来，中国商人为了便于开展异地商贸活动，组成了互助性的同乡组织，常常称之为"会馆"。海外华人会馆主要按原籍而成立，或为一省，或为一府，或为一县。日本学者在1930年代开展南洋华侨调查时，将其定义为"乡族团体"，他们认为，"华侨的乡族团体古已有之，带有封建色彩，以省、县、区、民族等为单位组成。组成团体的最初动机是谋求同一团体中的共同利益，例如救济同乡或同族中的失业者、无归国旅费者、无依无靠者之类的事情，是当时会馆的主要任务"，"华侨乡族团体最普遍的是福建、广东、琼州八邑的诸会馆"，"乡族团体的创设，大体上是由社会上既有名望又有资产的一些人士发起，并捐助款项，设置馆所。捐助资金多者可以建筑馆舍，少者则租赁房屋"。①

　　会安聚集各国商人，其中早期华商以福建人为多，他们以关夫子庙为依托建立会馆，"（弥陀）寺之右有关夫子庙，嵩（崇）祀最盛，闽会馆也"②。根据大汕为神诞祈祷而写的祝文可知，会馆有"主会"之人，参与五月十三日庆祝关公神诞仪式活动有260人之多。这些人大部分是洋船经营者，"洋船"即"洋艚"，大汕在《海外纪事》中有大量"洋船"或"洋艚"的记载。会安的茶饶为洋艚停泊的主要港口，作为大汕准备搭船回国之地。大汕在等候船只，几经周折，留下记载有，"谓少停几日，便上洋艚……洋船尚以客账未起，无能放关出港。……七月十三日，洋船移椗。……至港口夜泊，候潮三鼓齐发，平明抵碧罗上洋船。……至廿七过午渐晴，彻夜星光，明日白露，次早即速开船，船主终以风信不便为辞"③。根据大汕在写给曾任该伯后任右丞相

---

　　①　孙承译：《日本对南洋华侨调查资料选编（1925—1945）》第2辑，广州：广东高等教育出版社，2011年，第388页。

　　②　（清）大汕：《海外纪事》卷四，北京：中华书局，1987年，第83页。

　　③　（清）大汕：《海外纪事》卷四，北京：中华书局，1987年，第84页。

的国舅宋公的信，"闽会馆"可能具有了后来设置的"洋船会馆"的部分功能，出面交涉贸易过程中出现的纷争：

> 蔡清官死于贵国，货物资本，业已启王，奉令三股分派，付船主带回，交其妻子为养廉。始见至公无私，仁正之邦，谁不折服乎？岂有王命既行。复有借端违令，横行乱作，竟与群小互相黩食，使蔡清生死不白，四境闻之。[①]

"洋商"经营活动被为"出洋商船"、"贩洋商船"、"放洋商船"，入清之后，政府对洋船活动制订了较为严格的管理制度，出发前要填写船引，交由海防官员核实，"经馆验船，经县盖印，抱引出洋"[②]。无论水手，商人，照例都须"开具姓名、年貌，连环互结，赴地方官挂号验放"，回棹时，"必须查对相符者，方准停泊"。[③] 进入 18 世纪，东南沿海商人到会安的贸易船只增多，人员构成也极为复杂，日本学者小叶田淳指出，"关于中国商船，情况很复杂，至少有些是贸易资本家兼船主，有些是商品所有人而搭乘便船的客商，有些是各种船员，有些是上货贩货的"[④]。为了管理各种不同人员，各省船主在贸易口岸联合组成"洋商会馆"。"船主"也称为"船头"、"船户"、"船商"、"出海"和"老大"等，各地俗称有所差异[⑤]。"船头"可能与闽南语的"头家"有关，以见于日本文献居多，长崎的《增补华夷通商考》解释："船主即船头，负责执行对日贸易命令，处理有关事宜，管理全船乘员，不负责船中杂役。船头分两种，一为货主亲任并随船渡海，一是货主不随船，由其亲戚代理船头来航。""出海"则见之于福建文献，如道光《厦门志》卷五《商船》记载，"南北通商之船，每船出海一名，即船主"，卷十五《俗尚》记载，"领船运货出洋者，曰出海"。海外贸易的商船上，船主具有很大权力，统领全船事务。洋商会馆主祀之神为主管海洋航运的"天后圣母"。功能如 1741 年的《洋商会馆公议条例》追溯的，"夫会馆之设，由来久矣。虽谓会同议事之所，实为敦礼重义之地。唐人于此存公道、明是非、息争讼，固不比别事例相同者也。内崇奉天后圣母，春秋朔望，或祷或庆，诚称异国同堂会计，经营不公不正，相与同心戮力。至于疾病相扶，患难相助，福因善果，不胜枚举"。为了使洋商会

---

① (清)大汕：《海外纪事》卷四，北京：中华书局，1987 年，第 128 页。

② (明)张燮：《东西洋考》卷九，《舟师考》，北京：中华书局，1981 年，第 139 页。

③ 《朱批谕旨》，雍正六年七月廿六日，杨琳奏折。

④ ［日］小叶田淳：《海南岛史》，张迅斋译，台北：学海出版社，1979 年，第 274 页。

⑤ 陈希育：《中国帆船与海外贸易》，厦门：厦门大学出版社，1991 年，第 283 页。

馆获得经费维系有效运行，到港船只由船长对货物抽税"每两三厘"作为公用基金。

会安洋商会馆在1741年重新整顿并出台《公议条例》，具有时代背景。清初的放洋政策时宽时紧。康熙五十六年（1717年），颁布南洋禁令，除了安南，中国商民不允许通贩南洋。1727年，禁令解除，福建、广东、江浙沿海先后开放南洋贸易，贩洋船只逐渐增多。乾隆五年（1740年），荷兰殖民者在巴达维亚屠杀华人，前后有近万人，是为"红溪惨案"。该惨案"给中国与巴城的帆船贸易以致命的打击。由于华人贸易掮客和重要人物被处死或者流放，在巴城的大多数贸易设施及组织完全消失了"①。于是在清廷引发是否应该禁止商民前往南洋贸易的争议。乾隆六年（1741年），时任翰林院编修的漳浦人蔡新在写给内阁大学士方苞的信中说：

> 闽粤海船不下百十号，每船大者造作近万金，小者亦四五千金，一旦禁止，则船皆无用，已弃民间四五十万之业矣，开洋市镇如厦门、广州等处求积货物不下数百万，一旦禁止，势必亏折耗蚀，又弃民间数百万之积矣。洋船往来，无业贫民仰食于此者，不下千百家。一旦禁止，则以商无资，以农无产，势必流离失所，又弃民间千百生民之食矣。②

在官绅努力之下，清朝没有采取闭关政策，江浙闽粤等地贩洋船只持续南下。于是，贩洋船主加强自身管理，出台措施解决争议和患难互助。首先针对基金管理出现懈怠现象进行整顿，"缘公费浩繁，旧有每两三厘庙缘之例，船长扣交。兹年久例懈，有例无缴，在客疑船长有染指之私收而不缴，而船长实召青蝇之污，未收何缴，以有名无实，将来香火难充"。值得注意的是，洋商会馆制订了《公议条例》，在外船主或洋商群体以"条例"形式进行自我管理在当时并非个案现象，如1743年长崎唐馆的戌、亥两年各番海商也订立《崎馆海商条例》：

> 今奉江、浙、闽、粤四省各上宪颁示严禁在馆各船人等条例，倘有不遵，许行商、板主、总管等举首，回唐以便严究，等因。此乃各上宪洞悉在洋之弊，重则人命攸关，轻则累及公司，以及纠缠别口，俯惜愚蒙，谆谆顾示。为此我等同人各皆仰体完仁，是于四月望日齐集亥一番库内

---

① ［荷］包乐史：《巴达维亚华人与中荷贸易》，庄国土译，南宁：广西人民出版社，1997年，第144页。

② 道光《重纂福建通志》卷二三〇，《人物》。

公同参定条禁五款，永为格式。自此之后，倘有犯以后条款，而本公司故为隐匿不举而并有护短者，各船鸣鼓共攻。庶无逼勒人命之虞，又不累及公司，以及各项人等。俾我各船人等，永远遵行，回棹起身之日，非独无累，而且囊中宽裕，种种有益，难以尽言。①

会安各省船长、众商出台《公议条例》应以"江、浙、闽、粤四省各上宪颁示严禁在馆各船人等条例"为前提②。具体措施是以"公司"为基础形成，"公司"起源于海洋贸易中航海人员捐献的公积金③。《公议条例》第一部分关涉会馆公用经费的筹集和使用，即"每两三厘"的抽分实施与管理：

一议庙缘每两三厘，会馆设立印簿，每船一本，送交公司开抽分单，随开随誊。分单出日，其簿即交理事人。如簿停留，即有欺隐，其钱仍归船长随帐随缴。

一议会馆内设立大柜一口，当事收钱及数簿悉存于柜。若临用时，当事人公同开取，不得擅专。至船头到齐日，船长会集，公查数目，每年一次。

一议各港门不足抽分小船并空船，每船应题缘钱五贯。

《公议条例》与《崎馆海商条例》同为海商群体自我约定的条例。但约束内容有所差别，后者着重禁止船户水手们的赌博、酗酒行为，《公议条例》虽有论及禁赌之事，但主要强调慈善救济行为及抵港人员的管理须知。

一议失水落难客住会馆者每月每人给伙食钱三百，至三个月为期。如收风尚有货船、果有亲戚可依者暂许安歇，不给伙食钱，俱限唐船起身止，不得久住。

一议收风孤客无来，病在会馆内，每月给伙食钱三百，瘥日即出，不得久住。和尚、香供必须先问病人籍贯、姓名、附搭何船，以杜诈伪。如有不幸病故，给钱阳两贯以为殡葬之资。葬在何处，报知理事人登记，俟其亲属得查，不致旅魂无托。

一议棍徒不事生业，素习赌博并食鸦片匪类等事者，不准住会馆厝。如有违拗，理事人即禀父母官究治逐出。

---

① 转见王振忠：《清代前期对江南海外贸易中海商水手的管理》，李庆新主编：《海洋史研究》第 4 辑，北京：社会科学文献出版社，2012 年，第 167 页。

② 碑铭拓片见附录一，附图 1-21。

③ 田汝康：《十八世纪末期至十九世纪西加里曼丹的华侨公司组织》，《厦门大学学报（哲社版）》1985 年第 1 期。

一议新客到此娶妻有孕，必须登记何省籍贯乡里，一单付妻收执。至分娩之日，或男或女，嘱令妻党戚属赍单赴会馆报明理事人，何月何日分娩并其妻姓名，居住何处，明白登记簿，无致后日流落。

对于会馆管理而言，内部人员的行为规范和举荐，结余钱财使用，公物置办、登记、整补、典守等是维系会馆运行的基础，《公议条例》有比较明确细致的约定。

一议会馆若有剩余之钱，不准借名生利，即或暂移，一概不准，以便防早晚失水、收风等事，恐临时应付不及。

一议会馆置办家伙器皿并各家供物，必须登记一簿。或有年久朽坏者，理事人验察修葺。或有借用损坏，即着经手人向借者整补。或有失落，乃系和尚香供赔补。理事人更宜不时查验，和尚香供不得辞典守之劳。

一议会馆理事人不得欺隐，不得借事推诿。亦不得通同赘入明香社，必须秉公料理。或有他往，或要回唐，当合理事人酌议相替一新唐。诚实的办，理意荐举，切勿废前人创建之基业。

洋商会馆是清朝海商、水手暂时的栖身之处，虽然会安港税征收有上海艚、广东艚、福建艚、海南艚的区别，《公议条例》没有对"新客"进行更细致区分管理。《公议条例》规定理事人员"不得通同赘入明香社"、规定新客娶妻生子要登记相关情况，显示了明遗民和新客的身份区隔。《公议条例》的制订目的为了管理新客和保护新客利益，但新客与旧客、华人与番官的冲突仍会发生。1747年，到边和进行药材贸易的福建商人李文光导致动乱就是其中案例：

丁卯九年（黎景兴八年，清乾隆十二年）春正月，清商李文光袭镇边营，该奇宋福大讨平之。文光，福建人，寓边和大铺洲。时境内承平日久，兵革罕用，文光潜有窥伺之意，遂谋不轨。聚党三百余人，自称东浦大王，以其党何辉为军师，谢三、谢四为左右都督。谋袭镇边营，畏该簿阮居武艺精强，谋先除之。乃因元旦节伏众刺之，居谨带伤手刃杀贼五六人，寻以创重而死。属兵闻之赴应，文光走，阻桥以拒。留守阮强率营兵陈于北岸，檄报兴福道。该奇宋福大合兵攻剿，擒文光及党与五十七人。上以清人不遑加诛，俱下狱。[①]

---

① ［越］阮朝国史馆：《大南实录》前编卷十，世宗孝武皇帝实录，第13～14页。

李文光等人在监狱中关押将近十年后遣返。1755年,闽浙总督部下千总黎辉德、把总沈神郎、胡廷风等因戍守台湾而"飘风前来",越南官员决定"拨配商艚,递送回国"。丙子十八年(1756年)秋七月,黎辉德、沈神郎乘坐江苏长洲县商人高时记在安南打造的船只回厦门之际,阮福阔要求把李文光等人押送回国,"时闽浙千总黎辉德难船泊我洋分,厚赐遣归,因送清俘李文光等十六人于福建"[①]。李文光等回国后,闽浙总督喀尔吉善和福建巡抚钟音派人讯问。李文光等人供称,他是在乾隆八年到顺化贸易,与当地豪门阮氏熟识,于是被授予官职从事造船,"给以银钱,令赴禄赖造船,招人行事。又有谢四、李廷雄、陈福、符国勋流落彼疆,并纠入伙,俱由顺化至禄赖"。禄赖亦即龙奈、陆奈、农耐、潦濑、柴棍,就是西贡一带,他们在造船过程中,与"禄赖留守袁全"发生矛盾,与番官"打架起衅",才有1747年的称王起事。对此口供,喀尔吉善和钟音并未全信,仍主张将李文光等6人"照交接外国诓骗财物教诱为乱例"发往远边充军,其他10人系"穷途依附,并非知情为匪之徒",均发回原籍"交与亲族保领收管,不许再行出境"[②]。

《公议条例》出台前后,就是会安国际贸易进入鼎盛期,洋商会馆以此条例在维护华商利益起着正面作用。曾在广南居留15年的克盖拉说,每年约有80艘中国商船来此贸易。1749年,法国商人波武尔也看到每年约有60艘中国商船驶入会安港口[③]。而根据范岱克(Paul A. Van Dyke)的研究,1761—1770年,有多达34艘帆船往返于广州和交趾支那[④],当时交趾支那的贸易主要集中在会安。19世纪初,英国东印度公司商人记载十艘中国帆船在会安港的进出口商品清单,可见当时洋船贸易规模及状况[⑤](见表2-18)。

① [越]阮朝国史馆:《大南实录》前编卷十,世宗孝武皇帝实录,第29页。

② 《闽浙总督喀尔吉善等奏报审明定拟李文光等在番滋斗之罪折》(乾隆二十一年闰九月初七日),《清高宗实录》卷五一九,第15册,北京:中华书局,1986年,第551~552页。

③ 陈荆和:《十七、十八世纪之会安唐人街及其商业》,《新亚学报》第3卷第1期,1957年。

④ Paul A. Van Dyke, *Port Canton and the Pearl River Delta*, 1690—1845, Vol. Ⅱ, University of Southern California Press. 2002, pp. 373-435, pp.639-640.

⑤ 转见冯立军:《古代中国与东南亚中医药交流研究》,昆明:云南美术出版社,2010年,第50页。

表 2-18　19 世纪初会安港中国帆船进出口商品清单

进口		出口	
商品名称	数量	商品名称	数量
明矾	340 担	沉香木	18 担
饼干	1 担	槟榔	9708 担
干鲸鱼	5 担	海参	210 担
硼砂	4 担	燕窝	8 担
硫磺	1 担	乌木	1854 担
中国指甲花	2 担	大青（蓝色的染料）	24 担
中国制造的桌椅凳等	3 担	阉割的公牛骨头	502 担
陶瓷器皿	519 担	黑豌豆	317 担
中档的陶瓷器皿	6 担	桂皮	41 担
糖果	1 担	丁香与肉豆蔻	498 担
准备售买的旧衣服	2 担	鹿肉	17 担
布匹	1 担	香螺头	147 担
丁香	2 担	鱼干	834 担
工夫茶	2166 担	各色土药材	509 担
儿茶	2 担	藤席	45 担
松脂琥珀	18 担	象牙	33 担
蜜饯	233 担	大象骨	11 担
各色中药	1450 担	鱼胶	30 担
泥土	10 担	藤黄	22 担
钓鱼线	1 担	粗亚麻布	13 担
紫虫胶	3 担	胡椒	2777 担
中国出产的金线	1 担	藤	219 担
墨水	28 担	可制作线香的香木	10 担
明胶	24 担	苏枋木	482 担
檀香木制作的手杖	273 担	各色种子	12 担
甜食	12 担	公牛皮与鹿皮	110 担
滑石粉	11 担	大象皮	25 担

续表

进口		出口	
烟草	1 担	紫梗胶脂	10 担
漆器	22 担	白砂糖	1447 担
炉甘石	8 担	冰糖	10794 担
各色亚麻布	171 担	锡	24 担
没药	4 担	蜂蜡	18 担
各色人造耳环及头饰	778 担	大量各色小商品	具体数量不详
各色胡椒	2728 担		
广木香	4 担		
中国藏红花	42 担		
水银	2 担		
苏合香	1 担		
檀香水	1 担		
白铜	9668 担		
朱砂	3 担		
小麦	1 担		
缝衣针	1 担		
肉豆蔻	1 担		
油灯芯及大量其他	1 担		
小商品			

19 世纪中期,后阮政权要求华人进行分帮管理之后,五大商帮会馆体系的兴起,洋商会馆的部分功能被取代。但洋商会馆作为统合性组织存在,仍起着协调五大商帮的功能。《重修头门、埠头碑记》记咸丰五年(1855 年)之事,重修会馆与重修埠头相提并论,说明其仍具备管理航运、船只等功能,主导者为福建帮、潮州帮、广东帮、嘉应帮的值年帮长。《重修头门、埠头碑记》云:

　　窃思洋商会馆崇祀天后圣母,赫濯声灵,平靖海宇,由来久矣。实乃群商聚处,百货通洋而舟车辐辏之所,珠丹盈深之会也。睹思栋宇巍峨,深慕前贤之善构规,壮丽宏伟,先哲之良谋。缘经年深世远,几乎栋折榱崩，踵而览者，莫不为之踌躇而凄惨，使不有整，故何以维系兹埠？各帮众、清商等群力以□，故有重修益增先贤之矩度。爰命谊友同志捐囊，既得集腋以成裘，咸舒共勤乎美举。抑亦天长地久，巩固绵延乎山海。神悦人欢，祯祥发庆乎春秋。

值年：嘉应帮帮长杨义合、福建帮帮长沈顺记、潮州帮帮长陈德胜、广东帮帮长利协胜

经理：黄仁昌号

蔡和发公司，题钱三百贯；林联顺公司，题钱三百贯；陆盛公司，题钱一百贯；合隆公司，题钱一百贯；□安公司，题钱一百贯；吕□□，题钱一百贯。

李兴隆公司、朱振顺、杨锐源、蔡福胜、长顺泰、黄顺和、林同德、朱大美、蔡顺胜、陈昌利、谢协记、郭合记、陈兴发、王福顺，以上题钱五拾贯。

许益胜、李植记、许桢记、李得记，以上题钱叁拾贯。

许福美、邓美丰、杜裕兴、李嘉合、林兴源、林玉成、游容光、利济宁、陈吉昌、朱新顺、梁德济、杜胜和、刘文思、何友记录、林氏富、陈氏娥，以上题钱贰拾贯。

阮氏姊，题钱拾伍贯。

何同盛、蔡玉成、蔡友明、石济和、王福顺、冯成章、□昌记、蔡福利、石弟合、沈合利、谢天和、林万育、冯祺昌、蔡顺记、蔡顺泰、蔡长兴、洗英信、陈祯泰、林义和、陈和利、林隆盛、翁利记、蔡安和、蔡裕丰、黄鼎志、苏胜隆、林进利、苏东记、杨贤记，李谦德、陈贵悦，以上题钱拾贯。

杜成兴、柯盈昌、洪合源、存济堂、王让记、合盛号、林昆源、沈振成、曾合源、汤李济、蔡丰盛、林谦记、陈丰利、陈万兴、吴新记、谢益利、冯顺兴、何生和、汤广和、邓永茂、赵全利，以上题钱伍贯。

王粒记、钟逢登、王安和、韩鸠翼、韩芳翼、叶仕华、欧锦章、李锦荣、赵和合、钱恒记、周宝记、黄杏春、钱合胜、陈义正、陈义厚、陈义记、陈义壬、杨义和、吴源利、罗保昌、陈性堂，以上题钱伍贯。[①]

现存中华会馆的匾额有：光绪十七年（1891 年）秋季闽商会馆敬奉的"协戴慈仁"；孟冬由信商新建安、林远方、谢振合、陈长发、万和隆、吴南记、

① 碑铭拓片见附录一，附图 1-19。

许合利立的"后德配天"。

二、五大商帮的会馆体系

东南亚华人研究离不开对"帮"的分析,这是移民社会结构的基本特征。早期华人移民以经营工商为主,王赓武先生曾指出,商帮特征呈现为"以地域为中心,以血缘乡谊为纽带,以会馆、公所为其在异乡联络计议之所的自发形成的商人群体"。确实,大部分华商聚集的商业城市按照此原则建立商帮组织,比如明清之际的长崎华侨群体组织的四个乡帮:三江帮、泉漳帮、福州帮、广东帮,由各帮海商船主倡议捐资,先后建立兴福寺(1623年)、福济寺(1628年)、崇福寺(1629年)、圣福寺(1678年)作为各帮的信仰和集会中心。但是将乡帮组织的产生完全归结自发过程也不妥当,由于它们承担官方委托的管理功能,官方力量的推动作用也不容忽视。长崎华侨社会形成中,世袭的唐通事、唐年行司、唐船请人等职就是乡帮精英,成为长崎对华贸易、船舶管理及华人社区的自治管理者。

越南的华人乡帮组织也是在政府的授命和推动下形成的。从现存文献看,福建帮、广东帮等组织很早就出现了,如《大南实录》记载阮世祖庚戌十一年(1790年)二月谕令,"凡广东、福建、海南、潮州、上海各省唐人之寓辖者,省置该府、记府各一,仍照见数或为兵,或为民,另修簿二,由兵部、户部批凭"[①]。与此同时,乾隆五十六年(1791年),清政府制定《安南通商章程》,客长、会馆制度的内容也与分帮管理相似:商民前赴安南贸易,先由原籍确查给照;龙州、宁明州仍应设立客长、会馆,以查明人照货物是否相符[②]。西山政权采取的管理措施在原则上具有一致性,"以粤东商民为一号,粤西及各处商民为一号,仍区别厂市,于厂内置厂长一人,保护一员;市内置市长一人,监当一员,攒造名册"[③]。

1802年,阮朝为管理新移民,要求西贡、堤岸的华人采纳了七府公所的组织模式,"泉、漳、广、惠、琼、徽各府人士设立七府公所,公推殷商一人为'祃首',担任货物价格及排难解纷之责"[④]。公所附设于七府武庙之中。光

---

①　[越]阮朝国史馆:《大南实录》正编第一纪,卷四,第24页。
②　《明清史料》庚编第二本,北京:中华书局,1987年,第187～191页。
③　《明清史料》庚编第二本,北京:中华书局,1987年,第204页。
④　陈碧笙:《世界华侨华人简史》,厦门:厦门大学出版社,1991年,第139页。

绪四年(1878年)重修碑记言："七府者何？福建之福州、漳州、泉州，广东之广州、潮州、琼州，浙江之宁波。"由此可见，"各省"与"各府"并行不悖，有的地方按省管理，有的地方按府管理。

越南各地华商按此建立会馆组织。张荫桓在1888年的出使日记中记载，"西贡华人分作五帮：曰广肇，曰潮，曰漳泉，曰客家，曰海南。五帮之中各有正副帮长，正帮长岁薪一千二百元，由本帮取给。本帮每人身税外加抽洋银五角；法官倚以办事，帮长往往借端肥己。西每月一号帮长将华人姓名、出入口数目具报公堂，堤岸情形亦相似云"[1]。薛福成日记记载西贡的华人帮群，"有公所五，曰广帮、潮帮、琼帮、嘉应帮、闽帮"[2]。1905年，严璩的《越南游历记》也记载："华人寓此者，大约皆闽、广两省民籍，二省各有帮长"。河内有广东帮长吴达邦、福建帮长洪宗泉和副帮长郑量。严氏接见的9位华人帮长，即海防闽帮帮长洪经邦，广帮帮长关远德，河内广东帮帮长吴达邦，河内福建帮帮长洪宗泉、副帮长郑量，安拜华商帮郑英豪，帮长顺昌转运局黄启唐，堤岸总帮长郑昭明，堤岸福建帮长林民英[3]。五帮由七府而演变，根据1930年代调查，"七府公所"与"商帮"有重叠关系：

> 法属印度支那的华侨乡族团体历来就有七府会，参加团体已达十府，但是仍沿袭原名。其组织是按照出身地域设立的公所，各公所设有帮长，办理各地华侨出入侨居国的手续，经常和法属印度支那政府当局进行交涉。其负责人如下：
>
> 七府会主席：张振帆(根据上述十帮长互选而产生，任期4年)。
>
> 帮长：(根据出身地域选举产生，任期4年)。
>
> 堤岸市：广东帮长刘增、福建帮长张振帆、潮州帮长杜捷、客家帮长张成、琼州帮长陶对廷。
>
> 西贡市：广东帮长徐国荣、福建帮长洪宗文、潮州帮长朱继兴、客家帮长刘永、琼州帮长陈家茂。[4]

19世纪中期开始，会安华人商帮发展经历同样轨迹，各帮纷纷建立会

---

① (清)张荫桓：《张荫桓日记》，上海：上海书店出版社，2004年，第308页。

② (清)薛福成：《出使英法义比四国日记》，长沙：岳麓书社，1985年，第77页。

③ (清)严璩：《越南游历记》，福建师范大学历史系华侨史资料选辑组编：《晚清海外笔记选》，北京：海洋出版社，1983年，第57、60、62页。

④ 崔丕、姚玉民译：《日本对南洋华侨调查资料选编(1925—1945)》第1辑，广州：广东高等教育出版社，2011年，第406页。

馆。相对而言,福建商人较早来到会安,他们建立会馆的时间也早于 19 世纪中叶,福建会馆最早是作为天后神殿、金山庙或金山寺而出现的,19 世纪中叶,其正门由吴鲁在光绪丁酉年题书"福建会馆",吴鲁还撰写"航海梯山南越独成都会,铸坤陶坎东湄共沐恩波"的对联。吴鲁(1845—1912),字肃堂,号且园,晚号老迟,又号自华庵主,福建晋江池店乡钱头村人。现在会馆保存多通碑刻,其中 1757 年 5 月晋江商人立的《会安福建会馆石碑》云:"(前缺)中困苦年余,娘娘焉得何罪受此之厄,无他,为弟子求财故也。午时请从水中扶抱金身登山到占城锦安之地,就此重建。六十余年,因茅庙不能长久,于兹年二月间遗□□□庙灵慈,扬名济世,非图财求利而至此也,陈此。福建泉州府晋江县沐恩弟子施泽宏敬立。"[1]此碑刻说明供奉天后的金山寺建立在 1690 年。另外《本会馆重修及增建前门碑记》的碑刻记述了会馆创建与历次重修过程:

> 尝闻守望相助,贵乎合作无间,联络乡情,务宜时相团叙,此会馆之设所由来也。溯吾会馆,创立于康熙年间,距今已垂二百七十余载,最初丕基,祇编茅为庙,供奉天后圣母,颜曰金山寺,历经六十余年,因茅庙难于久持,遂于乾隆丁丑年(1757 年)同人酿资兴建瓦庙,再名为闽商会馆。惟时馆舍湫隘,乃于道光己酉年(1849 年)增建后殿,供奉六姓王爷公,而前殿亦同时重新修建。从兹以后,至道光乙未年(1895 年)又将会馆分段大加修葺,惟工程漫延。迨光绪庚子年(1900 年)全面崇修,次第完成,而"福建会馆"名称至斯遂告奠立,遂有今日规模之馆址,皆赖历代乔贤周详擘剖,其功永垂不朽也。

从碑文内容看,福建会馆之名是在 1900 年才最终确立,此前历称"金山寺"、"闽商会馆",供奉神明也有变化。道光之前,福建会馆供奉天后圣母。道光之后,增加了神明祭祀"六姓王爷"。"六姓王爷"即源自惠安崇武獭窟的"六王府"供奉的六位千岁——陈、韦、温、金、骆、苏,分布在晋江、石狮、南安、金门等滨海乡村。在向外传播过程中,"六王"在保持"六位一体"的构造之际,姓氏会出现变化,比如有顺、钦、黄、朱、张、十三的组合,也有顺、钦、朱、吴、苏、黄的组合,还有吴、钦、顺、黄、什三、张的组合,黄、苏、朱、薛、许、温的组合,甚至有的地方将六姓塑为一尊金身。

潮州商帮是指籍贯为潮州府的海阳(潮安)、潮阳、揭阳、饶平、惠来、澄

---

① 碑铭拓片见附录一,附图 1-4。

海、普宁、丰顺、南澳等县的商人群体，以讲潮州话为主。潮州商人形成较为稳定的帮群认同大约在乾隆年间。会安的潮州会馆成立于1845年，主祀伏波老爷。会馆内有一通落款时间为咸丰二年（1852年）的《福缘善庆》碑记，其文曰：

> 恭惟伏波老爷，矍铄其容，安恬其宇，名显南洲。昭英风于日月，忠全韩室，炳勋业于丹青，功冠云台，著标名之铜柱，奠定海邦，遗岭峤之流芳。仪型宽裕。乃制节之秉政……窃思我皇清广东省潮郡众商来往越南国贸易，得逢盛世之秋，际尔升平之叩，赖神功点佑，人杰地灵，顺风得利。缘前人有捐需之志，赖因司事不诚之咎，以至寄祀于清沾之奠寺，殊缺祀奉之诚，有负虔心。志意于道光乙巳岁（1845年），集我同人乐捐赀斧，置买户地址围，择吉日兴工，盖建庙宇，虔请金像光临正位，敬祝。圣德以垂绵远，于今八有年矣。盖香驻玉炉而凝瑞气，烛明金座以映祥光，享千秋之俎豆，荐万载之馨香，扬崇丰于不朽，表功德于无穷，老安少怀，微神功之赫奕，日升月盛，庆圣寿以齐天，恭叩点佑众商人等舟航稳载，五湖贸易，四海营生。年年籍庇，岁岁均安，庶永远顺庆，百福骈臻。

潮州会馆主祀伏波将军。历史上有两位伏波将军，一是西汉的路博德，一是东汉的马援，他们均因平息岭南地方叛乱而官拜伏波将军。"伏波"具有降服江海波涛之意，岭南地区由此祀期为海神，祭祀神庙分布也甚广。从现存会安资料看，信仰伏波的早期人群是闽人，大汕从会安出港搭船回国，遇到飓风逃避占婆岛时，就曾祭拜于岛上的伏波庙，"洲岛数峰环抱如几，海中平横一案，东缺。复两山对峙为塞，中则洋船出入门户也。直接主峰之下，有本头公庙。……庙颇私敝，神甚灵，洋船往来，必虔祷祀也。命该伯开扃钥，侍者上香，一瞻神像。读封衔，知即汉伏波将军。本头公，国人所崇谥号云"。而尤其值得注意的是，大汕发现了徐孚远在此的行踪与遗墨，"壁间粉板有徐孚远七律一首，字为尘埃封掩，拂拭读之，甚佳"[①]。徐孚远为明末文人，与陈子龙合编《经世文编》而著名。1644年，他参与反清活动，1651年鲁王在浙江沿海的舟山基地失守，被迫前往福建沿海依附郑氏集团，徐孚远随之南下。永历十二年（1685年）正月，南明桂王派遣漳平伯周金汤、职方黄臣以（黄事忠）从广东龙门至厦门，进封郑成功为延平王，并令其出师粤

---

① （清）大汕：《海外纪事》卷四，北京：中华书局，1987年，第86页。

东,同时晋升徐孚远为左副都御史,推动郑成功建立勋业。郑成功命令徐孚远偕同都督张衡宇(张自新)、职方黄臣以赴滇复命,徐孚远向南泛海到安南,希望由此转陆路进入中国西南的安隆(今贵州安龙),结果在海上遇雾迷失方向,后可能进入占婆岛附近,望见江之浒有伏波将军庙,焚香祭拜而重见天日,因此徐孚远写下了《同黄、张祀伏波将军庙歌》:

> 自古中兴称建武,将军挟策求真主。
>
> 东厢一见展英谟,腰悬组绶分茅土。
>
> 晚年仗钺向炎州,楼船下濑漾中流。
>
> 朱鸢已定日南服,重开七郡献共球。
>
> 灵迹千秋铜柱存,蛮夷长老成骏奔。
>
> 至今庙祀江之浒,舟师日日荐芳荪。
>
> 我从国变山中哭,鸟折其翮车无轴。
>
> 衰老难跨上将鞍,粗疏方似当时璞。
>
> 一闻交海近行都,便随商舶驾双凫。
>
> 高樯狎浪看转侧,阳侯骧首凌天吴。
>
> 忽然浓雾迷南北,天地暗惨长年惑。
>
> 长年无计焚片香,归命将军颂明德。
>
> 须臾云净四山开。如见拓戟光徘徊。
>
> 从此扬帆兼命楫,击鼓吹箫取道来。
>
> 沙浅江平识去津,翩翩蝴蝶引行人。
>
> 我行祗谒神祠下,青青竹色水粼粼。
>
> 古碑斑剥字画漫,执圭衣黼着蝉冠。
>
> 酒馨牲脂来夷女,拜手陈词看汉官。
>
> 将军上殿喜论兵,聚米还成山谷形。
>
> 此日圣王方借箸,好将图画入承明。[①]

徐孚远等人安南之行并不顺利,在《赐姓始末》中有记载:"松江徐孚远汛海南交趾人安隆,交趾要其行礼.不听,不得过,遂返厦门。"[②]徐孚远等人乘船进出安南的港口应是会安,所以在占婆岛上祭祀题诗。大汕仿效徐孚远的七律,在庙宇的墙壁上作诗一首:

---

① 《同黄、张祀伏波将军庙歌》,《钓璜堂存稿——交行摘稿》,第 1～2 页。

② 佚名:《赐姓始末》,翁洲老民:《海东逸史》卷八。

涛声滚滚石巉巉，汉将神祠祀碧岩。

自昔茆分东下水，至今人渡北来帆。

梦传佩韦言三复，预报迟归书一函。

千古威灵遗像在，秋风落日照安南。①

李庆新整理了一份原在占婆岛伏波将军庙内的钟铭资料②，古钟铸造于永治二年（1677 年）年，为福建晋江郭仕春全家所捐献："福建泉州府晋江众弟子郭仕春携妻妙程邓氏，男宽、亮等虔诚喜拾叩谢大明神将军马侯座前。永治二年，明历丁巳岁五月吉旦铸。铸匠朱福。"1677 年为康熙十六年，闽南海商保持明朝认同，此时明已无皇帝、年号，船主只能以"明历"统称之。这也隐约指明了徐孚远等人搭乘之船就是闽人商船。

另外一尊铁香炉铸造于康熙二十八年（1689 年），为原籍福建的广东洋商张氏供奉，铭文内容为："广东洋船客、原福建福泉所人氏、沐恩弟子张台南、张台元同铸香炉重三百余斤于伏波将军案前，祈求出外平安。永远供奉。康熙二十八岁次己巳孟春吉旦立宝鼎□□□。"③"福泉所"即泉州府福全所，《明史》记载："（洪武）二十一年（1388 年）又命（汤）和行视闽粤，筑城增兵。置福建沿海指挥使司五，曰福宁、镇东、平海、永宁、镇海。领千户所十二，曰大金、定海、梅花、万安、莆禧、崇武、福全、金门、高浦、六鳌、铜山、玄钟。"④福全所属于泉州府永宁卫。明中叶开始，沿海卫所军官介入海洋贸易。清初沿海迁界，"所城内外寺院、民居，悉遭毁劫"⑤。此时，台湾已经归入清朝版图，康熙也重新开放海上贸易，于是民众转移到广东或东南亚地区的海上进行活动，张台南等人就是以"广东洋船"到会安贸易，皈依于粤人信奉的伏波将军案前。正因为是"广东洋船"来此，大汕才可搭乘回程，只是他在此受阻，于是除了在伏波庙壁题诗之外，另外撰写了《岣嵝阻风诗》十首，其中与伏波庙有关的是两首：

田姑（船名）送出浅，贯索带朦艟。钲鼓喧晴日，西南正好风。

宁还岣嵝港，复向本头公。欲假明神力，扬帆指粤东。

---

① （清）大汕：《海外纪事》卷四，北京：中华书局，1987 年，第 86 页。

② 古钟现陈列于会安历史博物馆。

③ 李庆新：《17～19 世纪会安的华人、唐帮会馆与华风》，《濒海之地：南海贸易与中外关系史研究》，北京：中华书局，2010 年，第 333～334 页。

④ 《明史》卷九一，《兵志三》。

⑤ （福全）《重修城隍宫碑记》。

开疆原汉代,请令葛洪过。服食无仙吏,灵祠有伏波。

丹砂空髣髴,风雨在岩阿。惟见渔樵径,烟寒月下薆。[①]

潮州会馆位于会安埠内,此地并没有建立伏波庙,如碑刻指出的,早期伏波老爷附祀于"清沽之奠寺"。潮州会馆建立后,伏波将军才拥有了独立祭祀空间。此时建立潮州会馆并非偶然,这与潮州商人到越南中部港口进行频繁商业活动有关。根据阮朝档案记载,1840—1848 年,越有 50 艘帆船在越南中部港口活动,其中 24 艘来自潮州[②]。捐资者名单大致可分为两类,一是船行,一是铺行,前者以"鹏"的称谓出现,"鹏"也就是潮州的红头船,具体如表 2-19。

表 2-19　潮州会馆船行、铺行名单

分　类	名　　称
船行(鹏)	陈进兴、陈进□、陈榕丰、金合源、郑永春、李英怀、杨顺发、陈万泰、金义丰
铺行(号)	刘南成、王□□、林受合、洪光记、杜南盛、徐□源、陈亮合、和隆公司、许捷记、杨锐源、王荣顺、蔡宝□、张富合、李雄合、张俸合、陈吉昌、郑兴利、许俊合、朱合胜、王高合、陈源合、蔡逢兴、陈荣盛、吴源利、金义丰、陈益兴、林千合、陈荣利、徐光利、陈万顺、李裕和、王金兴、林己春、陈善合、萧泰源、李黄合、杨平合、许万成、郭双盛、冯同□、沈芥合、翁利合、陈丰裕、陈强合、林兴吏、陈岳记、王广富、陈泰利、王义合、陈月合、刘世合、杜义记、林广合、陈克儒、沈进源

光绪十三年(1887 年),潮州会馆进行重修,碑文曰:"盍会馆之建,由来久已。仗神灵之赫奕,四海终平,凭圣泽之覃敷,万商承赖。俾得一团和气,情怀桑梓,义洽比邻,出入相友,守望相助,大易利有,攸往尚书,货重懋迁,良有以也。我潮商贾,梯山航海,被化蒙麻,因庙宇卑陋狭隘,革旧鼎新,增具旧制。堂环山水机动,鱼跃鸢飞,屋满磁饶势分,龙腾凤舞。更建者既尽其经营,职守者宜深其保护。庙已落成,捐资者当勒石以垂永远。"[③]潮州会

---

① (清)大汕:《海外纪事》卷四,北京:中华书局,1987 年,第 87 页。

② [越]武堂伦、[澳]诺拉·库克:《19 世纪北部湾的中国商船和船员》,王一娜译,《海洋史研究》第 5 辑,北京:社会科学文献出版社,2013 年,第 92～113 页。

③ 碑铭拓片见附录一,附图 1-14。

第二章　金石碑铭与社区生活

馆从初建到重修只隔短短的三十年，显示出潮州商帮势力的快速增长。

琼府会馆位于陈富街，正殿名为"昭应殿"，供奉着"敕封义烈昭应百八英灵神位"。右壁有光绪壬寅年（1902年）所立的《琼府会馆碑记》，撰写者署名为"试用盐大使、附贡生谢承宣"，谢承宣也是民国《文昌县志》的续编人员之一，署为"附贡、盐库大使[1]"，如出一辙。碑文记载了兄弟公遇害的经过及羽化成神的故事，与其他海南会馆的兄弟公事迹同出一辙。"一百零八兄弟"实际上是一群海南籍的商人，他们在越南经商后回国，在顺化附近水域被越南海岸巡警杀害，尸体被抛入海中。民间传说他们因冤情二担负其保护航海者的使命。最早的祭祀他们的庙宇在海南的铺前（1864年）和清澜（1868年）两个海港，后来也传入南洋各地。1871年曼谷建造了昭应庙，1887年，顺化的海南会馆竣工，名为"昭应祠"。会安的碑文内容如下：

> 我琼郡百有八人，其生前惨酷，独出千古，没后英灵亦独出千古。以忠厚长者而海盗诬遭劫被戮，抱奇祸于难言。厥后荣褒义烈，愤塞沧溟，素车白马，英风奕奕。琼人之通商欧亚，往来沧岛，息波涛邀呵护甚众矣。以故无地无庙，而越南为公作客处，羁魂尤恋恋于此都。光绪初年，会安埠琼府商吴廷昌、陈星辉仝众商等毅然集腋，相其阴阳，观其流泉，谋建义烈兄弟庙于会之东偏，拔地崇祠，荐馨报德。夫以义烈之灵享殊典，固应尔也。独嘉诸君慷慨，竭全力以从事，格外捐题至再至三，即旅橐如洗弗顾也，其好义真出自肺腑矣。壬寅冬，余乘槎来游斯土，入庙升堂，办香肃拜凛然，威灵赫赫也。壮哉！庙貌巍巍也，询悉诸君费画丹心，撑起大厦，团一埠之精神，仗诸灵之福气，经始于某某年。落成于某某日，后之商斯埠也者，正当恪守成规，维持不蔽。俾鲁殿灵光，岿然千载，庶乎食神福于无疆矣。

> 总理：美利号、吴廷昌、陈胜丰、锦纶号、万合号、瑞昌号、长裕号、和成号、美章号、广和利、韩理翼、广和昌、和利号

> 光绪壬寅仲冬吉旦勒名[2]

会安琼州会馆倡议并总理该事情者为吴廷昌、陈星辉等共有13人；"昭应殿"内供奉"创建本会馆先贤神位"共有12人：陈如纪、韩芝霖、潘有仪、陈

---

① 李钟岳监修，吕书萍、王海云点校：民国《文昌县志》上册，海口：海南出版社，2003年，第12页。

② 碑铭拓片见附录一，附图1-13。

如芳、吴乃琳、叶万基、潘于谓、潘于学、叶用成、饶先孝、韩理翼、潘光运,不少人可能就是碑文中经营各商号的商人。

五大商帮除了经理本籍商民事务之外,积极参与会安的社区事务,根据现有碑刻可整理各帮及帮长捐建各种公共建筑的情况。如:1904 年重修汉澄宫,福建帮帮长吕长江、广东帮帮长黎惠芳、潮州帮帮长许渭滨、琼府帮帮长孙昌琦、嘉应帮帮长李云卿为参与者。1917 年重修来远桥,福建帮帮长德记号、广东帮帮长南泰号、潮州帮帮长许璜合、琼府帮帮长成福利、嘉应帮帮长振隆堂等为参与者。来远桥位于会安市锦铺坊阮氏明开街与明安坊陈富街的交界处,由日本商人建于 1593 年,也称为"日本桥"。启定二年六月(1917 年),明乡社主持重修来远桥,从捐款来源充分显示了明乡社与五大商帮的合作关系。①

1933 年,会安明乡社重修佛寺、汉澄宫等公共建筑之际,五大商帮的帮长许渭滨、许文茂、叶启明、沈维清、潘镜泉、吕容珍、罗康、蔡景山、李振隆堂均为参与者。在他们的带动下,五大商帮帮众也成为会安社区建设的重要力量。商人家族也以个体名义捐资于公共事务,比如位于会安青霞坊的龙泉寺,在保大八年(1933 年)重修之际,潮州帮商人家族和明乡社人共同捐资,碑文相关内容如下:

> 青霞龙泉寺皈依宝号印严金洲阮禅师从香国中修得到也。始由祝圣寺卓锡,时广圆尊尊师自觉觉他,遂传衣钵。寻广圆示寂,印严主香烟三年,行满归福林寺,永嘉和尚付号普溢大师,行众有年矣。适有施主贯潮州帮财利号王氏法名印利偕儿孙仝买供沙土一坵,属青霞地簿,以为寺所。印严遂构草庵号龙泉寺居住修持、继又伊号增供瓦茸设有正殿外堂。
>
> 潮州帮王氏利供沙土园七高,坐落青霞社青占园处,园内构立佛寺。增供田四高,坐落富沾社南甲永潮处置祀。
>
> 明乡社正九品会同陈纲供土园一亩七高,坐落青霞社厚舍处充三宝田。
>
> 寺买田伍高又式高坐落青霞社厚舍处,又田式高坐落林山处。又沙土式高坐落青霞社厚舍处,充为义地。
>
> 福州社尹文超供田陆高,坐落青霞社茶苓处置祀田。

① 碑铭拓片见附录一,附图 1-18。

地藏谱买田陆高，坐落青霞社林麓处。

寺买田式高，沾南甲永潮处。

广东天泰栈罗刘氏供沙土式高，青霞社□□处。[①]

表 2-20　重修来远桥捐款题名

来源	捐款数额
五大商帮	福建帮帮长德记号，十元；广东帮帮长南泰号十元；潮州帮帮长许璜合四元；琼府帮长成福利八元；嘉应帮长振隆堂，六元。 万发公司，十五元；罗天泰号，十五元；光华市税公司，十元；潮发号，十元；韩瑞丰，十元；和盛号，十元；祥发号，十元；黄云居，八元；发记号，七元；仰记号，六元；喜源号，六元；祥兰号，六元；天泰栈六元。 五元以下：谢合利、蔡均胜、叶顺成、许成美、广裕兴、均胜栈、遂胜号、万胜号、广福昌、天源号、黄喜成、源利号、嘉兴号、生轩善记、松峰记、芳兰号、陆氏瑶。 四元以下：乾成兴、万成发、嘉发号、史广芳、锦源号、东兴号、广和兴、叶同春、建兴堂。 三元以下：黎惠芳、蔡顺胜、黄芝草、谢长利、广源盛、蔡永昌、广和利、开发号、锦发号、荣隆号、同德安、南益号、陈成记、同源号、柔合号、用诚号。 二元以下：山松号、青□号、□如号、盛元号、陈福兴、义成号、陈兴发、潘运记、合荣号、郑就记、曾浴记、广南兴、广发号、英利号、广南安、长春号、顺美号、彬合号、财利号、泉胜号、额合号、源胜号、顺发号、顺泰号、春生号、云成号、锦成号、黎保和、□□松、合浦号、明珠号。 一元以下：郑文登、吴舜廷、昌胜号、森记号、美南号、初发号、天利号、俊成号、灿盛号、陈和源、辉记号、明丰号、潘光璋、声利号、安利号、谢子英、广安号、生意号、考成号、阮英风、乡户连、祥元号、福春号、盛德号、书轩号、振发号、婡秀契、婡游福。

① 转见［越］黎氏梅：《越南广南古代生态环境与文化研究》，华中师范大学博士学位论文，2016 年，第 237 页。

续表

来 源	捐款数额
明乡社	通吏曾耀科三元、正总张怀璪一元、助教王宾一元、乡老陈至宾一元、旧乡长洪正雅一元、旧乡长梁嘉永一元、乡长邵进德一元、乡目梁克允一元、守敕杜仲一元、乡长陈近三元、乡长陈村三元、乡长张玉瑜三元、乡长陈力一元、乡长邱生茂二元、乡长陈永发二元。 副乡长以下:张玉桂五毛,王惟叙三元,邱灿一元,黄传铿一元、试生曾金錬五毛、试生黎琦三元、试生周光铣一元、试生蔡进芳五毛、承□范咏一元、试生曾金五毛、司礼张永得一元、三宝蔡廷芳一元、三宝黎玉瓒一元、守务邓有信一元、守务尤有德二元、守务王颖二元、□□□李光一元、邑长陈季赏五毛,邑长王必做一元、邑长刘春芳一元、邑长谢宏泰一元、邑长汤文东一元、周丕基一元、免徭邱生兰三元、李治平五毛。 香隆邻本邻同供银五元;香顺邻本邻同供银二十五元;香兴邻本邻同供银七元;香盛邻本邻同供银四元八毛;香庆邻本邻同供银二十元;香和邻本邻同供银五元;香俊邻本邻同供银就元五毛。

三、商帮帮长的税务代理

19 世纪中叶,明命皇帝下令要求华人被按照方言区分各帮,并由商号选出帮长,目的在于传达公令、征收税款和解决纠纷[①]。“帮长”一职最早出现在嘉隆九年(1810 年)十一月,“命广东帮长何达和雇广东瓦匠三人,令于库上(即今隆寿岗)煅焙琉璃瓦青、黄、绿各色使工匠学制如式,厚赏遣还”[②]。明命七年(1826 年)七月,“嘉定唐人税例”开始确立以帮长统摄税收的制度,此次政策出台经过记载在《大南实录》之中:

城臣奏言:“属城诸镇别纳,唐人或纳庸钱,或纳搜粟,或纳铁子,税课各自不同。又有始附者至三千余人并无征税。且城辖土地膏腴,山泽利溥,故闽、广之人投居日众,列廛布野,为贾为农,起家或至巨万,而终岁无一丝一粒之供。视之吾民,庸缗之外更有兵徭,轻重殊为迥别。

① 陈碧笙:《世界华侨华人简史》,厦门:厦门大学出版社,1991 年,第 139 页。

② [越]阮朝国史馆:《大南实录》正编第一纪,卷四十一,第 20 页。

请凡别纳及始附唐人岁征庸役钱人各六缗五陌，其始附未有产业者将为穷雇免征。"帝谕之曰："在籍唐人例有一定则可矣，若始附之人尚未着落而槩征之，将责之所在里长抑在城镇府县自为之乎？况始附者不无空手固宜将为穷雇，然适我乐土，岂有长穷之理而可终免税乎？其悉心妥议以闻。"城臣寻奏言："前者唐人投居城辖民间铺市业，令所在镇臣据福建、广东、潮州、海南等处人各从其类，查著别簿，置帮长以统摄之，其有产业者请征如例。至于穷雇，常年察其已有锚基者征之。"帝允其奏。[①]

学界对越南各帮帮长的性质也曾有描述，"在安南（中圻）和柬埔寨，华侨均自行组成社团，称为帮，系依照他们的方言，或所自来的省份而分别组织的。其首领称为帮长，相当于其他东南亚国家华侨的甲必丹，系由当地政府遴选，而向政府负责其同胞的奉公守法和缴纳捐税。他们享有与安南人同样的公民权，并豁免兵役及徭役。"[②]阮朝通过设帮立长也加强对"清人"的婚姻管理，律法规定，"凡清人投寓我国，受廛为氓已登帮籍者，方得与民婚娶。若偶来游商，并禁弗与，违者男各女满杖离异，主婚与同罪，媒人、帮长、邻佑各减一等，地方官知而故纵降一级调。其因揽载回清者，男发边充军，妇定地发奴，主婚减一等，媒人、帮长、邻佑各满杖，地方官故纵降二级调，讯守失于盘诘官降四级调，兵杖九十。"并禁止清人将同越南妇女所生子女偷载回国，"犯者，男、妇、帮长及邻佑知情各满杖，地方故纵汛守失察，照前议科罪；又所生之子禁无得雉发垂辫，违者，男妇满杖，帮长邻佑减二等。"[③]

有学者指出，这是东南亚各国政府通过帮长对华人进行间接管制具体措施为：(1)华侨必须参加广府、福建、潮州、客家、海南等"帮"中的一个"帮"组织。(2)"帮"根据选举提名帮长和帮副，由副总督任命。帮长、帮副任期两年，可以连选连任。(3)帮长是领受殖民政府的一切指示，并向"帮"组织的个人成员和集体成员进行传达的中介人，并和警官及村中有权力人士进行合作，处理有关"帮"成员的违警事务。(4)帮长负责担保其所属"帮"派移民上岸时所立誓约中应负担的课税（如果帮长拒绝担保，该移民便不得上

---

① ［越］阮朝国史馆：《大南实录》正编第二纪，卷四十，第16～18页。
② ［英］巴素：《东南亚之华侨》上册，郭湘章译，台北：正中书局，1974年，第307页。
③ ［越］阮朝国史馆：《大南实录》正编第二纪，卷六十二。

岸,并得遣回)。(5)帮长必须用本国文字和法国文字编造他所属的"帮"派成员的名册,并记录他们的纳税、户口迁移、失踪等有关移民行政管理所规定的一切事项,每三个月接受移民局局长和行政厅审阅一次。帮长有权吸收他认为合适的人入帮,并有权驱逐不愿履行责任的帮员出境,但在向政府申请驱逐出境以前,帮长必须负责对受驱逐出境者进行监视,不得让其逃跑。[①]

1874年,法国殖民者在南圻设立移民局,沿用帮长管理华侨。1935年,陈达描述:"方至西贡,余自一等舱出来时,即遭安南警察拦阻,后由船主解释才上岸。……余将离西贡时,轮船公司嘱先到亚洲人移民局办手续。余入该局,见中国部分分五帮,即海南、广州、潮汕、客人及闽南。余交去护照,并向执事人问曰:'我的中国应属于哪一帮?'执事人亦笑,拿护照后屡次向我提出问题,报告完成后交法籍长官,后又数次修改,把我归入客人帮,最后引我到一室,要取我的指印。我甚惊异。旁有一华人曰:'请先生忍耐些罢,很有名誉的富商亦是如此的,因此地不用护照,侨胞人口全凭居留证的。'我因距轮船驶行,仅二小时,任其取指印而去。"[②]陈序经先生有同样经历,"我在国内领了护照,并且在法国领事馆里得了法国领事的签字,然而到了西贡的时候,移民局的法国人说:护照等于废纸,结果我也要照样的入新客衙,请人担保,盖好手印,然后始能出来"[③]。陈达所提及的"执事人"就是帮长、副帮长;陈序经提及的"新客衙"可能就是帮长、副帮长的办公室。他们协助法国政府管理华侨事务,协助登记华侨出入国境,具有半官方身份特征。如张荫桓对西贡、堤岸各帮的观察,"华人帮长权利略如副领事,尚能办事……五帮之中各有正副帮长,正帮长岁薪一千二百元,由本帮取给。……每月一号帮长将华人姓名、出入口数目具报公堂。堤岸情形亦相似云"[④]。陈达记载:"印度支那的中国人分五帮(即海南、广府、潮汕、客人及闽南),有帮长。帮长两年一举,由法国地方长官秉承总督之命委任之,帮长不付附税(Impot Gradué)。"[⑤]由于帮长协助法国殖民政府管理华人移民,因此"新客"

---

① [日]李国卿:《华侨资本的形成和发展》,郭梁、金永勋译,汪慕恒校,香港:香港社会科学出版社,2000年,第221~222页。

② 陈达:《浪迹十年之行旅记闻》,北京:商务印书馆,2013年,第152页。

③ 陈序经:《论法国人在越南的尊严》,《越南问题》,第31页。

④ (清)张荫桓:《张荫桓日记》,上海:上海书店出版社,2004年,第308页。

⑤ 陈达:《浪迹十年之行旅记闻》,北京:商务印书馆,2013年,第151页。

来到越南，必须获得五帮帮长的收纳与担保，才可居留。如李长傅在《南洋华侨史》中指出的，"各帮有帮长为转呈机关，华侨入口，先由医生检验身体，后由各帮长担保，向移民局领取暂居留证，于三十内有效。嗣后再领居留证，一年内有效。华侨如他往，需领出境证"①。具体情形在李圭的描述中更为清晰："初进口先至华人会馆，由董事录名报法官给执照，每人收进口税洋钱二元五角，以二二元归法官，五角为会馆经费；执照期以一年，届朔换照。不论贫富，每人纳身税洋钱五元，妇女及十六岁以下者不征；以后每年，悉遵此例。"②在这种情形之下，地缘性的五帮帮长实际掌握了移民进入越南的通道。

法国殖民政府对华人实行繁重严苛的税收制度。早期出使欧洲的中国公使经过越南之时即有所描述，如薛福成记载，"法人征税凡六项，曰进口税、地基税、招牌税、身税、贸易税、房税"③。1878年，曾纪泽派充英法公使时经过安南也记，"法人以六项之税税华民：曰进口税；曰出口税；曰招牌税；曰地基税；曰房屋税；曰身口税"④。帮长、副帮长在管理华人移民之际，也代理各种税务，其中最为重要的是身税和招牌税。1862年，法国殖民者创设身税，该税源自身份证制度。薛福成记载华人身税分为三等，"上等每年八十五圆，次四十圆，次九圆半"⑤。蔡钧对西贡的华人的税收情况的记载更为详细，身税分为了"新至"与已居者，已居者的商业活动需缴纳招牌税：

> 凡自十五岁以上新至者，需纳身税银二元，一年以后纳银五元，近日又复增加。贸易者领牌，分七等，按岁缴之于官：一等牌费二百元；二等一百二十元；三等八十元；四等四十元；五等二十元；六等十二元五角；七等七元。领牌贸易之人身税另纳，亦分数等：上等六十三元；二等四十元；三等二十五元；四等十二元；余照寻常身税。⑥

1905年，驻法参赞严璩、恩庆受命前往越南考察商情，在《越南游历记》

① 李长傅：《南洋华侨史》，上海：商务印书馆，1935年，第118页。

② 李圭：《环游地球新录》，长沙：湖南人民出版社，1980年，第156页。

③ （清）（清）薛福成：《出使英法意比四国日记》，《晚清海外笔记选》，北京：海洋出版社，1983年，第34页。

④ （清）曾纪泽：《使西日记》，长沙：湖南人民出版社，1981年，第39页。

⑤ （清）薛福成：《出使英法意比四国日记》，《晚清海外笔记选》，北京：海洋出版社，1983年，第34页。

⑥ （清）蔡钧：《出洋琐记》，《晚清海外笔记选》，北京：海洋出版社，1983年，第13页。

也记录了河内广帮的各种纳税情况:头等身税八十二人,每人每年纳洋九十二元四角;二等身税九十人,每人每年纳洋三十一元五角;三等身税一千四百七十人,每人每年纳洋七元三角五分。老疾妇稚每人每年纳洋五角五分。每人加照相费一元,纳头等身税者可免。超等招牌税,每年纳洋五百五十元,共有五家;一等一税,每年纳洋三百五十元,十七家;一等税,每年纳洋百五十元,三十五家;二等税,每年纳洋八十元,二十八家;三等税,每年纳洋六十元,五十四家。四等税,每年纳洋四十五元,二十六家。五等税,每年纳洋二十二元,十一家。除招牌税外,另加抽房租每百元加洋三元。华人回国纳出口税洋六元。过埠一个月税纸,洋一元。过埠住实纸,洋一元。过埠三个月纸,洋四元。由于西贡、堤岸两是华商最发达的地区,因此税收比河内、海防两地重,如回国应纳之出口税,华商在西堤二埠者则纳洋十六元,是河内、海防二埠的三倍。由此可见,华人税收负担的畸重。

1926 年 6 月,法国殖民政府颁布了中圻华人缴纳身税的新条例,共分七等身税。特别等每年身税 150 元,第一等纳 120 元,第二等纳 70 元,第三等纳 50 元,第四等纳 20 元,第五等纳 12 元,第六等纳 8 元。凡纳超等牌税,或其所得地税,每年 50 元以上者,纳特别等身税;凡纳一等或二等牌税或每年所纳地税在 30 元以上、50 元以下者,纳一等身税;凡纳第三、四两等牌税或其地税,每年纳 10 元以上、30 元以下者,纳第二等身税;特等或一等特税之商店伙友,纳第三等身税;华人每年所缴牌税或地税,在上述所定以下者,或在第二等牌税之商店当伙友者,纳第四等身税;在第三、四等牌税之商店当伙友者,纳第五等身税;至于一般苦力,则纳第六等身税;儿童自 15 岁起,即当凡上定办法纳税。[①]

薛福成曾对法属南圻的财政状况进行考察,各部分收入如下:"岁人以出入货税为大宗,约得四百万圆;次地丁两税,约一百二十万圆;次工商之税,约七八十万圆;次杂税,如洋药材木之属,约五六十万圆;次华民身税,约三十五六万圆;又华民进出口及寄居执照税,约六七万圆;又华民于常例之外,另交身税、照税等项,岁约四十万圆有奇。"以此核算,华人身税等收入仅为 12%。而此时与 19 世纪末期相比较,华侨人头税等级细化,税额也明显提高了。华侨税负大约是越南人的 7 倍。1929 年,华侨税收占到南圻预算

---

① 《海外周刊》第 14 期,1926 年 6 月 21 日,转引自广东省档案馆等合编:《华侨与侨务史料选编(1)》,广州:广东人民出版社,1991 年,第 788 页。

的 1/4，增长了 1 倍。

　　1935 年，陈达到南洋开展调查时，也注意到各种税收情况："迁民（华侨）入口时，女子与小孩（18 岁以下）减轻入口税，因此女子与幼年人特别多些。从前女子纳 2 元，今年起纳 5 元。18 岁以下者入口时纳 2 元，入口后无税。18 岁以上者入口时正税 15 元，附税 15 元，以后每年付 30 元。业商者另加他税如营业税等。征税分等级，各种人不同如下：（1）本地人年纳身税 5 元；（2）明乡人（Min-Huong）其父为华人其母为本地人，系混血儿，此等人有当兵的义务，年纳 7 元或 8 元；（3）华侨（指迁民）；（4）亚洲人（除中国迁民）；（5）欧洲人。普通迁民于入口时俱须纳身税（居留税）。如为商人，再加营业税，其数视营业之大小而异。如为地主则身税外另加地税。以上各种为正税。正税之外再加附税，往往等于正税的一倍。"①

　　据陈达先生观察，五帮帮长和副帮长代理税收之际，为了支持格外开支，他们收取了附加税。这种现象在薛福成的日记中已有记载："本帮每人身税外加抽洋银五角，法官倚以办事，帮长往往借端肥己。"②移入越南的华人并非均为富有者，他们大部分为贫苦出生，因此不堪身税负担。1884 年，蔡钧目睹此情时曾说："贱至负贩，贫至佣工，仅敷糊口，岁暮亦需完纳，无则监禁。刻酷暴虐，至于如此，此欧洲各国之所无而法人悍然行之而罔顾。呜呼！岂第苛政猛于虎哉！"③张荫桓指出了法人征税的不公平之处，"据查西贡、堤岸、海防、河内各埠，法人征税，增减无常，专征华人，尤不公道"④。这种情形持续很长时间而没有得到改变，1930 年代，陈达进行闽粤侨乡调查时，搜集到法属印度支那长期经商并富于经验的一位长兄在 1934 年至 1935 年给旅居堤岸的幼弟写过 43 封信，信内讨论了"身税"："我们现正筹谋纳身税的计划，此数百的款子不知在何处寻求，而你亦要各等的用费，叫我们怎样办法好呢？在此不景气象中讨生活真是难了。而你在此时期求学，我亦替你不安。倘若在生意蓬勃的时候，就可以用之裕裕了。"⑤

　　身税对于以务工为主的下层华侨而言，是沉重负担，"安南工值低贱，谋

---

　　①　陈达：《浪迹十年之行旅记闻》，北京：商务印书馆，2013 年，第 138～139 页。

　　②　（清）薛福成：《出使英法意比四国日记》，《晚清海外笔记选》，北京：海洋出版社，1983 年，第 34 页。

　　③　（清）蔡钧：《出洋琐记》，《晚清海外笔记选》，北京：海洋出版社，1983 年，第 13 页。

　　④　（清）张荫桓：《张荫桓日记》，上海：上海书店出版社，2004 年，第 307 页。

　　⑤　陈达：《南洋华侨与闽粤社会》，北京：商务印书馆，2011 年，第 200 页。

生不易,苦力每日所得仅数角耳! 通常之米较业,安南童工女子,每四小时只赚二角,华工大抵类是,每年尚须纳身税二三十元,遇事复不得法政府周全之保护"①。不少华人移民为了逃避身税,在五帮帮长庇护之下移入了越南。但由于身税法国殖民政府地方财政的主要收入,他们对此极为警觉,"每年检查身税纸,大量逮捕无力缴纳身税侨胞,递解出境。"②陈序经根据他自己的体验也说:"凡在安南住的华侨,随时随地,身上都要带着身税证。万一忘记了,则随时随地可以被捕,而加以惩罚。而最可恶的,是这般检查的人员,随便可以敲竹杠,与提出各种无力的要求。"③五帮之间由此可能挑起斗殴,其目的在于获得款项以缴纳身税,"按照帮会规矩,殴斗后,斗败的一方,须与胜方'讲数',由负方赔偿一笔款项。胜方的无力缴纳身税者,即可用这笔赔款完纳身税,以免被'充军'回国"④。

在法国殖民政府的苛政之下,华侨所交纳的不只有身税和招牌税,其他各种也颇为苛重,"地税视地方情形分上、中、下三等:上等每法国正方一尺合中国正方二尺七寸者,每年征洋钱三分七厘;中等视上等减半;下等视中等减半。屋税:估值百元,每年征税六元。……将来出口按进口例,各输二元五角"⑤。除了需要交纳多种税收,而且还经常与法国殖民者进行产业抗争,因为他们利用产业政策对华侨商业进行掠夺,如严璩记载酒业专卖事例:

南圻各处共有中国酿酒精厂四十八家,办理十余年颇能获利,法人嫉之,设法购回自办。今所余者仅十八家,而河内酒厂总办法人方登复怂恿总督鲍渥及海关税司诸人与渠辈为难,于是又有所有华人酒厂所酿之酒均须售与中印度政府分售之议。该商等设局建厂所费已百余万元,如一概售与政府分售,则不但无利可图且必亏折,已由其总帮长郑昭明禀明出使法国大臣设法补救。闻郑复以二万元雇一律师代为转

---

① 陈献荣:《安南华侨情况断片》,《华侨半月刊》,第 25 期。

② 刘汉翘:《孙中山对越南华侨进行革命宣传忆述》,《广东文史资料精编》下编第 1 卷,北京:中国文史出版社,2008 年,第 12 页。

③ 陈序经:《论法国人在越南的尊严》,《越南问题》,广州:岭南大学西南社会经济研究所,1949 年,第 321 页。

④ 刘汉翘:《孙中山对越南华侨进行革命宣传忆述》,《广东文史资料精编》下编第 1 卷,中国文史出版社,2008 年,第 12 页。

⑤ 李圭:《环游地球新录》,长沙:湖南人民出版社,1980 年,第 156 页。

圜，事如有成，尚许谢金三万元云。郑昭明、闽永春州人，生新加坡，操英法语俱熟。

查法属南圻各省酒商原有四十六家，嗣经法人陆续购回。其故由于酒商获利较厚，而法人按西法酿制者销售不多。至一千九百零三年法政府出令酒力不足四，十度者不准发售，又每百理脱（公升）之酒加厘五分，合前之已有之税计洋三角，华商亦勉强听命。未及一年，而法中印度政府又有所有各酒须经政府一手发沽，华人所酿之酒，均须定价售与政府之说。酒商郑昭明以所动成本过巨，此议若成，必至覆业，乃托人在巴黎藩部斡旋，并电禀出使法国大臣孙，求向法政府力争，以保全应有权利。闻法人自知其曲在彼，颇有前议作罢之意。①

郑昭明是永春人，属福建帮，所谓"总帮长"是1904年成立的南圻华侨商务总会理事长的"代称"。酒业专卖有关华人群体利益，当时南圻各地华人酒商分布格局为：福建帮，西贡、富春、堤岸、边和、秃禄、摆草、茶荣；广东帮，守德、沙□、□栶；潮州帮，朱笃、隆富、薄寮、金区；嘉应帮；茶荣、丐□、茶温②。郑昭明不惜花重金请律师，并托人在政府部门周旋，为的是保护南圻酒商的利益，也为了自己的企业不被殖民统治者搞垮。

四、商帮群体的反殖抗争

东南亚华人在长达几百年的历史演进过程中，经历西方文化、土著文化、中国传统文化的复合作用，已经成为一个复杂的群体，他们的政治意识也存在较大差别。王赓武先生曾试图划分为三个群体：第一个群体直接或间接将自己的命运与中国命运相连，关心中国的社会政治走向；第二个群体较为关怀商业和社团的活动，缺乏长远的政治目标；第三个群体以土生华人为主，他们对中国政治并无兴趣，参与当地政治较多，也利用族群优势与前两个群体保持密切联系，帮助所在国政府治理华人。虽然这样的划分略显简单，但也基本反映出了不同社会全体的政治取向。

进入20世纪之后，在民族革命思想引导下，南洋成为近代革命的策源地之一，华侨为革命提供人力与物力，华侨成为"革命之母"。在此过程中，

① （清）严璩：《越南游历记》，《晚清海外笔记选》，北京：海洋出版社，1983年，第64页。
② （清）严璩：《越南游历记》，《晚清海外笔记选》，北京：海洋出版社，1983年，第64页。

洋商会馆的政治认同出现了变化，原来因方言群隔阂形成的分野得到了一定改善，国家观念逐渐强于家乡观念。民国建立后，华侨的政治自觉进一步高涨。南京国民政府前后，随着北伐推进，来自于闽粤的华侨群体情绪高涨。民国十七年（1928年）双十节之际，广南、会安华侨重修洋商会馆，并冠名为"中华会馆"。其格局照现代商会模式而设，建有议事厅、书报室与后花园。具体见《重修会安中华会馆碑记》：

中华会馆，古洋商会馆也。今只颜之曰"中华"，示不忘祖耳。夷考会安一埠，为广南重镇，前属占城，后归越南，日趋繁盛，竟成通商口岸，华侨首推江浙，而闽粤次之；风帆往来，乃馆斯土。当朱明失守，抱首阳采薇之慨者亦接武而来，衣冠聚会，竞斗繁华，馆之所以著名也。无如时局变迁，重修改隶，轶事范寻。永佑所存碑迄如陈迹，风霜愈阅历，奂轮旧物，转盼萧疏。五百年遗鼎，自将磨洗认前朝，曷胜于邑。侨胞有感孚此，丁卯（1927年）春，公推工商十人董其事，捐资增修，大敞前基，□乎今尤不谬于古，议事有厅，书报有室，而有举莫废之，礼数无不具且也。馆后辟公园，栽花树木以备选胜行乐所集思广益，浸淫人心，目间斯馆盖有取焉。噫！文明时代，克弹义务者不已，继前矩而有光钦。昔贤所云：美彰盛传。殆斯之谓矣。徒滥于琼馆董事者不以樗材见案，属书其事于石。爰略举其梗概云耳，且安得后视今，犹今视昔，盍寿以铭。铭曰：一路风帆，会坛胜筑，华风美谈。世远言湮，时殊事毕，几度恢张。一番建置，天滋教育，地接文明。①

碑文时间落款为"大中华民国时期戊辰岁双十节国庆纪念日"，具有强烈的国家意识，撰写者为"广东省立第六师范学校本科毕业生儋阳万禧"，万禧，字若祺，号社亭，1892年出生在现海南儋州市白马井镇的书香门第，他于1913年考入"广东省立第六师范学校"（前身"琼台书院"），1918年毕业。1924年万禧被越南的海防、河内、西贡等地的华侨中学重金聘为教师，在越南各地担任国文教师15年之久②。从碑文内容看，此次主事者应为琼府商帮。从所动员的捐助人员看，即包括了本埠的商帮、商号、社区群体、社会团体，也涵盖着以会安为中心的商业网络，大略而言，可以梳理出不同社群在

① 　碑铭拓片见附录一，附图1-20。

② 　林壮标：《教鞭手执驰中外——忆万禧先生》，《海南文史资料》第10辑，海口：南海出版公司，1994年。

重修中华会馆中的作用。

一是会安本埠华人各界，以各商号为主，包括新式华侨社团和华侨学校。诸如华侨工团、兴华学校、万发公司、潮发行、孙昌琦、蔡均胜、发记号、叶同源、沈美南、韩丰利、吴和盛、德记号、许璜合、蔡祥兰、谢合利、谢长利、罗天泰、源发号、许英利、罗久谦、李振隆、□□栈、潘广源、史广芳、广发祥、罗天源、陈顺泰、叶美利、益泰堂、韩瑞丰、潮珍斋、陈瑞生、南泰号、天泰栈、沈嘉□、杜锦盛、成福利、许源胜、黄云居、蔡联兴、李光记、广裕兴、李仰记、吕广发、陈继祥、蔡广胜、丰利栈、陈长春、鸿安祥、叶同春、广和利、蔡建兴、叶日□、黄喜盛、潘东兴、泉昌利、王□发、乾成□、许益和、公平号、蔡安胜、黄仁利、李灿盛、许声记、许本川、广南昌、同德安、福裕泰、黄两义、陈振祥、金斯藩、陈和源、蔡永昌、陈昌胜、符福利、吴雅水、益记号、韩全盛、万成发、芝草堂、许成美、蔡合荣、邓焕章、吴锦亭、开发号、广安泰、□华号、蔡实义、生元号、□昌号、陈富和、□南荣、怡心馆、蔡顺美、王荣隆、义成号、长泰号、玉荣号、张如山、许万胜、天利号、生合号、三元号。对照1917年来远桥重修碑刻可知，众多商号中的德记为福建帮帮长，许璜合为潮州帮帮长、南泰号为广东帮帮长、成福利为琼府帮帮长、李振隆为嘉应帮帮长。

二是与会安埠有密切往来的各埠商号或者商人个体捐资。如岘港有韩治平、东利隆、广和美、荣昌盛、谢启书、和英、义成兴、中兴号、联兴公司、和发号、荣隆号、吴榕生、义兴顺、源昌庄、郑英才、程继初、潘玉声、叶用芳、郑拱桂、谦隆、川盛号、萱合号、福泰号、恒隆号、福寿堂。海防有荣泰、东隆、永兴茂、丰兴、东成。三岐埠有福昌利、陈高合、唐炎记、广南盛、欧阳松、成安堂、合合兴、福和堂、广□祥、合利栈、悦南安、南泰栈、成裕利、天和号、广嘉泰、钟衍□等商号。河内有东发、兆兴、振发、裕泰、荣丰、永德利、茂兴、振东、再发。清橘有邹弼臣、李子辉。萃鸢有南盛堂。安林有张纶昌。核谷有王忠盛。朱坞有王春茂。而香港开埠之后，成为东南亚与中国贸易的中转站，五大商帮在此开设诸多联号进行南北行贸易，他们也自然与会安等埠头建立了密切的商业往来，参与中华会馆重建的有昌荣轮船公司、荣发行、有利公司、元发行、昆茂行、万裕发等商号。

三是把会安华侨妇女界捐款单独列出，即她的先生或所在商铺已有捐资，但是女性仍作为独立个体捐助中华会馆重修，显示她们作为会馆成员的一种政治展示，符合民国以来女性政治觉醒的思潮。捐款题名有多种形式，诸如有"夫名＋夫人"、"商号＋某氏"、"夫姓＋女名"等，具体列如表2-21。

表 2-21 会安侨妇捐款题名情况一览

分　类	捐款人及数额
夫名＋夫人	许执中夫人,100 元;孙昌琦夫人,50 元;许渭滨夫人,50 人;沈渭清夫人,50 元;罗久谦夫人,30 元;蔡祥兰夫人,30 元;陈舜琴夫人,30 元;陈全燃夫人,30 元;姚文标夫人,30 元;李振隆夫人,20 元;王鸣初夫人,20 元;史广芳夫人,20 元;蔡三多夫人,20 元;陈子照夫人,10 元;李灿盛夫人,10 元;罗久俭夫人,10 元;黄喜盛夫人,10 元;沈嘉发夫人,10 元;许焕南夫人,10 元;张如山夫人,10 元;吴锦亭夫人,10 元;蔡炳松夫人,5 元;韩琼花夫人,5 元;谢子英夫人,5 元;傅梅修夫人,5 元;陈嘉乾夫人,5 元。
商号＋夫人	柔合号夫人,40 元;天记号夫人,20 元;许声记夫人,15 元;同德安夫人,10 元;泉昌利夫人,10 元;黎迪记夫人,10 元;生元号夫人,10 元;宏盛号夫人,10 元;潮利号夫人,10 元;叶卓记夫人,10 元;谢兴记夫人,10 元;锦利号夫人,10 元;黎广记夫人,10 元;光合号夫人,10 元;广嘉泰夫人,5 元;东兴号夫人,5 元;遂隆号夫人,5 元;许万胜夫人,5 元;广昌号夫人,5 号;罗天源夫人,5 元;益记号夫人,5 元;同胜号夫人,5 元;怡心馆夫人,5 元;财利号夫人,5 元;蔡记号夫人,5 元;黎瑞源夫人,5 元;许益合夫人,5 元;玉荣号夫人,5 元;福春号夫人,5 元。
商号＋某氏	蔡均胜陈氏,50 元;谢合利黄氏,40 元;福昌利罗氏,40 元;韩丰利郑氏,30 元;潘广源陈氏,30 元;韩瑞丰阮氏,20 元;许恒泰阮氏,20 元;罗天泰黄氏,20 元;天泰栈武氏,20 元;李光记沈氏,20 元;蔡合荣丁氏,20 元;陈高合郑氏,20 元;蔡永昌谢氏,20 元;吴荣昌黄氏,15 元;陈瑞生罗氏,15 元;杜锦盛阮氏,15 元;许源盛范氏,15 元;许本川罗氏,15 元;苏南昌吴氏,15 元;叶同春阮氏,10 元;沈美南张氏,10 元;谢长利卢氏,10 元;蔡安胜潘氏,10 元;芝草堂徐氏,10 元;成福利叶氏,10 元;陈和源罗氏,10 元;许成美潘氏,10 元;广安号吴氏,10 元;长泰号许氏,10 元;福利号邓氏,10 元;吕广发范氏,10 元;发福荣陈氏,10 元;李振发朱氏,10 元;罗金兴吴氏,10 元;三元号吕氏,10 元;长春号武氏,10 元;广□果黄氏,10 元;蔡顺德王氏,10 元;唐炎记陈氏,10 元;福裕泰吴氏,5 元;丰利栈胡氏,5 元;王德昌蒋氏,5 元;罗源新吕氏,5 元。

续表

分　类	捐款人及数额
其他	叶许碧莲,50 元;阮素娥,30 元;和盛杜邱厦,30 元;黄氏玉莲,20 元;李仲珣潘氏,20 元;罗武氏夫人,20 元;卢氏基夫人,10 元;陈景星黄氏,10 元;韩岖元蔡氏,10 元;叶日生黄氏,10 元;杜润初林,10 元;蔡吕氏夫人,10 元;黄一德堂,10 元;徐氏御仙,10 元;郑张氏夫人,5 元;余爱平陈氏,5 元;黄森范氏,5 元;李琰珍陈氏,5 元;叶黄琼芳,5 元;欧阳安潘氏,5 元;杨探合丁氏,5 元;卢氏□夫人,5 元。

　　会安五大商帮长期从事海外贸易,成为兼具传统和近代商业文明的商人群体。一方面他们秉承中国传统商人的经营模式和儒商风格,诚信为本、博施济众、尚文重教;另一方面,他们较早睁眼看世界,参与到亚洲民族革命的浪潮之中,与越南民众一起进行反对法国殖民统治和抗日运动。与此同时,他们遭受西方殖民者的歧视,忍受苛捐杂税,因此他们渴望有强大的祖国为后盾,保护他们的经济利益与人身安全。他们以海外侨居社区为基地,协助近代民主革命群体开展社会运动或武装斗争。潮州帮帮长许渭滨是商帮群体的代表人物之一。许渭滨,字钧璜,1877 年生于潮州府饶平县黄冈城外顶上村。同治年间,其三叔许秀峰赴越南河内经商,与友人合股建立桂芳公司,担任总经理。桂芳公司经营获利后,许秀峰也被推选为广潮帮帮长。1889 年,许秀峰回国探亲将许渭滨带到越南培养,先学习法语、中文八载,后再到巴黎专门攻读法文。返回越南后帮助许秀峰负责桂芳公司和广潮帮外交事务。桂芳公司业务扩大,并设立了桂芳纱厂。1904 年,会安潮州商人与法国商人发生争执,结果无法懂得法文而利益受损。于是他们派代表到河内请求许渭滨在会安帮助处理商务,许渭滨由此会安担任潮州帮长兼顾河内事务。此时,许渭滨在会安创办了璜合商行,专门经营土产。此后璜合商行又在会安郊外创建璜合织布厂。

　　彼时孙中山正奔走海外鼓吹革命。1905 年 7 月,正在日本筹建同盟会的孙中山与越南国民党创始人潘佩珠笔谈两夜,孙中山希望越南党人加入中国革命党,等待中国革命成功后再援助亚洲各殖民地独立,潘佩珠则希望中国援助越南革命成功,再以越南北部为基地夺取两广以窥视中原。尽管两者各有侧重,但是越南独立与中国民主革命关系就极为密切了。1907 年

3月,孙中山到河内开展革命活动,寓居桂芳公司别墅,与许渭滨叔侄日夕谈欢。1908年10月21日,法国外交部毕盛在致殖民部长的信中也描述孙中山在越南等地的革命行踪,"这个革命党人远不满足于他在我领土上能够得到的人身安全,他不断地往来于日本、香港、河内、西贡和新加坡之间,与以他为当然领袖的那个党继续不断地保持密切联系,并且借助于他在英国和法国殖民地上享有的慷慨庇护,不断地、千方百计地……给中国南方的叛乱分子运送武器弹药、派出代表和破坏分子。1907年12月使广西边境沾染鲜血的骚乱(攻克南关要塞)和1908年5月的云南骚乱(攻克河口)全都出自这个煽动者的阴谋诡计。我殖民地被叛乱者们用作了出发点,或者军需基地。孙逸仙前几次在我殖民地上公然居留时,利用印度支那总督政府的宽宏大量,巧妙地秘密隐居河内而长期不为这个首都的警察局所知"[1]。许渭滨对孙中山革命事业捐助甚多,被法国殖民政府视同为了"奸商","我们还禁止孙逸仙踏上印度支那土地和驱逐叛乱分子的头目,甚至包括在河内的革命派串通的奸商"[2]。民国初建后,许渭滨担任了行政院咨议。二次革命期间,1913年9月,越南华侨组织"华侨救国联合会",派员到暹罗、新加坡、吉隆坡等地联络支持孙中山讨伐袁世凯[3]。孙中山逝世后,1925年5月9日,会安华侨在中华会馆举行隆重追悼会,是越南仅次于河内的追悼场所。1920年代,许渭滨因生意繁忙,遂召独子许镇安从潮州赴会安协理商务,以便经理潮州帮帮务,成为中圻和北圻各帮的侨领。许渭滨出任帮长和侨领,其重要职责之一与法国殖民者周旋,争取降低人头税、土产税、营业税等负担。

　　1926年1月20日,国民党会安分部成立,参与者有陈三中、许文坤、孙昌琦、蔡秀岩、沈维清、潘镜泉、蔡乃霖、韩寿臣、黄蔼如、叶启明、蔡光簪、许本川。对照碑刻中的五大商帮群体名单,不少人是商帮帮长或商界精英。如叶启明(字友明,1887—1942)祖籍丰顺汤坑,其父到会安谋生,与当地明乡女子结婚,育有三子一女。叶启明创办叶同源号,经营中成药、中国陶瓷、

　　① 章开沅、罗福惠、严昌洪主编:《辛亥革命史资料新编》第七卷,武汉:湖北人民出版社,2006年,第341~342页。

　　② 章开沅、罗福惠、严昌洪主编:《辛亥革命史资料新编》第七卷,武汉:湖北人民出版社,2006年,第115页。

　　③ 中国国民党中央委员会第三组编:《中国国民党在海外——各地党部史料初稿汇编》(下),台北:海外出版社,1960年,第215页。

丝绸等物品。其妻许碧莲，为潮州澄海籍人，其兄许文茂，担任潮州帮帮长。国民党海外党部与商帮会馆的重叠度相当高，国民党人自己也宣称，"海外党部一方面是本党在海外的组织，同时又是海外侨胞的组织"①。可以这么说，海外支部本身就是特殊的华侨社团，它必然与华侨社会的组织网络有所交叉叠加，当然也会赋予新的内容。国民党海外党部成立之后，"双十"节的国庆就成为政治生活的重要内容。法国殖民政府担心华侨集会影响其统治，采取了种种限制性措施，规定"华人在越南不得有爱国运动，并不得进行国庆国耻等纪念"，但华人仍在"双十节"进行庆祝集会，"法政府文武官及全营手持铁链，全副武装，蹑华人之后"②。1927年12月，法国殖民政府以违反禁令领导学生进行双十节国庆游行为名，将会安兴华学校校长袁传霖和教员罗允本驱逐出境。尽管如此，国民党会安分部仍持续活动，1928年2月，召开中国国民党党部会安分部第二届执监委员会会议，参与者有韩寿臣、潘镜泉、符松、罗宝祥、孙昌琦、蔡乃霖、黄蔼如、许文坤、陈三中、许憾予、沈维清、蔡光簪、许本川、叶启明、罗允壮、罗允本、李仲珣等。会安党部归属开始由河内支部管辖，后归安南总支直属，而后又归河内支部③。1933年，国民党第四届中央执行委员会第四次全体会议上，中央组织委员会工作报告叙及越南的党务工作，也可见其中概况，"越南党务包括安南总支部及高棉、河内、海防三直属支部而言。安南总支部有支部十，分部四十三，直属分部一。高棉直属支部辖有分部十八，直属区分部一。河内直属支部辖有分部九。海防直属支部辖有分部十一，直属区分部一。各该党部所在地，虽同在法人统治与监视之下，惟尚有殖民地与保护地之分，故党的活动亦因之而异"④。

---

① 中国国民党中央委员会第三组编：《中国国民党海外党务现状》，台北：海外出版社，1952年，第3页。

② 《苦哉越南华侨》，《新国民日报》1927年1月17日。

③ 《国民党第三届中央执行委员会第二次全体会议中央组执行委员会工作报告》，曹必宏主编：《中国国民党历次全国代表大会暨中央全会文献汇编》第5册，北京：九州出版社，2012年，第431页。

④ 《国民党第四届中央执行委员会第四次全体会议中央组织委员会工作报告》，曹必宏主编：《中国国民党历次全国代表大会暨中央全会文献汇编》第12册，北京：九州出版社，2012年，第175页。

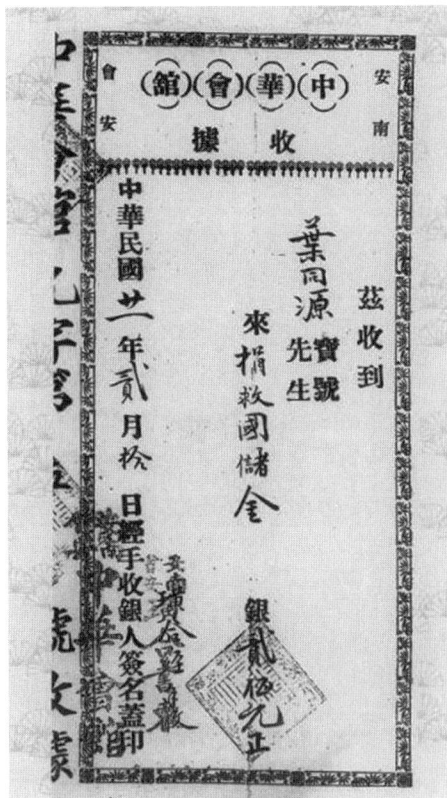

图 2-5　叶同源号收据

图 2-6　会安华人抗日捐款漫画

表 2-22　旅越会安华侨青年团理事会

1938 年第一届	1939 年第二届
谢景湖、陈志谦、叶传华、罗允正、叶传莘、余昌琦	谢福康、叶传华、罗允宽、叶传莘、蔡致平、关汝流、罗允正、谢景湖

　　"九一八"事变之后,许渭滨领导会安侨商开始号召抵制日货。1932年,璜合商行成为中华会馆向华商铺户募集"救国储金"的经手机构。现存一份 1932 年 2 月 10 日出具给叶同源号的收据即为例证。

　　1937 年,日本发动卢沟桥事变而全面侵华之后,会安华侨率先成立越南中区华侨抗日救国总会、华侨救国妇女会等组织。理事会成员有叶传蓉、陈淑和、王兰香、王妙香、陈玉洁、陈淑娟、吕丽蓉、潘爱珍、叶传参、叶翠玉、沈世茵。许渭滨被选为抗日救国会副会长兼理财政,亲自撰文揭露日军侵略罪行。会安华侨商帮开展各种抗日救亡运动，除了踊跃捐款外，华侨青年在叶同源号叶传英(叶启明长子)的组织下，1938年8月8日成立"旅越会安华侨青年团"，会安客家帮帮长叶传英(祖籍丰顺)担任会长(后来改为理事长)，团部设在中华会馆。国民党海外部第二处处长李朴生来会安视察时，对青年华侨的抗日热情有描述，"我们到过会安，会安这个地方不大。但青年的思想却够进步，有组织。那些土生女子，已不懂中国话，也组织话剧团、歌咏队来替祖国筹捐，这是第一次听见的。至今，会安的党务基础还没有受到风暴所摧毁，这是会安负责同志极难得的贡献！"①1939年，会安华侨青年团扩大组织，先后在顺化、三岐设立分支机构，在茶蓬山、茶眉山等地设立办事处，规模逐步扩大。旅越会安华侨青年团部分成员回国读书、参军。或接受敌后工作训练返回越南参与情报工作。

1940年8月，日本公布《基本国策纲要》，鼓吹建立"大东亚共荣圈"，开始了武装侵略东南亚的计划，其首要目标是控制法属印度支那。此时，法国已向德国投降，维希政府掌权，于是日本与法国签订了多项军事协议。1941年7月，日本与法属印支当局签订《日法共同防卫印支议定书》，完全占领越南。此后，日军强迫华侨成立伪"参战后援会"，作为战争机器的附庸，以战养战。许渭滨与许镇安父子拒绝参与，被列为要犯通缉。1943年清明节，日军在会安大肆逮捕会安华侨领袖，被捕者有叶传英、李仲珣、严汉书、潘镜泉、叶启智、李琰珍、许镇安、郑幹、叶文卓、李康、许文彬、岑文祥、蔡景山、蔡实古、许文茂、陈万荣、蔡石、吴载庆、黄肇英、蔡光笙、罗贤、陈瞬贵、孙盛江。其后，许文茂(祖籍澄海，潮州帮帮长、抗日救国总会常务监事)、李仲珣(祖籍潮阳，国民党会安直属支部秘书)、叶传英等各帮精英先后殉难。潘镜泉(海南帮帮长)、罗汉书(广东帮帮长)、郑幹(中华会馆书记)被押解到河内日军宪兵总部②。

1944年冬，日军再次在会安、岘港、顺化等地搜捕地下抗日人员，华侨青年团的罗允正(祖籍东莞)、谢福康(祖籍顺德)、甘炳培(祖籍中山)、程贻训(祖籍南海)、郑燕昌(祖籍中山)、蔡文礼(祖籍中山)、梁星标(祖籍东莞)、林秉衡(祖籍中山)、王青松(祖籍晋江)、林建中(祖籍闽侯)十人被押赴岘港

---

① 李朴生：《越南工作纪要》，《我不识字的母亲》，北京：传记文学杂志社，1978年，第84页。

② 越南会安华侨抗日与十三烈士纪念画册策划组编著：《越南会安华侨抗日与十三烈士纪念画册》，生活文化基金会有限公司，2015年，第58页。

福祥山麓斩首坑埋。1945年9月，日军投降后，会安华侨将十人遗骸移葬于会安清明亭，与前三位侨领一起建立了"越南中部抗日殉国十三烈士纪念碑"①。1946年11月，题写碑文如下：

> 慨自虾夷肆虐，神州板荡，倭寇逞凶，民族荼苦。暴敌之谋我，发端于九一八沈阳事变，而爆起于七七卢沟桥烽火。草薙禽狝，杀人盈野，实为五胡乱华以后历史所未有之奇耻大辱！终以吾人秉先哲之遗训，凛兴亡之有责，宁为玉碎，不为瓦全，发动长期抗战，卒使暴敌气馁，泥足愈陷，于民国廿九年秋，越趄进占越南，铁蹄所至，市井骚然。我侨胞皆抱同仇敌忾之心，乃潜伏敌后，探索军机，激励侨众，效忠祖国，致遭驻岘日酋之忌，遂于民国卅三年四月五日，大举逮捕会安华侨爱国分子，是役被害者三人。至民国卅四年一月廿九日，复有逮捕会安、岘港、顺化三埠之敌后工作同志，暨爱国侨胞廿余人，除受严刑陆续释放外，仍有郑燕昌、程贻训、谢福康、梁星标、林秉衡、王青松、蔡文礼、甘炳培、罗允正、林建中等十人，惨遭日寇杀害，死事之烈，足与颜常山、张睢阳相媲美。时在民国卅四年四月一日也。呜呼！日寇之凶残，宁有人理？多行不义，适自促其溃崩而已。旋于八月十五日向我投降，河山光复，公理昌明。九月，国军入越，过岘受降，乃严鞫日本战犯，始获诸烈士遗骸于福祥山畔；同侨等以诸烈士功在国家，理宜发潜阐幽，以安先灵，乃集资董理，重新衾殓，设奠招魂，改葬于会安清明亭右。举殡之日，长官执绋，万众临穴，非仅以告慰诸烈士在天之灵，亦亦彰我中华民族数千年来之浩然正气也！呜呼！逝者如斯，竟成千古，人如可作，重订三生。用岳有灵，永获同心之石，乾坤不改，长留忠毅之魂。②

纪念碑文以"旅越中圻华侨同人"名义而立，气势磅礴，强调的是"彰我中华民族数千年来之浩然正气"。1949年7月，蒋介石为"会安抗日十烈士纪念"，即以此为要点，题写了"民族正气"四字。

在地方社会的场域内，立碑需要得到公众认同，具有权力象征意义，因此选择的立碑地点往往是社区中心。如赵世瑜教授论及的，"它所记载的是

---

① 许文茂、叶传英的遗体由家属领回安葬在私家墓园。李仲殉安葬在清明亭之前坪右衡。其余则分列合葬，故有"十烈士墓"之称。

② 转见张文和：《越南华侨史话》，台北：黎明文化事业股份有限公司，1975年，第99～100页。

普遍承认的行为规范，可以反映特定时代特定人群的心态"①。系统化的碑铭资料就是完整的社区档案，科大卫教授曾说："碑记便是乡村档案（庙宇和祠堂就是乡间的档案局）。在乡间，建立庙宇、祠堂并不单单只有宗教意义。庙宇和祠堂的创建，都是地方上的公开的声明。"②因此他提出："要想推动历史研究的进步，从碑刻中发掘新史料是一个非常重要的途径。历史研究必须从材料出发，因此其意义不仅在于提供更多的研究内容，而且也可以引发方法论意义上的革命。"③所谓"方法论"的革命除了强调"田野与文献"的解读路径之外，还在于凸显碑刻资料利用的系统性。系统性碑刻的历史价值如马健雄研究滇西坝子社会时指出的，"如果我们将同一社会体系中的所有碑文都放到一起，就像《大理凤仪古碑文集》这样，以村落、城镇为单位，从某个区域空间中社群共同体的整体观点来解读这些碑文，同时将碑文看作是出于同样的社会历史脉络中地方社群对社会生活的文本化诠释，那么我们看待社会文化变迁的历史纵深，便可以更加深入细致地了解同一时代不同碑刻所代表的社会力量之间的关系，也可以更能够深入理解不同时代同一地方群体所面临的历史动态"④。

会安碑铭作为体现会安华人社区生活的基本文类，主要保存在诸如庙宇、会馆、乡亭等地，保存得相对完整。碑刻记载了会安华人从事建庙塑神、修庙造像、修桥建亭等公共事务的起因与后果，也保留了主事者、参与者、捐赀者名单，充分显示了碑铭资料在反映社区群体的公共生活的文献功能。

在会安华人社区的形成过程中，建立神庙是早期移民满足心灵需求的首要选择，在神圣空间中举行仪式活动成为社区交往的重要渠道。也就是说，社区共同体通过神庙庆典而建构秩序，以实现社会整合与控制，由此形成社区认同，根据相关资料可知会安华人依托祠庙开展各种传统节日庆祝以及神佛祭祀典礼活动。

---

① 赵世瑜、科大卫等：《碑刻——正在消失的历史档案》，《光明日报》2002年1月24日
② 科大卫：《记录碑刻，收集文书，编纂地方史——贺饶宗颐教授八十华诞》，潮汕历史文化研究中心、汕头大学潮汕文化研究中心编：《潮学研究》第5辑，汕头：汕头大学出版社，1996年，第51页。
③ 赵世瑜、科大卫等：《碑刻——正在消失的历史档案》，《光明日报》2002年1月24日。
④ 马健雄：《从碑刻看明清以来滇西赵州坝子的社会重建》，郑振满主编：《碑铭研究》，北京：社会科学文献出版社，2014年，第183页。

表 2-23　会安华人的庙宇与信仰情况表

序号	建筑名称	主要神明	建立时间
1	关公庙（澄汉宫、协天宫）	关公,关平,周昌	17 世纪
2	观音堂（广安寺、万寿亭）	观音菩萨	17 世纪
3	来远桥（桥寺）	玄天北帝镇武	17 世纪
4	锦霞宫	保生大帝,36 位天罗神将	17 世纪
5	海平宫	天后,12 位母娘	17 世纪
6	萃先堂（明乡先贤）	天后,保生大帝,本头翁,慧洪大师,乡官职员	1820 年
7	羲和庙	天衣阿娜,红娘,五行娘娘	18 世纪
8	清明寺	阴灵	19 世纪
9	义祠（阴魂祠）	阴灵,寄祀人	1829 年
10	五行庙（胜和普）	五行仙娘	18 世纪
11	明乡文圣庙	孔子,四配,先儒,孔子双亲	1868 年
12	信义祠（信善族）	阴灵	1906 年

通过对上述会安宫庙的华文碑铭分析可以看出,会安华人信仰形成过程具有多元形态。一方面,源自华南地区的儒释道和民间信仰随着华人浮海过洋,成为会安华人社区的多神崇拜信仰的文化基础;另一方面,随着华人群体定居本地与土著居民之间的文化区别也逐渐消解,如明乡人采取以"亭"为中心的聚落聚居的习惯,建立祭祀十大老与三大家为中心的萃先堂。"亭"则是越南自古以来就存在的传统聚落集会中心设施,可见明乡人祖先虽有明代遗臣意识,但经过了两百年的发展,其后裔融入越南社会。

通过碑铭也可以看到不同时期进入会安的华人的不同历史演变轨迹。拨入明乡社成为编户齐民后,明乡人享有了应试科举和担任官职的权利,并豁免劳役、兵役等有优待政策。他们就此筹建文圣庙、文昌祠等宫庙建筑,使其成为祭祀孔子和文昌帝君以及各位先儒、先哲的仪式场所,彪炳自己的文化地位,对乡民展开儒家教化,依此参与地方事务,明乡社人建立了有别于土著与清商的村社管理制度。

会安华人的生计以工商业为主,随着清朝取消海禁政策,海外贸易出现兴盛局面后,华商源源不断来到会安,被称为"清商"或"清人"。他们不仅参与了地方政府、明乡社的社区事务，而且捐资建造各种宫庙与地方设施，诸多碑铭留有他们的踪迹，显示出不同人群在社区事务上的合作和互动关系。不过，在越南政府的身份制度之下，清商又保持相对独立，因此他们建立带有自治性质的"洋商会馆理事会"，功能在于管理商船和商人，同时承担阮氏政府授予的部分自我管理权。进入法国殖民统治阶段后，在分而治之的政策之下，他们又被按照地域组织帮群，以此成为华人自治管理的主要机构。

第三章

谱牒文献与家族形态

家庭是社会的细胞,生命繁衍和代际更替导致家庭的扩大与分化,于是逐渐出现家族组织,家族的不断扩大分支,使部分族众不断从祖居地迁居他处,产生新的宗族支派,开枝散叶,形成一个共同祖先之下的诸多处于下位的房、家之类的支系。单个支系或多个同姓支系构建共同祖先,彼此供奉远祖,形成"百海朝宗"的文化现象。不过,家族的发展形态极为复杂,分中有合,合中有分,记录、编纂同一家族的世系关系及其事迹的谱牒文献成为维系家族形态、凝聚宗族势力和保持宗族认同的重要依据。在中国民间文献系统中,谱牒文献是一种基本文类,家谱格式多样,名称如家谱、合谱、房谱、支谱、通谱、统谱、坟谱、祠谱、家史、家志、家典、家乘、祭簿、家牒、宗簿、宗志、世家、世系、世录、世谱、行谱、世牒、谱图、人丁册、玉牒、帝系、祖谱、血脉谱、联宗谱、会谱、统宗谱、会通谱、总谱、源流、渊源录、先德传、清芬录等。总而言之,谱牒是家族的历史档案,主要记录家族迁徙、发展的事迹。

一般而言,中国的"近世宗谱"内容有:(1)"序例",有序文、凡例、目录等项。其中序文会交代修谱缘由、经过等内容。凡例则阐明修谱的原则和体例。(2)"谱系",记载族姓源流、世系图表、郡望派别和居徙始末。其中世系为最重要内容,以明确存世族人之间的关系。(3)"族规"、"族训",出于家族自治目的而制订的约束和教化族人的家族法规,名称较多。如家法、家约、家戒、家范、族约、祠规等等,同时也包括财产继承、婚姻纠纷、禁止盗赌等规定。(4)"恩荣",备述受命制诰、科举中式以及耆寿、贞妇烈女等人物。(5)"祠宇"、"冢墓",对祠堂的修建历史、规模及其地理位置予以详细记载,尤其突出其中的风水内容,"冢墓"记祖先坟茔所在及各支派墓地分布(多附图记)及祭祀规定。(6)"家传",收录族中成员的传记资料和"言行可书"者的历史,如行状、志略、寿序、年谱、墓志。(7)"艺文",收录族人著述,书画、著述要目等。（8）族产及契约文书，包括祭田、山林、义庄、庙产及店铺，等等①。

　　日本学者多贺秋五郎曾关注中国族谱形制在空间上的扩散，认为"近世宗谱"存在作为儒家礼法制度的产物，它随着中心人口的向周边流动而发生了传播迹象，并最终改造周边人群的文化观念②。如果将此命题转换到中国与周边地区的关系，也有类似现象。越南受到中国文化影响，也形成了修撰家谱的习俗，现存越南谱数量甚巨③。除了越南本土学者外，也有不少日本学者对越南谱牒展开较为深入研究，如末成道南的《越南的家谱》（《东京大学东洋文化研究所纪要》第 127 册，1995 年 3 月）、宫泽千寻（Miyazwa Chihiro）的《越南北部的父系继嗣·外族·同姓结合》（[日]吉田和男等编：《血缘的再构造》，东京：风响社，2000 年）和《越南北部父系家家族集团的一个事例——儒家的规范和实际状况》（《越南的社会与文化》1999 年第 1 号）、嶋尾稔的《十九世纪—二十世纪初期北越村落中的族类结合再编》（[日]吉田和男等编：《血缘的再构造》，东京：风响社，2000 年）等。而华人在移居过程中，也常以编纂家谱方式以构建流动过程中的文化认同。海外华人谱牒一方面是华人在历史过程的产物，是家族历史的真实记载，也是整个社会历史的写照，另一方面作为具有文化象征意义的文字载体，通过塑造

---

　　① 学界对中国族谱的内容分类有多种认识，如牧野巽分为 18 项，多贺秋五郎分为 13 项，冯尔康分为 17 项。[日]牧野巽：《明清族谱研究序说》，《东方学报》第 6 册，1936 年；[日]多贺秋五郎：《宗谱之研究》第一部，《解说·宗谱的内容》，1960 年；冯尔康：《清史史料学》第七章，《谱牒史料》，台北：台湾商务印书馆，1993 年。

　　② 熊远报：《多贺秋五郎的中国宗谱问题研究》，《中国社会经济史研究》1994 年第 4 期。

　　③ 王小盾记录越南汉文家谱：《陈族家谱》（1533 年）、《云葛黎家玉谱》（1623 年）、《钵场社阮族家谱实录》（1686 年）、《金山家谱》（1691 年）、《拜恩阮族家谱》（1705 年）、《谭氏家稽》（1718 年）、《东塗社范氏谱系》（1718 年）、《海贝武公族谱》（1720 年）、《穆泽汝族谱》（1745 年）、《杜族谱记》（1752 年）、《来月阮氏家谱》（1754 年）、《黎族家庙新谱》（1780 年），另有《先田阮阮家世系》《越安潘家世谱》《威远阮家世谱》《贝溪状元家谱》（谱主为 1442 年状元阮直）、《大南京北镇乐道社杨氏世谱》（谱主为 1547 年状元杨福司）、《安郎尚书公家谱》（谱主为 1598 年状元阮维时）。见王小盾：《越南访书札记》，四川大学中文系《新国学》编辑委员会编：《新国学》第三卷。牛军凯也记录有多种越南汉喃研究院所藏汉文族谱，李文馥：《李氏家谱》、《大南京北镇乐道社杨氏家谱》、《阮族家谱实录》、《青池盛烈大宗裴氏家谱》、《丁族家谱》、《邓家谱记续编》、《黄家谱记》、《胡家合族谱》、《吴家世谱》、《河静德寿裴舍梁家世谱》、《杨族家谱》、《海贝武公族谱》、《郑家世谱》、《沈家世谱》。见牛军凯：《王室后裔与叛乱者：越南鄭氏家庭与中国关系研究》，广州：世界图书出版公司，2012 年，第 304 页。

历史记忆,构建着华人对家族辉煌和故土追忆。越南华人族谱尤为明显,学界很早关注了越南华人族谱并展开讨论,其中以明乡人族谱为主而进行的研究较为深入。如陈荆和先生在 1960 年代到越南顺化大学讲学,结识当地明乡社陈氏十世孙陈元烁,并利用其编撰的《承天明乡社陈氏正谱》开展整理、编辑、研究工作[①];张秀民先生曾就河仙鄚氏家谱开展了研究[②]。陈益源随着会安港贸易的发展,华人群体定居之后,家族逐渐演变成为华人社会的重要组织,祠堂、族谱、族产成为会安华人宗族活动的支撑,以维系以祖先崇拜为核心的社会运行机制。会安华人家谱普遍使用汉字编撰家谱,类型多样,涉及政治、经济、历史、文化、教育等各个领域。大略而言,主要内容是序、例、规训、世系(图、录)、传记、祠堂、坟墓等,直接反映了个体、家庭、家族在会安的具体活动。本章分析会安华人家谱的多种形态和丰富内容,并将其与越南族谱进行比较研究,讨论宗族组织与祖先崇拜,华人家谱的形制与内容,家谱资料展现的华人日常生活,以及家谱中的婚姻与女性等问题。

第一节　宗族组织与祖先祭拜

一、越南家族的祖先祭拜

越南传统观念认为,人死但灵魂不灭,祖先灵魂经常回家接近家族后裔,并在需要时会帮助他们。越南的家祖崇拜以尊崇祖先亡灵为基础,认为家祖有能力保佑儿孙,如陈达在西贡等地观察到的,"一般的土人祀祖先"[③]。阴间与阳世的生活是相同的,需要供养与祭祀,成为家庭保护神。祖先崇拜与家族主义成为越南人社会文化秩序的核心观念之一,越南人也把本民族祭拜祖先、敬祀祖先的形式称为"父母教",可见其在信仰体系中的重要地位。陶维英也指出,"在我国社会,个人淹没在家族之中,所有的伦理

---

①　陈荆和:《承田明乡社陈氏正谱》,香港中文大学新亚研究所,1964 年。

②　张秀民:《河仙镇协镇鄚氏家谱的作者问题》,《中国东南亚研究会通讯》1994 年第 2~3 期。

③　陈达:《浪迹十年之行旅记闻》,北京:商务印书馆,2013 年,第 149 页。

道德、文宪制度、政治法律都以家族主义为本"①。而社会功能而言，也如陈奕麟分析华南汉人族谱的看法，祭祀祖先，"使同气的人经过共同的祭拜行为而增强相互的情感和同质性"②。

越南的家族祭拜与本土文化关系密切，但在中国文化的影响下，在礼仪制度上具有儒家化的特征，其中接受朱子家礼的改造最为显著。朱子学在陈朝、胡朝至属明时期的逐渐传播，为其成为国家意识心形态的奠定基础。后黎朝的黎圣宗将朱子学伦理道德视为齐家治国的原则，用以建构家庭、乡里乃至整个社会关系，旨在建立以朱子学为理想的儒教国家。日本学者牧野巽认为，"朱子学具有不同于汉唐训诂学的清新的精神力量，给朝鲜、安南的族制带来很大的影响，并使之焕然一新"③。朱子学对近世家族制度产生重大改造作用的文本是《朱子家礼》，这是一部有关家族的冠婚丧祭仪礼的实用手册，它针对人群是士人和庶人，在中国的家族礼仪制度转型中具有划时代意义。

后黎朝在推崇朱子学之际，《朱子家礼》的礼仪标准通过行政教化和科举取士的力量而逐渐推广成为民间习俗。《朱子家礼》的思想内容影响了近世越南家族制度，犹如亚历山大·伍德赛德（Alexander Woodside）指出的，家族形式"更倾向于沿用宋代《朱子家礼》这样的后期的规范"④。17世纪前半期，越南士大夫学习《朱子家礼》，但有所变通，不墨守成规。他们自行编撰刊行了《胡尚书家礼》和《捷径家礼》等礼书。胡嘉宾在18世纪前半叶则以汉文和喃文并用的体例编撰《寿梅家礼》，该书内容重要关涉丧礼。日本学者嶋尾稔指出："17世纪—19世纪的越南知识阶层，有致力于将儒家仪礼普及到民间的倾向。此书即是表明此倾向的代表性事例之一。自初版问世至18世纪末沦为殖民地以后的很长时间内，由多家书坊陆续出版。"⑤末成

---

① ［越］陶维英：《越南文化史纲》，胡志明市出版社，1992年，第322页。

② 陈奕麟：《由"土著观点"探讨汉人亲属关系和组织》，《"中央研究院"民族学研究所集刊》1996年第81期。

③ ［日］牧野巽：《东洋的族制与朱子家礼》，《牧野巽著作集》第3卷，御茶水书房，1980年，第38页。

④ Alexander Woodside, *Vietnam and the Chinese Model*, Cambridge：Harvard University Press, 1971, p.41.

⑤ ［日］嶋尾稔：《〈寿梅家礼〉に関する基礎の考察》，《慶應義塾言語文化研究所紀要》第37号，2006年，第141页。

道男以田野与文献相结合的方式进一步确认了《家礼》在民间的流传形态，"(该书)是随着 19 世纪阮朝的儒学奖励政策，从而在乡村一级得以普及的类书中的畅销书。该书采用夹杂喃字的汉文书写，现在还出版了国语版"①。从礼仪实践角度而言，《朱子家礼》在越南民间具有变通性展开的多元面向。比如河东省环龙县金莲总中寺村的《阮氏家谱》在论述始祖祭礼时说：

> 我阮之先未有考，相传是清化宋山嘉苗外庄而来奉天府。吾族长支侍郎类庵公著谱，书始正善公，配邓氏，一行，号惠安。公八月二十日忌日，夫人二月初五忌日。注云：按此，年代久远，名讳墓所不得其详。按《朱子家礼》：始祖，始迁及初有封爵者为始祖。吾族入寿昌之东作，至国朝之嗣德十八年已四百年余，上祖清闲公诰授辅国上将军、领定勋卫军、爵安美男，显有封爵，当为我阮衣冠之始，今修谱以始祖系公。而公乃正善公之子。本族春祭当及始祖之所自出，则书正善公考妣于纸牌祭告，略采禘礼之意推行之，庶乎其可。

文中所引《家礼》之语并非朱熹所论，而是明代丘濬的表述。他在撰于成化二十三年(1487 年)的《大学衍义补》中指出，"《礼经》别子法，是乃三代封建诸侯之制，而为诸侯庶子设也，与今人家不相合。今以人家始迁及初有封爵仕宦起家者为始祖，以准古之别子"②。这番言辞从理论上提出了把始迁祖与第一个当官的祖先认定为始祖，并认定嫡系子孙为大宗，这种看法被视为庶民宗族发展的内在需求，是"变通主义"的新宗法思想，因此明代人就已指出："近世琼山先生乃变通其制，而以始迁及初有封爵者为始祖，以准古之别子，又以始祖之嫡子准古继别之宗，使凡天下士庶者皆得为其制。虽非古，然实得夫沿革之宜而不失夫古人之意，所谓得其意而不胶其迹者也。"③由此可见，《朱子家礼》的礼仪标准在越南逐渐推广成为民间习俗过程中，明代中叶之后的丘濬等人的新宗法也不容忽视，正如《嘉定通志》所云："丧祭有能习文公家礼、丘氏仪节行于其间"④。

---

① ［日］末成道男：《ベトナムの祖先祭祀：潮曲の社会生活》，东京：风响社，1998 年，第 399 页。

② (明)丘濬：《大学衍义补》卷五十二，《治国平天下之要》。

③ (明)汪禔：《檗庵集》卷下，《宗法议》，《四库全书存目丛书》别集第 146 册，第 352 页。

④ ［越］郑怀德：《嘉定通志》卷四，《风俗志》。

为了维系祖先祭拜，越南家族设有专门田产。这种公共财产按照寺院祀田的称法，被谓为"香火田"。后黎朝仿照中国制度编纂的第一部完整的成文法典——《洪德法典》，也称《洪德律例》，对"香火田"提留有较为明确规定："父母量其年老遗立嘱书，为族长者均其多寡造立嘱书。其香火，例二十分之一。而父为长族，以父前项香火等处田土，仆人、众人各分，每分得分若干亩，始量取香火二十分之一。孙为长族亦如之。然其间人多田少，其香火分，本族从便相分，一皆顺意，无有相争者，亦许随宜"。而后光绍二年（1518年）的法令则规定了监管"香火田"的人员序列，"监守香火，用长男、长孙。无长男，则用次男、季男之男子、男孙。无者，则用长女。其田土听取二十分之一为香火"。随之，《黎朝刑律》的第399、400条则是关于"香火田"的变卖、回赎规定，"家境贫苦，亦不得违法变卖香火田，被举发者获不孝罪。若香火田为族人所购，则购田款罚没。若为外族人所购，则卖者可以赎回，购者不得强留"。一些越南家谱比较详细记载不同时期祖先存留的祭田，现摘录编撰于1936年的《阮堂家谱》为例：

（五世）敦敏、慈淑二忌腊一节，各置田一亩，交与三支轮耕作忌，具有嘱书为照。

（六世）自信，号敦和，寄田一亩三支耕供，具有嘱书，且寄田一亩，后在本里。自羝，寄田交与三支耕供，附祀在长家阮子敬。

福忠公，以肥田一亩，后在本里，递年忌日，本里行礼，递至祠堂告忌。[①]

越南的祭祀祖先分为家祭和族祭等不同形式，"有的姓氏没有宗祠，就建一个露天祭坛，树一石碑，上刻祖先谥号，到时就来这里祭祖。有的宗族建祠堂后，让宗长男世代守住香火，宗长绝嗣才传给次宗。有的是子孙轮流在自己家里祭祖"[②]。家祭以家庭为单位举行，不同经济条件的家庭形式不一。有的家庭专设房间而成为家祠，有的家庭则是在家中设立供桌，成为祭祀专区。有的家庭则以一块木板架在墙上。如今的越南民居中，家祭空间仍十分重要，客厅供桌正中摆着已经过世的直系亲人照片，代表这是祖先的灵位，平时照片是用红色的布遮盖起来的，祖先祭日或者逢年过节，才掀开

---

① 藏于越南国家图书馆，见附录二，附图2-1。

② ［越］阮鸿峰著：《越南村社》，梁红奋译，昆明：云南省东南亚研究所，1983年，第65页。

这块红布,请祖先灵魂回来享用祭品①。长子家里的牌位一般为四代祖先,即高、曾、祖、考。据记载,牌位长约一米,中间是汉字刻写的姓名、职位,右边是出生日期,左边是逝世日期,牌位用盒子包装,祭祀时间才打开。祭祀到第五代时,最老一代被拿掉,谓"五代埋神主"②。

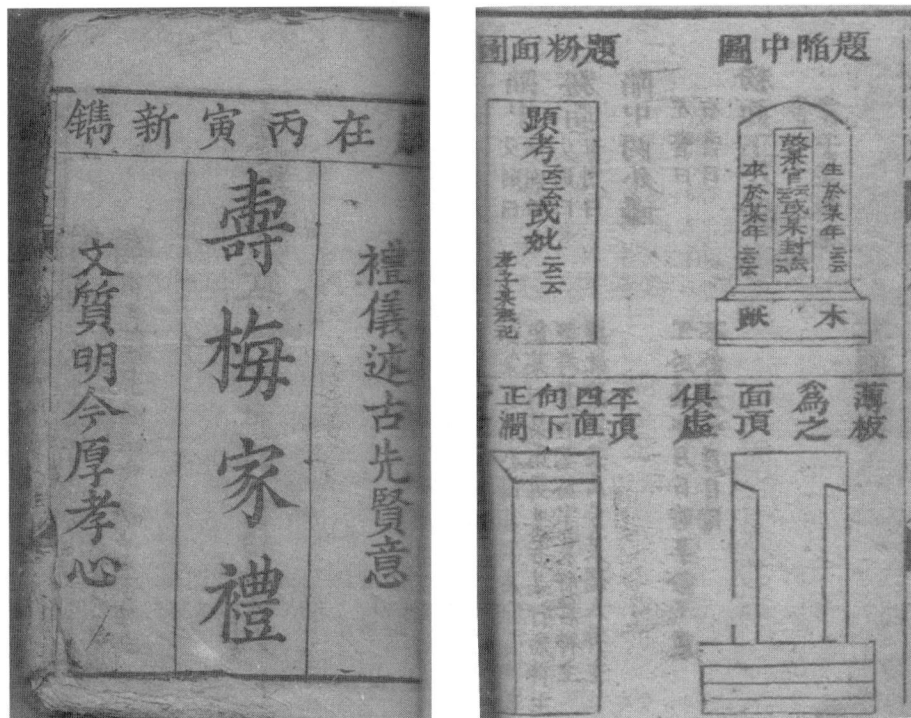

图 3-1　嗣德十九年福平学文堂刊本《寿梅家礼》中的牌位形制

越南人祭祖活动较为频繁,一般在祖先忌日、节日(春节、元宵节、清明节、端午节、中元节、中秋节、新稻节、灶君节等)及每月的初一和十五。其中大型节日如春节来临之际,家中祭坛需要重新布置,保持香火缭绕,"整饬奉祀祖先之所,馨陈所有,以相夸示","元旦寅时初刻起,点香灯,进茶汤,礼拜于先祖","设肴馔致荐于先祖,日以早晚二候,如事生之礼。凡果品糖饼一

①　转见吴云霞:《文化传承的隐形力量:越南的妇女生活与女神信仰》,广州:暨南大学出版社,2012 年,第 44 页。

②　[越]阮科世仁:《民间奉祖习俗》,过伟主编:《越南传说故事与民俗风情》,南宁:广西人民出版社,1998 年,第 328 页。

切食物,悉盛铺陈"①。合家吃团圆饭时,家长不仅要带领族人祈祷,而且要将神龛中的牌位请到供桌上,周边围绕香炉、烛台及各类祭品。家中喜忧之事也需向祖先祈祷,诸如添丁、满月、升学、科举、结婚、建房、远行、生病、亡故、灾害等。在订婚和结婚的典礼中,祖先祭祀都是重要环节。法国学者Emile Trvemier在《安南人的家庭》中指出的,"婚礼完全是宗教仪式,这种仪式类似于祭祖仪式,他们要在供桌前拜祭祖先"②。根据吴云霞观察的一次订婚活动,男方父亲要在供桌上给祖先上香,有共同祖先和祖姑等。男方把聘礼送到女方之后,则要将槟榔等放在女方祖先的灵位前,然后敬香祈祷祖先答应婚事。结婚时,男方家庭早上就在供桌上敬香,覆盖在祖先照片上的红布被揭开,新郎的父母要反复祈祷以召唤祖先参加子孙喜事,同时向祖先祈祷整个大家庭的平安幸福。新郎到了女方后,也要在供桌前向女方祖先敬香,并摆上男方带来的供品。男女双方合掌祈祷,拜谢女方的祖先③。

二、明乡社群的祠堂合族

英国人类学家莫里斯·弗里德曼(Maurice Frecdma)认为,汉族的祖先分为家庭和宗族两个层次,四代之前的近祖在家中设立祭坛,四代以上的远祖成为祠堂牌位,由宗族来祭祀,成为"百世不迁之祖"。两者在功能上的差异在于,"宗族不是扩大了的家庭,宗族较高裂变单位举行的祖先崇拜与家庭内举行的祖先崇拜也有所区别。在家祭中,人们与他们在生活中熟知的逝者联系在一起,而且能够向他们贡献,使其在另一个世界中快乐。而祠堂中举行的祖先崇拜仪式基本上是集体的行为,社区的权利和地位之结构以仪式的方式表达出来"④。越南的祭祖活动也存在弗里德曼描述的二分形态。宗祠作为家族祭祖的场所,祭仪也比较隆重。比如始祖忌日,祠堂供桌放置始祖牌位,每个支系的全部长子必须到场,其他子孙则根据情况而祭

① ［越］郑怀德:《嘉定通志》卷四,《风俗志》。

② 转见吴云霞:《文化传承的隐形力量:越南的妇女生活与女神信仰》,广州:暨南大学出版社,2012 年,第 68 页。

③ 吴云霞:《文化传承的隐形力量:越南的妇女生活与女神信仰》,广州:暨南大学出版社,2012 年,第 67～76 页。

④ ［英］莫里斯·弗里德曼:《中国东南地区的宗族组织》,刘晓春译,上海:上海人民出版社,2000 年,第 114 页。

拜。祠堂既是祭祀祖先的神圣空间，也是族人认知、阐释和构建社会关系的关键环节，不少家族专门为此撰写"祠堂记"，或刻石立碑，刊印于族谱。士大夫家族尤为注重祠堂制度，如保存于越南国家图书馆的《江氏家谱》中的《江族祠堂记》即为一例：

> 绍治乙巳(1845 年)春，我江族祠堂成。祠以族名，取合族之义也。维我江世为吾乡茂族，有谱以来，十余世矣。我始祖神武卫尉德骈公始基之，我探花文忠郡公、我宪察刚直使君光大之。有大宗焉，有小宗焉，有德有功，其为不迁，一也。族旧有祠，分而祀之。然分祠限于近代，则远近之义不昭，小宗不统于大宗，则合族之义不著。斯义程子、朱子盖尝言之，节于礼，约于情，此吾族祠所由建也。祠三间，前为拜堂，五间翼以，籍屋于右，牲粢在焉。荫以瓦，砌以石，墙以砖，木不雕饰而坚，制不宏丽而肃。凡百需费，族人各视其力致之。其地则乙二支、乙四支香火故地也。
>
> 卫尉公为得姓之始，探花公为发族之始，宪察公为小宗之始，皆在礼之所祀也。推探花公之自出，亲所亲也。存宪察公之嫡派，长所长也。并于中间合位，示同尊也。奕世之后，以次附于祖，左昭右穆，明世次也。盖一祠之中而百代之亲咸在焉。呜呼！一本而殊支者，族也，异世而同神者，祠也。自其分者，观之若有远近亲疏之同，自其合者，观之则无远近亲疏之异。登斯堂者，所以尊祖敬宗，则知所以惇亲而睦族，范义田之所记，苏族亭之所叙，其攸在斯乎。
>
> 列先行状，备详世谱。岁辰享祀，另具条约。将原所立祠之意揭而碑之，以寿其传云。铭曰：十世以前，若有待而为之；百世之后，皆可得而知之。噫嘻！噫嘻！升斯堂者观斯碑。
>
> 皇朝嗣德二年己酉(1849 年)春正月穀旦
>
> 十世孙甲午科解元诰授奉议大夫都察院京畿道掌印监察御史江文显拜撰①

《江族祠堂记》的作者江文显为阮朝明命至嗣德时期重要文臣，他与邓明珍等在绍治六年(1846 年)上奏，要求在越南本土大规模刊刻《四书》、《五经》，以解决科举士人的课本短缺问题，为推广儒学汉籍在越南的流传有所贡献。江族祠堂修建于1845 年，此时正值江文显仕途腾达之际。在此情形

---

① 藏于越南国家图书馆，见附录二，附图 2-2。

之下，家族精英倡议敬宗收族，塑造认同符号，也是必然之举。正如江文显《江族祠堂记》明确阐明的，"祠以族名，取合族之意"，这是同姓群体有意识的构造行为。与纯粹的家祭相比，祠祭的社会性内容更为广泛，日本学者牧野巽分析中国的合族祠已有较为完善的论述，同样可以此观察越南宗祠：

> 当我们提到宗族的时候，往往会很容易地把它看作是和家族、村落等一起自然而然地发生的一种习惯性的东西，同时也容易忘记其中所具有的某种反映了人们的意志性的和主观努力方面的内容。但是当我们具体分析中国宗族的上层构造时，在那里所见到的，则是全体族人，特别是位于宗族领导层的人们有意识的、努力进行活动的产物。祠堂、族田、族谱，所有这些所谓物质性设施，其实都不是自然地或基于旧传统而形成的。[①]

会安明乡华人本身传承中国宗族传统，在越南家族理念的影响之下，修建祠堂和祭祀祖先自然成为普遍现象。阮朝是会安华人各族更兴起大兴土木、建造祠堂的主要阶段。祠堂是同族的人共同祭祀祖先的房屋建筑，各族祠堂一般有专人照看。据陈荆和先生统计，会安至少有 14 个宗族修建了本族祠堂，其中包括张、陈、刘、林、冯、周、黄、尤、邱、蔡、黎、朱、范、曾等，其中最早的是来自于漳州龙溪的林氏家族，祠堂匾额表明其建立于"大明天启辛酉年"（1621 年）[②]。

祠堂首先是华人个姓祭祀自己祖先、议决大事的重要场所，其后通过祭祀祖先，向族众灌输宗族团结、血亲相爱的观念，把家族团聚在一起。明乡人有独立完整、规模又大的家祠，包括龛室，用来供奉祖先神主，而大厅则用来集聚族众行礼。宽敞的厅堂是族长等族中要人进行议事的地方。会安明乡人祠堂规制视人口众寡和田产而定。宗族规模愈大，祠堂规模也愈宏大，体现了祠堂在族人心目中的地位。现存的大部分华人家族祠堂列表如表3-1。

---

① 转见钱杭：《血缘与地缘之间：中国历史上的联宗与联宗组织》，上海：上海社会科学院出版社，2001 年，第 44 页。

② 陈荆和：《会安历史》，王璐译，《海洋史研究》第 9 辑，北京：社会科学文献出版社，2016 年，第 154 页。

表 3-1　会安祠堂建筑

祠堂名称	地址	年　代	
		修建	重修
张族祠堂	会安市潘周贞街 69/1 号	1840	1916、2001
陈族祠堂	会安市黎利街 21 号		1954
林族祠堂	会安市陈富街 120 号	1621	1790
范族祠堂	会安市黎利街 58/9 号	1841	
范族祠堂	会安市陈富街 96 号	1818	
李族祠堂	会安市陈富街		

图 3-2　陈姓祠堂

图 3-3　李姓祠堂

图 3-4　张姓祠堂

宗法观念虽然是中国传统意识形态的主流思想，但从宗族实践而言，它具有变通性和适应度，也就是说，不同时代、不同地域的宗族具有不同的社会内涵。会安华人也同样如此，他们在不同的历史情境之下定居并建立祠堂，形成了"本地宗族"。在会安的商业街区中，多姓共处是必然必然局面。祠堂建造的目的不止是血缘整合，而要满足多姓共处所可能导致的混乱、冲突、妥协与合作，是地域整合的重要表现。宗族热衷于修建祠堂，虽然以共同祖先谱系强调各自的血缘传统，但是功能上接近于俱乐部，最终以地缘祖先崇拜超越血缘祖先崇拜。这种情形在中国的城市街区中也有存在，一般称为"合族祠"，它们往往由数县或数十县的同一姓氏合资捐建，每个地方宗族以"房"的名义参与。作为拟制式宗族形态，他们不会刻意强调血缘关系。闽粤地区存在大量的合族祠堂，是以合股方式成为松散型地域联盟。比如福建漳州的张、廖、简三姓大联宗，建立了三姓大祠堂，共祭三姓祖先，模糊了血缘关系。日本汉学界对中国华南地区大规模联宗祠（又可称为"合族祠"）的看法为："祠堂、族田、族谱，所有这些所谓物质性设施，其实都不是自然地或基于旧传统而形成的。即使有创设这些设施的习惯，也不可能仅仅根据习惯行动就足以取得成功。在这里，全体创设者的主观努力是必不可少的。……另外，也不是单纯地去维持宗族结合中的旧内容，而是重新搜寻在这之前已被遗忘了的族类关系。最明确地表现出这种有意识地和人为地努力的东西，显而易见这里所说的合族祠。可以说，合族祠纯粹是人有意识地和人为构成的产物。"①

在中国的传统社会环境下，合族祠以同姓合股形式出现居多。华人移居海外，除了采取宗亲会作为形式之外，也采取了多姓合族的形式来建立祠堂。萃先堂具备祭拜明乡社共同祖先的意蕴，该堂祀奉对确立明乡社与兴建明乡亭有功前人牌位，最早的魏、庄、吴、邵、许、伍等六姓的十大老及后继的冼国祥、吴廷公、张公三大家，并将明乡社历代的乡贤、乡官、乡老、乡长并列在木牌上。萃先堂挂有明乡诸族清单，共列有 115 个姓（见表 3-2）。

越南经过法国殖民者的文字改革后，传统书写方式已得到巨大改变。现列于萃先堂的明乡诸族姓氏以"汉字＋拉丁化拼音"的形态出现，以拉丁字母为序排列。在此情形之下，他们并不在意姓氏的汉字书写是否正确，重视的是姓氏的发音。比如将"柯"记为"珂"，"魏"记为"巍"，"锺"记为"终"，"焦"记为"僬"，"靳"记为"琴"，"廖"记为"寥"。另外，"秦"记为"晋"，可能是"秦晋之好"的讹变。"柴"记为"柒"，为字形相近的误写，出现两个"沈"姓，其中一个是"湛"的误写。萃先堂各姓牌位是明乡社合族祭祀的重点，出现如此之多的错写、讹写，从另一角度说明了明乡人的在地化"合族"过程中，中国原乡姓氏已经演化为文化象征符号。

———————

① ［日］牧野巽：《广东的合族祠和合族谱》，《牧野巽著作集》第六卷，《中国社会史诸问题》，御茶水书房，1980 年，第 284 页。

表 3-2　明乡诸族姓氏清单

序号	越南语	汉字	序号	越南语	汉字	序号	越南语	汉字	序号	越南语	汉字
1	An	安	30	Hoàng	黃	59	Nghiêm	嚴	88	Thân	申
2	Âu	歐	31	Hồ	胡	60	Ngũ	伍	89	Thiệu	邵
3	Bàng	龐	32	Hồng	洪	61	Nguy	巍(魏)	90	Thôi	崔
4	Bạch	白	33	Hứa	許	62	Nguyễn	阮	91	Thùy	水
5	Bành	彭	34	Kha	珂(柯)	63	Nhan	顏	92	Tiêu	僬(焦)
6	Bồ	蒲	35	Khổng	孔	64	Nhiêu	饒	93	Tô	蘇
7	Biện	卞	36	Khuất	屈	65	Nông	農	94	Tôn	孫
8	Bùi	裴	37	Khúc	曲	66	Ông	翁	95	Tống	宋
9	Cao	高	38	Khâu	邱	67	Phạm	範	96	Trang	莊
10	Cận	琴(靳)	39	Lâu	婁	68	Phan	潘	97	Trầm	沈(湛)
11	Chu	周	40	Kiều	喬	69	Phí	費	98	Trần	陳
12	Chung	終(鐘)	41	Kim	金	70	Phó	傅	99	Trâu	鄒
13	Địch	翟	42	La	羅	71	Phù	扶	100	Triệu	趙
14	Cung	宮	43	Lại	賴	72	Phùng	馮	101	Trình	程
15	Diệp	葉	44	Lâ	林	73	Quách	郭	102	Trịnh	鄭
16	Doãn	尹	45	Lê	黎	74	Quan	關	103	Trương	張
17	Dư	餘	46	Liêu	寥(廖)	75	Quản	管	104	Từ	徐
18	Dương	楊	47	Lứ	閭	76	Quảng	廣	105	Tưởng	蔣
19	Đàm	譚	48	Lữ	呂	77	Sài	柒(柴)	106	Ung	雍
20	Đào	陶	49	Lương	梁	78	Sầm	岑	107	Uông	汪
21	Đặng	鄧	50	Lưu	劉	79	Sử	史	108	Văn	文
22		寶	51	Li	酈	80	Tạ	謝	109	Vệ	衛
23	Đinh	丁	52	Lý	李	81	Tăng	曾	110	Vi	韋
24	Đoàn	段	53	Mai	梅	82	Tần	晉(秦)	111	Viên	袁
25	Đồng	童	54	Mao	茅	83	Táy	冼	112	Vũ/ Võ	武
26	Đỗ	杜	55	Mã	馬	84	Thạch	石	113	Vương	王
27	Đường	唐	56	Mạc	莫	85	Thái	蔡	114	Vưu	尤
28	Hà	何	57	Mẫn	閔	86	Thang	湯	115	Chu	朱
29	Hạ	賀	58	Ngô	吳	87	Thẩm	沈	116		

三、华人世系字辈与堂号

在中国的家族结构中,族人在家族中的地位及利益,在很大的程度上取决于他们在谱系中的血亲或者拟血亲的亲疏远近关系,其目的在于防止异姓乱宗、同姓冒族,紊乱血缘关系。凡从他姓过来的养子、义子、后妻携来之子、婿和入赘者均不得入谱,或虽入谱,但要在名下注明其身份、原姓,不准他们紊乱宗族的血缘关系。在宗族内生活的族人,即使开始为宗谱所记载,但后来成为不轨之徒等,也要从宗谱中除掉。如果成为僧侣、道士等仍给予记载。族人名字列进了家谱的世系图表,表示得到了家族的承认,取得了合法地位。族人不准入谱或去谱名,在人们的观念上认为是一种耻辱。族人根据族谱的排列名单可以享受宗族的权益,进而以宗族的荣誉和势力为背景来从事社会活动。正因为如此,世系与辈分成为显示族人在家族中的地位和权力的基础。如钱杭等先生指出的,"宗族要在社会上立足,就需要有明确的世系,和一个能被文化传统所认同的宗族的历史,这是宗族给予社会成员的用以证明其社会身份和社会权利的特殊资源。而当这一切由于时代和战火的掩埋变得模糊不清时,人们就仰仗本群体的力量来回忆、确认、澄清、补足,直至重造这些资源。这种努力当然并不都是有结果的,它可能使原先已经模糊不清的历史更加混乱和漏洞百出。然而,重要的不是这种'重造'可能会有多少真实性,而在于对宗族历史的'重造'行为本身就是有意义的。它表现了宗族对自身'合历史性'的高度重视"①。

字辈是家族传代的字凭,是族谱的重要组成。亚洲各国汉文族谱均具行辈命名的形式,是同一文化观念的产物,如白惇仁先生指出,"有总体上的类同,有并行的演化及个别歧异,自然也有很多是在同一文化圈内,因文化的传播而弘扬的"②。修谱时,入谱人名大多都要按字辈排列,同辈人为了体现宗族关系,区分一族众人之间的长幼、尊卑,通常在起名时需找一个共同用字。即在同一辈分的族人中名或字须用某个统一规定的单字起头或起名,再与其他单字结合成名或字,以示区别。不同辈分的共同用字排列起来

---

① 钱杭、谢维扬:《传统与转型:江西泰和农村宗族形态》,上海:上海社会科学院出版社,1995 年,第 94～95 页。

② 白惇仁:《东亚诸邦族谱行辈命名考》,《第二届亚洲族谱学术研讨会会议记录》,台北:台湾省文献馆,1986 年,第 281 页。

就形成了这个家族用以标明世系次第的字辈。

越南民众的姓名也实行字辈排行，与中国民众不同的是，其双名中第一个字不是表示辈分，比如"文"、"辉"、"贵"、"福"等用于男性，表示属于某一个家族，也有人取单名，没有表明叙谱的"中名"，但会采取偏旁叙谱的方式，如祖、儿、孙三代人的名字中第一个字相同或者以相同偏旁的字作为主名，具有父子连名或子孙连名的特征。比如郑阮纷争时期的郑氏家族，以含有"木"字偏旁体现宗族表征，郑检—郑松—郑桩—郑柞—郑根—郑橺—郑楹—郑森—郑楷。阮氏广南国的阮福源是第三代广南阮王，按庙号被后世称为阮熙宗，他上面的太祖阮潢及太祖上面的肇祖阮淦(ghn)，虽说都是单名，没有中间表辈分有叙谱字的"中名"形式，但其"寻"偏旁的"潢"与"淦"也是叙谱方式。熙宗阮福源当政后，把"阮福"定为国姓，即"阮福氏"，他之后的神宗阮福澜、太宗阮福濒、英宗阮福漆、显宗阮福洞、肃宗阮福澍、世宗阮福阔、睿宗阮福淳等，都以"氵"偏旁字为叙谱排辈的名字。

会安华人家族没有采取越南民众的叙谱方式，他们采取字派叙述谱来确定辈分。字派一般为七言、九言一句，每一字派又分别由两句或多句组成。从字辈的意思而言，大部分均为修身齐农，安民治国，吉祥安康，兴旺发达。如会安《许尊家谱》内载明后嗣辈分派语，"留传辈序诗一句十四字，后世遵承以明世次。诗句：献呈成志克玉珠，允守惇良彰厚泽"[①]。其中"献"即前文已有论述的是第二世"许献瑞"，而后子孙大致依循排序取名，至保大五年，抄谱者名字为"玉"字辈子孙，已经繁衍为第七代。罗氏分辈联语为"明华祥允嘉永世，光越诗书倧传家"。叶氏分辈联语为"世应天元虚成国器，孝友传家诗书礼义"。

《刘氏族谱》从刘氏自十六世至二十世的谱系中，在名字选共同用字或在偏旁部首上也反映同辈关系。刘氏十八世辈名按"锡"字排列，分别称"锡聪"、"锡忠"、"锡怒"、"锡慈"、"锡惠"、"锡熹"等。十九世则用"富"字起名，分别称"镒富"、"铅富"、"钜富"、"钧富"、"坽富"、"钦富"等。

排辈份除少数由祖、父辈临时决定外，大多按祖先早已选定的排行用字，会安张氏的字辈是一个典型例子。在张祠前厅里的左墙挂着族人训导官张同协遗像，遗像两旁还挂着记载张姓辈分的楹联："茂承志同怀庭惟百世，孝友传厚字派演万年"。18个字都含有个别意义，是由张氏族人张志瑾

---

① 壬氏青李田野收集，见附录二，附图2-3。

十六世
十七世

霁绳

成魁　让魁　从魁　泰魁　炳魁

十八世

锡悠　锡庆　锡思　锡悠　锡聪　锡忠　锡怒　锡慈　锡惠　锡熹　锡喜

十九世

锐富　键富　鋋富　铤富　健富　铜富　银富　镫富　铅富　钜富　钧富　坽富　钦富

二十世

贵潢　贵洲　贵清　贵汪　贵洲　贵湛

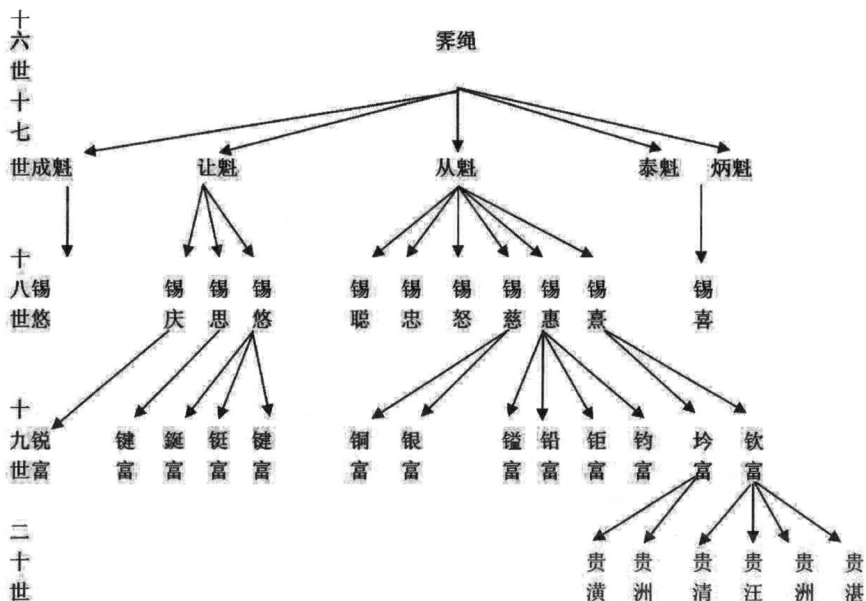

图 3-5　刘氏世系图

在继承族派已有的三行字辈茂、乘、志的基础上编出来的。张志瑾为三世祖,在会安大部分碑铭中记为"张至谨"。如前文讨论张氏家族已揭示,他们的一世祖为来自诏安的张茂远,二世祖为张承金、张承宝,张至谨为嘉隆、明命时期的兵部主事,其弟为张至诗,其子为张同洽。张至谨有意识地使用共同字来区别辈分,张氏子孙至今还在用字辈命名,现在属于自第六世至第十世,字辈相应为廷、惟、百、世、孝。

"郡望"和"堂号"常表明姓氏的地域分布、文化特色的重要标志,是区分同一姓氏不同地域和识别亲疏的主要依据,也是寻根问祖、追源溯流的基本线索。在较为正规的族谱中,姓氏前面冠以"郡望"(地望),在姓氏之后标明"堂号",使人一看便知该姓氏的起源发祥、支派族属的基本脉络。堂号则是郡望的进一步分化和发展,是某一郡望中某一旁支的称号。在某一姓氏中的某一支成为望族后,由于不断繁衍发展和迁徙的缘故,往往进一步分化为许多不同的旁支和系派,这些旁支和系派与郡望不同的人一样,也会有贫富贵贱之分,为了加以区别,便在郡望下出现了许多新的名号,这种名号称为堂号。堂号可以分为如下几个类型:

　　1.以地名作堂号，如王姓的"太原堂"、"琅琊堂"，李姓的"陇西堂"，刘姓的"彭城堂"、"中山堂"，对其来源一目了然。

　　2.以宗族典故作堂号，这类取堂号的方法，在各姓中都非常流行，一个堂名，就是一个非常动人的故事。如王姓的"三槐堂"、刘姓的"藜照堂"、吴姓的"三让堂"等。

　　3.以道德伦理作堂号，是因祖先道德声望，功勋事业，科举考试，文学成就，或取义于吉利祥瑞，或取义于训勉后代向上心，用以区别于其他支派而独自创立之堂号。类此堂号乃同一郡望下，同一支派近亲间的标志，其涵盖面自然远比包括全族之郡号来得狭窄，是为"自立堂号"，亦即狭义之"堂号"。

图 3-6　会安的旧时堂号牌匾

　　旧时会安明乡人及华人族派的祠堂都有堂号，一般都不采用前两种堂号命名方式，大致没有明显的姓氏特征，主要取材于吉利、祥瑞之语和前人佳句，也有的取义于体现封建伦理纲常、训勉后人积极向上的词语，主要是自立堂号。至今会安各姓华人祠堂的正门上方，仍挂着一块牌匾，上面写着"某某堂"。堂号不只用在祠堂，还多用在族谱封面、或题写于店铺、字号、厅堂、礼簿、文集书画及日常生活用具等处，以标明姓氏及族别。

　　会安堂号的命名如敦本堂、敦伦堂、敦礼堂、崇仁堂、忠厚堂、秉德堂、报本堂、福聚堂、克慎堂、世德堂、忠孝堂等。这一类堂号在不同家族中重复率很高。这些不同姓氏的堂号重复大多是一种不自觉的行为,或是说是在没有默契的情况下的自己选择。

表 3-3　会安各姓堂号

堂号	族派	资料来源
庆远堂	刘氏	族谱
同春堂	叶氏	族谱
承庆堂	范氏	关公庙 1943 年碑记
天德寺	丁氏	
惟德堂	陈氏	
明德堂	林氏	
积善堂	李氏	
惟善棠	朱氏	
芝山堂	邱氏	
协量堂	尤氏	
敦睦堂	张氏	
敦厚堂	张氏	

四、祖姑祭祀与女神信仰

越南家谱以祭祀祖先为主要功能而展开,如杜邦(Do Bang)先生认为,"越南家谱一般记录祖先的姓名、生卒年月、寿命、墓葬地点,以便后代每年祭祀与扫墓"[1]。这种以个人为中心形成了父系血缘或拟制血缘的祭拜范围,这与中国家族祭祀原则基本一致[2]。不过,在越南人的祖先祭祀传统中,祖姑崇拜是有别于中国近世宗族的重要现象。就中国古礼而言,九族五服图对女性祖先祭祀已有所规定,姊妹、堂姊妹、再堂姊妹、三堂姊妹、姑、堂

---

① 　[越]杜邦:《历史学与人类学方法的越南家谱研究》,末成道南主编:《人类学与"历史":第一届东亚人类学论坛报告集》,北京:社会科学文献出版社,2014 年。

② 　[英]莫里斯·弗里德曼:《中国东南的宗族组织》,刘晓春译,上海:上海人民出版社,2000 年,第 54～55 页。

姑、再堂姑、祖姑、堂祖姑、曾祖姑仍在服制之列。如杜靖先生认为，"从姐妹、姑、王姑、曾祖王姑到高祖王姑，以及从祖、族祖姑和族祖王母的单列，说明妇女也可以独立作为宗族成员。……由己身上溯四代的祖先不仅有男性的由父到高祖，还并列有女性的四代祖先，即由姑到高祖王姑，说明宗族这个血缘的亲近群体中，姑姑系列（也是一种姐妹系列）代表的女性地位十分重要"[①]。不过，随着儒家文化体系中男性话语权强化，女性的祭祀地位逐渐被弱化，体现在族谱世系中，就失去了原有地位，"宋元以来，在以男权为绝对主导的社会中，家谱世系记述完全以男性为主，许多家谱甚至被研究者戏称为'光棍谱'"[②]。甚至在男性为主体的宗族观念作用下，未出嫁异性的女性，无嗣孤亡，无法借由婚姻进入夫家的宗祧制度而享受正当的香火祭祀，同时也被排除在原生家庭的祖先行列，甚至被视为家族和地方社会的潜在危险[③]。当然在中国华南留存有大量"祖姑"或"祖姑婆"崇拜存在，如闽西客家地区的"祖婆"，珠江三角洲的自梳女、闽粤地区的"不落夫家"等等[④]。

越南家庭的女性祭祀并未被排斥在祭祀礼仪之外。根据 1920—1930 年代的调查，越南的家族形态中，仍保留了居家与出嫁女儿的较大权利。"安南的家族普遍都是包含着主人的姊妹、叔、婶等直系以外的眷族。安南的寡妇差不多不能改嫁。如果再嫁，便要受到近亲和世人的蔑视和非难。因此，女儿的第一次结婚失败再想作第二次结婚，就算女儿违背父母。这在

① 杜靖：《九族与乡土——一个汉人世界里的喷泉社会》，北京：知识产权出版社，2012年，第 414 页。

② 陈爽：《出土墓志所见中古谱牒研究》，上海：学林出版社，2015 年，第 220 页。

③ 黄萍瑛：《台湾民间信仰孤娘的奉祀：一个社会史的考察》，台北：稻香出版社，2008年，第 3~4，22~24 页。

④ 杨彦杰：《华南民间的祖神崇拜》，《法国汉学》第 5 辑，北京：中华书局，2000 年；P. Steven Sangren, "Female Gender in Chinese Religious Symbols: Kuan Yin, Ma Tsu, and the 'Eternal Mother'", Vol. 9, No. 11, 1983; *Janice E. Stockward, Daughters of the Canton Delta: Marriage Patterns and Economic Strategies in South Chian*, 1860—1930, Stanford University Press, 1989; Helen Siu, "Where Were the Women? Rethinking Marriage Resistance and Regional Culture History", 1990 (December 1990); Brigitte Baptandier, The Lady of Linshui: A Chinese Female Cult, trans Kristin Ingrid Fryklunf, Stanford University Press, 2008；廖小菁：《神龛上的祖姑婆：何仙姑信仰与泛珠三角地区的女性崇拜》，《近代中国妇女史研究》2015 年第 26 期。人类学家和宗教学者针对中国的历史环境，从何仙姑、妈祖和临水夫人等女神信仰提炼出了女性反抗父权家庭/宗族制度的社会隐喻。

近代人之中也是同样,所以再嫁非常稀少。不过要是没有儿子又丧了丈夫的人,可以回到娘家来受扶养,这算是她的权利。父母死后,便由哥哥或弟弟来扶养她。如果她在家中史姐姐的地位,便被尊为家长的尊亲。在回到娘家的青年寡妇中,凡有教养的,屡屡当了尼姑,不过大部分都是帮着娘家的家事以了结一生。"[1]在娘家"了结一生"的女性被家人视为祖先予以祭拜,成了"祖姑",并编入了家谱。陈捷先先生敏锐注意到了亚洲族谱与中国族谱的不同之处,就在于对这些"祖姑"记载,他说,"中国域外汉文族谱对女子的记事较多,有时甚至对外家的记事极详,这似乎与中国族谱颇有分别"[2]。

前文引用的《江氏族谱》的《宗谱凡例》强调了书写女性入谱格式。其他越南族谱也对祖姑群体予以独立记载,田野调查中收集的会安越南人的《阮氏世谱》不仅记载了本支的"祖姑",而且也记载了旁支的"祖姑":

> 长祖姑讳敬,嫁与本社吴族人,生下男四:伯幸、伯碍、伯聿、伯茛。
> 次祖姑讳纡,嫁与清州社东甲人,男一,伯中;女一,姑副。
> 季祖姑讳邦,无夫,居与仲侄讳事,在大安年老而终,葬在伊祖。[3]

需要进一步讨论的是,家谱中记载女性祖先后,并非都只是以祖先形象予以祭祀,一些女性祖先产生了向巫灵信仰的转变趋向。越南国家图书馆所藏的《江氏家谱》中专门列有"祖姑三位":

> 江氏号贞节主娘,五月十六日忌。
> 江氏号静节主娘,乃探花相公之女二位,十月十一日忌。
> 江氏号桂花主娘,乃昭文馆公江文惺字德重之女三位,早没。常有
> 灵应,江文阮本支设盘举采。五月十二日,本支男女均给忌礼。

可以看出,江氏家族供奉的"桂花主娘"已不是简单的祖姑祭祀,实质上具有了巫灵信仰的特点,其灵验行为被视为了保佑家族发展的神力。人类学家在越南田野中观察到现象也验证了文献的记载,"确认某个家族有祖姑灵魂需要祭祀开始,巫术都介入其中,通常情况是以向家人报梦的形式,或

① 陶:《安南女性的传统与风俗》,《三六九画报》1942 年第 1 期。
② 陈捷先:《略论中国族谱学对韩日琉越汉文族谱的影响》,《第一届中国域外汉籍国际学术会议论文集》,台北:台湾省文献馆,1987 年,第 338 页。
③ 壬氏青李田野收集,见附录二,附图 2-4。

者是魂灵附体，让这个家庭感受到祖姑的灵力。"[1]越南的民间宗教活动中，"魂灵附体"是常见形式，母道教的主要仪式是"候影"，也就是跳神、上童。根据吴德盛先生介绍越族（京族）的仪式活动过程，候影是三府（天母、山母、水母）或四府（天母、山母、水母、地母）及神殿诸灵降附于童公和童婆躯体，用来训导劝诫母道教信徒，驱邪治病、颁赐福禄的过程[2]。"早没"的"桂花主娘""常有灵应"，可能指的是这种形态。值得注意的是，江氏家族为官宦之家，家族成员对此进行了仪式改造，以文人式的"设盘扶乩"进行驱邪治病、颁赐福禄，雅化了女性祖的已从"报梦"和"魂灵附体"。

越南国家图书馆所藏《段族谱》的"附编"记载了祖姑作为家族祖先祭祀的内容，但与《江氏家谱》记载内容有所差别，展现了巫灵信仰向女神信仰的转变趋势：

> 显曾祖姑段贵氏，行三，号妙张。
>
> 显曾祖姑，黎朝故特赐美良容郡夫人、兼本村及本县超群社后神段贵氏，行四，谥清洁，号妙宁。
>
> 显祖姑段贵氏，号淑女。
>
> 令姑段贵氏讳芷。
>
> 令妹段贵氏，号淑女。[3]

女性祖先中的曾祖姑段贵氏较为特殊，她被黎朝敕封为"美良容郡夫人"、在地方上被奉为"本村及本县超群社后神"。"后神"是越南独有的概念，按照越南语的语法顺序理解为"神之后"，"其没也，俎豆盛陈，亦宜在神灵之后"。"立后"风俗源自是佛教轮回思想，认为人死后还存有另一个生命即灵魂，有如生人般的生活，靠在世人奉祀。在乡村社会中，佛寺的建设、重修和维持靠信施者提供，而施主在寺院建造或重修碑上刻名表扬，似乎也能借在佛之后而配享世人的奉祀。为了推动民众布施行为，乡村组织建立奉祀场所时，出现祠庙或亭宇（奉祀城隍、福神、灵神）的后神、后圣，斯文文庙或文址（奉祀孔圣与先贤）的后贤，甚至还有后乡、后亭、后甲、后巷、后店、后觋、后族、后忌等多种称谓，"后"带有了"死后受到公共集体奉祀忌礼的人"

---

① 吴云霞：《文化传承的隐形力量：越南的妇女生活与女神信仰》，广州：暨南大学出版社，2012年，第137页。

② ［越］吴德盛：《候影——越南越人的一种心灵演唱形式》，《民族艺术》1999年第2期。

③ 《段族谱》（手抄本），越南国家图书馆藏，见附录二，附图2-5。

的意义。在此状况下,一些家族以捐献财产的方式使家人成为"后神"或"后佛",如黎朝嫔妃、宫女、官员曾捐献京北地区佛寺的行为中就有这种现象[1](见表 3-4)。

表 3-4　京北地区后神捐献祭祀表

捐献人	捐献内容	捐献目的	受捐寺名	碑名	立碑时间
宫嫔阮氏玉晓、公主明晓	给本社银七十镒、银十五锭	建寺、替本社纳税、供祭田	顺安府文江县如林社龙和寺	后佛碑铭	1668
义荣侯姓阮者及其妻	钱七十贯、田四块、园子一片、池塘四口	用于村务	北河府安越县鲁杏社同寺	后神碑	1674
宫嫔杜氏玉探(嘉林人)	钱	整修寺院、走廊,造法云、法雨像	慈山府安丰县珍溪社寿福寺	建造后佛碑	1669
宫嫔阮氏琼	田八亩三篙	为女儿、父母买后	顺安府嘉定县富慈社素灵寺	神佛之碑	1686
芳禄侯阮如高及妻	钱	整修佛寺、造像	慈山府安丰县陕川社宝光寺	后神后佛	1691
宫嫔郑氏玉舆	钱、田	积功德	顺安府嘉林县农务社显应寺	兴造后佛供碑	1693
郡主郑氏玉梯	田二亩三尺五寸,四亩三尺六寸及钱	建寺、造像,村民选其亩为"佛后"。	慈山府桂阳县姑仙寺	后佛碑记	1700
水禄侯阮得财与妻	不详	整修兴福寺,被选为"神后"。	北河府协和县东鲁社兴福寺	后佛碑	1726
任墙侯段辉游与妻	钱、田	捐给本社,被选为"佛后"。	慈山府东岸县冲冠社	后佛碑记	1738

---

① 谭志词:《17、18 世纪越南佛教复兴的背景及特点》,闽南佛学院编:《闽南佛学》第 6 辑,北京:宗教文化出版社,2009 年。

捐献人	捐献内容	捐献目的	受捐寺名	碑名	立碑时间
展墙侯姓阮者	供田及湖共六亩为三宝财产	整修寺院、佛像，被选为"佛后"。	慈山府仙游县扶翼社大丁寺	福后佛碑	1755
官大夫罗廷朝	钱一百贯，田一亩	供钱、田祭父母，被选为"佛后"。	北河府协和县春锦社	春锦后神碑	1771
宪郡公阳相公都校点司左校点姓阳者	田六亩五篙三尺四寸、池塘一口、钱一千贯	捐钱整修村亭、寺院，捐田给村民耕种。	谅江府安勇县云谷社	后神碑记	1772
同知府陈世坎与二妻	钱一百零六贯，田五亩六篙	捐钱、田给村社，夫妻三人及女儿均被选为"后佛"。	顺安府嘉林县天应寺	后佛碑记	1775

为保证捐献者被祭祀的权利，"立后"具有制度化程序，由社村头目代表社村撰写"推举词"或"保后单"，说明施主进供目的、进供银钱数量及田土的面积和位置，社村推举为后，许诺每年举行忌礼并列出忌礼所用的具体仪式及物品。"推举词"或"保后单"原先写在纸上，后铭刻在石碑上，以荐后世，形成了"后碑"①。《安南风俗册》中"忌后"条有较为详细的介绍：

> 本甲、本村、本社认辩立碑为记。有寄忌于佛寺，忌日由僧尼办礼，供于寺前曰"后佛"；有寄忌于庙亭，忌日由社民办礼，祭于亭宇曰"后神"。其后神之礼最为隆重，需费甚多，非富贵有势力及有功德于民者不能。亦有子孙昌盛，祠堂香火已有祀事，又欲寄忌或后佛、后神以寿其传云。②

对照《安南风俗册》内容可知，段贵氏成为"本村及本县超群社"的"后神"，身份角色已不只是段氏家族祖先，而且受到了村社的集体奉祀，成为村社保护神，这与"江氏祖姑"有性质上较大区别。可以这么正是基于"祖姑"

① ［越］阮文原：《越南铭文及乡村碑文简介》，《成功中文学报》2007 年第 17 期。
② ［越］梅园段展：《安南风俗册》，1908 年，汉喃研究院图书馆藏。

的神明化趋势,越南的民间女神信仰才得到普遍推行。当然这不只是越南具有的历史现象,如果参照中国的南方地区,天后、临水夫人、冼夫人均存在类似过程。如天后是在地方精英的塑造之后而纳入国家祀典,由地方信仰而升格为国家认同[①]。临水夫人则显示民间巫术经过地方王权肯定之后得到道教正统仪式的认定过程[②]。冼夫人则被塑造成为类似于祖先的地方女神,并得到王朝封赐。

第二节　会安家谱的形制分析

一、越南族谱的内容与结构

中国家谱的编撰观念与体例内容在汉文字圈中影响较深远,陈捷先先生考察并比较亚洲各国的汉文族谱后,认为"中国族谱学对亚洲邻邦韩、日、琉、越的汉文族谱普遍有着影响,无论是修谱的宗旨,修谱的体例,或修谱的书法,都可以发现显著的仿效之处。即使表面上看来与中国谱法略有不同的序文强调祖先功德以及多记女子与外家的部分,实际上可以在中国谱书里找出来源的。"陈捷先先生对比了越南家谱与中国家谱的名词,认为越南谱牒的"姓源"、"原籍"、"传记"、"世记"、"世系"、"昭穆"、"名讳"、"大宗"、"小宗"、"祠堂"、"山向"、"考妣"、"母家"、"外家"、"嫡庶"等均源于中国[③]。越南族谱形态受到中国文化影响甚深,很多家谱就直接说明其中文化渊源。如河东省环龙县金莲总中寺村的《阮氏家谱》在 1932 年修撰时,即说自己的

<hr/>

① James Watson,"Standardizing the Gods: The Promotion of T'ien Hou along the South China Coast, 960—1960", in *Popular Culture in Late Imperial China*, eds. David Johnson, Andrew J. Nathan and Evelyn S. Rawski, Berkeley: University of California Press, 1985.

② Brigitte Baptandier,"The Lady Linshui: How a Woman Became a Goddess", in Unruly Gods: Divinity and Society in China, eds. Meir Shahar and Robert P. Weller, Honolulu: University of Hawaii Press, 1996.

③ 陈捷先:《略论中国族谱学对韩日琉越汉文族谱的影响》,《第一届中国域外汉籍国际学术会议论文集》,台北:台湾省文献馆,1987 年,第 336、340 页。

修谱患者"征之上国苏氏之族谱引"，此处所谓"上国"为"中国"，"苏氏"为"苏洵"，即中国家谱编撰中的"苏式"和"欧式"传统。陈捷先先生也曾指出，越南的《吴氏世谱》"受欧苏谱例的影响，尤其尊崇苏洵的谱例谱法"①。

越南族谱的编撰并非照搬中国族谱的形式，按照本土风俗有所变通。如阮氏王朝是越南的末代王朝，皇室编有《阮福族世谱》，可能是上述《宗谱凡例》中所称的"国朝宗谱"。根据杜邦先生研究，《阮福族世谱》的形态比较特殊，分为始祖谱、王谱、帝谱三个阶段来记载阮氏祖先②。日本人类学家末成道南对藏于东洋文库和汉喃研究所以及自己在越南北部田野调查所得的 50 种族谱进行分析，指出了越南族谱的基本结构，即存在以祖先为中心和以子孙为中心的两种书写模式。前者在始祖到子孙的系谱上具有连续性，一般为王朝谱系和精英群体；后者则以子孙自我为中心，上溯 4～5 代之后出现"中空结构"，然后再与始祖形成模糊不清的系谱关系③。陈捷先先生对于这种变化现象是这样论述的，"任何一种文化影响另一种文化，在程度上并不一定非达到百分一百才是，也就是各国自有其本身传统与各国国情的情势下，文化移植都会碰到排斥的，都会有或多或少改变的，中国族谱之学对亚洲邻邦的影响也应该作如是观"④。显然，陈捷先与末成道南的关注点存在差异，前者重点论述中国谱牒文化向外的影响力，后者把视角转向"本身传统"。如果以后者的立场出发，越南族谱的本土渊源也是较为明显的。越南国家图书馆所藏的《阮堂谱记》就是综合参照了越南世家的族谱而修撰，即所谓"搜览本国诸名家宗谱，其于作法，略得其概"。阮姓为越南第一大姓，各地的阮姓族谱形态也极为复杂。《宗谱凡例》一定程度上说明了谱例内容的不同来源，现录文如下：

一、世系为家谱上。

---

① 陈捷先：《略论中国族谱学对韩日琉越汉文族谱的影响》，《第一届中国域外汉籍国际学术会议论文集》，台北：台湾省文献馆，1987 年，第 336 页。

② ［越］阮福宗族董事会：《阮福族世谱》，转见［越］杜邦：《历史学与人类学方法的越南家谱研究》，末成道南主编：《人类学与"历史"：第一届东亚人类学论坛报告集》，北京：社会科学文献出版社，2014 年，第 196 页。

③ ［日］末成道南：《人类学家与史学在家谱研究方面的不同：越南系谱意识中的"中空结构"》，末成道南主编：《人类学与"历史"：第一届东亚人类学论坛报告集》，北京：社会科学文献出版社，2014 年。

④ 陈捷先：《略论中国族谱学对韩日琉越汉文族谱的影响》，《第一届中国域外汉籍国际学术会议论文集》，台北：台湾省文献馆，1987 年，第 340 页。

一、先公奉有上赐并诰命者汇为家谱中。

一、外家世系事迹为家谱下。

一、谱之上有图，圈以五世一起，此仿效上国潘氏宗图法也。

一、世数一、二、三、四、五代顺数，此仿《阙里文献考》也。祖惟始祖称始，自始祖而下只称公。

一、世代据以平行为准，不拘亲疏。此参酌慕泽武青威吾与金缕外族阮氏诸谱性质。贱者书号，官则书官有事状者，系曰"某公传，以示后人考镜"。

一、书某公房，男、女并书，此仿国朝宗谱也。男书男某（脱文）不讳女某男，某公之子，书其年月日时生，或读书或耕，寿干，葬某处，配某氏，生子干。女，年月日时，亦记嫁某姓某官，生子干。女止注书所出男女止。欧阳谱，女亦止书生，卒不书，生于我，死不于我也。吾谱卒知者亦书。

一、世代平行者得书而标之，以某公房则某公之子孙得详所出。

一、坟墓乃先人体魄在，此图留之万代如见。

一、谱法迁居者止书始迁公，后则止。盖迁居之后，势不得而书之也。上国之迁或齐而之楚地甚远，吾族避西之乱，一支入义安之桐门，地差远仍缺书。富平公之延河、三阳公之利舍，不出一日程，其子孙亦来聚族，仍书。

一、谱必十年一修，支系十年内男女子媳婚嫁，交来作故乡续编，庶免行之无弊。族中读书识字者秉笔照例书。

一、旧编或某事阙略，而今有可征别为补遗附于后，凡事并须有的据，若得之传言而无他佐证，则以相传字别之。即旧编所载，有当辩正者，亦略注其下。

一、先书某公生子男某女某，直书名，父前子名也。后书某公讳某其子若孙之辞也。

一、某人编集某公谱，即于大书某公之次行，书子某或孙某编集，欲来世有征也。

一、先世无写真，列祖盖邈矣。近有闻知手状者辄登载，庶俾来世有怆然如见之想。

一、例妣风行，旧编不著，今掇其有闻知者书之。

一、诸外祖世系旧编附载于某妣某氏之下，或分注，或大书。独理斋吴氏谱别录定为外氏列谱，裴存庵后之，今因之，庶无参错。盖辞繁者节之，其续编于某妣某氏之下，并书里系见后。惟某氏非生下本支与本院者，乃撮其略，分注如旧编。

一、葬地前既书之备矣，后复为茔兆总志，详其处。先人体魄所在，故慎之。

一、编集并务实录，不事浮饰，不敢以疑为信，恐失真也。

根据《凡例》内容可知，《阮堂谱记》专门列出了"外祖世系事迹"，并编辑为《外家世谱》。[①] 将外家祖先编入族谱与越南祖先祭祀的习俗关系密切，1835年，蔡廷兰即有关观察，"祀祖先，必兼祀岳父母"[②]。《阮堂谱记》撰有《阮族外谱序言》，说明了内外并重的理由所在：

> 乾非坤，无以成生物之功。夫非妇，无以植传家之本。故有父必有母，有内必有外。内谱不容以或略，而外谱亦不得以不详也。我族烈祖，世有贤德，抚育子姓，保守磁基。虽□天之咏宜家，车牵之歌来括，未能尽美，是亦外家积庆所贻笑。笃生令女，为我先人之配，可不溯功德所从来而追叙之乎？况我三代福来公既为外家主邕，其于坟墓忌腊，尤不可忽。但前谱于福来公以后，诸公之外氏略得其一二，余皆不可传。我所闻只仅有数代而已。幸后之人广我孝念，留心博访，或有得其实者，以垂不朽，是我之所厚望也。

阮氏出现《内谱》与《外谱》之分，关键之处在于第三代祖先福来公从"武"姓到"阮姓"的身份转变。如《外谱》的始祖阮福桢的个人传记中说明，"显考福桢公姓阮，谥玄玑。黎朝谨事郎、宣兴等处清刑宪察使司、宪察副使、香裔男。公娶三位，生得三女而无男，乃以婿子仁和公之子（即自励福来公）为长男承祀。因此福来公遂改本姓武为阮，至今我族称为阮姓，自福来公所从之外姓也"。《内谱》族谱在"续编"中还援引法律条文说明了"改姓"的合法性和"内外合祀"的必然性。"黎朝国律，无男继祀，用女承之，故福来不敢辞推，以半子代为嗣子，仍改姓氏。为人后者为人子，礼所当然。迨今我族春报祭文，以桢公为始祖，表其姓字，正此意也。内外一堂，春秋享祀，

---

① 《外家谱》或《外谱》的编辑体例在"华夏"之外的"四夷"之区都曾存在，常建华先生对朝鲜族谱进入深入研究后，指出了这一事实。参见常建华：《朝鲜族谱研究》，天津：天津古籍出版社，2005年，第101页。

② （清）蔡廷兰：《海南杂著·越南纪略》，台北：台湾银行经济研究室，1959年，第38页。

亿年香火，万代蒸尝，弗替引之。"《阮堂谱记》不止保留了一份外谱，《裴外族家谱》是另外一份附录《外谱》，不仅记录了"裴令舅秀才公"（裴春温）的个人传记，还有保存了其撰写的《裴外族家谱序》。

越南国家图书馆所藏的《段族谱》则附有"绍治贰年陆月吉日五代外孙段仲暄奉编诸外族家先封衔谥号"的文献，也是一种外谱，格式如下：

显五代外祖考前财禄官副使薛六使（高祖姚，少卿薛夫人家先）。

显五代外祖姚阮贵氏行一，号妙贞。

显五代外祖考前什里侯兼企长郑贵公字福衍（曾祖姚，该合郑孺人家先以下）。

显五代外祖姚阮贵氏号妙和。

显外高祖考前什里侯兼企长郑贵公字为继，号福存。

曾外高祖姚段贵氏，行一，号妙宁。

显外高祖考谭贵公字福俊，号德智（祖姚，府生谭孺人家先如下）

显外高祖姚邓贵氏，号慈寿。

显外族外高祖考阮贵公字福集，号福居。

显外曾祖考谭贵公字曰恕，号纯辨。

显外曾祖姚阮贵氏，行一，号慈溢。

显外高祖考郑贵公，字纯言（亲母郑氏家先以下八号）

显外高祖姚谭贵氏，号妙保。

显外曾祖考郑贵公，字纯坚，号敦敏。

显外曾祖姚潘贵氏，号妙新。

显外祖外曾祖考阮贵公字福满，号道忠。

显外族外曾祖姚段贵氏，号妙海。

显外祖考、前乡老饶、郑贵公，字福玩。

显外祖姚阮贵氏，行三，号妙余。

外亲显考前什里侯乡老者饶兼企长郑贵公字廷擢，号福增。

外亲显姚段贵氏，行五，号妙宜。

妻族显祖考前什里侯乡郑贵公字为贤，号福祐。

妻族显祖姚段贵氏，行五，号慈时。

二、会安华人家谱的基本形制

学界对越南的华人家谱已展开相对多研究，根据已有前人成果，大致可以推断清初是定居越南的华人或华族较大规模编撰家谱时间点[1]，这与黎朝中兴后对中国文化推崇以及政治与清朝保持朝贡藩属往来有一定关系。越南社会科学院汉喃研究院图书馆藏的《慕泽武族世系事迹》可为其中一例。该谱在乾隆年间编修完毕，为了彰显世泽流长，他们将始祖追溯到了唐代："先鼻祖姓武讳某浑，中国福建省龙溪县人，仕唐敬尊（宗）朝，宝历元年（825年）代韩韶为交州刺史，文尊（宗）会昌三年（843年）奉升安南都护使，后以老病归，使节独爱本乡风水之秀，遂卜居之。"[2]从叙事结构而言，这是中国南方土著叙述祖先来源的标准模式，他们旨在塑造"正统性"的"历史记忆"。其实，此过程并不始于族谱完成之际，清初黎朝与清朝重建邦交藩属关系之际，武姓贡使就开始寻宗问祖之举。阳德二年（1673年）二月，黎朝派遣正使阮茂材、胡士扬，副使陶公正、武公道、武惟谐等赴清岁贡，并附告哀事[3]。武公道、武惟谐为武氏族人，又同为1659年己亥科进士。他们陆路入京后，觐见康熙皇帝，写了《御前赐茶谢诗》。武惟谐作唱诗作："万里投来叩御阁，赐茶骇见御前恩。澄眹凤翼姿特异，惊惠龙图味煖温。漫渥仁蒙色海乔，柔依德仰大乾坤。汉波幸沐何阶答，寿等南山祝至尊。"武公道作和诗："远自南来达北阁，御前幸沐渥优恩。龙聠陛近躬处拜，燕仰筵华色降温。异眷礼弘蒙接晋，同仁量广觉色坤。微臣饱祝无他献，愿正侯纲名分尊。"[4]岁贡使团回程之际，因清军与吴三桂交战，沿着水路途经闽粤而归。期间，武公道、武惟谐试图赴闽访祖，如《慕泽武族世系事迹》记："黎阳德癸丑元年（1672年），武惟谐及族弟武公道，同奉如明北使，预以贡部事清。福

---

① 如《明乡陈氏正谱》的"原谱序"由第五世陈士益在1739年撰写。

② 《慕泽武族世系事迹》，转见陈益源：《源自漳州的三份越南家谱》，《中原文化研究》，2013年第3期。

③ ［越］吴士连等著：《大越史记全书》卷十七，《黎纪》，东京大学东洋文化研究所，1984—1986年，第878～879页。

④ ［越］陶公正等：《北使诗集》，《越南汉喃燕行文集》，第一册，上海：复旦大学出版社，2010年，第234～235页。

建一往,探认武门族姓。适会贼徒捍阻,仍从水道回程,事竟不果。"①虽然认祖归宗之事未能实现,但武氏为天朝苗裔的身份已被确认。人类学家认为,这成为"我群"和"他群"划分的基础,它凸显了具有相同身份符号成员的"共同来源"或"共同文化"。1675年归来后,他们以"奉使功"被晋封,武公道为工部右侍郎并男爵,武惟谐为东阁大学士并子爵②。1685年,阮延滚、黄公寔、阮进材、陈世荣等人赴清入贡之际,武氏与之交谈其事,《慕泽武族世系事迹》后来予以特别记载:"迨永治年间,天施县士黄社尚书黄公寔亦奉北使。有武老爷要诸途问曰:'君系安南陪臣,必知本国望族。不审武某苗裔,现今门阀何如?'公为具道其详,那老爷极称:'好!好!'因言我武在天朝,亦继世科名,今当亨达。人言南天科甲,慕泽居多,由得北方正气,其来久矣。"③

慕泽武族以天朝门阀和科甲世家为荣,族谱编撰原则带有深刻的儒家思想之烙印,按照儒家道德和功业标准记载本族成员。需要说明的,慕泽武族追溯祖源至唐代交州刺史武浑,族群分类上更接近于越人,并成为越人家族典范,如相关志书记载平江府:"一府风物华胜,士习尚文雅,而慕泽武氏、获泽汝族、邯江丁族,尤为府冠。"④因此家谱编纂形制与明乡社家谱、清人家谱有所不同,更接近越南谱,对越南谱例影响更深。如越南国家图书馆所藏的《阮堂谱记》在体例中说,"世代据以平行为准,不拘亲疏。此参酌慕泽武青威吾与金缕外族阮氏诸谱性质"。

笔者在会安开展田野,收集了部分华人家谱,均为普通华人家庭或家族的谱牒,由于属于民间保存的家族文献,年岁久远,已散佚不全,完整度上无法与世家大族谱牒相比。但从类型考察,可分为两类:一类可归于明乡社谱牒,另一类为"唐人"或"清人"的家族谱牒。谱牒形态简单列如表3-5。

---

① 《慕泽武族世系事迹》,转见陈益源:《源自漳州的三份越南家谱》,《中原文化研究》2013年第3期。

② [越]吴士连等著:《大越史记全书》卷十七,《黎纪》,东京:东京大学东洋文化研究所,1986年,第878~879页。

③ 《慕泽武族世系事迹》,转见陈益源:《源自漳州的三份越南家谱》,《中原文化研究》2013年第3期。

④ 《中华大典》,历史地理典,域外分典,一,亚洲总部,越南诸部,第738页。

表 3-5　会安华人谱牒形态一览

谱　　　名	序例	世系	族规	恩荣	祠宇	家传	艺文	族产
蔡氏谱（残本）		√						
谢族家谱	√	√						
周氏家谱（残本）	√							
许尊家谱（残本）		√						
明乡曾族外家世谱（残本）	√	√						
会安嘉应帮叶氏家谱（残本）							√	
会安埠罗氏世谱	√	√	√	√	√	√		√

注："√"代表谱中包含的内容。

　　《蔡氏谱（残）》、《谢族家谱》、《周氏家谱（残）》、《明乡曾族外家世谱（残）》等属明乡社谱牒，或有序言、凡例，或有世系，注重祖先崇拜。如《谢族家谱》[1]撰谱人谢彩在序言中特别说明父亲遗命修谱，就是为了记载需要祭祀的祖先："自彩父南游，营商得美，构立家堂，生获子女：男，彩、敕；女，兰、惠、㕣。于己巳年七月初五日寻病弃世，遗言与彩嫡母并彩生母等：'我之族属系是多人，而本支业有分派。惟我之生存在唐，只有严父慈母而已。以上诸灵，则我方幼南游，未详问及至兹。'彩母说得语等。彩自念曰：'彩虽年少，然赖有彩母及胞姊问详本源，倘不记书，何以垂裕家风于后世子孙者矣。'"《谢族家谱》记载世系，以卒年为主，以修谱者为中心向上追溯三代，其目的在于举办祭祀活动，分为三个层次（见表 3-6）。

　　从谢氏家谱内容看，反映福建晋江籍移民到广东经商的两个分支，他们随着流动性商业活动的展开，一支留在广州，一支移居会安，与前文论及的伏波将军庙香炉上的福泉所张氏兄弟相似。

　　明清之际，广东的广州、澳门等地成为福建民众移往东南亚各地的中转站，如同安丙洲王氏族家族在 17 世纪前其九大支系中，留居澳门的 56 户，

---

① 壬氏青李田野收集，见附录二，附图 2-8。

其中所谓逃避倭乱为 14%，战乱迁界的占 38%，商业活动占 48%[①]。现无其他资料展现张氏兄弟在广州经营至东南亚的洋船贸易详细情况，他们是否曾在会安定居也不得而知。

表 3-6　《谢族家谱》世系内容

序号	记录者	被记录者	内　　容
1	谢粒	谢彩祖父、祖母、叔父	内祖考谢多讳柳，原是福建人，来商于广东逝世，葬于该省。卒于昧年九月初八日。内祖妣许氏讳千，原福建，从夫逝在广东，亦葬于该省。卒于戊寅年十二月十一日。内祖考妣生下男二：粒、池。胞叔谢才讳池，原福建人，来广东生商逝世，葬于该省，卒于乙亥年十月初三日，有嗣。
2	谢彩	谢彩父母、堂伯、叔父、兄弟姐妹	显考谢才讳粒，原福建人，南游，葬于青霞桐椰处，卒于己巳年七月初五日。嫡母蔡氏讳牛，卒于乙亥年五月十九日，葬于青霞桐椰处。生母蔡氏讳机，卒于辛巳年五月初九日。 堂伯谢才讳开，卒于昧年三月廿三日，有嗣。葬于青霞社四帮地。庶母蔡氏讳烂，卒于昧年十二月廿一日，由无嗣。葬于锦铺社地藏寺外园。 胞叔妻练氏讳梅，卒于昧年四月十九日，葬茶眉源，有嗣。 胞兄谢氏讳议、讳榴，春祀秋尝。无名三，亡。胞弟讳柜、讳□，春祀秋尝。 胞姐谢氏讳惠，卒于戊寅年八月初九日，葬于青霞桐椰处之原。
3	谢彩子女	谢彩夫妇	显考谢士讳彩，卒忌日正月二十九日。显妣沈氏讳亥，卒于乙巳年二月初二日。

《谢氏家谱》缺少确切朝代纪年，还不能断定谱系中这些人的生活时代。从现有信息推论，他们与蔡氏、许氏联姻，尚未娶越南女性为妻子，并可能与

---

① 王朱唇:《丙洲人过南洋史料》，周仪扬、陈育伦、郭志超主编:《谱牒研究与华人华侨》，北京:新华出版社，2006 年，第 109 页。

　　前文已叙,越南华人家族祭祖除了在公共祠堂、家庭公亭祭祀祖先之外,墓祭是主要的仪式活动空间,族谱除了序言、世系等内容外,要记录祭拜祖先的姓名、生卒、墓葬所在地,《谢氏家谱》已具备这种基本格式。明乡社家谱也有简略之分,《蔡氏谱》比起《谢氏家谱》内容更为详尽,虽然也因是残本的原因,难以断定其身份来源,生卒年也只有天干地支,缺少其他更有效资料予以支撑,但考察其结构,可知该谱记录了从编谱者以上的五代的家人名字与生时死日、墓葬所在地,大略显示了宗族—家族—家庭的三个层面①。第一部分"始高曾祖伯叔祖"与"始高曾祖姑诸世姑"等并置可视为宗族雏形。

　　　　始高曾祖伯叔祖。(前缺)蔡曾能诸公,第二叶即蔡宋奏、宋慨、宋寅诸公;第三叶即蔡齐金、蔡齐驹、蔡齐事诸公。

　　　　钦差该奇瑞玉侯蔡文瑞,墓葬地近天德寺。蔡府君讳武,在嘉定县变油处,卒于辛未年七月二十七日卯牌。

　　　　始高曾祖姑诸世姑。蔡氏纤,姑无后,卒于十二月二十日。蔡氏科,卒于九月十三日;蔡氏实,卒于十二月十九日,黄氏惠,生于丙辰年十月二十一日巳牌,卒于乙未年八月十五日寅牌。蔡氏理,十一月十六如正忌。合葬在锦铺社,坐壬向丙兼辛巳、辛亥。

　　　　曾祖考钦差蔡知礼侯公,讳宋知,生于壬戌二月十五日,卒于己未年八月二十八日,墓葬在仙朵社春邑。碑志:钦差该奇知礼侯谥曰贞善蔡公之墓,男齐金、驹、事、治、免、论、为、生同立石。曾祖妣周氏讨,曾祖妣生于十一月初四日,卒于十月二十六日。墓葬地处所前本皆不记。(履历:生下我祖、伯叔祖:蔡齐金、蔡齐驹、蔡齐治、蔡齐免、蔡齐台、蔡齐论、蔡齐为、蔡齐生、蔡氏科、蔡氏实。)今合葬在清河地分泡渥处,坐癸山丁向兼丑未,辛未、辛丑分针。

　　蔡氏家谱之所以比谢氏家谱复杂,原因是蔡氏成为具有军官的家族。曾祖父墓碑刻的是"钦差该奇知礼侯谥曰贞善蔡公之墓","该奇"为军事指挥官职位置之称,阮主时期,居民被划为八类,被登记入前二类须服兵役。军队是以地域为基础组织军队,基层单位是"选","选"是由同一村庄或邻近村庄抽来的三十至五十人为一个小队,二至五个"选"为一"队",若干"队"

---

　　① 壬氏青李田野收集,见附录二,附图2-6。

组成一"奇"①。景兴九年(1748年)将全国府卫改为奇、队,每300人为一队,400人为一奇。至阮朝明命年间(1820—1840年),全国设立奇并,每奇500人,下设队、拾、伍。按照《大南官制》,为七品官员。"钦差"、"该奇"、"知礼侯"并举的现象出现在18世纪中后期,《郑氏族谱》记载,"甲午年,北兵入寇,神京陷,孝定皇帝驾幸嘉定。公率诸子诣行在朝谒,皇帝慰恤至厚。教封公为国老郡公,又封公世子子潢为掌营,次子淌为胜水钦差该奇,五子溶为钦差参将该奇,守镇江"②。

《蔡氏谱》的编撰是出于家中忌日祭祖和清明墓祀的目的,因而其主干部分为五代之内家人信息忌日、墓葬,其范围包括内祖、外祖,父母亲以及兄弟姐妹家庭成员,现摘录如下:

显内祖考蔡齐论,祖七月十七日正忌。显内祖妣郑氏待,祖妣十二月初一日正忌。生下我显考蔡晋宝。我胞姑蔡氏密,九月十九日正忌,今墓错落。我胞叔蔡晋美,十月初四日正忌,今移葬近内祖墓,坐壬向丙。有合葬胞姐、胞兄二位共一墓。

外祖考黎氏,在芳茶社,七月二十三日忌。外祖妣黎氏祖妣墓葬在清河社,忌不记日。

显考蔡晋宝,字善堂,号盈丰,五月二十三日正忌。显妣黎氏□,四月十三日正忌。今合葬在锦铺地镀瓢处,明乡陈惟知、惟利之私土园绝卖一篙。父墓坐辛山乙向兼酉卯三分,分针辛酉、辛卯;母墓坐庚山甲向兼酉卯三分,分针丁酉、丁卯。

生下我胞姊蔡氏良,丙午年十月初四日已晨生,辛丑年六月十三日戊初卒,寿六十八,今墓在新安社地分。

胞姊蔡氏宇,生于三月十五日,卯年三月十五日卒。胞姊蔡氏静,生于十一月初四日,四月初七日卒。

胞兄蔡无名二,一生于七月,卒于十五日;一生于卯年,卒不记日。胞兄蔡全蠱,生于八月初四日,卒不记日。胞兄蔡金桐,外名燨,生于壬辰年四月二十日戊刻,五月初二日卒。胞兄蔡金栢,外名廉,生于未年

① [英]D.G.E.霍尔:《东南亚史》,中山大学东南亚历史研究所译,北京:商务印书馆,1982年,第502页。
② 戴可来、杨保筠校注:《岭南摭怪等史料三种》,郑州:中州古籍出版社,1991年,第237页。

二月初六日申刻，二月二十五日卒。胞兄蔡金年，外名链、日新，生于戌年八月二十三日寅刻，九月初三日卒。

我胞姐蔡氏良，前嫁于郑元熙。生下我胞甥郑硕，壬辰年十月二十六日戊辰卒，生不记日。

我胞兄蔡金年，字日新，号怀德。我胞嫂罗氏讳烂，生不记日，四月二十二日正忌。生下我胞侄蔡氏来，酉年四月昧辰生，卒于午年十一月二十四戌晨我胞侄蔡氏赖，卒于五月二十二日。我胞侄蔡无名氏。

（□天德寺之东有合葬胞叔晋美、胞姐、胞兄，合成一墓，之西又有合葬胞姐、胞兄三位合成一墓，亦坐壬向丙。）

《蔡氏谱》最后一部分内容是撰谱者蔡日升夫妻的生卒信息，因此已不是蔡日升本人所记，而是其子女添加而成。从家谱形态而言，通过这一程序，《蔡氏谱》最终呈现为末成道南指出的越式家谱构造："以子孙自我为中心，上溯四至五代"：

显考蔡日升，号松峰，生于壬子年九月八日巳时，卒于辛亥年十二月十五日卯刻，墓葬在清河社流苔处龙泉寺之北，右近□□□墓。

显妣黄氏讳菊，讳花香，生于壬戌年四月□日辰牌，卒于辛亥年七月十七日子刻，墓葬在锦铺社长丽处内园一倾土一篱，立向艮丑向。□坤向艮兼未丑分卦。

祖先崇拜是会安华人家族活动的最核心内容，虽然来自华人自身的文化传统，但也与越南社会的祭祖习俗有所互动。就中国近世家谱而言，外祖、外嫁姐妹不在家庭或者家族范围之内，而会安明乡家谱包括这些群体在内。越南家谱的编撰传统中，为了便于祭祀祖先，将祖先忌日又单独列表附录而成家谱的部分内容，使用者可一目了然。越南国家图书馆藏的《段族谱》中存有一份"绍治二年六月吉日奉编内外家先诸忌辰"，格式可以正月为例：

正月

初六日　　　外曾祖父考郑贵公字纯坚，亲母先祖也。

二十九日　　五代外祖妣阮氏行一号妙贞，高祖妣先妣也。[①]

这种形式影响到明乡家谱的编撰体例，会安《许尊家谱》，有"承抄忌日列后"的内容：

---

　① 《段族谱》，越南国家图书馆藏。

高高祖献瑞,忌十二月初二日。

高祖呈祥,忌五月二十日。

曾祖全真,忌二月十五日。

曾祖妣冼氏,忌二月初九日。

显祖志诗,忌三月二十三日。

祖妣曾氏艳,忌二月初一日。

亲姑许氏登,忌十月初六日。

显考许克勤,忌八月初八日。

显妣丁氏论,忌六月初九日。

亲叔许克俭,忌五月二十七日。①

　　此外,《许尊家谱》还规定了部分统一的祭祖时间,比如"十二月初一日扫墓",以及"同日,祖妣叔伯弟兄姑姨姊妹等忌,每六年会同诸先灵斋供一筵","同日"可能指祖妣曾氏艳的忌日,即二月初一日。

　　明乡社华人以明遗民的身份留存于越南,对故国乡土仍有依恋之情,追溯祖先来源是证明族群身份合法的基本依据,家谱修撰活动基本以侨居人群为主体。越南其他地方的明乡社华人也是类似情形。如陈荆和教授研究的顺化明乡社陈氏,他们与原乡福建漳州宗亲保持联系,但是族谱也是独立展开的。族谱资料记载,一世祖陈养纯南下十余年之后,其子陈总亦自福建南来寻亲,陈总长子陈宗(第三世,1675—1714)于清康熙三十八年(1699年)回福建住了二年:"祖性好读书,手不释卷,年方二十五岁,生下长子元礼,遂回故国,庙见谐族,同居二载而返,为双亲年老,不敢远游。"②第十世孙陈元烁编辑《明乡陈氏正谱》时,并没有再追溯漳州先祖,直接以始迁祖为开端:

　　公陈养纯:庚辰八月十二日吉牌诞生,原籍大明国福建省漳州府龙溪县二十八都四鄙玉洲上社人也。避乱南来生理,衣服仍存明制。享寿七十九岁,戊辰年四月十二日戌牌卒。坟在香水县安旧社四西邑山岗,坐巽向乾。公元配□氏孺人,子一。继配□氏孺人,子一。

　　其实,明清政治变迁对东南沿海地方社会影响甚大,南迁群体如果没有

---

　　①　[越]许玉和、许玉发:《许尊家谱》,保大五年(1930年)。

　　②　陈元烁编辑:《承天明乡陈氏正谱》,香港:香港中文大学新亚研究所,1964年10月,第46页。

第三章　谱牒文献与家族形态

213

及时与原乡恢复联系，自然而然就演变为了离散人群，原乡只作为意象的"故土"而存在。李文馥（1785—1849）是越南名儒，同时也是外交家。他在1819年考中举人，此后曾奉命出使新加坡与中国，或参观海军演习，或处理中越海难事件，或朝贡清王朝。作为河内明乡社李氏的六世孙，他在《李氏家谱》的《家谱引》：

> 我李氏原贯大明国福建处漳州府龙溪县西乡社二十七都。先祖辅明朝为开国元勋功臣，同休带砺。至匈奴入帝，兄弟三人，长曰李克廉，次曰李我璧，季曰李克贵，义不臣清，遂相与航海而南，择得吉地，在升龙城怀德府永顺县湖口坊地分，因与本国族人结为乡党，顺甲而居。其诒厥孙谋，以不臣匈奴为克承先志云。

李文馥追溯李氏与明朝的关系，目的在于提升自己的文化象征地位。但是由于时隔久远，他即便有机会寻根，却也是无果而归。明命十二年（1831年）他护送失风官眷陈棨等人回福建，前后花了五个月对厦门、泉州、福州等地作了深入的观察，原本有打算往访漳州祖籍，终未成行，留下了《拟访祖籍不果感赋并序》抒发自己的失落情怀：

> 余祖漳之龙溪人也，世为明巨宦，明末时徙，至余凡六代。《家谱》内著明"西乡社十七都"，经询之龙溪县无此社名，惟有二十八都塓隙社李族甚巨，而土音"塓隙"与"西卿"相近，"七""八"二字所差不多，或者年代久远，间有疑似之误。乘公暇，将往一访。土俗例访祖籍者，其犒劳酬赠之费，非四五十金不可，而余则事力俱屈，八九不如。舟次离龙溪水程近一日，而等之为海市蜃楼之视。穷之至此，苦思交迫，不觉感成：
>
> 国恩衔命千余里，家派留香二百年。
> 世代岂能无鼎革，储胥应自在山川。
> 壮颜每为黄金瘦，暗泪空凭流水传。
> 陟降有灵应念我，般般情绪片帆边。[①]

---

① 《闽行诗话》，越南汉喃研究院图书馆藏有六种抄本（编号：A.1250；A.1291；A.1990；A.2953；VHv.110；VHv.2258），此处据 A.2953 本引。转引陈益源：《源自漳州的三份越南家谱》，《中原文化研究》2013 年第 3 期。

三、西山之乱与华人家谱建构

明乡社华人群体的在地化进程就是身份再建构的历史过程,而身份意识的形成需要依托多种文化资源。一般而言,明乡人一方面可以强调与中国文化的关联性而凸显自己的正统渊源,另一方面又可以有别于"清人"的入住权而显示自己的族群特征。多元文化的交织还有利于他们在不同的时代背景下转换自己的身份定位。笔者田野调查中,收集到了越南人的《阮族世谱》。有意思的是,该谱后附一份《明乡曾族外家世谱》,从内容而言,这是越南家谱内外祖并重传统应用到明乡人的案例,可视为明乡人与越南人的家族互构的典型。尤其值得讨论的是,阮氏和曾氏进行家族互动和重构具有特定的历史情境,也就是说,表面上只是越南土著和明乡社群在家谱形式上互动,但是实际上离不开会安的政治经济条件的作用。具体而言,就是西山之乱导致的社会变迁,才引发了家族重构和文化交织。

《阮族世谱》编撰者为阮氏八世孙阮璧,内容包括序例、世系、祖产、墓葬、事迹等内容。阮璧认为族谱在于"明世系,辨支派,识忌讳,别亲疏,考事迹"。19 世纪初,阮福映建立了阮氏王朝后,不少官员和百姓被赐姓为阮,阮姓人群不断扩大,成为越南最大姓氏。会安的《阮族世谱》也认为自己与皇室有关,族谱中即标有"皇家万禩"四字,但序文中特别指出与阮朝皇室区分,"国朝阮氏甚繁,故我祖用德字以别之也",可见"德"字为编谱时外加的,历代祖先名字经过改造后,成为"阮德"族。序文撰写者阮璧在序文中表白:

> 夫家之有谱,亦犹国之有史。所以明世系,辨支派,识忌讳,别亲疏,考事迹,免遗忘不可缺也。我族世谱经西山之乱,烧绝无遗。其子孙有学者、从戎、远宦、留戍北城,在贯者木讷无文,不知作谱,致使始祖而下两世,祖妣姓甚名谁与何方人氏皆不获知,万甘厥罪。然若以不知姓名、事迹而不作谱,将何以贻子孙使知世系、忌讳者?乎况多闻缺疑,慎言其余,圣训宜以此为法也。且我族自高祖以前,系是单传。曾考而下,始分两系。兹八世孙璧只所见所闻修成世谱,两系子孙各守一本。何系所守?则以此系祖父子孙在前,附彼系祖父子孙在后,使之一望了然,而知世系、忌讳也。所有本族祖先姓名、忌讳、事迹恭陈如左,爰书以为序。

阮璧强调修谱与孝行、与家族繁盛的关联性,"我现今七十有□,所被风痹,艰于步行,在家坐卧,观书待老,与造化氤氲,修作世谱,庶免遗忘,以增不孝之罪。兼之伯兄出仕,卒于官,长嫂就庸,遂伴商贾,养二子从学。惟我一身,始终奉祀祠堂,故敢书名于谱尾而称我者,谓期子孙:'炳炳乎,绳绳乎,繁衍盛大;昭昭乎,绵绵乎,发达兴隆'亦循序书于后云"。阮璧在族谱中强调自己所记世系都是据实而书,"本谱自始祖下至耳孙,所见所闻,据实书写,庶免遗忘,以增不孝之罪,后人其监斯"。这份越南谱世系排列称谓有点特殊,它是从撰修者向始祖依次递增,而不是从始祖向撰修者依次递增。阮氏修谱之际,共流传了八世,分为两个支系,于是"始祖"被称为"八世祖",而不是一世祖,其事迹记录如下:

> 始祖姓阮,讳德樺,本清化(旧华)人,性质直好义。时当伪莫僭黎,遂应义为皇朝肇祖部曲。肇祖崩后,不臣郑氏,乃挈眷属、乳仆十五人徙太祖南镇(时上驻跸于广平营),奉派往广南垦殖。(有领兵器防卫,如校戟及木盾之类,先祖相传奉守至五世祖犹存,西山之乱烧尽。)先寓于山(旧华)铺社之长丽村。时山铺已成乡社,而我犹在羁縻,遂有归民立社、不受他牵制之意,有志未就而卒。

阮氏始祖阮德樺的个人移民背景反映了莫登庸篡夺黎朝政权的故事。嘉靖六年(1527年),黎朝权臣安兴王莫登庸胁迫黎恭皇禅让,改元明德,仍以升龙为都,建立莫朝。时任黎朝右卫殿前将军的阮淦率族人逃入哀牢,阮淦为清化大族,他招兵买马图谋复兴黎朝,阮淦即谱中所谓"肇祖"。嘉靖十一年(1532年),阮淦在哀牢寻获昭宗的幼子黎维宁并拥立为帝,阮淦被拜为"尚父太师兴国公",他联合女婿郑检在南方清化与莫朝对抗,由此可见,阮德樺当时应召入伍,成为对抗莫朝的军人。1545年,阮淦去世,长子阮汪被封为朗郡公,次子阮潢被封为端郡公。其婿郑检掌权,势力扩大到顺化—广南地区。1558年,阮淦之子阮潢受命守卫顺化、广南。1570年,阮潢被郑氏封为总镇将军,镇守顺化、广南。随着阮潢实力扩大,形成了与郑氏对抗的基础,1620年后双方就征战不已,1627年形成了以㶚江为界的政治统治格局,阮氏统治江南,史称"广南国",阮潢即谱中所称的"太祖"。阮氏携带部曲南迁之事也见于越南史籍记载,如《抚边杂录》记为,"阮家所携部曲多清(化)、义(安)人,侨居附贯"①。《大南实录》则记为,"宋山乡曲及清化义

---

① [越]黎贵惇:《抚边杂录》卷五。

勇皆乐从之"[1]。

追随阮潢南下的群体中,清化省的将帅占有相当大的比例。阮德樏作为阮淦旧部投奔阮潢后,被安插到广南进行垦殖。从"领兵器防卫"之状看,他们带有亦屯亦兵的军事性质。不过,阮氏社会地位不高,很快就转为了农夫,归属地方乡社,如第二代"述道公"(德樏)传记记载:"性敦朴,寡学,勤于垦治耕植,家励稍丰。时地广人稀,又少徭役,惟事农作立家业而已。第所居地极沙瘦,意欲移居,未及而卒"。由此可见,当时的垦殖条件颇为艰辛,一行十六人死后安葬在长丽村外,成为家族祭祀的重要场所,如修谱者说,"至今本族常年以冬至日两系同会修扫坟墓讫,或猪或牢致祭,始祖妣及诸从者一筵,永为定例"。

阮氏家族生计转变出现在第三代笃直公(德橛),其传曰,"性质实纯朴而精明,承二祖之业,加意垦殖水乡草,营田甚多。(同垦者为本社同耕,私垦者为己分私田)。日益强盛,追思先志,决意移居,遂于武、吴诸公归安美,拓土地、立家园以居。然犹与山铺为一,同会一亭。"之所以需要"同会一亭",是因为一亭即一社,"随户口多少为一社,社有该有长"[2],"人民稀少,未可立社",阮德橛只得仍归山铺社管理。到了第四代高祖阮德林时,阮氏虽然仍以务农为主,但已开始督促子孙"从学",传记曰:"为人勤谨,乐善好施,寡学少文,然善教诱子孙,使专治一艺可以立业。严督两曾考从学,曾伯考聪明伶俐,义理周详,惟我曾考不肯从学,专于田园耕作而已。高祖深以为恨。时风调雨顺,田园倍利,富甲一乡。"阮德林生有两子,因产业较为丰厚,于是"均分居园",分为两系,长子归南,次子归北。此外,阮德林建立祠堂,为了便于四时奉祀,设立祭田,"以本社邻颎处田八高(篙)十二尺,置为香火田,以供忌日及常年二月、六月祭例"。阮氏拥有了祠堂、族田、支派等宗族要素,具备了家族的基本形态。

阮氏世谱共为八代的世系,前四代单支传承,呈现以祖先为中心的形态,后四代分为两系,呈现以子孙为中心的形态,连接得较为紧密,并未出现末成道南先生所谓的"中空结构"。《阮族世谱》第四世以下所记载的内容是第二系以子孙为中心的世系。如果以第二系重新确定始祖,那么就是第四世显曾祖考阮德椒(号启德),族谱记载为:

① [越]阮朝国史馆:《大南实录》前编卷一。
② (清)大汕:《海外纪事》卷三,北京:中华书局,1987年,第49页。

性极勤勉，忠厚乐善兼之勇力过人，专务田园之业，教训子女，男耕读女织席，务成其艺。又借底网社水田，筑作梁笱，截取鱼虾（在青霞地界），甚获厚利。时家给人足，岁序调和，禾谷之入既多，鱼虾之入有倍，遂成豪富。

阮德椒田产增加已超过山铺社范围，于是得以另行建立乡社，建造公亭，阮氏户籍也就迁入了安美，"曾祖启德公与山铺分亭，递归安美，建亭奉祀"。"分亭"就是"分社"，阮氏从山铺社分出了安美社。从某种意义而言，阮氏作为后来开垦者，需要依附原来旧乡社群体，现在通过建亭分社，户籍赋役得以重新划分，不仅获得独立行政管理权，而且也确立了入住权。他们在此番行动中充当着主导者的角色，阮德椒因勇力过人而成为分亭的干将，"与山铺分亭柱，或四人舁去，而我曾祖则独力负之而行"。从家族角度而言，虽然已是两系（房），但仍需要保持联合行动。比如阮德椒去世后，长子患"恍惚不常之症"，其他儿子又幼小，就需长房予以帮助，"凡事赖曾伯祖调停，我曾祖姚惟专持家计，勤耕教织，生理亦颇裕如"。曾伯祖充当了家长的角色，他不仅安排了侄儿等人的婚姻，而且主持分家提取祭田，族谱描述：

> 我祖渐已长成，我曾祖姚始曾伯祖行娶茹桂邑潘家之女与我祖为配，及驰请乡职相分财产许诸子女。又致槙硚田八高（篦）（属山铺社）为香火绝嗣田，凡其规画处置，皆赖曾伯祖指示，我曾祖姚惟应命守家纲而已。

设立"香火绝嗣田"的原因在于二系的长子"撄得恍惚不常之症无妻子绝嗣"。除此之外，还有一些不知世系的家族成员需要祭祀，"本系有称为堂叔父者二位讳德掌、德（木哥）及伯母陈氏卜者"。阮氏长房、二房通力合作还有外因，即外亲的需求，阮氏与清州社西甲丁氏联姻，阮德椒兄弟所娶为丁氏堂姐妹，丁族"二派之女归曾伯祖，次派之女归我曾祖……至今丁族犹然繁盛，修扫坟墓，我犹受敛钱粟"，家族联姻关系的存在和延续，代表着社区人群的合作关系，阮族以整个宗族名义与之应等。

阮氏利用南下机会积累了家产，但越南乡村负担颇为沉重，据大汕记载17世纪的情形，"国中风俗，民最苦，土田甚稀，谷不足以赡土著。顺化、会安一带俱仰粟他郡……有田则种稻，输公者七八，私得二三而已"。[①] 家族经分家后，因成员的能力差异，机会并不均等。一旦遇到社会动乱，会出现

---

① （清）大汕：《海外纪事》卷三，北京：中华书局，1987年，第49页。

较大落差,《阮族世谱》的诸多成员传记均有呈现:

> 仲父,知簿,讳德宣,字文礼。性刚正明毅,力学兼通医卜。应义从戎,官至知簿。娶清平社富翁云之女,侨寓东安社,蚕桑、医卜为业。……先是仲父盛辰告病回乡,造船商贾。后部支催召补,从驸马玩往镇清化数年,回京在贯。家财为长女氏名尽夺,后妻所生子女皆幼,家道日替。而仲父不乐仕进,每年陈控乞休(年方五十),为当道所恶黜,仲父亦不以为意。归家后,蚕桑付之妻子,遨游境内,请医问卜,乐意随人,性贪风水,好围碁,闻鸡至,忘寝废食,以此而终焉。

> 叔叔父,该队,讳德谨。性忠直勇敢过人,兼通武艺,善酒博,视财货田土蔑如也。娶潘洲东甲家翁满之女壬氏为配,生下女二,氏慎、氏松,皆有家室,后来绝没。翁满家财,无有男子,归于叔母,并我祖所分赐田产,皆为叔父酒博消磨而尽。留戌守北城,官至该队。寻得瘆咳,以十一月初八日卒于官,年四十三岁,归葬翁队园之东。叔母归贯数年寻卒。长女慎放荡不归,后来妃满贫困无依盖茆屋于叔园。老不能,赖氏松雇功养活,数年而没。

> 季姑母,讳盈。性敏捷,爱恤子侄。时我家豪富,女子惟一,季姑丈能顺承奉侍我家,极其宝贵。队和来问,訾其贪,不肯下嫁。后队和管燕户①,极有资富,刀慕翁本之富。嫁归(富沾社)南甲,而姑丈不学,被乡社填兵,惟雇借人顶替,遂至破产而外迁。仲父许江船一只,助本商贾,流离□□,子女饥寒,日甚一日。中年夫妻回贯,构小茆屋以居,适我伯兄回贯丁忧,助钱一百贯造船□打彡鱼,不幸为飓风所覆,父子婿皆没,存一子名琼,自此益衰削。姑母勉强与子女做生,后十余年病卒,墓葬在南甲,寿命七十有五。

家族规模扩大后,成员增多,某些人总有机会繁衍发达,阮氏家族也同样如此。阮德琇的机遇与其兄弟姐妹有所不同,得到较好发展。他因西山之乱而弃文从武,如家谱记,"显考讳德琇,字文仪,生于壬辰(1772 年)之年,性醇厚慈祥,怡愉悦豫,少有怒色。自幼勤学,手不废书,常诲诸弟,学宜加勤,行宜加谨。若能学行兼优,方称儒流儒行。长,逢西山之乱(兄弟构

---

① 越南中部沿海的海岛出产燕窝,北自大占岛,南至归仁、平顺一带海岛,会安外的岣崂哩岛也盛产洞燕燕窝,品质极高,是输完中国的重要商品。燕户应为采取燕窝的专业人员。

兵），遂意南投旧主"。阮德琇"南投旧主"是在西山之乱的背景下发生，而且与妻族有极大关联。阮妻姓范，族谱记载，"我妣乃和荣县蒲坂社范族女也……我外祖讳言，旧朝知县……归田后，专治医术，家道平常"。1775年，会安、蒲阪一带就成为军事拉锯之地，《大南实录》有所描述：

> 上立皇孙旸为世子，称东宫镇抚广南总理内外诸事务，令诸将检阅水布军，为进取计。居数日，西贼阮文岳使集亭、李才将舟师出合和海口，岳步兵沿山出秋溢江，两道来侵。……（二月）壬寅，御舟至嘉定，……东宫屯俱低，阮文岳谋欲迎立胁以惑众，乃使其党统率面先锋、正统率部详率兵两千屯翠鸾、蒲阪为上道，集亭、李才率兵二千屯巴渡为中道，督战丰、虎将军率兵二千屯河申为下道，约迎得东宫者得重赏。……集亭、李才率兵追至汗耶与面、详等战，破之，逼迎东宫还会安铺。集亭累欲加害之，李才每为劝解，乃止。郑将黄五福兵过海云关，阮文岳使其党集亭为先锋、李才为中军，迎战于锦沙。郑属将黄廷体、黄冯基出轻骑突入，杀集亭军甚众。岳与李才走板津，共谋诛集亭。集亭奔广东，岳遂迎东宫还归仁福屯兵广南。……十一月，尊室鬓、尊室春起兵于广南，张福佐为之谋主，又有清商名悉以家资亿万助之，军势大振，据升、奠二府……贼将李才以富安降。初阮文岳欲倚李才为助，及得志，待之寝薄，李才遂有效顺之意。尊室喧去归仁，李才密与之约。至是，因守富安，乃尽率所属兵马诣宋福洽军降。事闻，上纳之，令从福洽节制。

阮氏族谱言辞隐晦，范氏子弟在此过程中是否参与了西山政权已不得而知。族谱对他们"投诚"行有清晰描述，"辛酉（1801年）之年，先是我大舅讳譲同大姨母夫讳治已往平定投诚"，这与当时的战况也极为相符。1801年3月，广南阮军收回广南营，与西山大战于广南营附近及周围地带如罗瓜、施胡、罗带、铺花、坊场、富沾、金芃，以长江为险势，会安归属阮主，广南战争结束。此后，范氏子弟得到重用，"奉旨传大舅为参军，大姨母夫为该队。寄信回家，寻而我仲舅讳諮、叔舅讳誉，亦相继从军。……大舅官至平顺该簿（如今之布政使）、仲舅官止该队，领富（庸）谐汛守御，姨母夫官止该队，叔舅为首合领买秋溢源"。平顺营为1697年广南阮氏政权在平顺府设立的军镇机构，下辖潘郎、潘切、麻离、庸谐各道，每道设该簿为文官、该队为武官,各一人①。范氏因军功而显赫,"伯、仲、叔三舅父出仕,季舅伏(服)侍在家。四女皆嫁宦名家,为一时清贵之最"。阮德琇随妻族投军后,任官到"前军劲捷十奇参谋"之职,留守北城社。阮氏也并非一人投军,其弟阮德谨曾任该队,阮德得曾名隶"北城社壮威卫军籍"。阮德琇后来被长子阮德珠继承,"明命甲申年(1824 年),承长官题奏,奉敕授伯兄为前军劲奇正八品典簿。……戊子年(1828 年),承北城总镇官题奏,奉准伯兄为前军劲捷十奇知簿","自甲申至丁酉,一十四年之中,凡其交接僚友,奉事上司,推诚止信,始终如一,皆没齿不忘也。明命戊戌年(1838 年)调补高平省藩司判。……庚子年(1840 年),蒙陞授慈山府副长史"。

阮氏家族经营商业的主事者为家中女性,阮德琇之妻范氏擅长商务,很早就参与了对外贸易,到岘港进行商业活动。"妣,性极明敏,长于商贾,长于争战之时,日与女伴乘船沱瀼商贾,获利甚倍。上供高堂饮食之需,下备弟妹日用之费,而妆奁概有余裕"。嫁入阮氏之后移居北城,则继续操持商贸,"甲子年,祖妣服满,我考委家人递书回,我妣乃拜辞我祖,嘱付家事于季父,遂携伯兄与家人同往北城。时我考在沱日久,俸禄之入既丰,我妣又善居货,家世极盛"。当时会安的商业地位被岘港、北城等地取代,北城已是华人商船频繁出入之地。1803 年 12 月,清人郑猷被任命为北城该府艚,监收商舶税②。1812 年,嘉隆皇帝"命北城发银一万两,委清人谢朋周、周泗记到广东"采买",从清人命名方式看"谢朋周"、"周泗记",应为船行或商号③。1815 年,明香人潘嘉成任命为北城该铺,征收清人屋税,"岁输银一千五百两",可见当时华人商铺之多④。明命元年(1820 年)改定外国商船港税,"平顺、平和、富安、平定、广南、北城各减十之二",以吸引外商⑤。当然投资商业也有风险,范氏"为小人所骗,商贾不利,受债甚多"。

乙酉年(1825 年)范氏回会安后,"人口既多,农桑百计,只足日用。适有守御仲舅船来,我妣因买杂货,同我妻搭往平顺、嘉定商贾(居至三年之久,以至书信不通)。恰逢伪魁煽变,遂借船载鱼鰔以归"。由此可见,阮氏

---

① [越]高春育、刘德称等:《大南一统志》卷十二,东京:日本印度支那研究会,1941年,第 1290~1291 页。

② [越]阮朝国史馆:《大南实录》正编第一纪,卷十九。

③ [越]阮朝国史馆:《大南实录》正编第一纪,卷四十五。

④ [越]阮朝国史馆:《大南实录》正编第一纪,卷五十。

⑤ [越]阮朝国史馆:《大南实录》正编第一纪,卷六。

妇女经商已传承至阮德璧妻子,阮德璧自己也参与了商业活动,如其自述范氏去世时奔丧,"我从船装载酒米什物由水程回"。不仅如此,阮德琇和范氏的长女、次女也善于经商,她跟随丈夫,从戍清化,也曾到顺化经商,"长于商贾,在家待字二十七归于美川社□副统领之子黄文顺为配,姊夫登英名册,蒙授清化□该队,以护运船搁浅之案发往镇西效力,嗣后绝无音耗。长姊在承府商贾。"次姊,"嫁与富沾社书吏仁,后夫没无子,依伯兄同往南定借家商贾乾椰"。

阮氏因军功和经商获社会地位之后,即荣归故里省亲祭祖,并购置家业。"辛未年,奉准北城官军回贯省亲省墓,我考妣乃留我与伯兄及季舅表兄等居住北城,而与仲、叔二兄及长姊回贯省候,因置买田园,交季父及亲人在贯耕作,奉养我祖,在外贯亦借公田十亩收粟,奉养外祖妣"。范氏在1833年去世,阮德琇在1836年去世。阮德珠安葬父母后,出资建立祠堂,"伯兄遂罄其所有,使赎祀田,办买材木,修造祠堂。丁酉年(1837年)二月奉安先代神主"。为此,阮璧修专门撰写了《祀先堂记》,阐述了承袭宋代范氏义庄遗意的观念:

> 柔兆涒(涒)滩(丙申)之岁,一阳来复之月,八世来孙某钦蒙恩例归贯治衰,辰亲朋远近都来赠吊葬,事不日而完。某德周旋于庐墓之间者,冬忽春来,族中父老咸谓之曰:"宋辰范文正创立义庄与族人,后世侈为佳话。今吾子上承祖荫,远戍边方励图,不迨范公之万一。然此心昭卓古后同,然须乘此会干一件事,便了一件。忧及早筹,思以先机。"某闻言,复诸父老曰:"若得祖先有所,某愿足矣。"遂捐出私赀,使人赎祀田,卜日建家庙,赶紧理会。逾月告成,恭匾其堂曰"祀先堂",盖取四辰崇祀先祖之义。谨于丁酉年二月吉日奉安先代神主,具礼庆成。虽美奂美轮,不敢希望于前,而有废有兴,因此而□夫剥复之义矣。已而,悲限严催,简书可畏义然也。其何情之感言,随与宗亲惘惘然。分手就道留命弟某作为以记并铭以诗。诗曰:
>
> > 祀先景致绝纤尘,义址仁基旧转新。
> > 润色非为夸富有,岁辰原殿苹神人。
> > 一心敬谨而今古,万世持循义与仁。
> > 积善之家知有庆,愿赓天保九如天。

阮氏家族具有在地的政治经济优势,家族成员的身份也较为多元,由此形成的联姻群体也较为多样。他们在会安、岘港、北城、平顺、顺化等地经营商业,获利甚厚,也与商业群体产生密切接触。阮氏对中华文化也有偏好,如阮德琇致仕后,"日惟遍游铺面,试茶买书(多买小说书),回家则与属员弹棋及观书,或与家人讲说古传为乐,如说反唐、南宋、春秋列国、征东、征西、三国志之类"。阮德珠之妻武宜人"乐善好施,一生敬事关圣大帝及观音佛,在浥辰南定,铸像关圣像一部、观音佛一座,及洪钟供奉(大洪钟一、小洪钟一),又常持诵圣经及亲手抄送"。曾氏为华人商业家族,成为阮氏的联姻对象。曾氏家族称冠主要安葬在"乡心照处",阮氏墓地"安美社土心照处"。"妣曾安人,生于癸未之年,寿七十五岁,卒于丁酉年八月初一日亥牌,卜葬于乡心照处,向用癸丁,卦得山水蒙,再占,得履之大首。(九月戊戌日,初占,得升之尽。)内子张乡,卒于己亥年十一月初四日申戌卯牌,卜葬于乡心照处。"曾氏人丁稀少,如家谱记载,"大舅父讳虎,未有妻子,于三月初八日卒。孟姨母蠹,嫁唐人,未有子女,于正月初十日卒。"曾氏祭祀也依附于婿族阮氏为实施。阮氏为世宦家,族谱体例较为完整,于是按照越南祭祖仪式和族谱编撰传统,阮氏外孙就为"外祖"另立"世谱",以备祭祀之需,家谱名为《明乡曾族外家世谱》[①],谱序言:

> 夫家之谱,亦犹国之史。所以明世系、识忌讳、别亲疏、考事迹,不可缺也。我外家曾族世居北朝,其门风广东郡之最。间有危科名宦者,皆历历可考,第得之传闻耳。至于奕代祖先姓甚名谁,皆未之闻。盖因我大舅之早丧也,然北朝既有大族,则未常无谱,百世不迁于彼,有光矣。今我叨列外阶,追思先德,谨录外祖考、妣及舅父、姨母姓名、讳忌,修成小谱,应免遗忘。后世子孙苟能鉴此而不忘斯,足矣,是为序。皇朝咸宜元年正月初八日,外孙阮氏小兰亭拜序。

族谱记载,曾氏始祖曾橙(秉德公)为广东人,以经商为业,明清之际来到会安:"曾讳橙,本北朝广东郡,人性禀温良,多有学识又长于算数。时当明朝失驭,外祖以世家久沐君恩,不肯臣爱新觉罗氏,遂混迹于江湖,以商为业,客于本朝会安庯,遂家焉"。曾橙没有久居会安,后来回到广东,"后因省墓北归,未及南寻卒。间关万里,音信渐稀,故不能祥其年寿及忌日。今我妣常年以七月初一日遥祭,遂为定例"。曾橙回唐之后,杳无声息,陈氏只能以七月鬼节的中国风俗祭拜。类似故事也见于会安的《许尊家谱》:

> 高高始祖考,籍贯福建省诏安县之人也,姓许。传闻公未曾身来南

---

① 壬氏青李田野收集,见附录二,附图2-6。

地（大南国广南省明乡社），故其讳名、字号及生日、死日均未详知。惟有高高始祖妣张氏太淑（唐女），携子许献瑞来南留住。嗣而始祖张氏终于南越，其子献瑞从南朝为官，家封至禄进侯，今有名字预列于本社先贤區位。生下男三女一，传子留孙，以有今日美矣哉。木本水源，根深业茂，世代延长，列而弗替。①

陈氏作为维系曾氏的支撑，族谱对其有较多记载，"外祖妣陈孺人（讳物），生下男一女二。孺人，福建人，陈族女也。性行慈祥，仪容端正。辰祖考以省亲北归，寻卒。祖妣年甫二十余而能守节，抚养诸子至于长成，含饴弄孙，以娱晚影。至于辛巳年正月十七日无病而卒（生己巳，终辛巳），享寿八十五岁。墓葬于安美社土心照处北向女婿编修阮公墓之后"。其中陈氏生于己巳、卒辛巳年，如果以明清之际的历史阶段来推算，应为康熙二十八年（1684 年）和乾隆二十六年（1761 年），享年八十五存在记载有误。其实，问题还不止于此，谱序记载撰谱时间为"咸宜元年正月初八日"，"咸宜"是阮朝皇帝阮福明的年号，"元年"为 1885 年。以此向上推算三代，外祖妣陈氏只能生活在 18 世纪中叶，即 1744—1821 年之间。那么，族谱记载曾氏始祖的故事与西山之乱以及"明乡设社入籍"有关。

西山之乱中，清人也存在着"从贼"和"反贼"的复杂选择。西山阮氏在起义之初，"闽粤两省客民亦各应募投充"②。前文已叙及的集亭、李才等人形成了西山阮氏的重要军事力量，"清商集亭、李才皆应之，岳结以为助，亭称忠义军，李才称和义军。又取土人高大者剃头辫发装为清人，战则醉饮裸身，悬金银纸冲阵，以示必死，我兵莫有当者"③。相当多的"清人"成为西山政权的骨干，"李阿集节次与顺化王打仗得胜率，遂封为开国公。洪阿汉熟谙洋面水务，授为汉胜侯。刘阿眉、谢阿睦、蔡阿安、孙阿显、刘阿江、谢阿谷、庄阿奇，与福建厦门人李阿第，各授公、侯、大将名号。李阿倪、陈阿色、陈阿税、庄阿冉在李阿集手下看守粮米器械，各为翁该、翁仪。杨阿双接充峒长，供应夫人马。方阿当在顺化王处授职翁社，经管征收丁税"。李阿集还招福建人罗阿奇（即卢阿奇）代写文檄威逼客民当兵。如不愿参加，予以严厉惩罚，"将颜立舍杀死，许探官杖毙，辛阿寅、倪阿悦割去耳轮，枷责示

---

① ［越］许玉和、许玉发：《许尊家谱》，保大五年（1930 年）。

② 《乾隆四十一年正月二十九日两广总督李侍尧等奏折》，何新华编：《中文古籍中广东华侨史料汇编》，广州：广东人民出版社，2016 年，第 26 页。

③ ［越］阮朝国史馆：《大南实录》前编卷十一，《睿宗孝定皇帝实录》，第 17～18 页。

众"。其他人则"畏惧无奈,顺从当兵,听其役使"①。他们的活动区域主要在会安一带,并以抢掠商民为业,"乾隆三十九年(1774年)六月内,有颜朝舍商舡载藤铅等货赴惠(会)安发卖,孙阿显、刘阿眉往舡强取白藤,欲制藤牌,因舡上舵水赴阳,孙阿显、刘阿眉各刀砍一人下海,督率各番兵,将舡内货物尽数夺取,于是在番商民无不寒心侧目"②。1775年,李阿集战败,携带番妇逃回中国。回到福建的欧盛祖、王四海擒获供称:"阮翁衮自称西山王,以除奸立嫡为名,招集内地民人李阿集、李阿智,分管兵马船只,争得地方,并索诈民番,受职役使。嗣有东京王遣国老带兵攻击,阮岳败走,李阿集、李阿智等始分头逃窜。"③李阿集本人的口供则更为翔实,"小的与福建人李阿智们在西山部下分管兵马船只,各有驻扎地面,并不同在一处。……后遇顺化兵马,又被杀败。那时小的领兵分守惠(会)安,到顺化还有三四日路,探知西山王存在不住,适顺化王弟兄随行船只来到惠(会)安,小的抢夺金银财物就逃走"④。李阿集部下也有不少逃回,如李阿倪、刘阿眉、陈阿元、孙阿显、洪阿汉等,有的携带了家口,有的则独立逃回。根据这一情形,联系家谱对曾氏始祖曾橙的描述,与此历史过程的吻合度会高一些。后来,和义军投降了阮军,并帮助阮军"斩范彦于参良桥",阮文岳对此进行报复,"凡清人,不论兵民商贾尽捕斩之,投尸满江。月余,人不敢食鱼虾、饮江水"⑤。

乾隆四十九年(1784年)两广总督舒常、广东巡抚孙士毅奏报的处置潮州府揭阳县唐阿矮事例,就是在越南经商的华人借西山之乱掳掠船货运回澳门变卖销赃:

> (板玉)坐落安南国之西南,距安南国王驻扎之东京甚远,兼隔重洋,向为阮姓踞守。阮姓族人又各自霸占为王,番人遂有东山王、西山王之称,板玉与土名港口菜莲相近,皆为东山王所辖,板玉设番官一员,

---

① 《军机处录副奏折》,乾隆四十一年正月二十九日,中国社会科学院历史研究所古代中越关系史资料选编编辑组:《古代中越关系史资料选编》,北京:中国社会科学出版社,1982年,第655页。

② 《军机处录副奏折》,中国社会科学院历史研究所古代中越关系史资料选编编辑组:《古代中越关系史资料选编》,北京:中国社会科学出版社,1982年,第655页。

③ 《清高宗实录》卷九九八,第21册,第353~354页。

④ 《军机处录副奏折》,中国社会科学院历史研究所古代中越关系史资料选编编辑组:《古代中越关系史资料选编》,北京:中国社会科学出版社,1982年,第656页。

⑤ [越]阮朝国史馆:《大南实录》前编列传初集,卷三十,伪西列传,第1~15页。

称为翁阶，港口设番官二员，一名破布兴，一名老颠捷。凡有内地货舡，必先赴阶送礼。唐阿矮学习番语，因与翁阶熟识。四十七年（1782年）四月，有翁阶管下番官翁黎病故，翁阶即唐阿矮为翁胜职衔，给予黑色印照一纸，每月给米一石，钱一千文，改换安南服色，专司巡查街道，稽查内外舡只。迨四十八年三月内，西山王与东山王不睦，西山王带领士兵攻打板玉，东山王避走角蝥山。唐阿矮与番官各驾船随往驻扎，旋因港口番官见东山王兵败，不肯应付水米，番兵即在港口街上强抢民物，街兵杀死番兵一名。东山王遂于四月二十五日攻打港口，番民外避。先有澄海县民陈协老有自置商船一只，商名陈永兴，与闽客叶雅官各出本银置买绸缎、纸张、磁器、货物，猝遇东山王带兵攻打，陈阿应、叶雅官、陈应长与舵水及邻船人等俱弃船外散，有番官翁其次主使番兵将陈永兴一船插立白旗为记，复与他船搬取血竭、象牙等物，携置陈永兴船中，派拨番兵五名封押看守，并令唐阿矮同番兵分头捉拿水手，将船驶回角蝥山。番兵先捉得澄海县民陈阿千、杨阿典到船，即同该二犯前往各山找寻，陆续拿得内地水手陈阿隆、张阿岗、陈阿班、李阿柯、郑阿族、陈阿平、许阿□、林阿部、林阿通、陈阿苍、郑阿忝、陈阿白、萧阿著并在外之余阿发、余阿才、蔡维从、陈阿元、陈阿召、林阿南、陈阿祐、谢阿卯、老陈连、唐阿矮、陈阿千、杨阿典一共二十四人，于五月十三日从港口开行，唐阿矮起意，将货船驾回内地卖银分用，先与陈阿千、陈阿隆商谋，应允驶至大菻山□洲洋面。番兵知觉不依，唐阿矮用言恐吓，随令陈阿隆取竹枪吓戳，番兵畏惧求饶，陈阿隆各给木板一块，使其浮水逃生。唐阿矮即将插记白旗兵番官所给印照丢弃海中，自同众人驾船回内地。因在洋阻风，直至九月二十五驶至澳门。唐阿矮在船寻出陈永兴船照，自即假冒货主，陈阿千认为船主，杨阿典等认为舵水，影射进口在澳门，将货物住投詹珑裕盛号行内发卖，行伙余存老查问地头底账，唐阿矮被其盘诘不能隐瞒，将前项情由告知。詹珑等因图得行用，随引王永昌、赵永生、林基昌议价匀买，共卖番银一万六千二百九十七圆，内除报税行用支销一千九百圆，各犯米饭日用共去银二百四十圆，陈阿千认作船主、杨阿典认为舵工、陈阿隆因持竹枪恐吓番兵，各得番银八百圆，陈阿平在船染病并未帮工，得番银一百圆。其余水手张阿岗等一十九人各得番银三百四十圆，俵分而散。唐阿矮自得番银五千一百九十七圆，将空船交托行伙余存老雇人看管,觅主售卖,自即起身回至澄海。①

奏折中的西山王为阮文岳,东山王为阮福映,板玉尚不知为何处地名的译音,而"蒗莲"可能是"禄赖",就是现在的西贡,当时也被称为龙奈、陆奈、农耐、潦濑、柴棍,为重要的华商聚居区。1780 年,阮福映为西山政权所败,流亡到禄赖。乾隆四十八年(1783 年),西山阮文惠、阮文侣攻打嘉定,阮福映败于牛渚,经三埠、粟江而退守美萩。唐阿矮鉴于西山之乱中清商的不法形态,1802 年,阮福映建立阮朝后,为区别不同时期进入越南的华人群体,下令在全国设立明香社以管理明人后裔并编入户籍。在此状况下,曾氏需要出具他们明清之际即到会安经商的证据,就有了前述曾氏始祖曾橙的"回唐不归"的故事,由此"曾氏"也明确为了"明乡曾氏",摆脱了"清人"的身份色彩。

四、华人对原乡谱牒的传承

在中国的文化传统中,宗族成员通过祭祀祖先,通过父系血缘关系把族人凝集在一起,形成一个严密的家族组织。移居会安的华人一方面通过祠堂和祖坟的修建,为宗族祭祀祖先提供了必要的祭祀空间;另一方面则依托祖先的血缘系谱把族人联系起来,从而达到尊祖、敬宗、收族的效果,进而唤起族人的血系观念。入清之后,闽粤地区的联宗通谱成为宗族发展的重要内容。地方社群借助同姓名流以提高本族的社会地位,使若干个分散居住在一个(或相邻)区域中的同姓宗族组织,把一位或一组祖先(该姓的始祖或首迁该地区的始迁祖)认定为各族共同的祖先,从而在所有参与联宗的宗族间建立起固定的联系。各种联宗祠不但堂而皇之地建造于五方杂处的中心集市内,而且来自各个地区、各个族源、各个宗祠对与己世系关系模糊的祖先祭祀,编纂出了篇章内容宏大的联宗通谱。值得注意的是,随着华人不断外迁,他们在经商之际,借助宗亲关系获得原籍地与客居地之间的各种便利。与此同时,他们血缘或者拟血缘关系为契机,将商业活动逐步扩大到本家族、本宗族以及姑表亲戚,进而再以地缘为纽带扩大同村、同乡、同县以及同府、同省。他们关注自身世系在原乡族谱修撰中的内容,并向原乡家族提供家族人员资料,通过联宗而成为其中族众,而且还将原乡家族编纂的族谱

带回会安，作为凝聚家族和塑造认同的文献凭证。

自阮朝以来，在会安地区华人不断有人抄录或撰写谱系，整合成为一部族谱。族谱是以祖先为原点而建立的世代关系、作为"证明"血缘传承的文字文献，成为地方整合的文化资源和象征符号，会安每个家族大多有一部家谱或族谱，记录家族的起源、演变过程，规定宗族内的人伦关系和族人的行为方式。越南华人主要来自于中国东南沿海的福建、广东、海南等地，族谱不仅成为他们在侨居地建立社会关系、确认身份来源的基本工具，也成为他们寻根问祖的重要依据。《会安埠罗氏世谱》是我们从田野中获得的此类族谱。该谱为手抄本，其编撰时间大约在同治光绪年间，补入内容最晚到宣统年间。《会安埠罗氏世谱》虽然冠之"会安埠"的地域限制，并仿照越南谱或明乡谱，名为"世谱"，但其内容分为三部分，一部分翻抄原乡谱牒中的祖先起源故事或文书，一部分是本支在原乡的宗族事务文书，一部分才是会安罗氏族人的个人行迹①。

根据《会安埠罗氏世谱》的《录〈古禺横砂房谱〉中所载金紫光禄大夫琴轩太初祖南迁故事》可知，《会安埠罗氏世谱》文献应以抄自《古禺横砂房谱》为主，他们与"古禺横砂"的罗氏为分支—联宗关系。"横砂"即"横沙"，《（萠底）本原堂罗氏族谱》的《南迁入广州初到住所》记为："番禺鹿步司横沙乡，系长房之二房再二房次子十一世祖因元末明初之时乱，由车陂永泰里而迁焉"②。"鹿步司"为明代番禺县下设的五个巡检司之一（鹿步司、菱塘司、沙湾司、慕德里司、狮岭司），车陂为车陂堡、横沙为横沙堡，前者在西，后者在东，均归鹿步司管辖。会安罗氏的直系源头并非番禺横沙堡，《会安埠罗氏世谱》的《历代衣冠》记太初祖罗元振—本支祖罗列垣—始迁祖罗汉荣—四世祖罗文明的世代关系，对照现存族谱，与寒溪水罗氏祖先完全一致："罗元振，庆元二年（1196年）进士，官江西南昌知府，值世多艰，谢官，游莞居焉。生七子，分东莞七大房。罗映胄（1211—1300），元振之第五子，原名列垣，生四子。罗汉荣（1231—1303），映胄之第四子，字上舍，号浮山，派名六总管，官鸿胪寺序班。原居铁冈驿左，后迁乌沙，继迁至莞城西门负廓，寒溪水一世祖，生一子广文。罗广文（1262—1346），字懋修，号助教，到寒溪水立别

---

① 壬氏青李田野收集，见附录二，附图2-9。

② 石坚平等编著：《话说良溪——良溪古村历史文化论》（第2版），广州：岭南美术出版社，2010年，第138页。

墅,置田产,寒溪水二世祖,生一子宽。罗宽(1277—1363),原名世杰,字敦裕,号南溪,原居莞城西门,因其父在寒溪水置田产,乃始居寒溪水,寒溪水三世祖,生一子文明。罗文明(1312—1379),字焕耀,号晓齐,知盐场大使,授从事郎"①。

　　无论是《寒溪水罗氏族谱》,还是《古禺横砂房谱》,均为联宗通谱的产物,祖先溯源与《(萌底)本原堂罗氏族谱》保持一致。《会安埠罗氏世谱》该谱文献的第一部分就是萌底罗氏入籍文书,其篇目为:《录〈古禺横砂房谱〉中所载金紫光禄大夫琴轩太初祖南迁故事》、《赴始兴县迁移词》、《引帖发府》、《赴县围词》、《投递册结供状》、《皇宋诰赠吏部尚书世袭锦衣卫图》、《萌底邨琴轩词联云》。根据张国雄先生描述,良溪古村保存的《(萌底)本原堂罗氏族谱》涉及迁移内容有:(成化二十年)《岭南罗氏谱序》、(乾隆二年)《江西罗氏大谱大成序》、宋绍定元年《珠矶迁徙因由》、宋绍元年正月《赴始兴县告迁徙词》、宋绍兴元年《赴南雄府告案给引词》、《计开逃难禀词人九十七名》、《珠矶村三十八姓迁移铭》、宋绍兴元年《南雄府给发文引》、宋绍兴元年《赴冈州立籍缴引词》、《冈州知府李丛芳批》、宋绍定元年《单开供状》、《南迁入广州初到住所》、《广东南雄府保昌县牛田珠矶里沙水村迁徙广州府太艮都古萌甲底村初居始祖考》②。

　　这些文献核心内容讲述宋绍兴年间罗贵率乡人从珠玑巷南迁冈州良溪萌底开基立业。所谓"萌底",就是一片长满萌树的沼泽地,"萌树"就是红树林。曾昭璇先生认为,红树林为热带海滨盐生植物,随着海湾的泥沙淤积,红树林大片死亡,成为冲积平原而种植农业,而民间传说则此地经罗贵率众挖掘疏通排水而成良田,改名为"良溪"③,良溪位于江门市蓬江区棠下镇。康熙年间,萌底修建的"罗氏大宗祠"和罗贵墓就成为珠江三角洲罗氏始祖标志,如康熙四十六年(1707年)的《豫章家庙碑记》云:"我祖发迹,郡先豫章。既而支分派远,钟灵于岭下南雄。我祖琴轩公,当大宋年间,历际时变,乃由南雄珠矶,徙居良溪,今我罗氏,实自琴轩祖始也"。珠江罗氏由此认为祖先即发源于豫章,而后经珠矶至萌底,即良溪。各个支派在各自族谱中抄

---

① 茶山镇文学艺术界联合会、东莞市作家协会茶山分会:《凤山鸣》,广州:广东经济出版社,2012年,第156页。

② 张国雄:《罗贵祖"传奇"之文化意义》,《五邑大学学报(社会科学版)》2009年第4期。

③ 曾昭璇:《珠玑巷人迁移路线研究》,广州:暨南大学出版社,1995年。

录上述文献，以确定身份来源，并作为了不同支派的"共同"历史记忆的根源性基础。刘志伟教授对于这类故事有精辟论述，认为罗贵等故事重点不在于移民与拓垦，而在于定居与户籍登记①，是典型的珠江三角洲疍民上岸入籍故事，户籍登记意味着成为王朝编户，具有入住权。在此外衣之下，获得户籍登记的家族被视为珠江三角洲各姓始祖，良溪村委会编纂的《罗氏贵系源流》载《珠玑村三十六姓九十七人流徙铭》就反映了这种情形："珠玑流徙，罗谌郑张，尹文苏谢，陈麦卢汤，温胡赵伍，曹欧李梁，吴冯谭蔡，阮郭廖黄，周黎何陆，高叶邓刘，九十七人，开辟烟瘴，三十六姓，永镇南方，子孙万代，为国栋梁，文经武纬，愈远愈昌。"

在族谱传抄过程中，不同支派不会完全照搬被抄族谱的全部文献，在名目及内容上有所取舍与改造。如《会安埠罗氏世谱》没有《（荫底）本原堂罗氏族谱》的《冈州知府李丛芳批》、《单开供状》、《南迁入广州初到住所》等内容。而《荫底罗氏族谱》则没有《会安埠罗氏世谱》中的《皇宋诰赠吏部尚书世袭锦衣卫图》、《荫底邨琴轩词联》等内容。虽然如此，但是族谱文献总体的主旨是相同的，都是证明罗氏的入住合法性、户籍来源的正当性，通过建立联宗—分支之间的关系，身居海外的罗氏族人的身份正统性也得到了彰显。

《会安埠罗氏世谱》的第二部分内容抄录了本支的宗族事务文献，内容涵盖了诸多具体环节，既是宗族的文化传承表现，也成为文化认同标示。如《祠堂图》、《尝产》、《祠规》、《保众输饷》关涉家族财产管理，《冬祭祝文》、《春祭祝文》、《开灯例式》等祭祀祖先礼仪。其中《家训》不仅体现了家族的文明教化程度和道德修养准则，而且作为约束家族成员行为的乡规民约，具有一定的社会治理功能。《会安埠罗氏世谱》抄录家训共有六则，分为"敦孝弟"、"谨礼教"、"勤本业"、"尚节俭"、"睦乡族"、"戒侵代"，其内容如下：

　　一曰敦孝弟。事必禀命父母而后行，不得率意妄为。无怠惰缺养，无远游缺养，无为非招尤，以陷牢狱。亲疾竭力医治，不得怠缓，居丧尽哀，葬祭尽礼。先人遗书家谱不得散失，借与别人。祀田、学田不得变置侵占。祠墓修葺，无致毁坏。祭祀勿愆期。兄弟均分财产，无争财失义，勿听妇人言致伤同气。致祖屋乃先人灵奕所依，虽律有明条，尤无

---

　　①　刘志伟：《历史叙述与社会事实——珠江三角洲族谱的历史解读》，《东吴历史学报》2005年第14期。

恃长，擅自折卖，□存泣饮泣。

二曰谨礼教。家长正己率下，毋得偏私，待家人无狎昵，苛责无秽，气骂无礼。□奴仆当说明不是之处，后教以正方，不可徒骂，再三不从，然后杖。凡男女择婚，宜择有家教及婿品、妇品，未娶妻不得纳妾，亦不得宠妾弃妻，无惑于后妻离间骨肉，无调戏人家妻女及仆妇、盲女。凡僧尼倡优弹唱人等不得入门，尤禁止妇人入寺烧香及看戏游河。

三曰勤本业。子孙幼小当从严师益友，读书明理，不得看淫词邪说及损友交处。父兄宜常讲善言善行、阴骘文以开导之。凡士农工贾各守正业，无游手好闲，无习赌博，无结歹匪，无浪荡，无湎酒，勿与人结讼。

四曰尚节俭。吉凶礼量力随分，体俭得宜，勿拘特尚为华靡。奴仆足供役用。□□□□食生事，无故不得杀牲，饮酒不可太夜，不惟伤生，亦防启盗。闲居不衣帛，财谷有余以周贫乏，无妄施僧道暨祈禳浪费。无污弃字纸，无暴殄天物，谨慎门户，提防火烛，毋得疏忽。凡演戏花楼斗龙舟等事，不惟虚费侯游，甚至男女混杂，斗殴争讼，皆宜禁止。

五曰睦乡族。侍尊长必恭敬，见必问，坐必起，行必后，途中相遇必下车下马。无以尊凌卑，无以众暴寡，无以强吞弱，无听谗言，勿谈人闺女。

六曰戒侵代。早完粮，勿贻累里甲。买田业即宜推收，勿漏税，勿遗粮，勿影占挪借他人田宅，不得持强侵占，阴用机谋。贵势不得买赡养学田、赡老田及□□。非至急勿揭债，非至贫勿负债。放债不得遗例深求及利中展利、取人子女田宅。勿占山侵葬耕锄，勿伤人坟墓。凡交易斗秤须要□□，勿作伪货伪契。耕种各安其界，无相侵占，无纵子侄奴仆损人利己，无以六畜耗人业。

第三节　族谱资料与日常生活

一、闽南族谱记载的寓越人口

　　明清之际,东南沿海民众因时局变化而移居越南甚多,如福建泉州府晋江县安海作为明郑集团的海外贸易基地,各个家族都有成员移往安南、占城。这些信息保存在族谱资料中,如洪少禄先生从安海的柯、黄、曾、颜、何等姓族谱中抄录如下资料:"柯兆�,生 1602 年,1651 年卒于安南清变。黄胤炽,生 1646 年,1695 年卒于安南。曾应助,生 1649 年,1695 年卒于安南。颜玺,生 1515 年,1567 年卒于占城。何梦佑,生 1647 年,1681 年卒,葬占城"①。会安明乡华人族谱的记载内容信息可与上述内容对应,如《蔡氏谱》曰:"始祖考蔡周雄,大明国福建省泉州府晋江县塘东乡十四都。公号周雄,行三,即生于戊辰年七月初二日,卒于丁卯年十月念三日。墓葬在翠峦地分女某胡处,坐丁亥向丁己兼乾巽分金。"《谢氏家谱》曰:"嗣孙谢文彩窃念物本乎原,人本乎祖,倘祀事不虔,何以答生成之德。彩自髫年于兹,将近冠也,问诸生母:'彩之先祖从何而来?'彩母谓彩曰:'汝先祖福建人也,泉州府晋江县十四都蓁江乡。'"

　　蔡、谢两份会安明乡家谱显示了部分华人的原乡所在是一致的,即"晋江县塘东乡十四都"和"晋江县十四都蓁江乡"。方志记载,清代晋江县十四都行政建制中,下辖图五,五十八乡,分上都与下都。下都包括坑后、银厝、后市、井尾、蔡埭、埕边、南埕、东坑口、西坑口、山柄、后埭、东营、陈厝、西埯、塘东、西店、西头、赤埕、东园、胡厝、寮头、岑下、围头西街等 23 乡②,"蓁江"即"寮头",塘东、寮江均在此地域范围内。塘东村现在为行政村,位于围头半岛,处于东石湾和围头湾之间,与金门岛一水之隔,包括塘东、下寮、寮头、

---

　　① 洪少禄:《从族谱中获得安海居民侨外史料之探讨》,《安海乡土史料》第 1 辑,1957年,第 330～331 页。
　　② (道光)《晋江县志》卷二十一。

232

西垵、后埭、山柄等 6 个自然村。塘东村的家族与村落有相对一致性,蔡氏居塘东自然村,吴姓居下寮村,谢氏居寮头村,许氏居西垵村,王姓分居西垵与山柄。根据地方文史资料记载,传说"塘东"得名与蔡氏有关,蔡姓先人选择居住在池塘之东,故地名"塘东"。寮头谢氏开基祖为谢俊,据说他将"寮头"雅化为"寮江"。明代中后期开始,安海一带成为沿海商民进行走私的重要澳湾,如《安海志》记载,"安海距郡之统制偏远,扬帆一出海门,窃据之港澳,以获暴利。……富豪贾商,勾结官吏,私造海船,自雇船工,满载货物,径自往日本、吕宋、交趾等地"[①]。

王铭铭认为塘东村对外的联系超过闽南地区而到达澎湖、台湾及东南亚,海洋活动能力可能开始于泉州港的衰落期,即闽南地区对外走私和移民向小型港口转换,塘东成为当时的小口岸和移民基地[②]。入清之后,该地向外流动的人口更多。金井的《塘东蔡氏族谱》收录了从 14—19 世的族众情况,他们在越南的各个商业埠头活动,其中终老会安也不少,摘录如下[③]:

(十四世)周续,瑞宗公第四子。生乾隆辛酉六年(1741 年)九月初七,卒乾隆乙未四十年(1775 年),殁在安南,妣口氏。嗣子鲁恩,周赵次子入继。

(十六世)宗冉,鲁进公之子。生康熙辛丑六十年(1721 年)七月十三日,卒乾隆甲申廿九年(1764 年)七月十一日,四十四岁,殁在安南。妣陈氏,继妣陈氏。生子邦挑。

宗砌,号宗正,字念芳。鲁秋公第四子。生道光乙酉(1825 年)十月初十日,卒光绪丁酉廿三年(1897 年)十二月十二日,享寿七十三,与妣合葬宝盖。娶李氏名燥娘,享寿六十六,与公合奂。客娶阮氏,名鸦,谥慈顺,安南人,生道光己亥年(1839 年),光绪庚寅年(1890 年)六月廿二日,年五十二,殁在安南。生子四,邦祎、邦祥、邦庆、邦梗。女一劝姑,适福全陈禀官。

宗七,鲁秋公第五子,号敬六。生道光戊子八年(1828 年)三月初一日,卒同治戊辰七年(1868 年)三月初七日,亡年四十一,殁在安南。

① 安海志修编小组:《安海志》卷一二,《海港》,1983 年,第 123 页。

② 王铭铭:《村落视野中的文化与权力:闽台三村五论》,北京:三联书店,1997 年,第 1345 页。

③ 金井:《塘东蔡氏族谱》,转见李泰山:《越南漫笔》,北京:中国文史出版社,2008 年,第 221~225 页。

娶王氏。外庶王氏，安南人，名菊娘，生道光乙未十五年（1835年），生女城娘。三娶庶阮氏未订，安南人。

宗劳，鲁秋公第六子。生道光癸巳十三年（1833年）九月十六日，卒光绪己卯五年（1879年）正月初二日，亡年四十七，殁在安南。娶许氏，名晟娘。外庶胡氏，安南人，名心娘。子二，长邦纲、次邦内。女一，胡氏出。

宗报，号高攀。鲁悄公长嗣子。生嘉庆癸酉十八年（1813年）七月廿九日，卒光绪壬午八年（1882年）八月廿三日，享年七十。娶周氏，名法娘。外庶谢氏，安南人，名丑娘，生道光己丑年（1829年），卒光绪庚辰六年（1880年）十二月廿六日，享年五十二。子五女一。

宗准，鲁甄公次子。生嘉庆庚辰廿五年（1820年）九月初十日，卒同治壬申十一年（1872年）四月十九日，享年五十三，殁在安南惠（会）安坡。娶吴氏。继娶林氏。生子三女一。

宗树，鲁兑公第三子。生于道光壬辰十二年（1832年）二月十三日，卒同治戊辰七年（1868年），亡年三十七，殁在安南。在安南娶，改节。生男邦成，殇。生女贴娘，殇。

（十七世）邦褅，号振观，宗砏公长子。生咸丰辛亥元年（1851年）二月初二日，卒光绪庚子廿六年（1900年）四月十九日，享年五十，殁在安南。娶王氏，名巧娘。外庶王氏，名财娘。又娶阮氏，名莲，安南人。子三女二。

邦磬，号贞成。宗砏第三子。生同治壬戌元年（1862年）十月初八日，卒光绪乙未（1895年）十一月三十日，享年三十四，殁在安南会安埠。妣陈氏，客娶□氏，安南人，改节，养子本从。

邦孽，宗七养长子。生咸丰乙卯五年（1855年）五月十八日，卒光绪庚辰六年（1880年）五月，殁在安南，亡年二十六。娶洪氏，改节。养子本春。

邦索，宗七次子。生同治壬戌元年（1862年）二月十五日，卒民国二年癸丑（1913年）正月三十日，享年五十二，殁在安南。娶王氏，又客娶□氏。子五女二。

邦纲，宗耢长子。生同治壬戌元年（1862年）十月廿九日，卒□□年十二月初五日，殁在安南。娶阮氏，安南人，名藏娘。子二，长巢、本事。女一。

邦荣,宗报次子。生道光己酉廿九年(1849 年)七月十四日,卒同治庚午九年(1870 年)五月初一日,亡年二十二,殁在安南。娶王氏,改节。

邦朴,一名发,宗报第四子。生咸丰乙卯五年(1855 年)五月廿日。外娶黄氏,安南人,名算娘。子三。

邦趁,宗报第六子。生同治丁卯六年(1867 年)二月十一日。外娶陈氏,名吉娘,安南女。子二。

邦鱼,宗造长子。生道光庚戌卅年(1850 年)四月初二日,卒同治甲戌十三年(1874 年)七月十四日,亡年廿五,殁在安南。

邦祥,宗造嗣次子。生咸丰戊午八年(1858 年)十二月十二日,卒光绪壬辰十八年(1892 年)九月廿一日,享年卅五,殁在安南。娶吴氏,名双娘。客娶口氏,安南女。子二女一。

邦正,宗株次子。生咸丰丁巳七年(1857 年)正初二日,卒光绪丙子二年(1876 年)九月十五日,亡年二十,殁在安南。

邦变,宗环养次子。往安南。

(十八世)本襦,郑诰第五子,号朝温。生道光甲午十四年(1834 年)八月初九日,卒咸丰丁巳七年(1857 年)十月廿一日,亡年廿四,殁安南,葬安南会安坡。

本泊,号华其。邦诰第六子。生道光乙未十五年(1835 年)十二月十五日,卒同治丁卯六年(1867 年)六月廿三日,亡年三十三,殁在安南会安坡。娶吴氏西甸。生子一,支呈。女庚娘。

本吉,邦享长子。生道光辛卯十一年(1831 年)八月十二日,卒同治甲戌十三年(1874 年)二月初二日,亡年四十四,殁在安南。娶□氏,名送来,安南人。继娶陈氏,名英娘,安南女。养子支江,生子支内,殇。

本永,邦椒公养长子。生同治己巳八年(1869 年)十二月初六日,卒□□,殁在安南。

本左,即本固。邦椒公第三子。生光绪乙亥元年(1875 年)九月十五日,卒□□,殁在安南。

本腿,邦朴公次子。生光绪庚辰六年(1880 年)七月三十日,卒□□年六月初八日,殁在安南。

本多,即三多。邦褚公五子。生光绪十七年辛卯(1891 年)二月十五日。娶张氏名伪娘,安南女。子一女一。

本泉，邦索公长子。生光绪十三年丁亥（1887年）五月廿二日，卒宣统元年己酉（1909年）十二月十六日，享年廿三。娶陈氏；客娶□氏，安南女。女一。

本溪，邦索公次子。生光绪十五年己丑（1889年）十一月初四日。娶武氏，名锦娘，安南女。

本事，邦纲公次子。生光绪十七年辛卯（1891年）二月三十日。娶王氏，名添娘，安南女。

（十九世）支祐，本鹳次子。生道光辛丑廿一年（1841年）三月十四日，卒同治辛未十年（1871年）八月初十日，亡年三十一，殁在安南。娶陈氏，生子实泰，女执娘殇。

支江，本吉养子，在安南。

《塘东蔡氏族谱》从十四世开始使用字辈编排家族成员的辈分次序，一共24个字："周鲁宗邦，本支实继，敦尔文昭，荣华百世，贤才蔚起，修身立志。"按照排辈序列，会安《蔡氏谱》记载的开创基业的蔡周雄应为第十四世。移居会安等地的塘东蔡氏族人娶当地越南女子为妻，所生后裔也按照字辈登录在族谱之上，说明两地保持着密切联系。晋江一带移民到越南的蔡氏族人不只是金井《塘东蔡氏族谱》记录的情形，分房的《塘东文禀房周元公派下蔡氏家谱》一记载了从清乾隆第十六世蔡宗柳开始的多人徙居越南情形：

（十六世）宗柳公，号宗金。鲁严公长子。生乾隆三年戊午（1738年）八月廿七日，卒乾隆卅九年甲午（1774年）三月十七，享年三十七。嗣子邦瓶，宗套长子入继。考葬在安南。

（十七世）邦枣公，号克祀。宗知公长子，宗励公之子入继。生乾隆六十年乙卯（1795年）二月初六日，卒道光十一年辛卯（1831年）九月初九日，享年三十七。妣陈氏，讳甜娘，洋下女。子二，长本扇，次本创。女一。考葬在安南。

（十七世）邦拓公，号克活。宗励公五子。生嘉庆十五年庚午（1810年）十一月初一日，卒同治五年丙寅（1866年）六月十二日，享年五十七。妣许氏，讳双娘，湖厝女。子一，本栋。女一，森姑，适湖厝许氏。考殁安南。

（十八世）本栋公，号笃梁。邦拓公之子。生道光十六年丙申（1836年）九月十八日，卒同治四年乙丑（1865年）四月十九日，享年三十。嗣子支花，本令次子入继。考葬安南花边山。

泉州地区其他不同派系的蔡氏也有族人到会安经商并定居,如《温陵晋邑青屿蔡氏族谱》(青屿即今晋江深沪镇狮峰村)记载 13 世的越南移民:"廷廉公,瑞联公三子,生康熙辛丑(1721 年),卒乾隆丁未(1787 年),妣李氏尾娘,继妣绵娘,安南人,生二子。廷齐公,瑞霜公养长子。生康熙辛丑(1721 年),卒乾隆辛卯(1771 年),聘陈氏,妣许氏器娘。考葬安南会安坡,男二。"《西湖蔡氏族谱》(西湖即今东石镇玉湖村)记录了十五世之后的诸多族人移民越南的持续过程:

> (十五世)国旬,华绥公五子,字国瑞,号克成,生乾隆十三年(1748 年)八月初四日,卒乾隆四十二年(1777 年)四月初九日,往安南禄赖,遭乱而亡。

> (十五世)国麟,忠诚公长子,字国苹,号友怀。生康熙四十四年(1705 年)八月初七日,卒乾隆九年(1744 年)七月初十日。妣李氏来娘。考住安南。船内至海南地面,遭风殁于广东涯山鸦澳,时年四十七。

> (十五世)国种,忠诚公次子,字国□,号友德。生康熙五十三年(1714 年)十二月十九日,卒乾隆四十二年(1777 年)四月初九日。妣李氏锦娘,侧妣阮氏名妆娘,安南狷狃纳螺之女。生康熙五十六年(1717 年)九月二十七日,卒在安南,俟查。考往安南禄赖遭乱而殁。子六。

> (十六世)诗绸,国麟公长子。生雍正六年(1728 年)八月十一日,卒乾隆四十二年(1777 年)四月初九日。妣李氏初娘。查,考殁在禄赖。子三。

> (十六世)诗仲,国麟公三子。生雍正十一年(1733 年)三月十六日,卒乾隆四十二年(1777 年)四月初九日。妣陈氏迎娘。考遭乱殁在安南禄赖。男一。

> (十六世)诗显,国种公三子,字诗选,号辉熊。生乾隆十三年(1748 年)二月十四日,卒嘉庆二年(1797 年)十月初三日。妣王氏两娘,子四。

> (十六世)诗富,国种公五子,字诗逊,号辉勇。生乾隆二十一年(1756 年)五月十三日,卒乾隆四十二年(1777 年)四月初九日。聘徐氏。考生于安南,长回本籍。将及婚娶,再往禄赖,不幸遭乱而殁。承男一。

> (十六世)诗贵,国种公六子,字诗遥,号辉遵。现住安南。传有子

孙。生乾隆二十七年（1762年）。

（十九世）家钿，号复业，传心长子。生嘉庆二十年（1815年）三月十一日，卒同治九年（1870年）十一月十三日。妣王氏花娘。考殁在安南外罗洋。

（十九世）家阳，传众次子。生道光十二年（1832年）五月二十八日，卒同治三年（1864年）十一月十四日。殁在安南。妣陈氏，承男一。

（十九世）家晓，传爵长子，号复悟。生道光三年（1832年）十二月初六日，卒同治二年（1863年）二月十一日，殁在安南惠（会）安冡，妣陈氏，子一。

二、《周氏族谱》与会安粤商

广东具有地接越南的地理优势，历史上的人员、物产往来频繁。入清之后，阮朝每年都要派商船前往广州通市，采买宫廷用品，有时派遣使节官员公办，有时就拨付银两委托华商代办①。广东帮、海南帮商人借助地缘优势，在会安开基立业，并与越南人联合经商，如道光元年厦防同知麦祥禀称广东商人在会安经商遭盗抢掠漂流之事可作为例证：

> 有广东难民阮阿省同越南同难夷翁枚等男妇老幼一共八人，因在洋遭风，被夷盗劫抢，哀求得生，于本年七月十七日渡载来厦等由。……据阮阿省供：年十九岁，系广东广州府新会县人，于十四岁时跟随伊父阮朝栋赴越南会安地方生理。本年五月间，随伊表叔秀壮学到越南狪狔地方合伙买米，雇搭夷船载回会安发售。其船内管驾舵工名俚东，系越南人，带有妻子连船内夷梢货客一共十四人，于五月二十三日由狪狔挂验出口，二十四日驶至外罗夷洋遭风，六月二十九日，漂至不识夷洋，被夷盗上船杀死伊表叔秀壮学同货客名养、舵工俚东，并夷梢名阿克、名仕、名虾等共六人，伊同夷船内水梢翁枚、翁幸及舵工管属子女八人再三哀求，未经杀害。夷盗劫去米包衣物，将人船放还。②

籍贯广东新会县的阮阿省的艰难生计是闽粤商人的常态和缩影。不

---

① 陈希育：《越南阮朝前期外贸政策初探》，《东南亚学刊》1993年第10期。

② 《道光元年十一月初八日福建巡抚颜检奏折》，转见何新华编：《中文古籍中广东华侨史料汇编》，广州：广东人民出版社，2016年，第27页。

过，无论情形如何不济，华人在会安经商，组织家庭、繁衍人口，形成了具有一定人口规模的血缘群体，通过修撰家谱维持认同和共识。这些族谱除了宗族源流、祭祀礼仪和房派支系外，也常常记载个人和家庭的经商奋斗经历，以激励后人或经验教会的榜样，《会安埠罗氏世谱》的《方壶公自述序》即为一例：

> 吾十有六时，父亲梅轩公年六十二岁，八月内在海南陵水身故，□□方闻知，即亲往海南看父，不意命生不辰，十七岁又丧母亲。翁氏时当在外，得接家书，不胜悲惨，讵意生意不就，转往广西散荡三年，时年十九，因身□染病，正月回家，三月即与嫂分火各爨。至二十岁，四月十二日出门，曾交卢家大姊与我接亲。闰四月十九日，复往海南做小生意，二十六岁稍得才进，解囊扶榇回家安葬。事毕，又往海南置货转往广西。二十八岁再北□被灾水冲排，失去货物。三十一岁再广西回归，见世界变乱，在家耕种养塘。

《周氏族谱》保存了保大十一年（1924 年）二十三世孙周训（周永年）抄述的家庭履历，最为详细部分是道光至民国的二代粤商在会安的生活状况，与上文也比较相似，展现了一个联合家庭的发展历程。此份资料开篇追溯祖先来会安的缘由，"明珍公，吾祖父也，姓周号宝，字惟善，籍贯中国广东省广州府新会县江门埠下步明体社人。于道光年间，同诸友谊买棹南游。效陶公之遗迹，别业五湖，慕晏子之高风，遂家四海"。"江门埠"即今广东江门市，为广东著名的"五邑侨乡"之一。嘉庆年间，新会潮莲人张保仔纠集新会、台山、开平、恩平四邑的破产贫民和游民，以香港岛为基地袭击过往的官民船舶。张保仔被朝廷招安后，不愿追随张保仔投诚的人乘船往南海而去，成为海上贸易的重要势力。周明珍在道光年间来越南经商，可能与此背景有关[①]。

清代华商来到会安后，为了经商便利，另娶越南女子形成了两头家。族谱资料对此交代得非常清楚。"虽百年佳偶，早已结于家乡而于里，良缘今又归于客地，乃娶吾祖母贯山铺社巨族阮氏女也，迨后生下六男三女，长曰明泰，次曰维桢，三曰维屏，四曰维翰；女曰：彩来、彩路。有二男一女早亡，不知名氏。继而在唐嫡子百就随后南来省探吾祖父母，另住潘切省投寓生涯。吾祖父仍从妻贯，住寓营商"。山铺社阮氏即为前文已详细描述的《阮

① 壬氏青李田野收集，见附录二，附图 1-10

氏世谱》中的阮氏，他们在会安具有较强的经济实力，其家女性也均有经商能力。周明珍来越娶妻阮氏，对于经商行为而言是明智选择。

从资料叙述看，周明珍以寓居身份附籍于妻家。而当时居住中国的嫡子周百来到会安投奔于父亲，由于与越南继母无直接血缘关系，只得改往潘切省寓居。潘切省即潘切市，为越南最南端的平顺省的省会城市，占婆人为社会主要群体，当时属于城藩王管辖，那里也居住一批华人，即所谓"大明客属"，类近于"明乡人"，陈智超教授解释为，"这些人的祖先在明末清初因不满清朝统治而流落占婆，他们在占婆定居，是华侨及侨裔"。随着华商来越，他们进一步南下进入该区，比如潘朗天后庙由"清商崇奉"①。相比较而言，该区的华商数量不多，周百就差不多需要另立门户，白手起家。此时，其父周明珍与继母在会安经商有成，置办田产。"幸得余资，多置田宅，重营□馆，相地东迁，亦在伊社地分，即今之祠堂园也。宅成之后，种树栽花，自娱晚节，朝观夕览，共享天年"。不过，周父年事已高，不久即散手西去。"不意好事多磨，□天弗吊忍，而吾祖父接□厌尘，乘云先逝，百年相约，寿方七袠之三。一病长辞，终于五月念四，下葬于山铺社寻梶处在吾祖田界，内坐卯向西"。值得注意的是，由于坟墓在自己"田界"之内，说明周氏已慢慢地从阮氏独立。

由于周明珍在江门的原配妻子在世并生有子女，在其晚年之际，会安周氏开始策划回乡寻根。他们先派明泰回江门联谊，而后计划迁回故土，"即造茔坟，谨修墓志。嗣而挂孝既禫，总动乡间之念，束装就道，那辞南北之遥。于是，吾二伯父乃请命于吾祖母，即日回唐省探，寻以继先人之志，庶少愤游子之心。从此而门间慰辛，陪亲族以言欢，桑梓情联，快睹江山之信美。则吾二伯父此行，不无小补□。隔年，独吾伯父百就南来，谓明泰弟仍往夏州观察市情，来年乃□徐图归计"。但是由于明泰的逝世，周氏归乡之计起了变化，"及后得接在唐吾嫡母姊及堂姑讣音，方知伯父明泰已于前年八月二十八日在乡病终，存吾二伯父及吾先严。□从南国例方定，唐人生下子孙，均要着入明乡籍，至此吾二伯父及吾先严方知我等今日均为安南国民也。此哀吾祖父业已仙矣"。可以说，周氏家族此时出现了一个转折点，因

---

① ［越］阮朝国史馆：《大南一统志》，法国巴黎亚洲学会藏本，编号 SA. HM. 2128，第八册，平顺省，祠庙，第 21～22 页。转引自牛凯军：《潘陀浪王宫档案与晚期占婆史研究：占婆王府档案再讨论与补编》，《东南亚南亚研究》2012 年第 1 期。

母亲与唐人联姻的关系,他们不再是寓居民,而入籍"明乡",身份变成为越南国民,此后,他们彻底放弃了"归国"的念头。

周氏家族在会安的发展依赖于阮氏,周母不仅对男性子孙有所教导并予以人生规划,也利用女儿与会安大族世家联姻,以扩大家族力量,"姑来嫁于清州社西甲秀才阮述,姑路嫁于锦铺社百户剧之长子"。值得注意的是,周彩来的丈夫为阮述,即前文已述及的阮荷亭。由此,我们不难理解阮述为何与中国士人有密切的交往关系,并在后来居住于曲江了。经过近百年的苦心经营之后,周氏家族得以修谱和建祠,完成了在会安的宗族构建:"追念吾祖父之勤劳,航海梯山,初欲值四方之货,南转北撤,得以乘千里之风,幸而旅会。吾祖母得内相之贤则苹藻有人,门闾生色。大兴土木,结构祠堂于兹,迄百余年而规模不改,俎豆增光。"

三、《绣心公自述》与华商生活

如果说《周氏家谱》所述的文献反映了一个家族发展史的话,那么保存在《会安埠罗氏世谱》中的《绣心公自述序》从个人传记角度展现华商的生活实态。自述按照时间编年,实质上是一份年谱。以"嘉庆七年岁次壬戌季春穀旦钦赐辛酉科乡副贡士、例选儒学教年家姻眷、同学弟黄懋功首拜撰"[①]落款论,应是谱主口述,黄懋功撰稿。罗绣心为滇底罗氏二十一世,《历代衣冠》中有记:金鉴,字锦华,别字绣心,监生,驰赠儒林郎。他作为重要的越南华商,后人为其撰写了其个人传记:

> 罗锦华(1820—1906),越南华商,字绣心。生于广东东莞茶山镇。家贫,早年只身赴越南谋生。妻阮氏,系越南皇族。在会安和顺化创罗天泰商号,经营土产、中国货和文物。从中国进口中文书籍,特别是中国新书和康梁维新派的书刊,对越南知识分子了解国际形势,激发其爱国思想,开展反法复国运动,起了积极作用。罗天泰商号还为顺化王陵的建造供应中国陶瓷制品和建材。在会安广东街一带广置产业,兴建屋宇店铺,为当地的城市建设、经济发展、社会繁荣,做出贡献。曾获越

---

① 黄懋功,字焕唐,(茶山)圆头山人,嘉庆九年(1804年)赐举人。

南朝廷和法国政府的嘉奖。①

2004 年，广州社科院的陈忠烈先生曾到会安进行考察，特地对罗锦华与罗天泰商号进行了一番讨论，内容也远比上述个人传记详细，与本文密切相关②。陈忠烈先生找到《广东东莞寒溪水乡采集全村丁口源流缩编家谱》，从资料看，该谱与《会安埠罗氏世谱》有差别，没有收录《绣心公自述序》。"自述"为个人生活最翔实的记录，可以展现罗锦华个人及其家族的另一番生活面貌。

《绣心公自述序》中有罗锦华对自己早年生活的描述，他出身贫寒，雇工为生。"予九岁（1827 年）开学，至十三岁（1831 年）解馆后，往茶山舅父全盛米面糕粉点雇工，每年工钱二千文。十五、六、七、八递年四千文。是年十八岁（1836 年），四月娶妻黄氏，仍在舅父处。二十岁（1838 年），生长子善昌。是年八月，往省城；十二月，回家。明年（1839 年）在寮步（东莞）旧墟振合酒米店雇工"。寮步地处东莞埔田地区，商业气氛相当浓厚，逐渐发展成为商埠，明初就成为相当繁荣的墟集，素有"小石龙"之称。"步"与"埠"古字相通，故名"寮步"。这里以"香市"为闻名，屈大均在《广东新语》说"香市，在东莞之廖步，凡莞香生熟诸品皆聚焉"，"廖步"即"寮步"。寮步本身不产香，之所以在古代能成为香市，得益于其地理位置，它接近莞香的产地大岭山，另外船只通过寒溪河进入东江直达各个港口，得水运之便，就顺理成章地成为莞香的集散地，"当芜香盛时，岁售逾数万金。苏松一带，每岁中秋节，以黄熟彻旦焚烧，号为薰月。莞香之积闻门者，一夕而尽，故莞人多以香起家。其为香箱者数十家，借以为业"③。

在莞香贸易的带动之下，罗锦华来到广州经商，《自述》记为"二十四岁（1842 年），二月，往省城，与人合伴，开天华合记香店，办洋庄安南龙耐（安南龙耐，即安南国地分）"。河南尾太平坊现在广州海珠桥南端向东，明末清初，少数洋务商人开始利用河南充裕的土地和农村的廉价劳动力，在比采集珠江三角洲的民间土特产进行加工，购销。外运，至道光年间，河南已成为民间土特产集散和整装渡洋的重要基地和口岸，再加之河南的船舶停靠，装

---

① 杨保筠主编：《华侨华人百科全书（人物卷）》，北京：中国华侨出版社，2011 年，第396 页。

② 陈忠烈：《东莞商民在越南的几则小资料》，东莞市政协编：《东莞历史文化论集》，广州：广东人民出版社，2008 年，第 287～291 页。

③ 《广东新语》卷二十六，《香语·莞香》。

卸比河北更为方便,得以顺势发展。罗锦华在此与人合伙开办香行自在清理之中。所谓"办洋庄安南龙耐"中的"龙耐"即"农耐",为明清之际的陈上川修建的华人市镇,据《嘉定通志·城池志》载:"农耐大铺,在大铺洲西头。开拓初,陈上川将军招致唐商,营建铺街。瓦屋粉墙,岑楼层观,炫江耀目,联络五里。……商旅辐辏,洋舶江船收风投掠,舳舻相衔,是为一大都会。富商大贾,独此为多。"

罗锦华的第一个命运转折出现在 31 岁,他因父亲去世而到越南经商。"二十六岁(1844 年),何氏母亲去世。二十七岁(1845 年)父亲在广南斜眉山去世。道光二十九年(1849 年),是年三十一岁,始来会安贸易,往斜眉山做玉桂(斜眉山即广南省出桂之处)"。陈忠烈在会安"罗天泰号"的神主牌上收集到罗锦华之父罗遇明的信息,为"横沙乡"二十世,生乾隆五十年(1785 年),卒道光二十五年(1845 年),正室何氏,副室杨氏(越南人)[①],这与罗锦华自述完全吻合。可见,罗氏一直有至越南经营香料的传统,主要从广东贩运陶瓷、中药等货物来越,再把越南的木材、茶叶、桂皮等运回广东。可以推断,罗遇明需要人在广州照顾生意,于是让罗锦华到广州与之合办香行,罗遇明经营的主要商品应是玉桂,"玉桂"又称"肉桂",是传统香料贸易中的主要品种,主要出产在会安附近。"斜眉山"即"邪眉山",也称茶眉山,距离会安七十公里,为最高等级的玉桂出产地。"斜眉山"山高水险,路途险恶,玉桂也不易获取,罗遇明可能经过一番经营才得以开拓局面,在斜眉山建立了商业网络,并且拥有一定的资产。由于该商品及商业渠道是罗氏商号最重要的商业利润所在,父母去世后,罗锦华到会安继承父业,继续经营玉桂业务。

《会安埠罗氏世谱》专门保存一份《由香港往安南程途略记》,其实具有商业指南功能,目的指引罗氏后人入山采购玉桂:

> 会安,广南省奠盘府延福县,此省埠头之名。由香港至海五百一十六咪,每咪即中国三里三,共计一千七百零二里八。搭火船行三昼两夜到岘港,港系广南之港口,由岘港请内河艇,水程约一百里到会安。河艇行十二点钟,如由路雇东洋车,行四点钟。
>
> 风气昔不甚寒热,近十年间,冬天带寒。此省居南国之中,人纯厚,

① 陈忠烈:《东莞商民在越南的几则小资料》,东莞市政协编:《东莞历史文化论集》,广州:广东人民出版社,2008 年,第 287～291 页。

士□□□□学，屡出道德之师范（邻省多遣弟子从游），故科举此省为最，名山有五行山，茶山。

土产：黄丝、白糖、玉桂、槟榔、沉香、燕窝（即官燕）。生果有一名：南珍果、菠萝。山货有：棕竹、长藤、棉花。

斜眉山，属广南省河东县。往斜眉山，先到会安，由会安请河艇一昼夜到三岐，由三岐起程行，入斜眉山。昔时上山，将近到斜眉，防蛇鬼（即野人）。□亦抓安南人惟□来，法官四处有立营，防范颇严，上落甚为安。

土产：玉桂，有高山、低山之别，高山者，系蛇鬼处所出，□有通蛇鬼话者，出锣火、花砖、戏袍、烧酒，蛇鬼被□□出并物□□。

花边山（属广南省桂山县），先到会安请艇上行逆湾要三、四昼夜。土产，玉桂，亦同斜眉山，有高低之分别。惟出桂甚少，兼不如斜眉桂之佳。

顺化（属承天府，凡□此山月清秀），由香港搭船到岘港，由岘港转搭火船仔，要出港经大海，埋顺安□□□船行点钟，如有风雨，火船仔不能行由路，则□□一夜。昔时要□□大山岭近□□修过路途行湾路须远的不经大山。大岭路甚平坦，火车路，西人早年已凿大山三个到南巢（沱名），则凿山之石，用以填海建大铺，工程浩大，□□□车，以西人计，由顺化火车行三点到岘港，由岘港行会安一点云。土产：槟榔、眉豆、米、棕竹、薯茛、藤。

罗锦华来到会安经商，与会安船主陈焕之女联姻，通过与当地商人建立婚姻关系以保证商业利益。但早期商业活动充满了风险，罗锦华在来往会安与广州的行程中，不仅遭受了八月风灾，而且货物被劫。如他自己所述：

三十三岁（1851年），在会安娶船主焕之次女陈氏，七月搭万盛船回。该船开行，两次因风不能驶上，复驶回原处。尖笔罗所有船被驱上岸，我亦同上。此船遭八月初八日之风暴，船主、伙伴、货物尽失。是年末，船回省。明年（1852年）正月，予往顺化（顺化即安南国之都）。借二哥平银二十笏，做玉桂来回。至癸丑年（1853年），是年三十五岁，搭二哥船回粤。途遇海□，货物劫去一空。后籍行主追得原失之物，取回均派，得六成零。明年（1854年）又往会安。

居留在会安的华商有两种。一种是因为风信因素或商务迟延，错过每年七八月的风期而短期居留，被称为"押冬"或"压冬"；另一种为商铺守柜或者船主代表,拥有或租赁店铺,既销售商货,又预先收购各种货物输往中国。罗锦华多次往返会安与广州,显然是前者的"押冬"身份。作为流动性商人,往往不只拥有两个家,为了能在广州更好地经营,他在广州娶了刘氏,"三十七岁(1855年),在省城娶刘氏,在本乡做息香、炮竹"。此时他已经积累了一些财富,期间为了保持商业信用,替父亲还清亲族债务,"先是我父上年欠落嘉会伯、燕会叔之项,积欠多年,本息计理,末尝不少。惟前燕会叔在世,尝对我二哥言:'衬我在,二侄早日归款',为是免日后繁言。斯际二哥做船主,计亦可还,予欲还而力不就。后燕会叔去世,其后人多方勒索,予亦甘自还,于咸丰七年(1857年)间还清"。

此后,罗锦华在广州生意受挫,只好再赴会安经商,此次身份应是公司代理,即成为长期居留的商人,而担任的工作为在越南沿海港口进行商品交易。在此过程中,会安陈氏去世,家业由女儿继承。为了维持两头家结构,他在顺化续娶了潘氏,但带回会安时未能被女儿接纳,只好另租房屋而居。此时罗锦华来往于顺化、会安,于是设立"罗天泰"商号,与长子共同经营。在获得了财富积累后,他们参与了广肇会馆的重修捐款,如光绪九年(1883年)的碑刻上名列前茅的即有"罗天泰号"。在顺化开展商业活动也需要与当地世家联姻,于是罗锦华于62岁年过花甲,又在顺化迎娶了阮氏。阮氏同顺化王室有很亲密的关系,使罗锦华得助不少,据说"罗天泰号"曾为顺化王陵的建造供应过中国出产的陶瓷制品和建筑材料。此番过程他自述如下:

> 至庚申年,是年予四十二岁(1860年),复来会安造生意,或雇工在公司。丁卯年,是年予四十九岁(1867年),仍昌行主请予做船主来广义、顺化(广义,乃安南国省名),六月船回粤。是年十二月,陈氏在会安去世,他存一女,年方十五岁。所遗下产业,均交此女管理。十二月十五日,由广义来会安,方知陈氏去世。予往顺化卖货。明年(1868年),在京娶潘氏带回会安,意欲同此女居住,不料此女不肯。予另租她笨义之屋与潘氏居住,家产一毫不取。予造船主四年(1872年),事妥。后同长子年年来往造顺化、会安生意。六十二岁(1882年),在顺化娶阮氏。

"罗天泰号"成为富商,据说拥有会安唐人街"半条街铺业"的产权,并在顺化、西贡两地也置有物业。在取得辉煌事业之后,罗锦华开始计划自己的晚年去向。1888年,原乡的夫人黄氏去世,他回到广东。而后在1891年回会安为儿子完婚，1892年即回到广州安度晚。"戊子年（1888年），妻黄氏去世，十二月，予同第八子回粤。迨至辛卯年（1891年）四月，来会安为第十子德祥娶亲。越年（1892年）八月中旬，同长子炳祥回粤，此后在乡省颐养天年"。

从"绣心公自述序"中可以看到他在广南地区经商活动诸多细节，既有个人的奋斗，也有商业的机缘。在绣心公的人生中，每到一个地区经商谋生，利用商业习俗，娶一个本地女子为妻子以便让其帮忙打理当地的生意，形成多头家。罗锦华过世后，安葬于老家墓地，并没有像其父埋骨异国，陈忠烈先生在该村后山见到的还有其长子拱辰之墓，拱辰可能就是炳祥，是罗锦华在顺化经营商业的得力助手。陈先生在文中说拱辰墓志铭说他也有妻妾多人，原配蔡氏、继配袁氏、副配陈氏，共有七子四女，孙辈十人，其中陈氏为越南女子，并指点出墓碑上书的赞高、赞美两子是越南妻子所生，由此推断，他的家庭模式与其父如出一辙，也是"两头家"模式。

四、《南行杂咏》中的会安风情

族谱内容除了世系之外，还涵盖家族活动的各个方面，其他也包括家族艺文作品，会安族谱也有这些内容。比如笔者经眼的会安《叶氏族谱》中收录了族人叶遇春诗稿《南行杂咏》，这是作者在会安以及越南其他地方经商、旅行、交友、娱乐、感怀之际所撰之诗，比较完整地体现了抒发会安华商身处异乡的生活实态。

《南行杂咏》有两处题签值得注意，一是"嘉应帮，叶遇春，潮州府丰顺县"的落款，二是"同春堂"的印戳。由此可确定叶遇春为客家人，嘉应帮为会安五帮之一的客家族群。丰顺县在行政上属于潮州府，方言上属于客家区，因此归属嘉应帮。会安阮太学街现存"叶同源"的老字号，为丰顺叶氏所创。前文已叙及同源号主人叶传英为客家帮帮长，后因抗日牺牲。叶氏子孙回忆先祖1865年来越南卖药。"同春堂"与"同源堂"名目相似，《南行杂咏》中也有《药店纪事》一诗，可见叶遇春以卖药为生。根据族谱，叶氏在会安的传承为叶遇春—叶启明—叶传英、叶传华—叶家锦、叶家松，显然同春为叶同源号前身。叶氏还有叶同安、叶同福等商号。会安各种碑铭留有叶同春号捐款记录，如成泰十八年（1906年）修建《阴灵祠址、启定二年六月（1917年）的重修来远桥、1928年的重修会安中华会馆等等。

表 3-7　叶遇春会安诗词类型

类型	诗　名
交往	桂岭紫瀛赠糖并诗一绝余以原韵步、邓辉燨奉旨入京祀澄汉宫演戏、和双梧还初志、与故人承天邓辉著吟、越南明江蔡秀德五旬生子诗、与奠盘府佯、明江社陈绍病愈予赠一律、秀俊和吟一律、福林寺上人、红杏尚书
名胜	游圆觉寺、鳣堂感兴、游伏波庙题、游澄汉宫题、就洋商会馆题、先贤祠、来远桥》、义祠、福林寺(二首)、清明亭、孔圣庙、春日锦铺亭上望、三台古寺、近水人家皆入画
旅行	春日旅思、夏日旅思、秋日旅思、冬日旅思、郊行晓望、重九旅思、寒夜题、秋夜雨旅感、秋夜雨旅感、重阳旅思、旅寓寒多、和义安罗峰殷敬义秀才同寓旅处之作、旅感、旅寓自感、寓广南歌
思乡	忆故园、久客居、秋日与客话旧、丁卯三月十六日梦慈母在原乡赤树下、又梦春善堂兄同看二猪、接家信、捣衣曲、寄衣曲、劝友返梓
节庆	除夜有怀、中秋、八月十六夜月蚀、重阳值雨、九秋、十月、满城风雨过重阳、夏至、冬至、丁卯春日
花草	红菊、白菊、黄菊、落花、冬菊移盆、菊枕、红菊、绝句、白菊、绝句、观菊有感、慨菊、左右修竹、乞菊、乞菊、淡如菊
纪事	永奠河塞成、嗣德丙寅八月初三承天府贼入朝门内变幸知机而不遇害满朝文武预贺予北客亦庆一律、海市蜃楼、丙寅生子诗、饥荒、药店即事、野桥水碓水
抒怀	偶题、拟读曲、有所思、静夜思、和五更读书吟、新居闲咏、闲吟、拟古、君子行、老将行、少年行、闲吟、客中自咏、书味夜灯知
教化	勉学以喻其志勿为自迷、解闷、省过自作、省己、醒世、戒吃洋烟四首、醒世六字诗、劝学、戒吃洋烟诗、戒色诗、醒世、醒世、劝和兄弟、戒酒、旅感复题醒世、勉学、儒为席上珍、任官惟贤才
实物	波璃镜、葵扇、布枕、竹夫人、题老者观书塑像图、千里镜、红毛番、眼镜、走马灯
字韵	鸢飞鱼跃、赋得凯风自南、赋得凯风自南、赋得凯风自南、赋得秋月杨明辉、秋月明辉、赋得秋菊有佳色、五言八韵、咏天干冠句、支数、九字吟寒夜、七言律、关关雎鸠
风俗	会安竹枝词、和乩仙诗、和乩仙诗二律、和乩仙诗二律
妇女	商妇吟、宫女词、与夫留别、闺怨、渔妇、和女子怀春诗、贫女咏

叶遇春因 1856 年丰顺县盗贼作乱，在 1857 年从丰顺县汤坑市叶屋铺率两子赴会安，"半为商贾半为儒"，以诗歌记录日常生活的记录，以此留下了大量诗作。现存《南行杂咏》编定于同治六年（1867 年），共 120 多首，以"杂咏"为名，本无主题，无非以诗言志，以诗抒情，以诗纪事，以诗观景，展现了叶遇春的自我情感认知和对会安社会的认识（见表 3-7）。

诗中有事，诗中有人，诗稿展现了叶遇春与会安各类人群的交往网络，如各种官员、明乡社耆老、地方文人、寺庙僧人等等。叶遇春与广南布政使邓辉煒关系密切，《与故人承天邓辉煒吟》记载了两人交往历史："昔年曾识面，今日又相逢。欢笑情如旧，歌吟意复浓。侯门公自处，旅馆我行踪。别后形无异，白发老龙钟。"由此可见，叶遇春在邓辉煒担任广南布政使之前，已有所交往。邓辉煒出生于承天清良乡的书香门第，与南下清人的儒商有所交往，叶遇春即为其中一人。另一首诗歌题为《邓辉煒奉旨入京祀澄汉宫演戏》，"奉旨入京"应是 1865 年邓辉煒被派往广州公干之事，邓辉煒在离开会安之前，到祭祀关帝的澄汉宫捐戏祈祷："澄汉宫前金鏧，广南藩司祝关公。演成老幼千般巧，做出古今一样同。为佞为奸无久远，行仁行义有全终。莫言你我相观戏，警戒世人正厥躬。"邓辉煒到了广州之后，延续他在会安与叶遇春等人的交往模式，文人、商贾、僧人均有诗歌唱酬，并在广州娶妾生子、购书刻书，后来在 1868 年刻印诗文汇集《东南尽美录》[①]。

作为生活在异乡他国的客商，叶遇春对会安及越南的风土人情比较敏感，如《会安竹枝词》中写道："夜半往来卖卤煎，声声呼送到门前。客常入口有余味，两眼私亲两乳边。""蛮船顺至入茶饶，白粲经通各省销。双浆江波冲绿浪，槟榔返去兴迢迢。"就景观而言，除了对花草的观感之外，各种华人宗教场所是华人文化认同的核心点，叶遇春经常出入这些场所，留下不少诗作：

《游伏波庙题》：汉将当年定土疆，至今治化臻安康。身经百战蛮平服，年尚七旬临斗场。一点丹心思北阙，独存矢志在南方。英风卓卓高千古，万代衣冠永不忘。

《游澄汉宫题》：汉寿亭侯澄汉宫，万民雕塑忆遗风。不忘兄弟存其义，独念汉家知是忠。挂印封金辞富贵，单刀赴会见英雄。而今血食千

---

① 李标福：《寓粤越南使臣邓辉煒与清人之交谊及其他》，《五邑大学学报（社会科学版）》2015 年第 2 期。

秋祀,南北衣冠谒圣功。

《就洋商会馆题》:会安会馆起洋商,中有灵神圣母娘。宝鼎千秋留姓字,古榕万载护宫墙。神威已化清风顺,魂显能除急浪亡。历宋至清封敕祀,海滨岭表诵慈航。

《先贤祠》:一川绿水渺茫茫,直照祠前挹尽堂。几见前贤云俎豆,为留后世诵文章。品如玉石千秋在,名若芝兰气味香。骚客推门瞻姓字,忆容再拜挹余光。

《来远桥》:尽桥横卧路东西,一片云阴竹影齐。过客纳凉消夏暑,行人静坐望春隄。前川鱼艇耕于水,屋后酒家屋枕溪。十二栏杆依曲槛,往来车马闹长嘶。

《义祠》(明江社):有缘千里得相亲,异派同流到海滨。今客追魂嗣古客,后人续祀奉前人。当为莫谓非其鬼,则敬方知是有神。送往迎来皆一世,众将俎豆献常陈。

《福林寺》之一:散步闲游入福林,轻风剪剪送衣襟。老僧不计闲中事,佛祖何言世外音。欲脱尘缘修善果,漫辞俗务见仙心。数声清磬空空响,似戒骚人正直临。之二:凭官座山见神英,暮鼓晨钟时一鸣。阅尽兴旺今世事,历观多少古人情。经书千卷皆言善,法果一圆是用兵。仙佛不言有眼见,阴阳善恶报分明。

《清明亭》(四帮建):春草芊芊起,春风剪剪轻。鱼鳞叠古冢,萍叶似新莹。后客嗣前客,今氓续古氓。何须骄妾妇,正可美公卿。

《孔圣庙》(嗣德丁卯十一月上旬吉日,明乡社建,戊辰四月竣工廿二酉时。共捐□三千余贯,四帮□四百余贯。同春供米十贯。)东山有孔子,南国仰思远。道统传天下,儒宗冠古今。春秋垂享祀,礼乐永崇钦。万世遵师表,圣贤下拜临。

《春日锦铺亭上望》:春来湖上望前湖,野草闲花堆锦铺。绿竹猗猗青锁岸,流光漾漾碧迷茫。渔翁钓水穿波浪,农父横蓑入画图。堪羡浮云与白鸟,飞来飞去在江都。

1960—1870年代,越南也为多事之秋。1865年会安发生饥荒,叶遇春目睹此况,也撰诗为记,并指出海匪与洋鬼子的不好作用:

《广南歌韵》(嗣德甲子年七八月,每方米九贯,乙丑年,每贯米一十二贯,饥民饿死大半,皇朝赈饥敕粮而归社帮):邪眉之高兮桂香,尖笔之螺兮水茫。广南之沃兮阻且长,会安之让兮尽洋商。嗟彼海匪兮劫绝粮,嗟彼民饥兮叹彼苍,嗟我旅人兮日彷徨。

《会安竹枝词》:民安乐岁是狪猱,米载会安急救饥。最恨海匪洋鬼子,凭年乱此粟无移。

第四节　族谱中的婚姻与女性

一、婚姻关系与家族变迁

编撰族谱不仅体现了收族敬宗的社会功能,而且也详细记录个体家庭的内在结构,近世族谱的苏欧体例所强调的也是后者。家庭作为以血缘关系为纽带的生活共同体,是组成社会的最小单位,而婚姻关系则是家庭形成的起点,也是理解人际网络和社会资本的重要切入口。华人家族稳固与发展的重要基点是人际网络的经营与婚姻关系的缔结,因此侨居海外的华人常娶妻纳妾,形成了多元婚姻。如果华人家族显赫,相关家谱资料对这些妻妾均有较为详细记载,由此可揭示华人借助婚姻关系而获得家族发展的若干线索。

陈荆和先生曾以《承天明乡社陈氏正谱》梳理了明乡望族陈氏十代人的婚姻构造[①],从经商到入仕乃至于形成家族的过程由表3-8得到显示。

从表3-8可以看出陈氏族人的婚姻关系与家族变迁的阶段性特点。一是陈家先祖为"避乱南来生理,衣服仍存明制",不愿事清,保全汉家民族;二是南来的华人都会娶当地女子,便于做贸易,并繁衍子孙;三是陈氏家族的越南子孙,尤其是长子大多娶当地的华裔女子为妻;四是陈家女儿也多与华人及其后裔结婚;五是陈氏族在最初南迁的约50年的时间仍与故乡保留有较密切的联系,有后代回去小住,甚至娶同乡后人成家,乃至约120年的时间内仍有一定的往来,此后联系越来越少;六是为了生存和发展,与当地的达官显贵联姻;七是陈家南下之前四代均经商,到第五代才开始进入仕途,

---

[①]　陈荆和编辑:《承天明乡社陈氏正谱》,香港中文大学新亚研究所东南亚研究室,1964年。

并利用功名地位构建家族组织。①

表 3-8 明乡陈氏婚姻结构表

世次	姓　名	妻　室	生　育
一	陈养纯(1610—1688)	元配,龙溪人	子一
		继配,顺化师鲁下社	子一
二	陈总(1644—1714)	元配,刘素	子一女二
		继配,师鲁下社刘氏	
三	陈宗(1675—1714)	元配,游括,华裔	子一
		再娶,陈台	子三女四
四	陈渭(1715—1795)	元配,阮氏,嘉定人	子七女二
		副室,唐氏	子一女二
		庶姬,黎氏	子三女二
		庶姬,黎氏	子一
五	陈士益(1748—1814)	元配,高氏,福州人	子三女二
		再娶,陈氏,长乐人	子一
		次室,宋氏,清化宋山县人	子三女二
六	陈朝翊(1776—1825)	元配,林氏,同社人	子四女二
七	陈养纯(1813—1883)	元配,梁氏,礼部尚书女	子一女九
		次室,黄氏,河内明乡人	子四女三
		次室,阮氏,清化人	子三女一
		庶姬,陈氏,广田人	女一
		庶姬,黎氏,广平人	女一
		庶姬,尊氏	无
八	陈怀永(1850—1887)	元配龚氏,按察使女	子五女七
九	陈迎本(1868—1911)	元配谢氏,工部尚书女	子八女三
十	陈元焕(1889—1928)	元配尊氏,清化省总督女	子六女四
		庶姬,?	子一

---

①　陈荆和:《承天明乡社陈氏正谱》,香港中文大学新亚研究所东南亚研究室,1964
年。

表3-9 《刘氏族谱》婚姻结构表

夫	一房	二房	三房
从魁(1832—1891)，字宗珩，号楚石。	果氏(1832—1908)，海舟堡滘边乡果悦新公之女。悦新公在布政司吏南科。	潘氏(1841—1881)，原籍安南国广南省保安社潘智公第四女。潘智公前任广平省按使司。	杜氏(1845—?)，原籍潮州府澄海□迁居安南国广南省保安乡杜培公第二女。杜培公往安南作客商贸易。
让魁(1837—1908)，字宗饶，号谦泉。	裴氏(1838—1859)，原籍安南国广南省清河社裴惠云第二女。裴惠云业儒教徒。	陈氏(1841—?)，原籍浙江省迁居安南国广南省明乡社陈意公长女。陈意公为理三宝务。	
成魁(1834—1877)，字宗器，号商珝。	果氏，海舟堡滘边乡新村果估廷公之女。	继黄氏(1851—?)，本乡黄霭临公之女，霭临公业儒教徒，生于咸丰年间。	妾陈氏(1850—1874)，原籍安南国广南省明乡社陈善公之女。陈善公在明乡为副乡正兼潮州通事。

　　笔者在田野中获得的《刘氏族谱》为清人或清商的族谱，记载刘氏族人在会安的婚姻状况。现摘录开始移居会安的十七世的从魁、让魁、成魁兄弟相关资料予以分析，他们娶了多房妻子，状况如表3-9所示。刘氏婚姻关系在相当程度显示了《承天明乡社陈氏正谱》中早期移民的类似现象，两头家的迹象比较明显。刘从魁、刘成魁两人原配均为"果氏"，籍贯为"海舟堡滘边乡"，查阅方志可知，该地为广州府南海县辖地，清代南海县位于西樵山麓的十一堡为：九江堡、大同堡、沙头堡、镇涌堡、先登堡、海舟堡、简村堡、百滘堡、金瓯堡、云津堡。海舟堡为桑园围十四堡之一，位于桑园围西部，濒临西海。根据《桑园围总志》，海舟堡下属村庄有李村乡、麦村乡、海舟乡、新涌围

乡、槎潭乡、新村、沙尾村、良田村等,海舟村即滘边村①。珠江三角洲的果氏人数不少,现在南海西樵已无该姓后裔。虽然咸丰《顺德县志》记载,"果姓南雄来,二十三传",但身份类似于前文已叙之罗氏,可能由疍民上岸转化而成。清代中叶,刘从魁岳父果悦新担任"布政司"职员,刘成魁的继配黄氏为儒生,大略可属士绅人家。从而我们可以了解刘氏兄弟的婚姻取向,即注重通过婚姻策略,与士绅家族建立了联系。刘氏兄弟到会安经商后,另娶当地女子为妻或妾,他们也相当注意妻妾的家世身份,其中以与明乡社家族女性结婚为主,诸如广平省按使司潘智、儒士裴惠云、理三宝务陈意、副乡正兼潮州通事陈善之女等。当然,联姻目的是为了便利商务,婚姻关系也发生在清商之间,如刘从魁第三房妻子娶自客商杜培之女。从十七世刘氏兄弟的婚姻结构看,他们凭借着较强的经济实力,以两头多房妻妾的婚姻关系维系着商业利益的最大化。

第十八至十九世的刘氏家族成员的婚姻结构就基本上呈现为一夫一妻,婚姻的单一化现象,一方面意味着刘氏经济实力开始下降,经济生活和社会关系变得简单,另一方面也显示着刘氏的在地化,人员流动性减少后,婚姻也趋于稳定。在此状况之下,族谱内容简略地记载族人配偶姓氏,不再记录迎娶女性的详细家庭背景,具体列举如下:

十八世,锡思,字津枝,别字润轩。生于咸丰九年己未九月二十日。终于光绪三十年甲辰十一月初四日。妻陈氏,原籍广南省会安社。

锡喜,字荣枝,别字茂林。生于同治九年壬戌十二月初七申时。终于民国五年丙辰八月初五日申时。寿五十五岁。妻阮氏。原籍广南保安社。终于乙酉年八月二十四日。继室陈氏。明乡社人。生于己巳同治八年。终于民国二十年辛未十一月戌时。

锡悠,字铭枝,别字盘轩,号□新。生于同治七年戊辰四月二十八日丑时。妻阮氏。原籍广南省会安社。生于同治十一年辛未。

名锡慧,字软枝,别字启生。生于同治九年庚午三月十七日酉时。妻范氏。

锡庆,字云枝,别字量轩。生于同治十二年癸酉十一月十一日

① 李晓龙:《清代桑园围的基主业户与基层社会——以西樵海舟堡为例》,黄国信、温春来主编:《西樵历史研究:历史学田野实践教学成果集》,桂林:广西师范大学出版社,2016年,第3~4页。

子时。

锡慈,字寿枝,别字仁生。生于光绪元年八月十三日卯时。妻李氏。妻阮氏。

十九世,鑫富,字皆孜,别字□□。生于光绪庚寅八月二十九日亥时。妻陈氏。生于壬辰年,终于三月念日申刻。

珍富,字皆□,别字宝山。生于壬辰十二月十二日卯时。终于丁巳八月十一日。妻李氏。

二、华越两头家与闺怨诗

"两头家"作为闽粤侨乡的普遍婚姻结构,是华侨在原乡结婚后,再在移居地与当地女性结婚。民国时期,社会学家陈达在《南洋华侨与闽粤社会》中的描述的是"南洋华侨往往维持'两头家',土人妇常居南洋,发妻常居故乡,因此平常家庭并无冲突。有些'两头家'的主妇,虽经长时间,亦各相安无事。不但如此,两个妇人有时候还可以彼此爱护"①。"两头家"可学理性地表述为"跨界多妻制"(cross-border polygyny),"两头家"作为华侨联结侨居地和侨乡的纽带,学界对其也进行较为深入的分析。一般认为,这是因"家族主义"而派生的社会结果,即儒家注重"孝"的文化传统是"两头家"得以滋生的社会土壤。如晋江《(东石)西湖蔡氏族谱》记载的蔡国种的"南北两家"之说:

> (蔡国种)行笃敬,虽蛮貊之邦、行矣！若吾曾祖者其于孝悌忠信,庶乎近焉。当高祖父母在时,曾祖事之朝夕在侧,跬步必偕。所谓父母在,不远游者,非耶,因念生齿日繁,费用不支,爰与曾祖伯友怀公及曾祖叔议曰:膝下瞻依,兄与弟承之,四方之志,我独任焉。遂驾片帆贾于安南猖犭之地,始至之时,地无亲属,囊无余资,茕茕一身,孑然立于异域之邦,斯所难矣。能建家立业,筑室置田,俾南北两家,得以仰事俯畜,无内顾之忧者,苟非生平素具此孝悌忠信之德,何能若是乎。乃身虽在千里外,而心不忘父母之邦焉,每见家书召,则奉命而归。②

---

① 陈达:《南洋华侨与闽粤社会》,北京:商务印书馆,2011年,第154页。

② 《(东石)西湖蔡氏族谱》,李泰山:《越南漫笔》,北京:中国文史出版社,2008年,第228页。

在"两头家"的构造中,华人在南洋所娶妇女很少随丈夫回国,男性后裔由父亲送回中国,如《安南纪游》记载,"间有中土人娶其女,生男则听取回,生女则留不返回"①。男性后裔有的学习中国文化后回到越南,有的则留居在中国。晋江《(东石)西湖蔡氏族谱》也有一例可佐证:

> (蔡诗显)按公系出庶阮氏也,幼在安南读书学医,长回桑梓。精于岐黄之业,手著医书十二卷,名曰《事亲必究》,今已残缺无存,尚在遗留数方按法治之,无不应验如神,惜其不能见而传布之耳。泉郡有富家者,延医既效,却谢金而多受香炉,炉上题"蔡诗选敬奉",祇今宫庙寺宇犹有存焉。

前文分析的大量会安族谱与泉州族谱已展现了两头家的存在状态,1744 年西方人的记录也有相应说明,"会铺为交趾支那商业最繁荣之处,经常有六千华人居住,彼等均为巨商,于此成婚"②。这些记载足以说明华商客居异域的环境中寻求他乡生活伴侣是客观需要,同时有便于其当地经商的现实考虑。根据罗氏族谱资料,罗遇明、罗锦华均为两头家或多头家模式,罗遇明在中国娶有原配黄氏,另外在越南娶妻四位,其中两位为明乡女子。可以这么说,会安的华越通婚使华商获得可靠、得力的生意帮手,为其经济事业的发展增添了一笔无形资产,这成为华商在当地市场能够独占鳌头的重要因素。大汕在 17 世纪末到顺化、会安时,曾撰诗为证:"商贾皆红粉,官民总绿衣。槟榔开锦悦,阁嗜坐斜晖。青丝批发软,素足踏花稀。未解《周南》意,难同《江汉》归。"③

埃米尔·塔韦尼那(Emile Tavernier)的博士学位论文《安南人的家庭》指出,越南妇女在社会中参与劳作与收获;在商人家庭,妇女负责沟通、协商,参与商务谈判,甚至在船上就能进行买卖,安南很多大的贸易和农庄都是由女性来负责经营的④。潘鼎珪在《安南纪游》记载其康熙二十七年(1688 年)的安南之行时,也对女性参与经商予以了特别关注:"有墟曰丁酉,逢墟期,彝女数千人,贸易其地。自是稍见沃壤。有数日达轩内。轩内

---

① (清)潘鼎珪:《安南纪游》,北京:中华书局,1985 年,第 2 页。

② 转见陈荆和:《会安历史》,王璐译,《海洋史研究》第 9 辑,北京:社会科学文献出版社,2016 年。

③ (清)大汕:《海外纪事》卷三,北京:中华书局,1987 年,第 29 页。

④ 转见吴云霞:《文化传承的隐形力量:越南的妇女生活与女神信仰》,广州:暨南大学出版社,2012 年,第 208 页。

者，去其国都只百十里，凡四方洋船贩其国，悉泊焉。设官分镇其地。……自轩内舟行三日达国都，军民杂处，互市率女人，虽官之内子不为忌。"[1]越南女性相对于男性勤快，也善于积累财富和处理人际关系，她们常常是商业活动主要参与者。如乾隆年间，出入会安港的越南船只遭遇风灾飘到海南洋面，也有不少妇女在其中。如乾隆二十六年二月二十日（1761年3月26日）两广总督李侍尧题报送乾隆二十五年（1760年）遣返难番归国奏本即叙及此事：

> 广南广义府难番陈文馁自置双桅船一只，雇觅舵水黎文明等并家属妇女黎氏、阮氏共十名，于乾隆二十五年正月初十日由广义港空船驾至广南嘉定府港口装载农夫并黎文汝等并妇女邓氏、武氏共二十名及稻谷四百石，于五月初四日开行前赴广义府属会安坡地方。猝遇狂风大浪，该番人等诚恐载船沉，将谷丢去一半，随风飘流。于六月初四日收入琼山县属白沙海港，经该县查验船只完好，尚存谷石约二百余石，当即加意抚恤，并据将谷石自行变卖收价。嗣因水土不服，陈文体、阮文林二名因病身故，尚存难番二十八名，雇林寿兴船只乘送，及自驾原船，于乾隆二十五年十月十八日开行回国。[2]

1835年，蔡廷兰风漂至越南，对越南妇女摆摊经商现象也有所描述，"妇女出贸易。椎髻跣足，以绉绸裹头，戴平顶箬笠，穿窄袖红黑绫衣，长垂地，臂缠缨络、玛瑙念珠或带铜铁镯，不着裙，不施脂粉。凡食物、杂货，肩至市，列地上，谓之排行栈（一日两次，称早市、晚市）。市中百货云集，其茶叶、药品、磁器、故衣诸货，皆中国客船贩至售卖为多"[3]。

华越通婚不仅是华商在越社会生活的重要组成部分，而且与其经济事业有密不可分的关系，前文所引的各种材料已充分说明了这点。会安华商在经济条件允许的情况下，无论是定居当地的华人或是常年在家乡与经商地之间往返的华商，亦无论这些华商在原籍地有无家室，大多数人倾向于选择一位较为固定的越南女子，一方面将其作为自己在异国他乡的生活伴侣，另一方面更使其成为自己得力的商业助手。20世纪社会调查说："潮人、客

---

① （清）潘鼎珪：《安南纪游》，北京：中华书局，1985年，第2页。

② 中山市档案局（馆）、中国第一历史档案馆编：《香山明清档案辑录》，上海：上海古籍出版社，2006年，第429页。

③ （清）蔡廷兰：《海南杂著·越南纪略》，台北：台湾银行经济研究室，1959年，第37～38页。

人、闽人，娶越妇较多，因彼等经商，须借内助，尤以在山巴者，更非靠'枕头字典'不可。山巴经商，以运农品，买入货物为多。男子无变志也，越妇死心塌地，相夫教子，开业成家。"① 由此可见，华越婚姻加速了华商与当地社会的融合，越南妻子通常是华人认识、了解进而融入当地社会的桥梁。尤其对于定居当地的华商来说，与越南女子组建家庭意味着无论情愿与否，他们都必须接受与家乡迥然不同的社会环境，必须要进入由妻子的家人、亲戚、朋友甚至左邻右舍等构成的社会关系网络，华商与周围社会关系的互动及其融洽程度也常常能够反映出他们本土化的程度②，"男子亦习而安之，于是祖国观念，逐渐汩没矣"③。近年来，人类学家注意到"家"作为一个普世、稳定和与某种地理界限相关联的概念正不断受到挑战，穿梭于不同的地理和社会场景的跨国移民而言，"家"正变得前所未有的不确定④。因此，他们开始关注从"家的流动"走向"流动的家"的问题，认为理解移民在某一位置上的生活，需要分析他们在外部结构和文化资源之间自我定位及其实践⑤。田野事实已证明，在跨国生活过程中，"家庭"从形式、象征，乃至功能上都已经发生了变化，与移入地的政治、经济、文化力量在互动中塑造出来⑥。以此为视角观察，可以看到会安华商在经济发展过程中，除了"华人兄弟网络"之外，以土著妇女为妻子的合作网络关系具有基础性的功能。

西方社会学家认为，"家"具有庇护所（shelter）、壁炉（hearth）、心灵（hcart）、隐私（privacy）、根源（root）、居所（abode）和天堂（paradise）七个维度⑦。他们所指出的是，"家"既是覆盖相对范围的客观空间，又是包含心灵

①　陈献荣：《安南华侨情况断片》，《华侨半月刊》，第 25 期。

②　闫彩琴：《17 世纪中期至 19 世纪初越南华商研究（1640—1802）》，厦门大学博士学位论文，2007 年，第 213、215 页。

③　陈献荣：《安南华侨情况断片》，《华侨半月刊》，第 25 期。

④　Nicole Constable，At Home but Not at Home：Filipina Narratives of Ambivalent Returns，*Cultural Anthropology*，Vol.14，No.2，1999，p.203.

⑤　张少春：《"做家"：一个技术移民群体的家庭策略与跨国实践》，《开放时代》2014 年第 3 期。

⑥　Nancy Foner，The immigrant family：Cultural Legacies and Cultural Changes，*International Migration Review*，Vol.31，No.4，1997，pp. 961-974.

⑦　Peter Somerville，Homelessness and the Meaning of Home：Rooflessness or Rootlessness? *International Journal of Urban & Regional Research*，Vol.16，No.4，1992，pp. 530-533.

感受的主观空间。"多头家"导致的结果是"家"的分裂和不稳定，而且随着华人移动的继续，家庭的裂痕存在扩大和加深的可能，也在一定程度上隐含婚姻不稳定的可能。在没有完全安全保障的婚姻状态，女性所承受的从生理与心理压力较大，"闺怨"必然成为一种情绪形式。会安女子的哀怨所表达的是正是这种无法停止的焦虑，叶遇春作为留居会安的客商对此有所观察，他的《南行杂咏》就保留了多首描述"闺怨"的诗作。如《与夫留别》展示离别之际的情感表白："孤首回头暗泪漓，嘱郎此去莫来迟。妾心却似江头石，雨打风吹总不移。行李匆匆暂别离，佳人难挽好征车。惟云此去知相忆，莫到回来廋不知"。如《商妇吟》描述久别后对丈夫的盼望："嫁作商人妇，求签问卜多。年年春信至，急问郎如何？来日语难尽，回头眼望穿。江边渔艇过，疑恐是夫船"。最具代表的是长诗《闺怨》，详细展现了妇女与丈夫离别之后，在不同阶段而引发思念之中的心理活动。虽然从男性角度叙述，但是也极为细腻，不妨可视为一种写照：

> 独坐茅庐半掩开，往来不定意徘徊。
> 犬声寂寂黄昏候，疑是夫君入户来。
> 柔吐青蚕此妾人，托居桑下受艰辛。
> 临行自怨惊黄雀，又怨西风雨打身。
> 邻扫门前复转眉，暮朝摇影日相移。
> 江头客顾欲私折，音眼窥人只自知。
> 木生连理有同枝，之于缘何竟别离。
> 几度花门春信至，夜眠不觉梦相通。
> 雨滴空阶连复连，百思怎奈夜相缠。
> 烦心欲去未除去，贪睡欲眠不得眠。
> 思起春来不见春，闭门深处日逡巡。
> 私心只向桃源洞，又恐渔郎未问津。
> 清秋燕子故飞飞，来往门前说是非。
> 对对不忘夫好人，良人一去便相违。
> 织就回文写锦诗，女心不比是男儿。
> 十年别后心犹恋，无对临妆少画眉。
> 日久愁多老妾身，闭门深锁觉怀春。
> 年穷月纪多相望，错恨街头卖卜人。
> 年年三月病恹恹，十指嫩将针线拈。

命仆安排春睡稳，梦魂犹到客相兼。

手摺花笺写不成，心中欲说口难明。

在家日少离家久，结发还如处子贞。

花正开时月正圆，人生何事不周全。

夫妻正望如琴瑟，谁料相离各一天。

西望长安未见天，名登虎榜贪龙图。

十三经传君知道，为问齐眉读得无？

求名为利总关心，士向朝廷不报音。

满腹幽怀难寄恨，孤眠独处带寒侵。

郎去广州复苏州，宝珠贩后贩绫绸。

丁宁雁至郎回音，日望烟波疑晚秋。

春晚桃园不得阴，落花流水怨独深。

红颜未老恩先断，羞却当年付耳音。

世间富贵使人盲，夫□心忙旧别乡。

似向□臣游驾去，缘何竟就铁心肠。

薄醉微吟斜倚床，幽思不觉似年长。

闭门忽得月先入，疑是夫君暗还乡。

挑灯懒对史书陈，独卧床前寡此身。

风动纱窗惊妾梦，起来不寐更伤神。

户外翠竹喜鹊叫，不管妾闷只自噪。

万种百结有所解，一点恨恨未解了。

当然，叶遇春的"闺怨诗"以男性的角度书写"闺怨"，所展现的不只是妇女的情感，其实也宣泄着会安华人的群体困扰。一方面，在两头家体制之下，越南妇女在家庭生活具有重要作用；另一方面，抛头露面的社会形象又与中国儒家理念的妇道宣扬有所背离，而且在商业社会的利益诱惑之下，越南女子在闺怨之余也难守空房。可以说，会安华人在家庭文化和妇女形象的塑造上呈现复杂心态，大汕在《海外纪事》对越人淫靡之风曾给予批评，"妇女任其所之，往来贸易，父母夫子亦不以丑恶为嫌。以故采兰赠芍，随在俱有"。为了保持华人家庭的稳定，弘扬儒家文化的女德形象，大汕特地记载"占城张节妇"之事予以对比，并撰写了长篇诗启并四言古诗表彰：

> 妇，张某女，祖籍浙江人，居此数世矣。少即修洁幽闲，适徐某为妻，事姑以孝闻。丈夫从军，辄勉以忠义。举一子，甫周岁，而大越与占

城闉，败没，夫死于海。妇闻奔赴，欲裒骸殓葬，无所从得，昼夜号哭沙渚中。忽浪决沙开，半露衣袂，审视乃其夫服，己手所制也。决沙而观，果赫然夫也。营殡归葬，每自思绝。念堂上白发之姑，怀中黄口，黾勉苟活。女红以奉姑养子，矢志靡他，强暴数不能夺。①

可以说，这种"正统"看法在会安华人家谱中也对比比皆是，修谱者积极提倡女德，记载了不少母亲、祖母、姊妹、寡妇的贞节妇迹，以为示范。比如《周氏族谱》的老祖母在会安华人家族发展起了支撑作用，颇具典型性，也是家族在历史记忆的建构上对其有浓浓一笔，整个叙述完全符合儒家道德规范的贤妻良母形象：

> 吾祖母家□□手，抚育双方，日应辛勤，务农课子，言行端严，闺门□憨。无而，扩张商路，导引财源。且又粗知道理，重学崇儒，曾有延师教导。子孙及长，间营庠序，从学有年，□□不弟拼，亦命□。提此则知吾祖母之贤，及创业之难，与其实已治家之方法，足为子孙今后世代明鉴。吾伯父维屏在家专务农，不幸先逝世。伯父维祯亦相继而去。独吾先严幸得少留，奉事吾祖母得二十余年，承捐文阶九品，后亦先吾祖母而去。及后数年，吾祖母因此衰思成病。药石不灵，旬日亦弃世而逝矣，下葬于山铺社□□处，坐亥向巳，继立石碑，奉缘吾家履历，念此一段，未尝不痛切涕泪者也。

三、华人私娶、诱贩妇女

族谱中记载的海外华人的"两头家"较为普遍，但就清朝法令而言，这是违禁行为。"私娶番妇"的罪名出现在漳泉移民早期开发台湾过程中，他们利用土著的婚姻关系获得便利，也产生了婚姻和产权纠纷。为了避免事端，乾隆二年（1737年）巡台御史白起图奏准，"嗣后汉民不得擅娶番妇，番妇不得牵手汉民"。随着华人移入越南北部人数众多，私娶番妇现象也大量出现，清政府对此极为关注，广州将军暂署两广总督策楞上报，"内地商民出口贸易并雇工觅食……又多娶有番妇，留恋往来，是以偷度不能禁止。……安南列在藩服，不敢设险自固，又未奉有驱逐解回之令，是以容留商贩娶妇住

---

① （清）大汕：《海外纪事》卷三，北京：中华书局，1987年，第57～58页。

家",于是请示永远禁止"私娶番妇"①,乾隆九年(1744年)仿照台湾禁令予以规定,"内地人已在番娶番妇,生有子女,与夷人结有姻娅,并庐墓田业,情甘异域者,令安插彼地,永远不许入口。以后如有商民在彼私娶番妇者,应令该夷官查明离异,驱逐进口,押回原籍,交地方官照例杖责"②。此令适用于其他海外移民,如乾隆十四年(1749年),私自前往噶喇吧的福建龙溪县民陈怡老辞去甲必丹之职,"携带番妇并所生子女、银两、货物归龙溪县原籍",结果在厦门被查获③。闽浙总督喀尔吉善、福建巡抚潘思榘上报处理方案,沿用大明律例中奸细罪处置④,以"交接外国、互相买卖借贷、诓骗财物、引惹边衅"的罪状,"发边远充军,番妾子女佥遣,银货追入官",不仅如此,还牵连了船东谢冬发,"照例枷杖,船只入官"。⑤

清朝政府再三颁布禁令及判处华人"私娶番妇"以罪罚,但至越南经商谋生的华人仍照旧违禁私娶。乾隆年间潮州揭阳人唐阿矮因劫掠商船被缉拿归案,前文已论及掳掠销赃之事。审讯过程中,他详细交代安南经商情形:

> 唐阿矮即郑阿钦,籍隶揭阳,其父唐阿备,本系姓郑,入赘澄海县唐子擎家,即从其姓,生子唐阿宛、唐阿矮、唐阿声、唐阿七四人。唐阿七早经身故,唐阿备在日,将唐阿矮复姓归宗,更名郑阿钦。原籍并无房屋,仍寄居澄海,娶妻余氏。该犯不务正业,穷极无聊。乾隆三十八年将妻余氏嫁卖张阿都为室,得身价番银二十圆。即于是年四月置买杂货搭余协岩客船往安南板玉地方贸易,逗遛在彼,熟识番人。四十五年,复娶番妇李氏,生女一口。……四十七年四月,有翁阶管下番官翁黎病故,翁阶即唐阿矮为翁胜职衔,给予黑色印照一纸,每月给米一石,钱一千文,改换安南服色,专司巡查街道,稽查内外船只。迨四十八年三月内,西山王玉东山王不睦……唐阿矮起意,将货船驾回内地卖银分用。……唐阿矮自得番银五千一百九十七圆,将空船交托行伙余存老雇人看管,觅主售卖,自即起身回至澄海,于十二月二十二日到家,将妻

① 《清高宗实录》卷二〇二,北京:中华书局,1986年,第11册,第605页。
② 《清高宗实录》卷二二六,北京:中华书局,1986年,第11册,第922页。
③ 《清高宗实录》卷三六一,北京:中华书局,1986年,第13册,第976页。
④ (万历)《大明律集解附例》卷十五,《兵律·关津·盘诘奸细》。
⑤ 《清高宗实录》卷三六四,北京:中华书局,1986年,第13册,第1009页。

余氏赎回。①

唐阿矮的口供叙及了婚姻生活。他在原籍曾娶妻余氏，过番前嫁卖他人。这是清代地方档案常见的"嫁卖生妻"，有别于人口拐卖，但为大清律例所禁止。不过，社会底层出于生存需求，"嫁卖生妻"普遍存在，而且唐阿矮回乡后，赎回余氏。同样出于生存需求，唐阿矮在安南娶有番妇李氏并生有女儿。但唐阿矮回唐时，按照"两头家"方式处置在越南籍妻女，并未携带回乡。唐阿矮被缉拿归案并审理完毕后，经过三司合议，确定罪名为，"以内地民人胆敢久在外番娶妻生女，听受伪职，甘为役使，帮同劫掠商船，复于中途起意，掠回内地售卖俵分，狡黠奸贪，不法已极。应如该督所奏，合依江洋行劫大盗、响马强盗，立斩枭示例，拟斩立决枭示"②。虽然"斩立决枭示"的定罪依据来自大清律例中的"强盗罪"，即乾隆五年（1740年）定例，"凡响马强盗，执有弓矢军器，白日邀劫道路，赃证明白者，俱不分人数多寡，曾否商人，依律处决，于行劫处枭首示众。其江洋行劫大盗，俱照此例立斩枭示"③，但"在外番娶妻生女"也被列为罪状之一。

尽管华人私娶番妇组成家庭，并很少携带回唐，但越南当局为了避免华商利用婚姻关系私贩人口，制订法规禁止"清商偷载妇女"。这是明命十年（1829年）八月颁布禁令，起因是清商从会安偷载越南女子回乡的事件，"清人邓福兴商于广南，娶会安铺女，回帆日，偷载以归"。事发后，阮朝刑部决议："照将人口、军器出境及下海例减一等罪之，福兴发边远充军，其妻定地发奴。"除此之外，刑部请求立法明确区分相关事宜："凡清人投寓我国受廛为氓已登帮籍者，方得与民婚娶。若偶来游商，并禁弗与。"而对于违禁者，"男女各满杖离异"，并追究相关人员的责任，"主婚与同罪，媒人、帮长、邻佑各减一等，地方官知而故纵降一级调"。如果存在"偷载"，处罚将更为严厉，"揽载回清者，男发边远充军，妇定地发奴，主婚减一等，媒人、帮长、邻佑各满杖，地方官故纵降二级调，汛守失于盘诘官降四级调，兵杖九十，别有贿纵计赃从重论"。禁令建议经过朝臣覆议，得到一致赞同："刑部议定此例，盖欲使愚民知所惩创、问刑有所执守，其言是也。至如清人配我国人所生子女而偷载回清者，请亦严禁。犯者，男、妇、帮长及邻佑知情各满杖，地方故纵、

---

① 《明清史料》庚编第一本，下册，北京：中华书局，1987年，第211～213页。
② 《明清史料》庚编第一本，下册，北京：中华书局，1987年，第220页。
③ 《大清律例》，贼盗。

汛守失察照前议科罪。"他们还加了另外关于所生子女的归属问题,"所生之子禁无得薙发垂辫。违者,男、妇满杖,帮长、邻佑减二等"①。越南制订法令目的在于维护越南妇女的权益,保护稳定的婚姻关系。法律允许"已登籍受差"的中国人嫁娶越南人,未"登籍"的中国游商不能与越南人结婚,否则予以严厉处置。鉴于该法颁布前,有民女与游商成亲,就采取通融政策,可以免去连坐责任,并不需要强制离异而解除婚姻关系。

确实,清商回帆偷载妇女有时就是人口贩卖行为。中国开埠后,沿海通商口岸往来频繁,越南妇女被人诱贩到中国各地事例常有发生。香港被英国割占后,迅速成为西方洋行掠卖人口的集散地和转运港,不仅中国妇女被作为"猪花"被贩卖到美洲或南洋,而且也是越南妇女被贩卖到各地的中转站。《申报》在1877年转引香港新闻陈述"贩卖女奴"即指越南妇女被拐骗之事:"有人拐骗中国南境毗连之安南国女子,从其国载至中国,贩卖为奴,此风前数年无月无之。二年前,两粤制军严行禁止,查得连州府属有吏狗庇容隐等事,立即奏革数员,故自后连州一郡不敢再犯。然现有一地名安本者,无赖之人,明目张胆,居然倚此为生。年来有三百余女子卖在此间为奴婢。安本之官,每有一女子成交后,例得银若干两。故祖护之后,有人饰二女以送之,亦居然收受。石城县知县亦庇护属员不行禀参也。按以上皆就西字报译成地名,字迹或有舛悮未可知也。"②

在此过程中,香港娼妓业兴盛乃至于猖獗,为此香港华人商界要求取缔拐卖妇女、禁止逼良为娼港英政府在1878年批准成立"华人保良局",以保护和解救被贩卖的妇女。但港娼妓合法化,妇女贩卖现象仍相当严重。保良局设立之后,贩卖妇女更趋于公开化的态势。香港保良局保存了一批有关贩卖和拐骗妇女的文书副本,内容包括:(1)受害者家属或雇主要求破案的申请;(2)受害者被救后的陈述;(3)向保良局请求保护的陈述书;(4)保良局致香港政府、各地善堂和海外华侨团体的照会;(5)保良局与海外及中国各地保良局的书信;(6)各种誓约书等等③。日本学者可儿弘明整理了这批资料,其中与越南有关的事例也相当可观。

1882年旧历三月十五日,保良局收容了名为阿兰的越南少女,并由越

① [越]阮朝国史馆:《大南实录》正编第二纪,卷六十二,第11~12页。

② 《贩卖女奴》,《申报》1877年10月16日。

③ [日]可儿弘明:《"猪花":被贩卖海外的妇女》,孙国群、赵宗颇译,郑州:河南人民出版社,1990年,第67页。

第三章 谱牒文献与家族形态

南使节随员带回。四月初六保良局收容了李新喜、李旺；五月二十五日保护从香港妓院逃出来的陈春胜；七月三日，保护黄桂梅（18岁）、黄金妹（19岁）；八月初四保护从鸦片烟馆逃出来的亚细；十月二十二日收容亚妹等9人。10月份收容9人，2名6岁，2名16～18岁，5名20～21岁。1886年收容24名越南女子，平均年龄为19.5岁。越南女子阮信自广东增城县新塘新风楼妓院逃出后，为当地宝善堂收容①。中国人口贩子通过各种不法手段拐卖越南妇女，事发后，在新闻媒体上屡有披露。如《申报》在1882年报道的迷药拐卖："西贡新闻纸言，东京地方近来时有华人诱拐妇女之事，该匪每以老妪为饵，见有青年妇女，欲以佣工觅利者，则以甘言诱之，允为推荐生意。该妇女受其惑，遂诱至窝顿之处，饮以迷药，昏不知人，乃携以下船，带入中国贩卖得利。此等拐匪指不胜屈，其拐诱之法亦难笔馨，实为地方之害。皆缘中国人收买安南妇女，故该匪藉此图利。"②1883年报道贩卖妇女被处死之事："有华商一人名穆山、越南人四名均被获，悉行杀死。越南人系为盗者，穆山则拐有越南妇女，欲附南洋轮船载往香港售于娼家。故查出之后，立正典刑也。"③1886年5月30日的《申报》记载2名会安妇女被贩卖到香港的状况："德国火船和屈士十八日由会安抵港，船上有安南女人二口，船拢岸时不肯登陆，哭言为人拐骗来港。巡差因带二女及同行男子前往捕署询问来由，该男子言在安南所买，每口身价银十员，欲带回家中给兄弟之无妻者。男女供词不一，转详巡理府审讯是否拐骗，定然水落石出也。按安南女人身价本廉，拐匪乘法人攻击之时，多串诱安南妇女往别处为娼。经安南官通禀中国官出示严禁，安南女人出境必须查问根。"④

1887年，越南妇女经由香港被拐卖到了上海，结果被租界巡捕房发现，而后事态扩大，《申报》进行了连续报道，从中窥见拐骗详情及处置过程。此事发生在1月12日，"禅臣洋行之北京轮船由香港来沪，于前日抵埠。船中载有越南女子三人，及船既泊定，即有广东妇数人到船迎接。越女中有二人忽大声喊哭，并向该轮船上之大副乱扭，其意似欲有所告诉而未能，以言语自达。大副甚为诧异，适有巡捕至大副以事告之，旋由巡捕查得此越女系被

① ［日］可儿弘明：《"猪花"：被贩卖海外的妇女》，孙国群、赵宗颇译，河南人民出版社，1990年，第228页。

② 《拐风宜禁》，《申报》1883年2月13日。

③ 《海防近事》，《申报》1883年9月21日。

④ 《案仿押候》，《申报》1886年5月30日。

广东人由越南拐贩而来者。当将拐匪及迎接之广妇一并拘去,送入捕房"①。相关人犯押解到巡捕房后,讯问相关事由。由于三位越南女子语言不通而无法获得口供,鉴于法国已在越南建立殖民政权,审讯人员商议结果是将此案移交给法公堂审议,《申报》报道:

> 昨日捕房将广东人陈阿荣等及越女三人解案,法翻译祁君亦到英公堂,与蔡太守及英贾副领事会讯。据禅臣洋行之北京轮船主投案称:从香港来沪船,尚未泊码头时,陈阿荣即雇杉板船用绳将越南女子三人捆绑吊下杉板,情状可疑,故将陈阿荣及同来之妇人并越南女子一并知照巡捕送案。大副洋人称:陈阿荣带同妇女及越南女等乘搭我船,在途时有肥胖之越南女子到我房中叩头,似有恳求之状,然言语不通。及抵沪,又经陈阿荣捆绑吊下杉板,更属可疑,告知船主,唤捕送案。陈阿荣供:越南女子向同乡人家买来,立有卖契三纸呈阅,至该女等曾否作过娼妓,我未知道。船抵埠后,因无扶梯,用绳捆脚吊下,我之妻女亦如此,并无别情。卢氏即阿苏供是陈妻,王氏即弟,及卢阿英等皆是陈之子女,供与陈同。越女三人因言语不通,不能取供。惟据呈之卖契载一名大妹、一名细妹、一名亚妹。太守商之贾君、祁君,以该越女等所供尚无通事可传,殊难核办。祁君请将人证归法公堂,再延通事人以供质讯核夺。太守允之,随饬值日差同巡捕将陈阿荣及卢氏、王氏、卢阿英及越南女子大妹、亚妹并卖契并送法公廨讯理。盖法领事德尚延君以越南现归法国管轄因,将被拐之事归法公廨办理。昨午十二点钟时,经英捕房西捕英包探阿炳等将陈阿荣及越女等一并送至法捕房,请为收管。女已改广服,二女年约二十七、八,一女年岁稍轻,衣服单薄。法巡捕头备德禄怜其寒冷,拟请翻译祁君禀于领事为之置备衣服,一面先将阿荣等四人分别管押。越女等既被诱拐,何堪再遭羁押。令法包探王荣培拣妥当客栈,俾得暂时栖止。嗣经该包探查得有经办法工部清洁事务之金余庆所开金裕泰客栈在法界吉祥街,甚为稳便清洁,随即禀明捕头将三女暂送栈中安置。法包探尚恐闲人有窥看情事,另行派人照料。②

巡捕房缺少越南语翻译,为调查此事颇费周折。1887年1月18日的《申报》记:"前报越南女子被广东人拐贩,经法领事设法安置一节。因越女

---

① 《越女被拐》,《申报》1887年1月14日。

② 《安置越女》,《申报》1887年1月15日。

言语不通，拟延熟谙越语之人为之传话，以便讯究被拐情形。闻有某姓可膺是选，法公廨拟即延请，以便诘讯。"①1月20日《申报》再记：

> 昨捕房将在押之广妇卢阿英、陈卢氏即阿苏解案陈阿文陈王氏即恩弟，均由保人交到阿文之母亦投案候讯。翁太守谓陈阿文等曰：尔等可将在捕头写字房所供再说一遍。阿文供称："小的前在利生轮船作工，停歇后适老婆婆在家有病，因即挈妻回去。去年十一月十一日动身至十二月某日来沪，并携妻姊阿英及三女同来。三女中最小者由小的出洋一百二十七元买得，意欲配与胞弟为妻。大者是妻子所买，小的不知底细，据云出洋三百四十五元，契由伊等写就，小的并不识字，伊等曾经念过，句句实言。"陈王氏供称："小妇人住虹口，伊等买女之事，概不得知。船到后，阿文着人告知因去相接被拿。"阿英、阿苏所供与前略同，太守许之祁翻译以阿文抱病，着交原保保出医治，阿英、阿苏亦交保。待阿文病痊，连越女再讯一次，然后定谳，讯时陈氏可不必到案。②

将近一个月后，越南语翻译才得以解决，"近日访有福建人林君在越南贸易，往来已有十八年。该处土音均能通晓，是以法翻译官祁君即饬法包探招致之，以便讯案时传话，适林君有事急欲赴厦门、汕头等处，定于今晨搭轮出洋，不及守候。今日堂期，祁君遂于昨日午后二点半钟亲临法捕房，在备总巡写字房传到越女三人，倩林君诘问究竟如何被拐，女住越南何处家中"。③查明拐卖事由确凿之后，三位越南女子由官方遣送回乡，"法公司轮船开放，经法公廨翻译官祁君商之会审委员翁太守，派法包探将该越女三人送至轮船并开明该三女名姓、住址，嘱于船到时详细询明，交伊等父母丈夫收管，不可草率了事。中西官又互商于舟资外，酌给旅费，以备途中应用"④。与此同时，对拐卖者予以处罚，"先将越女大妹、亚妹、细妹三人资遣由法公司轮船送回本国，其贩带之粤妇卢阿苏、阿英等分别断释，陈阿文枷号示众。……迄今陈阿文枷满于昨日解案，王司马与祁翻译官商定着将阿文再责二百板后，送请上海县署照例严惩"⑤。

从《申报》资料看，拐匪花样比较多，香港保良局的记录也可同样印证。

---

① 《法捕房琐事》，《申报》1887年1月18日。
② 《法界公堂琐案》，《申报》1887年1月18日。
③ 《详讯越女》，《申报》1887年2月15日。
④ 《遣返故都》，《申报》1887年3月5日。
⑤ 《法界公堂琐案》，《申报》1887年4月3日

有的是华人与安南妇女合伙诱骗,如香港保良局在 1882 年八月初四月的救助记录为,"亚西系海防人,15 岁有父母兄弟。……今年二月被广东人黄四并安南女人拐她来港,卖与一妇人"。有的是华人夫妻合伙诱骗在华人的越南妻子,如香港保良局在 1882 年十月初六日的救助记录,"黄新好,年方 24岁,系安南国南甸人,嫁夫系唐人,安南话唤太平爷,我夫原日由安南办米到香港发卖。因有唐人吴寿与其妻五嫂骗我去买米,米价甚相宜,我误信他言,随吴寿夫妇搭唐船,经 5 日到北海,住 6 夜,由北海乘汽船经 3 日到香港,住 2 晚。我自知已堕其骗局,不禁哀哭"①。这些被拐卖的越南妇女大部分成为娼妓,香港保良局记载原籍安南的陈某被拐到香港后,被新福兴妓院老板之妻买去逼其卖身为娼。另一安南妇女袁德原被卖入香港第二街为妓,后由中国男子赎身为妾,但结果令她为私娼以养活丈夫与大妇②。香港保良局 1884 年三月初五日的书信描述了拐匪将越南妇女从安定带到广州再卖到新加坡的经过,"原名陈□□,安南安定省人,父母俱殁,伯父在南定经营□□堂药材。去年被拐来粤城。妇人苏二以身价银 104 元买我,将我带到新加坡"③。部分华人在越南与越南妇女结婚,婚后将越南妇女带至新加坡出卖。如香港保良局记载,广东增城人吴某 24 岁到越南以打铁为生。1892 年十一月娶亚淡为妻,聘金 10 元,十二月即携亚淡到新加坡。曾某为泥瓦匠,38 岁,其做法相似,"去年十二月初旬娶亚巴为妻,数天后偕妻子去新加坡"。根据调查,他们以这种方式贩卖越南女子到新加坡作娼妓,花去40 元船费,每个女人可卖 280 元④。在解救被拐卖为娼妓的越南妇女时,中国政府与法国殖民政府也进行了外交磋商:

> 粤督前接法领照会,以越妇被拐在佛山当娼情事。当经督宪札行
> 巡警道派员会同法领赴佛查起越妇二口,交到领事署。现闻法领再照
> 会袁督,以佛山尚有多数越妇因在娼寮,开列名单一纸,送请札行查起

---

① 〔日〕可儿弘明:《"猪花":被贩卖海外的妇女》,孙国群、赵宗颇译,郑州:河南人民出版社,1990 年,第 230 页。

② 〔日〕可儿弘明:《"猪花":被贩卖海外的妇女》,孙国群、赵宗颇译,郑州:河南人民出版社,1990 年,第 229 页。

③ 〔日〕可儿弘明:《"猪花":被贩卖海外的妇女》,孙国群、赵宗颇译,郑州:河南人民出版社 1990 年,第 230 页。

④ 〔日〕可儿弘明:《"猪花":被贩卖海外的妇女》,孙国群、赵宗颇译,郑州:河南人民出版社,1990 年,第 231 页。

交来，以便讯明，遣回原籍等语。袁督据此当札巡警道转饬南海县及佛山巡警局，按照单内各娼妇，逐一提案讯明是否确系越南妇女，果否自愿为娼，分别妥办。并一面照复法领略谓："中国妓女均由娼寮用价购来，与泰西情形不同，若强将妓女起去，最易滋事，所有前次在佛山起出越南妓女二口，身价银两，现由巡警道设法筹给，该娼寮具领，系一时通融办法，以后未便援以为例。至越妇如何由越南被拐来粤，无从查悉，应请迅电越督，切饬所属地方官严禁拐匪私带妇女出境，以后当可不至再有此事。①

表3-10　1904—1938年香港保良局收容的非中国人数

国别及地域	人数	百分比（%）
越南	96	59.26
日本	18	11.11
海峡殖民地	12	8.02
泰国	8	4.93
	7	4.32
非洲	4	2.46
荷兰	3	1.85
山打根	3	1.85
吕宋	2	1.23
其他*	6	3.70
合计	162	100.00

＊吉隆坡、印度、加尔各答、孟加拉、美国、俄国各一名。

安南妇女被华人或安南人贩卖到香港或广州的情形一直被持续，可儿弘明统计了20世纪初的香港保良局征信录中162名非中国人的国籍分布。从表3-10统计资料显示，被贩卖到香港的非中国妇女，以越南人为最多，占到了60％。96人具体到越南的地域范围，北部51人：海防49人、东京1

---

① 《法领查提越妇之絮聒广东》，《申报》1910年4月18日。

人、河内1人;中部41人,加上顺化2人,为43人;南部西贡2人。^①

家谱既是中国人宗法观念的直接体现,也是家族世系的资料集成。华人移民海外之后,家谱成为祖先的确认与追忆的主要文字性证据,也作为个体或家庭对中国文化产生归属感的基本载体,集中地体现"华人意识",影响了华人身份认同的形成,也延伸到华人日常生活的方方面面。通过对会安华人族谱资料的分析可以看到,身居海外的会安华人保有浓厚的宗族观念,因此编纂族谱也是家族的重要事件,与祖先崇拜相辅相成,以文本和仪式的共同作用塑造家族认同。在此基础上,家谱也成为维系华人社区及其商业活动的重要纽带,由家谱确定的宗族关系对会安华人经济事业的发展有多方面的作用,不仅为华人往来祖籍地与居住国从商贩易提供种种便利与保障,而且对华人在当地商业活动的起步、商业垄断的形成都有直接的促进作用。在经商过程中,基于宗族血缘而形成的同族之间的互相提携、互相扶持的联动效应,是会安华人在商业领域成功的重要因素之一。

会安华人家谱虽然源自华人的宗法观念,但在形制上与原乡族谱仍存在一定的差异。饶伟新曾以"文本社会学"的角度对家谱文本的差异做了解释,"中国族谱文本之所以呈现出形式形制的多样性和地域的差异性特点,一方面在很大程度上是反映出了各个地方的家族组织形式和宗族发展程度的差别,但更为重要的是出于本地的区域社会环境、历史条件和文化传统等因素作用的结果"^②。沿着这一思路可以看到,会安华人家谱文本的形制内容与社区文化构造、社会历史变迁有着极大的关联。在文本形态上,会安华人家谱呈现出中国谱与越南谱的交错,并且程度不一。究其原因,在于移居会安华人群体是一个长时段的"历史层累"。不同时期的华人移民不仅传承的中华文化内涵有所差别,而且与越南社会文化的接触面、渗透度也相去甚远。与此同时,家谱作为历史记忆的载体,不仅反映了各种社会文化因素的合力作用,而且还与中越两地的国家体制、社会制度以及地方动乱有着直接的关系。其实,会安华人家谱的谱系建构和文献传承也均意在通过内容编排来调整集体认同而适应社会变迁。如王明珂指出的,家谱的叙事重点在

---

① 〔日〕可儿弘明:《"猪花":被贩卖海外的妇女》,孙国群、赵宗颇译,郑州:河南人民出版社,1990年,第266页。

② 饶伟新:《导言:族谱与社会文化史研究》,饶伟新主编:《族谱研究》,北京:社会科学文献出版社,2013年,第8~9页。

于"表述或反映当前的'本地情境'（local context）"，也就是说，家谱是对一种情境的需求或期望，而这种情境又得以在家谱中被复制、延续甚至再生产①。

谱牒在形式上以记载家族世系为主，同时保存了大量家族成员的个人资料和家族事务的相关文献，也可视为家族档案。因此家谱作为民间文献的一种文类，性质可视同为民间档案，其功能性内涵是，"揭示普通民众的思想、信仰和观念，其'原生态'的内容立体地再现基层社会的运作方式和底层民众的声音"②。所谓"底层声音"，就是底层社会生活的实态。会安华人家谱以下层民众为主，不仅保存了普通家庭的人丁规模和世系更替，而且以个人传记、自述等方式展现家业兴衰、商业活动、婚姻关系、风俗习惯、地方物产以及情感生活，比如《罗氏家谱》中保存的罗锦华的《绣心公自述》即为此类文献。一些家谱还保存了家族成员的诗文作品，更为具体地反映他们的文化取向与思想观念，如《叶氏家谱》中保存《南行杂咏》是作者叶遇春在会安以及越南其他地方经商、旅行、交友、娱乐、感怀之际所撰之诗，比较完整地体现抒发会安华商身处异乡的生活实态。这些素材虽然具有个性化特征，但也反映出世事变迁进程和社会结构演化，因此借助这些文献中展现的多彩生命而获得会安华人社会的立体、全方位的理解。

谱牒文本可以视为历史记忆的社会性建构结果，如赵世瑜教授认为，"作为家族历史流传，族谱这样的书面文本又成为口述传说的载体，共同夯实和传递关于祖先的历史记忆"③。在以男性为中心的中国传统宗法观念下，中国家谱所展开的家族发展史也以男性叙述为主角，以家族男性成员为主的修撰者的文化选择。即便族谱记录了婚姻关系，也收录墓志碑铭、烈女贞节等内容，反映了女性在家族中的地位或者生活状况，但总体而言，这仍被男性话语的书写结果，因此谱牒文本常常成为"忘却"或"遮蔽"女性的工具。当然，越南的文化传统、民间生活习俗与中国传统有所不同，妇女具有相对高的地位，越南家谱对女性成员记载多于中国家谱。会安华人家谱书

---

① 王明珂：《英雄祖先与弟兄民族：根基历史的文本与情境》，北京：中华书局，2009年，第183页。

② 邓群刚：《当代中国民间文献史料的搜集、整理与利用现状综述》，《中共党史研究》2011年第9期。

③ 赵世瑜：《小历史和大历史：区域社会史的理念、方法与实践》，北京：三联书店，2010年，第96页。

写方式也受其影响,对女性成员也有较多记载,由此形成祖先崇拜仪式中也会注重祖姑祭祀。

即便如此,谱牒文本仍存在"遗忘"的面向,编纂族谱以整合家族为主旨,关注观念教化、道德规范和行为垂范,一般对有悖于"正统"和"律法"的"异端"或"异常"事项隐而不语,即使有所涉及,也是含糊其辞。可以这么说,谱牒文本在建构历史记忆的同时,也在生成主动式遗忘或建构性遗忘。会安作为国际性商业港口,高频的社会流动导致两性的不稳定。其实,私奔、私娶、诱拐等现象成为常态,但是这些内容出现谱牒文本的概率极低。因此,需要对谱牒文本中的蛛丝马迹进行追踪,并需要结合官方档案、民间书信等进行全面考察,事实证明,会安华人不仅采用"两头家"的婚姻模式,在海洋网络的便利条件驱动下,华人私娶、拐卖会安女性的现象也较为普遍。

第四章

契约文书与田宅经营

契约文书指由当事人双方或多方为证明某种约定而共同缔结的书证，是人们在具体的生产、生活、社会交往中形成的原始文字凭证或文字认定，具有极强的社会实用性。传统社会的经济关系乃至人身关系在一定程度上是靠契约文书来维系的。其内容涉及政治、经济、法律、民俗等方面，为人际交往提供约束和保障机制，并使互相之间的行为规范有规则可循，从而形成稳定的社会秩序。华人有着悠久的书写契约传统，他们到越南之后，根据特殊的地域条件、历史环境，也形成了一套契约文书的书写方式，并由此真实、细致地反映了华人的经济形态。

日本东南亚史专家山本达郎（Yamamoto Tatsuro，1910—2001）是较早对越南契约文书进行研究的学者。他在1940年撰写的《安南の不动产売买文书》，以介绍1786年和1789年的两份私人土地买卖文书全文为基础，描述1767—1867年的越南土地买卖状况，并论及土地交易中女性的问题①。陈智超先生在1980年代曾发表过关于潘陀浪王宫档案文书的介绍性论文，其中涉及买卖土地、槟榔园、典当土地、借贷、典雇、买卖奴隶等契约②。宫泽千寻在《越南北部女性的财产地位：19世纪至1920年代末》中则利用习俗调查、遗嘱文书、分家文书等文献，分析阮朝女性的平等继承权，妻子的独有继承权，没有直系男性继承人时女性享受的财产和祭祀分配权，认为可能存在双系血缘集团③。近年来，张桦利用占婆档案也分析了潘陀浪王宫档

---

① ［日］山本达郎：《安南の不动产売买文书》，（东京）《东方学报》，1940年3月。

② 陈智超：《十八世纪占婆王府档案目录及说明》，《社会科学战线》1984年第2期。

③ ［日］宫泽千寻：《越南北部女性的财产地位：从19世纪到1920年代末》，《民族学研究》1996年第4期。

案的若干份契约文书内容及其格式①。印驰在前人研究基础上，则对潘陀浪王宫档案文书的中文部分进行解读，也涉及契约内容②。

1993—1998年，越南与日本文化厅、昭和女子大学国际文化研究所合作对会安老街区进行7次挖掘调查，以确定文化遗产，制定保护措施。在此过程中，由于文化遗产保护与土地产权有密切关系，收集民间文书成为保存历史文化的重要环节，借此获得了一批契约文书。2007年，在取得文书保有者的同意后，由昭和女子大学国际文化研究所出版，名为《会安町家文书》③。"町家"为日本用语，"町"是商业区的代称，经商者住宅也就被称之为"町家"。会安的外侨社区以中国人为主体，日本称为"中国人町"或唐人街，因此《会安町家文书》也可称为《会安华人文书》。本章首先将着眼于《会安华人文书》的基本形态，讨论契约文书的律法传统、文书格式与演变源流；其次就《会安华人文书》的主要内容，分析契约文书中的经济活动、社会群体与女性地位。

第一节　契约文书的源流与内容

一、律法传统与文书源流

越南自主立国后，李、陈、黎、阮各个王朝的立法都以中国法律为楷模。如杨鸿烈先生在《中国法律对东亚诸国之影响》中言，"安南自秦、汉至唐入于中国版图，其法制与中国无大出入。"④从土地占有形态而言，李朝实行土地国有制，即名义上皆为皇帝所有，其田地分为皇室田、分封田和公社田。

① 张桦：《占婆亡国后顺城地庆土地状况与奴隶制度》，李庆新主编：《海洋史研究》第7辑，北京：社会科学文献出版社，2015年。

② 印驰：《潘陀浪王宫档案中文部分具体解读》，《河南工业大学学报（社会科学版）》2016年第4期。

③ 见附录三，附图3-1。

④ 杨鸿烈：《中国法律对东亚诸国之影响》，北京：中国政法大学出版社，1999年，第419页。

皇室田也叫"国库田"，由国家直接管理，战俘或囚徒耕作，收成完全归皇室支配。分封田是皇帝赐予贵族、工程、官吏或者寺庙的田产，由依附农民耕种，他们向分封者缴纳地租并承担劳役。公社田为村社所有，耕作者向国家缴纳租税，并承担兵役和劳役。虽然土地属于国家公有或集体共有，但随着私有制大发展，已逐渐出现土地买卖和典押。到了陈朝，土地私有制进一步发展，为了规范土地买卖和转让，对签订契约文书有了专门规定。1227 年，陈太宗下诏："凡造嘱书文契，系田土、揭借钱书契，证人押前三行，卖主押手后三行。"此后又发布一系列关于土地买卖的律令，其中 1292 年涉及契约文书的条文为："凡断典，文字同辞二道，各执一道。"1299 年规定："凡卖田土及买家人为奴，听赎，若过此年，不得赎。"1320 年规定："若假立文契，刖左手一节。"①将这些文献与《宋刑统》的"典卖指当论竞物业"、《大元通制条格》的"田令"等进行对比，可见借用之处，如潘辉注后来所云："按李、陈刑法，其条贯纤悉，不可复详。当初校定律格，想亦遵用唐、宋之制，但其宽严之间，时加斟酌。"②

此时的契约画押也以按捺手纹或指纹为主，称之为"点指"。中国是公认利用手纹、指纹为人身证据的国家，唐代普遍使用画指节为信，因此将契约文书称为"指券"。阿拉伯商人苏莱曼（Shlaiman）在唐代末年多次来华，访问过长安和广州，他在《中国印度见闻录》中描述唐人的钱债契约画押方式，"放债人起草一张票据，写明放债数字，借债人也同样写好一张票据，写明借债的数字，把中指和食指合拢在署名处按上手印。然后，两张票据叠在一起，在连接处再写上几个字，然后把两张票据分开，把放债人起草的又经借债人同意的那一张交给借债人"③。宋代黄庭坚即指出指模与文契法律效力的关联，"今婢券不能书者画指节，及江南田宅契，亦用手摹"原因在于，"手摹人罕相同，最易辨别真伪也"④。陈朝、李朝与两宋政权大体处于同一时代，其律令仿照唐宋律令，自然沿用了指纹证据法，"点指"也成为民间文书成立的必备条件。

---

① 转见梁志明：《10—14 世纪越南封建土地制度初探》，《北京大学学报（哲学社会科学版）》1987 年第 2 期。

② 《历朝宪章类志》卷三三，《刑律志》。

③ ［阿］苏莱曼等：《中国印度见闻录》，穆根来、汶江、黄倬汉译，北京：中华书局，1983 年，第 18 页。

④ （宋）黄庭坚：《山谷集·别集》卷六，《杂说》。

黎圣宗在 1479 年参照唐律唐令编撰第一部成文法典——《洪德法典》（也称《黎朝刑律》），在民事法律上借用唐律和明律中关于不动产、动产、典当、借贷、婚姻、继承等规定，对各类文书的法律效用也予以特别说明。比如《增补香火令》对遗嘱文书的说明："父母俱亡有田土未及遗下嘱书，而兄弟、姊妹相分，以二十分之一为奉事香火，付与长男监守，余者相分，若已有父母命并嘱书，即依如例。"另外一条规定："为父母者，量其年老造立嘱书，为族长者均其多寡，为立文书。"再如《始增田产章》对养子继承权的遗嘱的规定："诸养子有养文字着与田产；其养父母殁，无嘱言书，而田产分归嫡子及养子。"①在借贷关系上也注重原契的功用，"诸负债违契期不偿者，杖依轻重；拒强不偿者，贬二资，倍偿一会，即经年限而不追，尖原债（限谓宗人十年，他人二十年）。""诸负债已偿而故执原契不还；及原契已失，而不给凭由者，笞五十，贬一资；即已给凭由，而反执原契追者笞五十，贬如之反倍所偿"。"诸负债逊（逃）亡者，咱（听）主保代偿本分，即原契有约同伴代偿如之。"②《洪德善政书》规范法律条文，强调书证在法律诉讼中的重要性，规定了文书格式以及不按格式书写的处罚，"买卖田土文契人，有官职识字者，写姓名记。不识字这，点指。违者以失格虚契论"③。

现存越南国家图书馆的《国朝书契》收录了各种标准契式④，版本情况不明，刻版也较为粗糙，无法予以明确断代。现根据契约格式有"统元"（Thống Nguyên，1522 年—1527 年）的年号进行推断。"统元"是越南后黎朝恭皇帝黎椿的年号，时间相当于明代的嘉靖元年至嘉靖六年，对照后黎朝法律制度对唐律、明律的仿照，在日常经济活动中也援用了中式的契约格式。由此推断，越南契约格式最迟在明中叶定型，王朝为了统一格式，以刻版印刷方式予以颁布，成为普遍通用的标准文书，现举断卖契、典卖契、交换契、受债契四例格式如下：

1.断卖田文契(土、潭、池仿同)

某府县州坊社村册庄某色某并妻（或妾）某，缘使用缺乏（或逢路

---

① 杨鸿烈：《中国法律对东亚诸国之影响》，北京：中国政法大学出版社，1999 年，第456 页。

② 杨鸿烈：《中国法律对东亚诸国之影响》，北京：中国政法大学出版社，1999 年，第457 页。

③ 转见张桦：《占婆亡国后顺城地庆土地状况与奴隶制度》，李庆新主编：《海洋史研究》第 7 辑，北京：社会科学文献出版社，2015 年。

④ 《国朝书契》，见附录三，附图 3-2，越南图书馆藏本，编号 R1878。

阻,计买不便),有己分田或断买田(或断买田)若干亩,高坐落某处,四至近(所、土、潭、池同前)。兹将上项田(或土、潭、池)断卖与某府县州坊社村册庄某官(或某色)某并妻某,依时价铜钱若干贯钱(或金、绢、布,集成千贯),随立契日交领足讫。断买之田(土、潭、池同)委是某己物,如有瞒昧假诈,某自用知,当不涉买主。从立契后,仰买主一任耕作,传子若孙,永为己物。国有常法,故立文契还买主有照用者。

统元某月　日　立契人某押点指

证见人某或借代书(并如前)

2.典卖田文契(潭池同)

某府县卅坊社册庄某色某并妻(或妾)某,因使用鈌乏,有己分田或断买田若干亩,高坐落某处,四至近(仿如前、潭池亦同)。今将上项田(或土、潭、池)典卖与某府县州坊社村册庄某官(或某色)某并妻某,依时价铜钱若(或金、绢、布,集成千贯)千贯钱(□钱千贯准银千两),随立契日,交领足讫。所典之田(潭、土同)委是某己物,如有瞒昧假诈,某自用知,当不涉买主。从立契后,仰买主一任耕作,甚时来赎(谓秋田三月期,夏田九月期,潭池有定限),不得固执。国有常法,故立文契贰道,各执壹道为照用者。

典卖田文:卖交契文,合写两字"开用"两行于界垱贰道(用之土、潭、池,事体并同)

统元某月　日　立契人某押点指

证见人、代书(并如前)

3.交换田文契(仿池、土、田)

某府县州坊社村册庄某官(或色)某并妻某,有己分田(或断买田)若干贰高,坐落某处(四至近如前)及某府县州坊社村册庄某官(或色)某并妻某有己分田(或断买田)若干贰高,坐落某处(四至近如前),缘使两伴田(或土、潭、池)偏在隔远,耕作不便,两相自愿将上项田交换。立契之后,某处田等所丁某伴,各任耕作,永为己物。某田委是范某、、丁某己物,如有瞒昧假诈,本人自用知,当不干直伴。国有常法,故立半字文契贰道,各执壹道为照用者。

立换田文契如典卖田契。

统元某月　日　立契人范某押点指

如丁某福则谓立契人丁某记

证见、代书(并同如前。范某伴,著范某证见;丁某伴,著丁某证见)

4.受债文约

某府县州坊社村册庄某(或色)某并妻某,今因使用缺乏,托得某人作一保,就某贯某官(或色)某并妻某家赐借铜钱千贯钱(或金、银、布,价钱若千贯),领取回家应用,自愿生息每月(谓月每贯生息钱千),期在某年月日,备将本息合得足数(年月虽多,息不过本),不敢欠缺,如有过期,坻柜某及保人甘受倍还(保人债四分之,后同)。国有常法,故立文字为照用者。

统元某月　日　佰钱人某点指

保人某记

代书(并同)

二、《会安华人文书》的格式

《国朝书契》为契约文书的通用格式,无法完全涵盖日常经济活动的全部内容。民间经济事务和田土交易实践所涉事项远比《国朝书契》的内容复杂,最终在民众生活中成立的文书均有不同程度的变通。随着日用类书与日常生活的高度结合,日用手册就以实例作为典范,如成书于阮朝的《嘱书文契旧纸》收了嘉隆、明命时期的文书①。明清时期,中国与越南之间的书籍交流频繁。清代同光年间,佛山刻印业发达,寓居广州的越南钦差和贡使就在佛山刻印诗文汇编,陈正宏将其称为广东"代刻本"②。梁氏拾介园、五云楼等佛山籍书坊主除了热衷于"代刻本"业务,还将通俗小说和日用医书书籍运往越南南圻发售,其中以"广盛南"书坊作为著名③。在此过程中,越南民间通用的日用类书也经由华人书坊送回佛山刻印,陈正宏先生2012年在法国淘得的《新撰词札壹摺》即为其中一例。根据陈正宏先生的描述,该书内封写有"柴棍督府　广盛南发售/新撰词札壹摺/黄静斋撰　天宝楼板"。"天宝楼"为佛山书坊,"广盛南"为堤岸书商。该书编撰者为黄静斋,

---

①　张桦:《占婆亡国后顺城地庆土地状况与奴隶制度》,李庆新主编:《海洋史研究》第7辑,北京:社会科学文献出版社,2015年。

②　陈正宏:《越南汉籍里的中国代刻本》,《东亚汉籍版本学初探》,上海:中西书局,2014年,第125～142页。

③　李庆新:《清代广东与越南的书籍交流》,《学术研究》2015年第12期。

另一刻本的署名为"督抚使保禄黄静斋"，以保禄、静斋的中西合用之名推断，此人应为供职于法国殖民政府的华裔官员。陈正宏还在法国国家图书馆找到了同一刻本的《新撰词札壹摺》，外封底有"苏绪尔"的墨文长方印，此人可能就是法国汉学家莱奥波德·索绪尔（Léopold de Saussure，1886—1925）。他先在法国海军供职，后来到了东亚地区[①]，他可能途径西贡购买此书，从另一方面说明民间广泛流通该书，影响深远。该书编于1886年，共收禀札告词等38篇（则），以民间交易买卖文书为主，是一册以实际文书为例的日用类书。收录店铺买卖文书格式为：

> □□州城广东帮清人邓德夫妻等为立断卖铺房土基词事。缘前客有置买土基壹顷，西尺三篙捌拾陆尺，东近大路，西近十四号公土，南北均近泾沱，坐落美萩街分，建有二层瓦铺，上下各五间，并爨厨、马厩、车厂，四面各有缭垣砖墙。今愿将这铺等所连土基断卖与南任黎有福，依价来银贰千三百五拾陆元，听凭买主攸居，永不回赎。恐事无凭，乃请本帮帮长并所在乡职视诚，设立断卖词并交该土基凭券各一张执照，以免后议。为此兹断卖词。
>
> 乙酉年拾壹月贰拾日
>
> 立断卖词人　清人邓德（手记）　妻氏厚（点指）
>
> 视诚人　正帮长　（记）
>
> 副帮长　（记）
>
> 助词人　（字记）[②]

《国朝书契》和《新撰词札壹摺》两书的内容显示，无论是王朝还是民间，越南契约格式长期受到了汉文契约影响，凡铺房、田地及居家住宅的买卖、典当、抵押以及分家、继承等，都是先由当事人各方共同协商，邀请他人代书契据或合约书。典卖契一般有固定的体例和格式，其他类型的契约是根据不同契据的特定要求，采用当地约定俗成的形式书写。契约文书里主要以汉字书写，使用少量汉喃文字，并受越文句法的影响。大部分文契都书写工整，语言流畅，表现出条理清晰，周密严谨的契约文书风格。此外，契约文书

---

① ［法］戴密微：《法国汉学研究史》，［法］戴仁编：《法国中国学的历史与现状》，耿昇译，上海：上海辞书出版社，2011年，第2页。

② 陈正宏：《越南汉喃古籍里的广东外销书》，程焕文等主编：《2014年中文古籍整理与版本目录学国际学术研讨会论文集》上册，桂林：广西师范大学出版社，2015年，第174页。

多出自民间手笔,加之土地房屋买卖典押各有情由,田产状况各不相同,行文用语朴素生动,呈现出丰富多彩的面貌。下面转录会安契约文书中的一件土地绝卖契,进行具体对照:

> 立绝卖文契人明乡社香定邑池氏苗并弟妇武氏柳等,由前年彼与亲弟前陈宙观同造买私沙土庸一顷四尺七寸,东西四近,依如单开内,坐落在本社香定邑地分。于嘉隆十四年(1815年)彼亲弟物故,今彼与弟妇年高衰老,用度不敷,致彼等同应将此土庸绝卖许会安社人黎氏阁,依价钱六百一十贯。随立契日交领足讫,仰买主一任居住,永为己物。若彼等瞒昧,假作不实,后日何人争阻,彼自抵当,不干买主之事。国有常法,故立交契为照用者。
>
> 一、留交旧刻字一张。
>
> 一、又交单申一张。
>
> 一、又交旧契一张。
>
> 一、又交新单开一张。
>
> 明命十年(1829年)十一月二十六日
> 视诚人:明乡社乡老、乡长(同记)
> 立绝卖契人:池氏苗(点指)、武氏柳(点指)
> 亲子尤安娘(记指)
> 亲子陈有福(记指)
> 作绝卖契人:黎福载(字记)[①]

这份文书为绝卖契,记载明乡社夫人池氏苗、武氏柳等会安妇女将土庸绝卖给会安社妇女黎氏阁的土地交易情况。契约写明立约人、立约内容、立约时间、土庸边界、成交价格等条款,同时也附注了与土地有关的其他上下手文书。还有卖地人的儿子及明乡社的各位见证人的签字画押,成为会安田产交易的典型契约。鉴于普通民众不识字,法律对"点指"予以细致规定:"凡男不识字并妇女画押手点指,用男左女右。手前三点,手后二点。凡手有食指、拇指、中指、无名指、季指,有点则据食指及并后爪而点左食指前、左食指后。据爪前三后二,右手亦如之。"[②]也正是因为一般交易人不识汉字,

① 马克畅(Mark Chang)编:《会安町家文书》,东京:昭和女子大学国际文化研究所,2007年,第28~30页。

② 《故黎律例》,第20页。

除了少数会写汉字的士人可以自己书写契约之外，大部分契约是专门的写单人予以代劳，他们在契约中以代书人的身份予以体现。

从会安华人文书可以看到，契约大致内容是有如下部分组成：契文的开头，首先申明立契人的所在地，姓名（某某府、县、社某某人）和契据性质。卖契约定不可回赎的，开头通常写作："为立词绝卖私土并瓦家事"、"一立契断卖由"等字，而执赎土房的契约文书开头一般都写上："为立词执赎私土庸事由"、"为卖赎私土庸事"或"一立词典执由"等字，以示区别。有一部分文契则按另一种开头形式直接写上："立绝卖文契人/立文契人某某府县社某某人"。契约的核心内容是交易标的物的各种细节。前半部分交代产业名称、来源、产业坐落、状况及面积四至、承买/典人姓等的说明文字，按照当地多年形成等语言程式书写。契据的后半部分是出卖或典押的承诺、条规、双方的责任义务及上手契情况等内容。如自交割之日起即归业主受业，交易后双方不许反悔，先悔者要罚款，而原契仍旧生效，立契时间等亦需一一写明。有的契约中还明确说明买卖双方都要履行的法定手续，以便确定双方的职责。如当地权转移交割之后，业主要承担交纳赋税义务，而卖方须有无重复交易、来历不明、家内外人不许阻拦等信用，还须担当不涉买方及一切不明之事。特别是卖契，一般都要写明卖方之责，除在开头申明绝卖外，在后面的契文中往往还要重申："所绝卖之土家，一任买主居住，传子留孙永为己物"或"一交财主居住永不回赎"、"所断卖之土庸委是己物"、"自用抵挡不干买主之事"等语。各类契约都有约定承诺的惯例，通常写上作："国有常法"、"若瞒昧、反言何理、及何人争阻"、"假诈不实、反覆何辞"，则"甘受这钱生息如例、甘受偿所损各铜"或"甘受重罪"等字样。这表明了当事人希望"私约"得到官府承认和保护的愿望。关于承担违约责任，会安所见典卖契也有违约的约定，而常常由当事人在契约中约定。以上这些法律责任典卖双方各自认可，画押成交立契为据。

结束语通用是"故立文字/文契为照用者"或写作"兹绝留契"、"为此兹词"，表示契据主文的结束。契尾部分即主文左侧写有立契时间、立契人和各关系人（如长辈房亲等作为中间人）的姓名及签字押号。土地契约的构成除买卖双方签名画押外，还需有见证人、书写人等中间人物的签押。为了表示公正性，契约签订时必须有证见人。证见人或称为视诚人、认实人，一般是年长有声望者如社长、乡老等受邀参与，他们签押上面通常盖着官印，以增加合法性。书写人，或称作/写词人、作/借单人、借字人、借文契人等，负责书写契约,一般由书写端正清楚者担任。签字画押。在立契人和上述有关人员完成书面认同、签字押号等合乎法律程序的一些手续之后,契约文书才能生效。此种订立契据完成交易。这时,产权及使用权即归买受方所有。如有以前该产业产权移转的有关契据,也一并交给买主。由于土地权属关系复杂,所以契约关系也更为复杂,特别是典契,双方有何约定,如取赎期限、产业价值及兑付货币名称、数额、收付及利息规定、土地交租纳粮、房屋维修费用负担等,都要在契据中一一写明。

《会安华人文书》收录契约囊括了从黎朝末年一直到阮朝末年二百余年的田土交易,始于永祐五年(1739 年),止于保大十二年(1937 年)。由于土房物权转移情况较为复杂,一共为 58 份不同类型的契约文书,计卖契:26件;典契:13 件;债执契:7 件,单开文契:7 件;分家书:2 件,其他:3 件。按照时间具体罗列如表 4-1。

表 4-1 《会安华人文书》契约类型表

立契时间	契约类型		
	卖契	典契	其他
永祐五年(1739 年)	断卖契		
景兴二十八年(1767 年)十月		债执契	
景兴三十二年(1771 年)七月	断卖契		
泰德五年(1782 年)八月	断卖契		
泰德八年(1785 年)二月	断卖契		
泰德八年(1785 年)八月			单开书
泰德八年(1785 年)十一月			单开书
泰德八年(1785 年)十一月			单开书
光中二年(1789 年)	断卖契		
嘉隆元年(1802 年)六月	断卖契		
嘉隆二年(1803 年)三月			抄契文书
嘉隆六年(1807 年)九月	断卖契		
嘉隆八年(1809 年)十一月	断卖契		
嘉隆十年(1811 年)正月			单开书
嘉隆十年(1811 年)三月		典执契	

续表

立契时间	契约类型		
	卖契	典契	其他
嘉隆十年（1811 年）三月			单开书
嘉隆十年（1811 年）六月			单开书
嘉隆十一年（1812 年）八月	断卖契		
嘉隆十一年（1812 年）十月			申报书
嘉隆十三年（1814 年）			分家书
嘉隆十四年（1815 年）	断卖契		
嘉隆十六年（1817 年）	断卖契		
明命五年（1824 年）三月		债执契	
明命五年（1824 年）九月		债执契	
明命六年（1825 年）十月		债执契	
明命七年（1826 年）十二月	绝卖契		
明命十年（1829 年）四月		留执契	
明命十年（1829 年）十一月	绝卖契		
明命十二年（1831 年）十二月	绝卖契		
明命十九年（1838 年）七月		典执契	
绍治三年（1843 年）四月		执赎契	
嗣德七年（1854 年）十月		执赎契	
嗣德十年（1857 年）六月		执赎契	
嗣德十一年（1858 年）七月		债执契	
同治二年（1863 年）五月		卖赎契	
嗣德十九年（1866 年）七月		典执契	
嗣德二十三年（1870 年）七月			度分书
嗣德二十七年（1874 年）十二月		典执契	
嗣德二十九年（1876 年）七月			分家书
嗣德三十年（1877 年）十二月		执赎契	
嗣德三十年（1877 年）十二月	绝卖契		

立契时间	契约类型		
	卖契	典契	其他
嗣德三十二年（1879 年）十二月		执赎契	
成泰二年(1889 年)七月	绝卖契		
成泰二年(1889 年)九月	绝卖契		
成泰六年(1893 年)十月	断卖契		
成泰八年(1895 年)十一月			单开书
成泰八年(1895 年)十二月		执赎契	
成泰十一年(1899 年)八月		留执契	
成泰十一年(1899 年)十一月	断卖契		
成泰十六年(1904 年)十一月	绝卖契		
维新五年(1911 年)六月	断卖契		
维新九年(1915 年)十二月		债执契	
启定六年(1921 年)六月	绝卖契		
启定七年(1922 年)二月		债执契	
启定七年(1922 年)五月	绝卖契		
启定七年(1922 年)六月	绝留契		
启定七年(1922 年)六月	绝留契		
保大十二年(1937 年)五月	断卖契		

第二节　契约文书与田土交易

一、单开文书与田宅登记

越南历代王朝都注重实行编户及对土地的管理，以有效地促进社会经济的发展。黎朝建立初期，皇帝曾要求全国各地在村社的基础上普查田产情况，具体包括测量土地及田亩的面积，画出田地形状及东西四周并注明田主的姓名，编制成册，叫作"土地簿册"或"地簿"，地簿存于官府及各社。地簿里详细载有土地面积，东西四近等具体情况，所以通过地簿可以解决土地纠纷，确定赋税之数，地簿成为征收土田赋税的依据。地簿是在丈量土地的基础上绘制的，册籍编制保证了乡社及农民个人的土地占有权，并成为民间土地交易与纷争处理的法律依据。"单开契约"已经是一种比较严谨的"土地所有证"了。会安契约中保留了"单开契约"此类文书，借此可了解明乡社民户承开土地的情形。文书中有三份开立于泰德八年（1785年），略为整理如下：

> 奠盘府延庆县家居锦铺社名徒讲即潘公祉一承开由。兹有词传二府各县属总社村坊开销田土数，或田多税少，开自征更详注处所、坐落，东西四近各开明白。兹彼承开有私土一顷，始立家居。在地簿锦铺社列于次，修礼处一所、私土庯一顷一高四尺五寸，由买有契，例无纳税。东近小溪；西近注□□□；南近大江；北近大路。以上有字纸一张，并已开报详尽。若彼奸开东西不实，则彼甘受家财入官，再受重罪兹端。[①]
>
> 泰德八年（1785年）八月二十七日
> 立单开人名徒讲即潘公祉
> 借单开人名徒义记

> 明香社香胜邑黄喜娘一承开由。兹彼有私林土庯一顷，坐落在本社本庯地分。兹彼承开东西四近具陈于次。香胜处一所林沙土庯一顷一高四尺，东有砖墙近林玄娘、王祥有土并小陌；西有砖墙，近前杨长娘土；南近至大江；北近大路。由造买有文契，旧例无税。又端以上有字纸一张，并已开报详尽依如单内。若彼妄开东西四近不实，则彼甘受家财入官，再受重罪兹端。[②]
>
> 泰德八年（1785年）十一月十三日立单开人　　黄喜娘点指

---

① 马克畅（Mark Chang）编：《会安町家文书》，东京：昭和女子大学国际文化研究所，2007年，第242～244页。

② 马克畅（Mark Chang）编：《会安町家文书》，东京：昭和女子大学国际文化研究所，2007年，第172～174页。

借单人名徒麟记

承抄旧单开人胡廷字记

　　明香社香定邑王建策一承开由。兹彼有私林沙土庯一顷,坐落在
本社本庯地分。兹彼承开东西四近具陈于次。一所私林沙土庯在香定
处一顷三尺八寸,由祖父留来有文契,东近刘鸥娘砖墙;西有砖墙,近砖
墙本社土庯;南有砖墙,近会馆土庯;北近大路。又端:以上有字纸一张
并已开报详尽依如单内。若彼妄开东西四近不实,则彼甘受家财入官,
再受重罪兹端。[①]

泰德八年(1785 年)十一月十七日

单人名　王建策点指

借单人名徒成记

　　"泰德"为西山政权年号。1771 年,阮文岳、阮文惠、阮文侣在广南阮氏
政权统治下的归仁西山发动起义,建立了西山政权。1774 年,西山军攻击
广南阮氏政权。1775 年,郑氏军队与西山军在会安锦沙地区展开激战的历
史事件。西山战火燃起后,广南沿海商港在战火中遭到了严重的破坏。会
安在旧阮、郑氏和新阮之间的几度易手,也未能逃过战乱之劫。内战期间,
会安商港只是一片颓弊的景象,一切贸易活动几乎都停滞了。1778 年,西
山阮氏控制越南中部之后,战争局势稍微稳定,阮文岳号称"中央皇帝",建
元"泰德"。会安贸易活动虽有所恢复,但仍难与战前相论。身处广南的欧
洲人目睹西山起义后会安贸易的萧条景况,1793 年在访问中国途中曾逗留
沱灢的英国人 Jonh Barrow 表达了对西山占据沱灢与会安的失望之情:"虽
然我们没有期望在沱灢附近看见大都会或宏丽宫殿,但由于此地曾为交趾
支那与中、日两国通商要津,如今呈现在我们眼前的仅为几处村落,让人深
感失望。其中最大的村落也不过一百余家,且多为茅屋。从巨大的建筑物
废墟或者残存的城墙及炮台可以看出这里曾经惨遭浩劫。另据他人所言,
这种情形在会安更为显著和普遍。"[②]会安处于战争的拉锯地带,也是交战
双方谋取财政的。上述土地单开文书可知道,单开文契中则写明"旧例无

---

　　① 马克畅(Mark Chang)编:《会安町家文书》,东京:昭和女子大学国际文化研究所,
2007 年,第 56~58 页。

　　② John Barrow:*A Voyage to Cochinchina*,*in The Years* 1792 *and* 1793,London,
1806,pp.310-311.

税"或"例无纳税"，说明土地此前并未升科纳税，有可能是在西山政权统治之下被强行登记纳税，以为军需之用。如占婆潘陀浪王官档案的一份文书可为此佐证：

> 顺城镇掌奇官镇内诸务顺德侯，钦差调遣佐治侯计承传顺城镇世子该奇昭清侯熠知由兹，奉朱体定，镇内口娘田、民田种粟，定收租税及口娘蛮税，有体入内，依例差收。土宜产物若干，发卖取官钱，调从税团奉纳。至如镇内人数，藩民准敕，差余搜另常年修簿奉纳。朱体若此，颇已词。调昭清侯据簿庸阶所编收口娘田、民田、蛮税各项，再有承合，定体价卖。口娘蛮税，土宜产物，故此合传，宜照体合定价。卖土宜产物，蛮税得若干，修簿一本。及依体修簿，此处本镇民一本，搭娘田、民田租税二本。便修奏簿，奉纳兹传。泰德七年四月二十四传。①

南阮政府为了控制人口土地，也采取重新登记簿册以征收赋税的措施。1788 年，"令各总社村坊凡有侨寓漏民及西贼残卒逃回者悉登之户籍，其无资产将为穷雇项免特纳（如粟米、铜锡、藤木、椰子之属，非正贡而取于民者谓之特纳），惟徭役与民同。至于新、旧唐人，由该府另簿奉纳"②。战乱期间，户籍、田土册籍多已丧失，或混乱。改变战后赋役不均及诡寄田产、逃避赋税、徭役的状况，自 1803 年开始，阮朝进行了田籍与户籍的调查与整理，下令勘查丈量土地，各地村社负责核实各户土地实况，建立地簿。此项工作至 1836 年即明命皇帝期间，才基本完成。土田调查时，各地村社要求民户据实填写统一格式和内容的单开文契，作为编制地簿的依据，也是征发赋税的主要依据。如越人《阮氏世谱》记载，"我祖之世（当西山泰德五年），单征田土，犹着为山铺社人，我朝嘉泰年间，建开田簿，始称为安美社"。明乡社在村社结构上更加完备，逐步被纳入了行政体制，成为编户齐民后，店铺、田土也自然需要登记入地簿，单开文书作为纳税凭证开具，也是物权转移的文本依据。嘉隆十年（1811 年）的单开文书即为一例：

> 明香社香胜邑周恺娘一承开由，兹承有体。传各县属总社村坊等类开公私田土在某处所，东西四近，于高尺寸，修簿报纳致本社，随彼报开，颇彼有私造买沙土庸一项，坐落在地簿本社本庸地分香定处。兹彼

---

① 张桦：《占婆亡国后顺城地庆土地状况与奴隶制度》，李庆新主编：《海洋史研究》第 7 辑，北京：社会科学文献出版社，2015 年，第 116 页。

② ［越］阮朝国史馆：《大南实录》正编第一纪，卷三，第 17 页。

承开东西四近,于高尺寸,具陈于次香定处一所私沙土庸一顷十四尺,由有执凭刻字,开单文契。东有砖墙,合兴刘氏晋砖墙;西有砖墙,近刘珠娘土庸,已典执许彼;南近大江;北近大路。又端:以上有字纸一张,并已开报详尽,东西四近依单内。若彼奸开不实遗漏,自一□以上,则彼甘受重罪。为此兹端。

嘉隆十年(1811年)三月七日

立单开人　　周恺娘点指

佐单开人名谊字记[①]

嘉隆十一年(1812年)的单开文书中表现得更为明确:

莫盘府延庆县富沾下总□□锦铺社企桃、搜文、搜松、老王邑、老川、老徒、老□本社等申计一望息。由内地簿愚社、革名有私土园土庸坐落处所,东西四近依如单内。自前以来,旧例无税,于今承有□体传,建耕田土簿,系田土未徵租者宜诉单徵着簿,兹各名乞徵。此私土及广□□桑根土税例。现有姓名各处所,东西四近具陈于次。伏乞尊翁照付事迹便呈该史,着此私土入簿愚社□桑根土受纳税例。仰□□。修礼处一所土庸一高四尺五寸,茂材社潘公祉□居,东近锦铺社水道;西有砖脚,近兽论娘私土庸;南近溪;北近路。付催□近认实着簿征收。

嘉隆十一年(1812年)十月初八日申。由有朱章。

企桃黄得盛　　搜文黎日文　　搜松黎日松点指

老川黄日仁　　老徒黎日政　　老□阮有□　　老王邑　　陈得钟

本社承认实依单记

左丞司兵房该史谓承留抄。由有八角迹

写单人卞玩字记[②]

二、绝卖契与物权转移

土地买卖过程中,口出无凭,怕节外生枝,必须签订买卖契约,即是由当事人双方互认互守的文字合同,称为绝卖契。这种契约属于永久性的契约

---

①　马克畅(Mark Chang)编:《会安町家文书》,东京:昭和女子大学国际文化研究所,2007年,第130~132页。

②　马克畅(Mark Chang)编:《会安町家文书》,东京:昭和女子大学国际文化研究所,2007年,第246~250页。

类型。买卖手续通常由出卖人（即土房所有者）立卖契并将土地所有权交给用一定代价相交换的买主。签订卖契，收取价银后就意味着卖主一次性将地权卖断，即将土地所有权转让给买方（业主），不再赎回或加价，并由业主负担缴纳官税。此外，卖契还要更详细的内容，如写上即日支付代价、关于物品的权利关系无问题等相关内容，尤其是要申明土地这种实体的处理与转移，如"将某处土地卖给某某永远管业/为业"。这是说明卖主将在那块土地上今后永远用居住或出租等方式进行经营、收益行为的权限给予买主。从这个意义上而言绝卖/断卖的含义和当代人的土地买卖观念无太大区别。卖契的结尾通常还使用"恐口无凭，立此契为照"、"国有常法，致立文字为照用者"等语句，表明契约在当事人之间具有证据的法律效力。明命七年的文契记录了当时土房买卖的程序和文书格式：

> 明香社香胜邑人林成娘、吴氏峻等一立绝卖词。由嘉隆十六年（1817年）仲夏月　日，夫妻彼有私造买沙土一顷二尺九分并瓦家一座，又增作瓦厨家一座，坐落在会安社地簿虎皮处。东近前陈宙观砖墙，西近会安社，南有砖墙近前吴文才土，北有砖墙近会安土庸，东西四近依如词开内。兹夫妻彼众子等同应将此项土并瓦家、厨家绝卖许内社人即张至讲并妻，依价钱一千贯，随立词日交领足讫。所绝卖之土家，一任买主居住，传子留孙，永为已物。若后有何争阻，反言何理，则彼等甘受所损各铜。恐口无凭，故立文字为照绝卖词。
>
> 一、留交旧契及单开刻字并为凭词，共十一张。
>
> 　　　　　　　　　林成娘手记　　吴氏峻点指
> 　　　　　　　　　亲女林氏茶　　林氏□点指
> 　　　　　　　　　亲子林长定手记
> 　　　　　　　　　会安社乡目　本社同视诚记
> 　　　　　　　　　明命七年（1826年）十二月十六日①

本契为一份"绝卖词"，亦如前文的"断买词"，也称"永卖契"或"卖断契"，契文中明确写下"断卖"或"绝卖"字样，体现了"完全的所有权的转移"的法律内容。文契所买卖的产业紧邻前文所引的"池氏苗并弟妇武氏柳绝卖契"中的陈宙观房产，置办时间也相接甚近，均为明乡社人开发而转卖，区

---

① 马克畅（Mark Chang）编：《会安町家文书》，东京：昭和女子大学国际文化研究所，2007年，第230～232页。

288

别在于前者是转手给会安社,发生在不同社的人员之间,后者只是社内人之间买卖。本契载明:"嘉隆十六年仲夏月 日,夫妻彼有私造买沙土一顷二尺九分",基本可确定该产业系林成娘夫妻一手所置,因此卖掉土庸时,丈夫应和其妻子商议,并在写立契约时,妻子也同为立契人的地位。会安的大多数契约文书所属主体明确、单一,即契约文书所含的标的物属于一个家庭所有,从会安大部分契约文书而言,在土房交易过程中,卖方多会同妻子签订契约,同为主要立卖契人。另外,林成娘的两个女儿、儿子的画押,在一定程度还说明了财产继承上的男女平等制度。

会安华人以及越人又多以经商为生,生计或经商临时需要调动资金,会安商人多以典卖土庸为处理资金,以应付生活或生意的需要。以下一系列文契说明这种情况:

> 广南省福建帮家居明乡社香定邑妇人阮氏莲并嫡女蔡氏宝、亲子蔡桧等为立词绝卖私土庸瓦家事。缘前年蔡顺兴号与次室阮氏莲有造买私土一顷四尺七寸并瓦家一屋三间、厨家一屋,东近古对朝□私土,今合盈号土庸;西近古有砖墙,黄有生本族土;南近古有砖墙本社土,今福建帮公土;北近官路,东西四近依如词内,坐落在明乡社地分。于上年氏夫逝世,至兹年月日承使□□□在城。庸瓦家业已朽弊,应构作培补,若延迟重罚不怒。氏窃持一母寡妇子孤,无何生理培补,难堪抱守此家。鄙□同应将此私土并弊瓦家二屋绝卖许安长洲人阮景并妻氏禹并子名栢实价钱一千贯。随立词日交领足讫,将回生理为业。所绝买此私土瓦家之主,构造新瓦家三屋,永为己物,一用居住,受纳官税。若后有何争阻,则鄙甘受其□。由交新旧文契并单开共十张钉后留照。为此兹绝卖词。

> 成泰十六年十一月二十日
> 妇人阮氏莲点指
> 嫡女蔡氏宝点指
> 亲子蔡桧手记
> 写绝卖词阮瓒字记
> 证见明乡社里长邵进德认实记[①]

---

① 马克畅(Mark Chang)编:《会安町家文书》,东京:昭和女子大学国际文化研究所,2007年,第90～92页。

这份绝卖契是女性尊长在男主人过世以后，无法维持家庭生计而导致转卖家产所致。阮氏莲即为明乡社人，从"蔡顺兴号与次室阮氏莲"的词句推测，这可能是与当时华商的两头家庭，即随着华商在外经济地位的提高，往往在海外再行结婚，配偶一般是土著妇女。但是一旦丈夫去世或返回故土，这些家庭生活容易出现问题，需要变卖家产予以维持。从会安契约文书中记载的土房情况来看，明乡社居民住所主要以店铺为居住形式，所出卖或典当的土房大多为店面，其周围四至也都是店铺。契约中所载明土庸的"东近有砖墙，古刘朝积私土，今荣昌号土庸；西近有砖墙，古黄有生本族私土，今振隆号土庸；南近有砖墙，古本社土，今五帮公土；北近日本官路"四至范围，可知该土庸虽然面积不大，但位于港埠贸易中心，方位颇佳，周边皆为买卖营生的商铺，曾发生过一次以上的产权交易。该处房产也同样如此，十多年后，房屋再次买卖：

奠盘府延福县富美上总安长洲、居明乡社香定邑阮景、妻氏禹并亲子等为立契绝卖私土庸瓦家事。缘于成泰十五年（1903 年）六月　日有造买私土庸一顷并瓦家二屋，管业居住，经已朽弊，乞法改造新家，事完无银商买。忝等将单开土庸寄在潮发号，债银将回生理，不图商买缺本，到期贵号质问，无有钱还。忝等不已愿卖于他，取银还债，认单开回。乃仝应将这私土庸一顷四尺七寸并瓦家一屋三间、桥楼一屋、厨家一屋共三屋，双开门板上下具足，坐落在明乡社香定邑地簿。东近有砖墙，古刘朝积私土，今荣昌号土庸；西近有砖墙，古黄有生本族私土，今振隆号土庸；南近有砖墙，古本社土，今五帮公土；北近日本官路。东西四近依如契内，绝卖于安美社武文年夫妻，实价银八百五十元，随立契日交认足讫。存这土庸瓦家单开新旧文契，交与买主管业，永为己物，传子留孙，受纳桑根税。若后日何人争阻，反言他理，忝等甘受所损各铜。故立文契以留执照，兹绝卖契。由留交单开新旧文契，共十一张。兹由。

阮景手记　妻氏禹点指
亲子名木百 手记（由子名木百商买地方，亲父代记）
名□手记
写绝卖契 阮正谊字记
社簿里长周亚基认实记

港埠地区因为房地产的位置较为理想，买主或执主购入以后，可以出租或是自己做生意都是不错的营利方式。明乡社香定邑阮景凭借店铺开始营生，因向潮发号举借银债无法偿还，不得不将店铺卖给安美社武文年夫妻。根据契约中所描述的土地面积情况，明乡居民私有的土地面积，最大分别为二高十一尺二寸，一高四尺五寸；十四尺，六尺等，最小为一尺九寸，三尺八寸；其中许多居民住所的土地面积一般为四尺七寸。地产投资是会安居民所乐于采行的理财方式。他们一有钱便多购置或承典土房、店铺，既可供日后子孙繁衍居住，又可以出租坐收租金。有人则利用店铺通过短期内买入卖出房屋而获得较高利润。上引契约中的安美社武文年夫妇先于启定六年六月用八百五十元买到阮景妇女置办的店铺之后，对其进行了改造。他们借用了他人资金，因此于启定七年（1922 年）二月以该产业为抵押向阮超立债文契，其内容如下：

> 莫盘府延福县富沾下总安美社武文年、妻裴氏桃等为立词债执事。缘于启定六年，忝夫妻有造买土庸并瓦家共三屋，坐落在明乡社香定邑地簿家数一百六十三号。东西四近原有旧文契。这庸间有朽弊修补欠需，忝等全应将瓦庸、单开文契十一张执于罗寿社人阮文超夫妻债本银三百元将回修补。后日忝有银，照并本利一百元，每月受利银二元赎来文契。若忝料并不充，难堪回赎，应绝留于银主，以便一端增取银元将回生理。忝有何情，甘受其□，兹债执词。由有寄单开文契、共十一张订后。兹由。

启定七年二月二十日

武文年点指

妻裴氏桃点指

写债执词　邓体字记

写绝留契　邓体字记②

文契内容已较清晰地透露当地人放现款生息的情况，即"照并本利一百元、每月受利银二元"。银主将三百元出借给武文年夫妻，应会收取每月利

---

①　马克畅（Mark Chang）编：《会安町家文书》，东京：昭和女子大学国际文化研究所，2007 年，第 94～96 页。

②　马克畅（Mark Chang）编：《会安町家文书》，东京：昭和女子大学国际文化研究所，2007 年，第 98 页。

钱为六元。经过一番修整，他们在一年之后，即启定七年（1922年）六月，转手卖掉该处房产，契约内容如下：

　　莫盘府延福县富沾下总安美社武文年、妻裴氏桃等为立契绝留私土庸并瓦家事。缘于启定六年（1921年）六月　　日，忝夫妻有造买私土庸一顷四尺七寸并瓦家一座三间、有桥楼一屋、厨家一屋，共三屋，双开门板，上下具足，座落在明乡社香定邑地簿。东近有砖墙，古刘朝积私土、今荣昌号土庸；西近有砖墙，古黄有生本族私土，今振隆号土庸；南近有砖墙，古本社土、今五都公土；北近日本官路。东四四近依如契内，忝造买这家文契具有里长认实，贵座见知。仍这庸桥楼、厨家间有朽弊，本年忝乞法重修，改作厨家一屋共二屋，俱得完好。忝因修补欠需将单开文契，执于罗寿社人阮超夫妻债银三百元，将回修补。兹忝料併不充，难堪本利，忝等同应将土庸瓦家绝留于阮超夫妻，取钱七百七十元。前后共实价银一千七十元，随立契日交认足讫。存这土庸并瓦家单开文契交留买主执守管居，置为己物，传子留孙，受纳桑根税。若后何人争阻，反言何理，忝等甘受赔偿所损各铜，不干买主。恐口无凭，乃立绝留文契执照为此。兹绝留契。

　　由有留交单开新旧并债执文契共十三张，钉后。兹由。

明乡社里长黄传认实记

武文年点指

妻氏桃点指

写绝留契 邓体字记住

启定七年六月十四日[①]

　　表面上武文年夫妇欠阮超夫妇债务，事实上他们将土庸按一千七十元的价钱卖给罗寿社的阮超夫妇，仅在一年之内，获利为二百二十元。可见这是一个小额投资而获取大利润的投资项目。

三、债执契与典执流程

　　在越南传统社会中，债务的关系很早就已经产生，且随着社会经济生活

---

　　① 马克畅（Mark Chang）编：《会安町家文书》，东京：昭和女子大学国际文化研究所，2007年，第104～106页。

的发展,越来越普遍化。债一般仅限于借贷之债,即指因欠人财物而负有债务。就债的担保而言,会安民间的债务担保方式,通常是债务人提供田宅为抵押的。此时一般要求债务人将不动产的权利证书如单开文契、家产分割文书或土房租赁凭证等交给债权人即可,到期不偿则转移占有。债务人不履行债务要承担违约责任,主要方式有:一是债务人偿还债务,通常写明借债人要"还/回本利银主"。二是实物抵偿。如当事人无法履行契约的,要以财产折价抵偿。这样,债权人可以牵掣债务人财产,以实物获得债偿。在会安地区,拖欠债务一般要以家产等抵偿。凡有借贷债务纠纷的,根据契约借券来听断。借贷之债是会安契约文书的一种类型,居民若生活中遇到经济难题时,通常以典当(或称债执)土庸来应急。如以下文契:

> 寓居明香社香定邑冉染匠司匠贵并乳子名成等一立词。债中平银十二笏,在副队忠诚侯将回用事。自兹年九月上旬至来年九月上旬,来回本钱十二笏并利钱一百四十贯。若至年无有本利银回,则彼等有词借土庸一项在前社,花二十年为限,依价钱一百贯,构作家居住,已交领讫。颇彼等居得十年,兹彼等应交土庸一项,自砖井至小路为限,坐落在明香社香定邑,构作瓦家一座四位三间并草茂、及厨家等。东有砖墙,近名馔土;西近名成砖墙;南近小路;北近井。东西四至依如词内。若后日何人争阻,则彼等甘受所损各铜。为此兹交。由存旧契一张。

证见人 企归手记、长留手记

立词人　匠贵点指

乳子名成手记

作词人本字记

明命五年九月初五日[①]

当民众通过典当的形式把土房变成钱时,需要由出典者立典契,与典价相交换,办理将土地交承典者的手续。典执契与断卖契不同,多在民间融资应急时使用,但出典者立契时没有将地权一次性卖断,留有回赎、增添等余地。因此,它具有相当的活动空间。在"执赎"的情况下,根据土房所有者希望保留其赎回的余地的愿望,土房与原主的关系仍然没有脱离。即使在典执后,土房的原主仍然处于所有者的地位,只是给与债主土房的使用和收益

---

① 马克畅(Mark Chang)编:《会安町家文书》,东京:昭和女子大学国际文化研究所,2007年,第10～13页。

第四章　契约文书与田宅经营

293

的合法性,即"给与抵押权"的法律行为。在约定时限出典方可以向承典方偿还原价钱就可以收回地权,即再次取消承典方对土地经营收益的合法性,而重新实现对自己所有土地的使用和收益的合法性。以下的文契是一个例子:

> 明乡社周中立[①]、姪氏正等为立词典执事由。前彼父有造买沙土庯一顷十四尺并瓦家一屋、草茂一屋、厨家一屋,坐落在本社地分香定处。东有半砖墙,合与刘氏晋半瓦墙;西有砖墙,近刘珠娘土庯、已典执许彼;南近大江;北近大路。东西四近依如新单开内。兹彼等无钱销用,乃将此土庯典执与会安社人胡余庆,的本钱五千贯将回准用。自立词日,交领足讫。所典执之土庯委是己物,若后日有钱,据原契来赎。及彼等有反言何理,瞒昧假诈不实,自用抵当,不干执主之事,仰执主一任居住。或有颓弊,则彼任执主改作。恐口无凭,故立文契为照用着。
>
> 一、交新单开一张、旧执凭一张、旧契买一张、后契买一张,共四张。由有虫食二张,内约六、七处。
>
> 明命十九年(1838年)七月初五日
> 周中立手记
> 姪氏正点指
> 作词人中立字记[②]

通常情况下,期限一到由出典者还回原典执价钱就可收回给出的土地。如果还有意继续履行契约,出典者就有使将土地的使用和收益转让给承典者的状态持续到他所希望的日期的自由。在承典者一方如果出现需要收回金钱的情况时因为不能退典,那么他就可以采用将自己的权利地位让给第

---

① 苏尔梦在《碑铭所见南海诸国之明代遗民》(《海洋史研究》第4辑,2012年)中收录了一通墓碑,文为:"龙溪明江饶学周中立原配冼氏墓,戊子冬十二月穀旦,嗣男三永隆祀。"苏尔梦推断这是会安最早的明乡人墓葬,以"戊子"纪年推算为1648年或1708年。此议尚有可斟酌得的余地。墓碑中的"饶学"为阮朝科举名词。1664年,阮朝开设正途试和华文试。正途试第一场考试四六骈文,第二场考试诗赋,第三场考试策文。第三等也称生徒,出任礼生或饶学。1740年改为四场考试,首场考中者称饶学,可免五年差役。根据科举制度,可排除墓碑立于1648年的可能性。科举考试资格与获准入籍关系密切,明乡人较为普遍地参与科举资格应在明命编户入籍后,以此而论,契约与墓碑上的"周中立"为同一人,墓碑可能立于1828年。

② 马克畅(Mark Chang)编:《会安町家文书》,东京:昭和女子大学国际文化研究所,2007年,第138~141页。

三者,或自己将土地再次典出以收回典价的转典方法。上文所引"冉染匠司匠贵并乳子名成的债执契",在明命十年(1830年)又签订了留执词记:

奠盘府延福县安仁中总安仁社副队阮文忠一立词留执瓦庸事由。明命五年九月日,寓居明乡社香定邑染匠司故匠贵并亲自故名成等有契债彼中平银十二笏并利钱一百四十四贯。至期故匠贵无银钱来回,许彼至明命六年十月　日,故匠贵立词交瓦庸一座、继草茂瓦庸并四位三间、小瓦厨家一间、及砖墙壁板等项,坐落在地簿明乡社香定邑。东有砖墙,近客金土;西近周永成砖墙;南近路;北近砖井。东西四至依如词内。艮回银钱许彼自此面。兹今彼将此瓦庸并草茂、瓦厨家等做,立词留执许广南镇率一队正队长、纪录一次科魁侯夫妻依价钱四百贯。随立契日,交领足讫。交此瓦庸等座,许科魁侯夫妻任其居住,永为己物。若后日故匠贵亲儿名埔有银钱,照原契本利,赎回此瓦庸等座。若何人争阻及假诈,则彼甘受偿所损各铜,不干执主之事。国有常法,致立交字为照用者。

又交此土,故匠贵有词借在故社,花二十年借钱一百贯。故匠贵居得十年,再留来许彼居得四年,存六年瞒限。

又交债银契二张词、交瓦庸文契一张,共三张。

明命十年四月初九日立词人

副队阮文忠点指

视诚人　明乡社乡长　周栋观　余宝观　黄芳观

作词留执人　名成字记[1]

在典执契中,回赎日期通常需要写明。所定期限有契约为二、三年,或为八、十年。如果典执契中没有设定期限的情况,这就意味着典执主可随时还回原典价并赎回土地。有的契约规定出典者可以在典期内或在期限到达以后自由地赎回土地。但惯例是采取在签定契约时附加规定期限条件即"赎回"条款并写入典契中的形式。规定典执期的目的主要在于禁止在此期间出典者一方提前赎回土地,以保证承典者对土地的使用和收益。

在会安土地房屋典押关系中,出典者(即土地所有者)从承典方那里得到通常接近或为一般土地买卖价格的一半左右的无利息通融资金,而其间

---

[1]　马克畅(Mark Chang)编:《会安町家文书》,东京:昭和女子大学国际文化研究所,2007年,第22~26页。

允许对方得到使用自己土地的收益。使在这段时间内借款的利息与使用土地得到的收益相抵消。在这笔交易中，承典方实际付出的只是这笔钱在期限内的存款利息，得到的却是期限内的土地及房产使用权。出典方实际付出的只是一定期限内的土地及房产使用权，得到的却是一笔一定期限内的无息贷款。双方各得其所，互惠互利。但这笔交易并没结束，出典者还保留部分权力。因此出典者可以如约再凭契据向承典人加价，直到取赎之日一并结清。如过期不赎，就成为绝留。这时交易的性质就变了，典卖就成为绝卖了。如成泰六年（1894 年）由潘显所立的一件断卖文契，内容如下：

> 茂材社夫妻潘显等为立词断卖事。缘彼曾祖潘公祉有卖赎族土一所座落在锦铺社修礼邑于明香社曾盛娘，共价钱四百贯业已过限。兹内孙秀才曾夫妻念彼夫妻之情，许增钱一百贯，该钱五百贯从断卖例。又并将茅家一屋并青竹砖墙断卖许夫妻秀才曾、价钱一百贯。随立契日交领足讫。一交财主居住，永不回赎。若彼反言何理，甘受所损。兹断卖词。由□□□□契四张订后。

> 保大十一年十二月初六日，摘出归东一项断卖与用诚矣。

> 成泰六年十月初二日
潘显手记
陈氏柳点指
写词人李字记①

在会安地方发展过程中，许多土地的开放是通过乡社申请而获得的，因此由各社共同掌握不少公共财产。有些乡社因财政困难，不得不举债度日，结果导致另外公债借用，进而乡社共同田土房屋也出现绝卖的现象。以下是景兴二十八年（1768 年）的一件文契，其中记载了有关会安社的公债情况：

> 升华府河东县内府会安社乡长名长议、长政、企郎、企训、搜翠、搜泰、长详、长语、木里文、柴进、柴谨、署利、徒璘、木里契、徒宙、全社等由癸未年有传大典及查沙，正祖父并府社沪氏给新另多务。本社无钱，致本社与该社论同契债钱女某诱本钱二百贯，以用各务。至□本社无还，然存欠本息钱六十五贯。债家随问，本社亦无钱还。兹本社等同顺应

---

① 马克畅（Mark Chang）编：《会安町家文书》，东京：昭和女子大学国际文化研究所，2007 年，第 258～260 页。

将本社土一顷,东近砖墙前,□九观家;西近大路;南北近本社有砖壁,主买为□断卖与本社人夫妻柴讲。依时价钱八十贯,将回还债钱女某诱,故立契日交领足讫。所卖此土许夫妻柴讲一任管居,传子留孙,永为己物。若□本社某人不得当阻此土何理。国有常法,故立文契为照用者。

立文契人　本社同点指

长语、长议、长政、企训、柴谨、柴进　手记

企郎、搜翠、搜泰、长详、木里 文、署利　手记

借文契　人名柴瑞字记

景兴二十八年十月二十四日 [①]

第三节　契约文书与社会群体

一、社群移动与田土购置

前人对于契约文书的历史内涵已有诸多精辟论述,它既包括了国家法律、民间习俗、税收政策等方面内容,也直接反映不同区域背景下社会经济生活面貌。尤其与文书关涉人群的日常生活有着密切关系,与他们的社会身份、经济地位、乃至于文化认同、族群识别的过程紧密联系在一起。会安是在跨国贸易活动中兴起的海港城市,因此契约文书中所蕴含的社会史内容也极为丰富,所体现的社群关系也极为多样复杂。

会安华人及明乡人在阮主及以后阮朝商业优待政策的驱动之下,经过长时间不断努力经商,凭自己的经济实力逐渐从明乡社附近如会安、金铺、清霞,青州,茂材等的越人村社买下土田,以构建私家房屋。如由徐琚娘及亲娘徐氏在青霞社买卖房地产的文契即为例证:

立文契人明香社徐琚娘及亲□徐氏和等由前亲母有造买土庸一所

---

① 马克畅(Mark Chang)编:《会安町家文书》,东京:昭和女子大学国际文化研究所,2007年,第192～194页。

四间并土，坐落青霞社地分。东有砖墙，近前□禄土庸及前王祥有土；西有砖墙，近前杨长娘土庸；南近江；北近大路。东西四至据如契内。由丁酉年，彼及前亲□徐氏纶将归东土庸三间并土断卖许夫妻黄喜娘实钱四百贯。存土庸一间，归西留许彼等居住。于兹无有铜钱，乃将归西土庸一间并土断卖与夫妻黄喜娘，依时价钱五百贯。共丁酉年断卖土庸三间并土及兹土庸一间，共钱九百贯，随立契日交领足讫。所断卖土庸四间并土委是己物，若彼等瞒昧假诈，自用抵挡，不涉买主之事。仰买主一用居住，传子留孙，永为己物。国有常法，故立文字为照用者。

一、留旧单四张。

一、又丁酉年断卖文契一张。

一、又执文契一张。

泰德五年八月十三日立文契人

徐琚娘手记

亲娘徐氏和点指

视诚人乡长许禄观　陈锦观　吴述观　李春观　孙据观记

借字人　林助娘记

承抄旧单开胡文阶字记[①]

买主黄喜娘同样也为明乡社人，三年之后，该土房已被划入明香社地分，泰德八年，黄喜娘单开文契予以载明：

明香社香胜邑黄喜娘一承开由。兹彼有私林土庸一顷，坐落在本社本庸地分。兹彼承开东西四近具陈于次。香胜处一所林沙土庸一顷一高四尺，东有砖墙，近林玄娘、王祥有土并小陌；西有砖墙，近前杨长娘土；南近至大江；北近大路。由造买有文契，旧例无税。又端以上有字纸一张并已开报详尽依如单内。若彼妄开东西四近不实，则彼甘受家财入官，再受重罪。兹端。[②]

泰德八年十一月十三日

立单开人　黄喜娘点指

借单人名徒麟记

①　马克畅（Mark Chang）编：《会安町家文书》，东京：昭和女子大学国际文化研究所，2007年，第168～170页。

②　马克畅（Mark Chang）编：《会安町家文书》，东京：昭和女子大学国际文化研究所，2007年，第172～174页。

承抄旧单开人胡廷字记

除上述的一些文契之外,嘉隆十年(1811 年)立的一件土地单开文契记载了明香社香定邑妇人吴氏盛"造买私白沙土一顷,在会安社地簿虎皮处"。嘉隆十六年(1817 年),吴氏盛的子女又将这块土地及房屋卖给社内的明香人。卖契内容如下:

> 明香社香定邑张至讲、至谆、至诗、氏杏、并侄同明等一立断卖契由。兹彼等前亲母有造买沙土一顷二尺九分并瓦家一座,坐落在会安社地簿虎皮处。东近前陈宙观砖墙;西近会安社路;南有砖墙,近前吴文才;北有砖墙,近会安社土。东西四近依如契内。兹彼等同应将此土并瓦家断卖与内社人夫妻林成娘,依价钱一千贯,随立契日交领足讫。所断卖之土家任其居住,传子留孙,永为己物。国有常法,故立文契为照用者。兹契由。留交旧契并刻字单开共十张。

嘉隆十六年仲夏月二十四日立契人

张至讲、张至谆、张至诗、张同明手记

张氏杏点指

视诚人　会安社员职本社等同记

证见人　张怀琚　张同济　张同洽　张怀璃 记

写契人陈心娘字记[1]

根据契约、碑文等资料显示移居会安的华人及明乡人已结成各个小群体,甚至仅是一家一户在越人的许多村社共居。由此可见,在会安港埠未曾出现华人与越人隔离居住的情况。而他们居住地盘不带越人村社连居连地的特点。所以,我们难以明确地划分会安华人及明乡人所居住的固定行政地界。与此同时,出于经商、贸易等原因,许多原本生活在明乡社附近一些村社的越人也选择了在明乡社地分承买或承典店铺来居住。根据会安契约文书可经不完全统计,以展现阮朝时期选择寓居明乡社的越人并非个别现象。

---

① 马克畅(Mark Chang) 编:《会安町家文书》,东京:昭和女子大学国际文化研究所,2007 年,第 224～228 页。

表 4-2　寓居明乡社越人置买产业概况

年　　代	立契相关人	籍　　贯
嘉隆十一年	卖主黄玉强	花铺社
嘉隆八年	买主英政	青霞社
嘉隆十七年	出典者范文政	青霞社
明命十年	承典者阮文忠	安仁社
明命十年	买主黎氏阁	会安社
明命十九年	买主胡余庆	会安社
明命十二年	卖主范文有	青霞社
嗣德七年	出典者裴氏仁	会安社
嗣德七年	出典者裴氏花	会安社
嗣德十九年	出典者胡德茂　承典者氏武	会安社　会安社
嗣德三十九年	分家潘氏科	会安社
嗣德三十年	出典者潘有信	会安社
成泰十六年	买主阮景	安长洲
维新五年	卖主胡文阶	清州社
启定六年	卖主阮景、买主武文年	安长洲、安美社
启定七年	卖主武文年、买主阮文超	安美社、罗寿社

二、华商之间的地产交易

　　明乡社区内除明乡人和越人共居之外，还有在此聚集生活而未入籍明乡社的华商帮群。阮朝初期，即嘉隆及明命年间，会安房地产买活动主要是明乡人之间或明乡人与越人之间的交易，没有各帮华商参与的足迹。但自阮朝嗣德时期开始，在各帮华商在当地购买房地产及经商活动的印迹。

表 4-3　华商置产表

年　　代	立契相关人	所　　属
嗣德十年	承典者黄得利	广东帮
嗣德十一年	买主吕润垣	广东帮
嗣德三十年	承典者妇人谢氏兰	潮州帮
嗣德二十三年	买主吕廷辉	广东帮
嗣德三十二年	出典者黄巨昌,承典者蔡合胜	广东帮、潮州帮
成泰八年	出典者妇人李氏茶,承典者顺胜号蔡芝荣	广东帮、潮州帮
成泰十一年	卖主妇人李氏茶,买主顺胜号蔡芝荣	广东帮、潮州帮
成泰十一年	出典者妇人李氏景,承典者王明合	福建帮、潮州帮
成泰三十年	买主蔡顺兴号	福建帮
同庆二年	承典者蔡顺隆号	福建帮
维新五年	买主陈和源	福建帮
启定七年	卖主蔡谦,买主蔡柔合	福建帮、潮州帮
保大十二年	卖主蔡柔合妇人陈氏祯,买主璜合号	潮州帮、潮州帮

以下是一份嗣德年间福建帮华商与广东帮华商进行铺户交易夫的例子:

　　广东帮寓明乡社黄巨昌夫妻等为立词执赎桑根土庸事。缘于前年父母有造买留来桑根土庸一顷四尺七寸并瓦家二屋,各有砖墙,坐落在明乡社香定邑地分。东西四近依如原单开内。兹黄巨昌等同应将此土庸并瓦家执赎许福建帮人蔡合胜夫妻现取钱五千贯,限立词日交领足讫。此土庸、瓦家等屋交许执主居住,限三年内将钱来赎。若□限不赎,则这土庸、瓦家同应绝交执主一用征居,永为己物。若后反复何辞,则此钱甘受生息如例。恐口无凭,故立文字留照兹执赎词。

　　一、留交单开一张。

　　一、留交旧文契并新旧绝卖词该十一张。留交新执赎词一张。

嗣德三十二年十二月初十日

黄巨昌字记

妻蔡氏点指　妹黄氏点指

亲子黄皆、黄文奄字记①

成泰十一年（1899年）开始签订的契约记载了福建帮商人将土庯执赎给潮州帮商人并绝卖的事例：

> 福建帮居明乡社香定邑妇人李氏景并亲子达记、谦记、书记等为立词留执赎桑根土庯事。缘彼有造买桑根土庯一顷征四尺七寸并瓦家二屋，各有上下石板，砖墙具足，坐落在香定邑。东西四近原有单开。兹彼等仝应将此土庯并瓦家执赎许潮州帮王明合并妻，依价钱五千贯，交领足讫。所执之土庯一用征居，限十年内有钱，据契追赎。若过限不赎，则这土庯应交绝卖许执主，永为己物。若后日何人争阻及反复何辞，则彼等甘受这钱生息如例。恐口无凭，乃立词执照。兹执赎词。
>
> 由留交旧单开自嘉隆十年并新旧执赎绝卖词共十三张。又新执赎词一张。

成泰十一年八月初三日　妇人李氏景点指

亲子蔡达记、谦记、书记手记

视诚明乡社里长李青田记

写执赎词人谦字记②

此份执赎契后来在启定七年（1922年）转为绝卖契，只是债权人在潮州帮内部出现了转移，由"王明合并妻"变为了"蔡柔和号夫妻"，其中有何变故，由于史料阙如，不得而知，但是华商之间的经济关系和产权交割仍得以清晰显示：

> 福建帮人寓大禄县和美中社蔡谦为续词绝卖土庯事。缘于成泰十一年月日，忝之母亲及□兄达记并忝又□弟书记有将桑根土并瓦家庯一所，坐落在明乡社香定邑地分，仝应执赎于潮州邦蔡柔合号夫妻价钱五千贯，交领足讫。所执赎土庯，限十年内有钱据契追赎。若过期，则将这土庯应作绝卖许柔合号，永为己物。东西四近，原有单开并新旧文

---

① 马克畅（Mark Chang）编：《会安町家文书》，东京：昭和女子大学国际文化研究所，2007年，第40～45页。

② 马克畅（Mark Chang）编：《会安町家文书》，东京：昭和女子大学国际文化研究所，2007年，第46～48页。

契留照。嗣后年久，这土庯至于□坏不堪，柔合号经多次修葺补造，费银二百八十元，连执赎钱五千贯值银六百七十元，共价银九百五十元。兹忝因年间家务忌腊先人等用，乃就柔合号另增银五十元，将回支用家务，前后共银一千元。忝愿认这土庯实已绝卖于柔合号管业，任其耕征创造，永为己物，中间并无来历不明等情。若后日何人争阻何理，以及反覆何辞，则忝甘受□，并赔偿所损各铜。口恐无凭，乃立绝卖词留照兹绝卖词。

　　由留交嘉隆十年旧单开，并新旧契十三张，又续认绝卖契一张，共十四张。

启定七年五月十四日

西历 1922 年六月九号

蔡谦手记

续写绝卖契谦字记[①]

从以上文契内容显示，典执期内还有抵押金的余裕，可再要求补上典价的不足，即所谓加价，蔡谦母子的土地已经出典了，但借债尚未还之际，又向承典方要求增添典价。如果典价和加价接近卖价，承典者一方就对这笔交易感到不满意，会要求将其转为绝卖。在这种形式下，通常没有取消典执文契而重新再立所有权转移的契约。原来的典契往往是照样作为多少起到权利转移的证据而继续生效。另外再补充立一个叫作"绝留契"的契约，两者加在一起作为买卖的凭证，这样就合理合法地实现了完全的所有权转移。

经过十余年，潮州帮蔡柔合号又进行了一次房产交易，从位于"香定邑"的记载看，此处房产应即他们从福建帮商人手中买的。此次他们是卖主，将房屋卖给了潮州帮璜合号：

会安埔潮州帮蔡柔合号妇人陈氏贞并亲子蔡秀岩、蔡秀凯等为立词断卖私土并瓦家事。缘氏等前人有造买私土并瓦家一所，前后相连二屋，门数二百一十八号，坐落在日本路居明乡社香定邑地簿。东西四近依如旧契单开。兹彼等全应将此瓦家并私土全所断卖于潮州帮璜合号实价银六百元，该银即日交认足讫。该瓦家即交买主管业，永为己物。尚后日何人争阻，反言何理，氏等甘受其□。口恐无凭，立此断卖

　　①　马克畅（Mark Chang）编：《会安町家文书》，东京：昭和女子大学国际文化研究所，2007 年，第 50～52 页。

第四章　契约文书与田宅经营

契交买主执照。并交此屋前后旧契单开共十五张，全交买主收执留照此断卖词。

保大十二年五月二十日

西历 1937 年 6 月 28 日

妇人　陈氏贞点指

亲子　蔡秀岩　蔡秀凯手记[①]

三、家财分割与分家文书

一般民众随着家庭成员与日共增，管理庞大家庭事务的困难性也日益凸显。维持一家大小相处和谐，并让生活无忧无虑，对于一个大家庭而言，原本就不是一件简单的事。因此家庭规模大到一定的程度，分家则势在必行。尤其家庭尊长相继过世以后，容易造成兄弟姐妹之间的不和睦和纠纷情况，分家则是比较趋势。分家常常需要契约文书予以认定，尤其分家以后，如发生土田争竞或土地买卖，到官府诉讼及过割（过户）时，此契约文书则是须要出示官府，由其验查而具有法律意义的凭证。

在传统中国，分家文书题列的名称很多，较为普遍的有"分家文书"、"析产文书"、"分书"、"分单"、"清白分单"、"议墨合同"、"遗嘱合同"、"分关约书"、"关分合同"、"阄书"、"连环阄书"、"摞书"等。除了一目了然的名称外，其中"分关"、"关分"的"关"，有"领取"、"纳入"之义。"分关"之名，明确反映出分家行为中存在"分"、"受"两方及其关系。而"阄书"的"阄"，则出自"拈阄"的"阄"。分家时，分家人留出公产（有的还要留出自己的养赡产业；多数还要留出由于"承重"特别给长孙多分一点的产业）后，便请凭族亲、中见，按诸子数目将家产品搭均匀数份，分注明白，各立名号，由诸子向祖宗神灵祈祷拈阄而定。

传统越南社会也实行分家制度，也有分家文书的格式与用语，《国朝书契》（残本）存有通用格式：

（前缺）敢有违悖，妄起纷争端，定坐不孝之罪。夺其本分。国有常法，故立嘱书于道，付诸子各执壹道，为照用者。

---

① 马克畅（Mark Chang）编：《会安町家文书》，东京：昭和女子大学国际文化研究所，2007 年，第 54 页。

一、长男某官(或色)某分田土干(贰)高(潭也田土),坐落某处,四至近某。房屋干间厦,奴婢干人,财物某件(造有计,无即停开)。

一、次男某官(仿前)。

一、长女、次女分(亦仿前)

一、继□男女分(亦较前□,无即停开)

一、祭田,分田土干(贰),坐落某处,四至(近某),□□长男某监守,以供祭祀(唯买者有之,无祭者用之,田率家田土,以十分之为一,香火分交长男监守,如之无长男,用长女)。

统元某年月日,父某官(或某色)某押点指
(有字记字)万姓名不识,字留生艮,左壹手,以防久弊。
母某氏点指
乡长某(官、色)某押点指
证见人本社某(官、色)某押点指
代书某(官、色)某押点指

《父嘱书》《母嘱书》亦同):某府县州坊社村册庄父某官(或色)某,缘妻某先已病故,自念行年衰老,旦夕靡常(或遇某疾病,或因有返行事由),遗下田产未有定分,忍于身后或起争端,所有祖业及新买土、潭、池、奴婢、房屋、财物,预造嘱书分为,逐分留与亲生男女干人及继假男女干人(物即停用),永为产业。其田土等物,委是夫妻已物,与内外亲属之人别无开涉瞒昧及重复交易等事。遗嘱之后,男女依本分,各勤生业,以承祭祀。敢有违悖,妄起纷争,定坐不孝之罪,夺其本分。国有常法,故立遗书于道,付诸子各执壹道,为照用者。

一、长男某官(或色)某分(如前)。

一、诸子分(仿前)。

统元某年　月　日,父某官(或某色)押点指
乡长某官某押点指
证见人本社某官押点指
代书本社(或某色)某押点指

通过文书格式大致可以了解越南分家文书的基本结构。堤岸通用的类书——《新撰词札壹折》中收录的一份嘱书,其格式内容如下:
新平府平阳县阳和上总富寿村阮文才夫妻等立遗嘱事。民夫妇琴

瑟好合，生下三男二女，婚嫁各得分愿。惟季子名梅，自幼与民夫妇同居，克供子职。今迫桑榆暮景，兴思来日之无多，爰请族内壹贰人为证，将民夫妇自置草田五拾亩，瓦屋壹座三间贰厦，均坐落在本村地分，并一家资什无题，俱付名梅作主管业。以他兄姊客地经商，各拥厚赀，其于小弟所得之薄产，谅不与较。奉管之后，须念民一生辛勤，才置纤微产业；克勤克俭，庶几家道浸昌；无怠无荒，然后祖风丕振。此民夫妇所叮咛而垂诫者也。至民夫妇生养死葬，固毋过奢，贻讥越礼；亦毋太吝，致诮薄亲。若有奸人希图争夺，执此鸣官，仰祈究治。恐后无凭，立此遗嘱词为据。

乙酉年捌月拾贰日

立遗嘱词人　阮文才（手记）　妻氏色（点指）

内族为证人　亲叔阮文富（手记）

本（字记）[1]

在越南民间的分家实践中，交词、嘱书、分书有时会混杂使用，如王小盾在越南访书之际，曾经眼分家文书有《几舍阮登魁（夫妻）分田词》（1796年）、《东鄂社阮伯多嘱书》（1844年）、《玉滩社阮氏巽嘱词》（1862年）、《东鄂社范嘉安分书》等[2]。会安华人文书的嘉隆十三年（1814年）分家书真实再现了200年前的分家，录文如下：

明香社香定邑王建策计并妻名庄氏胜等一立词相分事由。前年前亲母彼有嘱词，已分许彼即王建策私土庸一顷，有立瓦家一座四间并厨家一座三间，坐落在明香社地分香定处，并田一亩七高五口坐落在罗守社地分，现有东西四近至依如单内。于前年，彼妻前徐氏论配合，与彼生□众子二人王氏太、王氏和。后彼妻故命和家财等物所□兵革毁失，厥后再娶庄氏胜为妻，生□众子各名：长女王氏合、王氏义、长男王珠仁、王珠信、王珠僖、王珠俊、女王氏贤共七人。兹彼但念年高衰弱，恐于风雨不期，致彼同立词相分之事，今彼与众子各名同应顺分。许前彼妻众子王氏太、王氏和一分，土庸归东二木位二间。存一分，土庸归西

---

①　陈正宏：《越南汉喃古籍里的广东外销书》，程焕文等主编：《2014年中文古籍整理与版本目录学国际学术研讨会论文集》上册，桂林：广西师范大学出版社，2015年，第174页。

②　王小盾：《越南访书札记》，四川大学中文系《新国学》编辑委员会编：《新国学》第三卷，成都：巴蜀书社，2001年。

二木位二间,彼置为香火事。存如私田一亩七高五口,彼留养食老。兹彼乃请本族视诚为凭,许彼相分,此务免其后虑。兹词。

一、所私土庸一顷有立瓦家一座四间并厨家一座三间。内此庸半分归西二木位 二间并厨家二间,由彼留为香火事,长男王珠仁官守。内此庸半分归东二木位二间并厨家二间,由彼已分许王氏太、王氏和私物。

以上各于由关土庸,依亲父相分,许彼等已分受领明白,写为三本。一本交在本族执守,一本交在王珠仁管守,一本在王氏太、王氏和执守,免于后日众子纷争。兹词。

嘉隆十三年仲夏月十二日立词相分人　王建策点指

本族视诚人　　刘国珍、刘国珹手记

妻庄氏胜点指

并亲女名王氏太、王氏和点指

王珠仁、王珠信、王珠僖、王珠俊点指

作词相分人　徒贵字记①

分家文书可能由于同父异母的兄弟姐妹之间存在财产纠纷,因此父亲与继母为了免于日后争端,在生前立下遗嘱。该嘱虽然不是家庭财产的最后分割,但已具备分家文书的各个要素,内容写得很周全。从形式上而言,分书可以分为契首、正文、契尾三部分。契首一般会交代分书当事人,阐述订立分书的缘由,说明财产分配的原则等内容;正文是对家产析分情况的具体记载;契尾包括立约时间、分书的签名画押人和分书的半书三部分。该契前言书写着家庭全体成员的成长过程以及不得不分家的难处。男性尊长主持分家时,对于自己日后经济保障条件考量得比较仔细,首先要将尊长与配偶的日后生活、养膳费用抽出留下。分家书中对于香火事也规定得很详尽。养膳田产与香火事之所以特别从文契内抽出,为的就是保障尊长晚年生活,不至于分家以后老人家流离失所,无人奉养,衣食无助。为了避免分家后,再发生众子纠纷情形,分家书结尾部分声明:"兹彼乃请本族视诚为凭,许彼相分,此务免其后虑。兹词。"分家书后面还细心规定"已分受领明白。写为三本。一本交在本族执守,一本交在王珠仁管守,一本在王氏太、王氏和执

① 马克畅(Mark Chang)编:《会安町家文书》,东京:昭和女子大学国际文化研究所,2007年,第62～66页。

守，免于后日众子纷争"。

王氏分家后，虽然形成了产业物权的各自分管，但一年之后，兄弟姐妹之间通过交易方式又合并了财产，王建策与前妻之女王氏太、王氏和将已继承为自己名下的房产绝卖给异母兄弟王珠仁夫妇，具体内容如下：

> 明乡社香定邑王氏太、王氏和一立契断卖由。前□间彼内祖妣有留来许亲父即王建策私土庸一顷并瓦家一座四间及厨一座三间，坐落在本社地分香定处。于去年彼父但念年高衰弱，风雨不期，乃将此土庸并瓦家、厨家半分。归东二木位二间、西夹香大分土庸并厨家一间乃立词相分，许彼女市妹二人永为私物。至兹彼女市妹家中贫乏，但念亲父相分已分，不忍卖许外人。兹彼同应立词断卖许亲弟夫妻王珠仁实钱三百三十贯，将回用事。随立契约日交领足讫。若彼女市妹瞒昧假诈，自用知当，一任亲弟传子留孙，永为己物。国有常法，故立文契为照用。
>
> 嘉隆十四年季夏日二十日立契约断卖人
> 王氏太、王氏和点指
> 视诚人明香社乡长　蔡清观　张禄观
> 张得观　李琬观　郭仁观　陈境观　手记
> 写契断卖人 参书字记①

家族内部的财产买卖转移涉及同父异母亲属之间的交割，为了避免纠纷，明确物权，明乡社的六位乡长作为见证人画押于契约。家族财产分割之际，会留下祭祀田产，形成了共有产业，即族田、祠田，这些土地进行典押、买卖时，有一定的限制。《黎朝刑律》中对祖先崇拜的信仰已有明文规定和保护措施，如第399条和第400条是对"香火田"的规定："家境贫困，亦不得违法变卖香火田，被举发者获不孝罪。若香火田为族人所购，则购田款罚没；若为外族人所购，则卖者可以赎回，购者不得强留。"②因此必有族众一起签名画押，个人无法独立做主。下面的一份文契由族长等人出面立契，内容如下：

> 莫盘府延福县富沾下总会安社潘有信并本族等为立词执赎土庸事。缘前彼祖父母有造买私土庸一所十四尺、瓦家六屋，坐落在明乡社

---

① 马克畅（Mark Chang）编：《会安町家文书》，东京：昭和女子大学国际文化研究所，2007年，第68～70页。

② 转见孙衍峰：《论越南人的祖先信仰》，《当代亚太》2005年第9期。

香定处地分。于去年月日，彼本族等业已顺应分，置此土为三。内摘归北并此瓦家六屋。东有半砖墙，近阮氏利今居；西有砖墙，近盛发号今居；南有砖墙至井心，又近潘氏科已分；北近官路。东四四近具有执照词内，置为本族祠堂。兹彼本族等全应将此置祠土庸归北执于福建帮妇人谢氏兰实钱五千五百贯，随立契日领取此钱将回，另办他所得便立为祠堂。其如这土庸交与执居住，或□年颓弊，亦咱执主培补，彼等登记数千日后，彼等有□据依原契来赎及受培补钱。若何人争阻，反言何理，则彼等甘受所损各铜，不干执主。为此执赎词。

由留抄单开旧典执文契并执照新文契该八张。

嗣德三十年(1877年)十二月十六日

潘有信　手记

曾氏芳点指　潘氏科点指　潘氏好点指　潘有叔　手记

潘氏事点指　潘氏清点指　黎氏宜 点指

陈有惠　手记

证见人明乡社乡长谢光辉记

写文契人　潘有叔字记[①]

四、明乡社官与契约管理

每一时期土地契约文书可透视这一时期的社会、政治、经济状况，其中也包含有基层政权的运作形态。明乡社作为华人村社，由华人自发聚居而成，后来阮氏政权为管理，将其作为一个特殊的行政单位纳入当地的行政体系，并在国家统一管理框架内让华人自主管理自己的村社。在隶属关系上，明乡社直属广南营(省级)而不像越人村社一样由县、府或总管辖，此现象会安契约文书中已得到了证实。在明乡居民所立的契约开头往往只要简单地写"明乡社某某邑某某人"或明确地写"属省明乡社某某邑某某人"、"广南省明乡社某某邑某某人"。而不是明乡居民所立的契约，开头一般都要清楚地写明立契人所属的哪个府、县、总、社，如"奠盘府延福县富沾下总安美社某某人等"。可见，尽管华人村社被纳入以越人为主的当地行政系统，但阮氏

---

① 马克畅(Mark Chang) 编：《会安町家文书》，东京：昭和女子大学国际文化研究所，2007年，第154～158页。

并未强迫其同化于越人，而是允许他们实行自治。正因为如此，有越南学者称，作为一级村社组织的明香社，其出现和存在是广南阮氏行政管理系统中的一个极为特殊的现象，是一个"经济特区"。①

明乡社的最早名字为"明香社"，蕴含"对明的忠诚者"、"延续明朝香火之人"的意识形态情结，该社第一任代表人物均具有的"排清复明"的政治倾向。但随着时间的推移，这一倾向出了明显淡薄化现象，取而代之的是继续扩大发展贸易经济的商业性趋势。明命八年（1827年）阮圣祖诏令："北客旧号'明香'均改为'明乡'。"《大南实录》也记载"更改各地方的'明香社'为'明乡社'。"②这一转变在会安契约文书也有所体现，明命七年（1826年）之前所立的契约文书写的是"明香社"，从明命七年之后所立的契约大部分写成"明乡社"。在明命七年（1826年）十二月十六日所立的契约纪录如下："明香社香胜邑人林成娘、吴氏峻等"。当然，契约作为民间经济文书，也有个别的契约仍沿用"明香社"之称，如明命十二年（1831年）十二月十日所立的绝卖契约仍旧使用"明香社"这一社号。另外出于未知的原因，同庆二年（1887年）五月初十日所立的一份"卖赎词"则用另一个的社号——"清乡社"写入契内，而立契人正是该社的乡长。契约内容具体如下：

> 清乡社乡长陈有觉并亲子陈文仕等为卖赎私土庸事。缘年前有私造买土庸一所归北并瓦家六屋。东有半砖墙，近今王氏□土庸；西有砖墙，近合发号土庸；南有砖墙，通至井心为界；北近官路。四近依如原契内，坐落在本社香定处地分。兹因家事亏本欠需，应轮将这土庸一所共瓦家六屋卖赎与福建帮菜顺隆宝号夫妻依价钱九千贯。随立契日交认足讫。这土庸轮交买主官业，仍限十五年内。若有备钱来赎甘受生息，如例十五年外，以如原本追赎。尚何人争阻，则受所损各铜。恐口无凭，故立文字留照。兹卖赎词。
>
> 一、留交抄单并新旧文契一本共十张订后。
>
> 　　　　　　　　　　　　　　同庆二年五月初十日
>
> 　　　　　　　　陈有觉　陈文仕 手记
>
> 视诚里长　陈有觉 李诚壁 仝记

---

① ［越］阮文忠主编：《17—18世纪会安商港的明乡社》，广南遗迹管理中心，2005年，第42页。

② ［越］阮朝国史馆：《大南实录》正编第二纪，卷四十七，丁亥明命八年秋七月。

　　明乡社的行政管理机构按"会同社务"的形式组织的,包括该社、乡老、乡长、正长、副长、通事和甲首等职位。该社是明乡社成立之初的最高行政长官,是社与政府以及其他村社之间的联系人,常由在当地官衙或餉务司任职的人担任。乡老是社里威信较高的老人,代表全乡的老人并是乡会的主持者。乡长由社里名望高且有经验实力的人担任,年岁大了以后有可能成为乡老。会安契约文书中的证见人通常由乡老、乡长、里长,他们证实契约签订过程,具有担保责任。若在明乡社范围内发生土地纷争时,该社的乡长就需要出面担任处理纠纷的责任。如嗣德二十三年(1870年)由明乡社乡长所立的一份土地度词记载如下:

　　　　属省明乡社乡长邱嘉福、王胜善、李善述仝为度分土庸事。照据社内故李明早原于嘉隆十年三月日承开私沙土庸二所,连络合成一项,坐落在本社地分香定处,实土一高一尺七寸。留来伊长子李长正及弟客诗、克讲于嗣德十年六月日该等仝契将此土归东一所,典与施氏惠执取该等认钱一千五百贯,以广营生。至嗣德十一年七月日,兄弟转将这土庸绝卖许广东帮人吕廷辉取钱二千二百贯赎来氏惠,存剩下于兄弟认销。往嗣德二十二年十月日,克诗父子抵衘□各理在单,业承究批,此土庸□非祠堂,而从前执与氏惠。契内具有该兄弟仝记后卖与廷辉,宜交归东土庸与该买主居管,各理在案。兹遵批复下度。归东土庸一所实土六尺六寸二分零里二毫,交该买主吕廷辉管业,受纳官税,永为己物。为照用者。兹度。

　　　　一、截归东私沙土一所,六尺六寸二分零里二毫,东近许氏智私土;西近李明早砖墙;南近大路;北近吴氏和私土。

　　　　　　　　　　　　　　　　嗣德二十三年七月初二日
　　　　　　　　　　　　乡长邱嘉福、王胜善、李善述仝记
　　　　　　　　　　　　　　　　写度诗 蔡而进字记②

　　与越南其他村社相同,明乡社拥有自己的印章。19世纪的越南乡村组

---

　　①　马克畅(Mark Chang)编《会安町家文书》,东京:昭和女子大学国际文化研究所,2007年,第162~166页。

　　②　马克畅(Mark Chang)编《会安町家文书》,东京:昭和女子大学国际文化研究所,2007年,第112~116页。

织机构越来越精简。社会基层组织即村社组织主要由"社长"的这一职务负责管理。乡老、乡长作为契约的视诚人，需要在契约上签名、盖章。

到嘉隆年间（1802—1819年），阮朝政府曾颁布了改组行政机构的政策，其中包括改组乡官机构。但到明命年间（1820—1840年），这一政策在各地得到落实。这时村社机构的最高行政职职位称为"里长"，拥有个人的印章，会安契约文书中明乡社乡官机构大约从成泰十一年起开始出现"里长"。

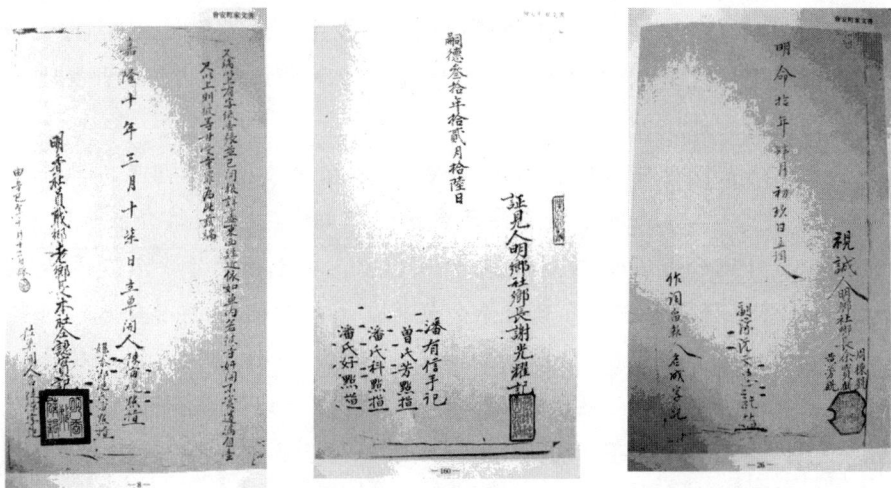

图 4-1　会安明乡社乡长印章

资料来源：马克畅（Mark Chang）编：《会安町家文书》，东京：昭和女子大学国际文化研究所，2007年，第8、26、160页。

阮朝建立后，在相对安定的政治环境中，越南社会经济与华人商业活动迅速恢复，会安港埠也得到缓慢的重建。但自19世纪末，由于河流淤塞，一些西洋大船进出会安港区遇到困难，逐步转移到其他港口，导致商业经济的日益衰退。1887年10月17日，法国总统签署命令成立印度支那联邦（Union Indochinoise），同时成立印度支那联邦总督府（Gouvernment Gènèral de l'Indocchine Franc̜aise），阮朝将河内、海防和沱瀼（即岘港，法国人称为"Tourane"）割让给法国，不再属于阮朝的顺化政府统治。在殖民统治之下，公文一般都有汉文与法文两种格式。1908年，法国在沱瀼立殖民统治机构，建成在越中部的一个殖民地城市，也影响了会安明乡社的一些法律性文件签署。成泰、维新、启定时期，会安明乡社的土地契约文书出现两种印章,一是阮朝成太皇帝的印章,一是法国殖民当局的印章。这些内容说明在会安土地买卖成交后,要经殖民政权认可,由该政权收取定额契税。

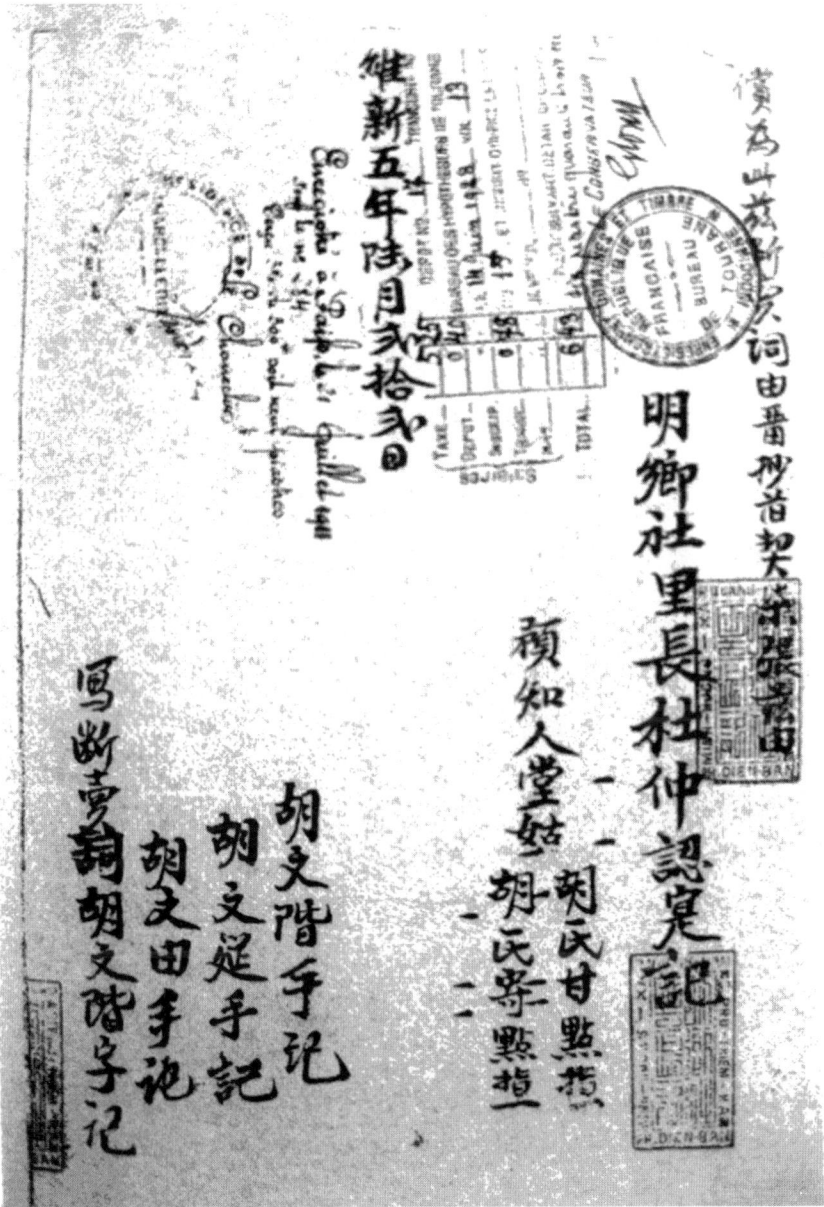

图 4-2　维新时期契约文书

第四节　契约文书与女性地位

一、《会安华人文书》与女性群体

　　大汕在 17 世纪末抵会安，注意到妇女经商的街市风情："市肆买卖皆妇女，无内外之嫌，风俗节意荡然矣"。在商业活动中，妇女掌握着贸易主动权，"凡客此者，必娶一妇以便交易"。他到顺化时，也看到妇女在社会中活跃姿态，"夹岸行人，女多于男，衣尚红绿"。① 此情此景不只是在大汕笔下见载，如朝鲜贡使赵完璧漂流到越南，见此情形写道：

> 　　且其国男子多畜妻妾，豪富者多至数十。每年春初，其夫分与金银若干两于其妻妾，使为买卖资。其妻妾以其金银为终年售纳之业以为常。故其妻妾闻异国贾舶来至，则虽卿相之妻妾，必皆乘屋轿，尽率一家子女眷属以来列坐，与倭人论价。或示其处女求面币。其出入多从卫前导，甚盛矣。②

　　华人在越南经济活动离不开当地妇女在生意场上的精明与能干，索性娶其为妻，成为自己的得力的商业助手。留居会安华人与当地妇女通婚是极为普遍的现象。英国学者维克托·布赛尔（Victor Purcell）认定："未婚的中国男性移民进入印度支那后，通常是娶当地妇女为妻。他们这样做，不仅是由于取得配偶的天然需求，且由于这种婚配有利于他们同该国人民经商。"③会安妇女除了照顾家庭外，参与各种经济活动。契约文书作为经济活动的实体性载体，对此有所反映。

　　《会安华人文书》中共有 45 份与女性有关的契约，统计列表如表 4-4。这些契约占已整理契约总额数的 80% 左右，分为六种主要类型，计有"卖契"，24 件；"典契"，12 件；"单开文契"，4 件；"分家书"，1 件；"执照词"，1

---

① （清）大汕：《海外纪事》卷一，北京：中华书局，1987 年，第 10 页。
② 郑士信：《赵完璧传》，转见王鑫磊：《同文书史——从韩国汉文文献看近世中国》，上海：复旦大学出版社，2015 年，第 223 页。
③ ［英］布赛尔：《东南亚的中国人》，《南洋资料译丛》1958 年第 Z1 期。

件;"领钱词",1件;"借银契",1件。土地登记、典押、买卖是会安女性参与契约签订的主要形态。充分说明随着会安社会经济的发展,女性参与社会经济活动的机会很普遍,地位也进一步凸显。她们在契约中身份有多种类型,其中作为主立契人相当普遍,说明女性在契约中的主导地位。

表4-4 《会安华人文书》女性相关契约表

类型	名字	与契约关系	籍贯	权利	页码
断卖契	王氏春	立契人	明乡社	承祖姒	3
	池氏苗	买主			
	陈氏保	知见人			
单开	池氏苗	立单开人	明乡社	自置	6
留执词	科魁侯妻	承典者	广南镇		22
绝卖契	池氏苗、武氏柳	立契人	明乡社	自置	28
	黎氏阁	买主	会安社		
执赎词	裴氏仁、女儿陈氏安	立契人	会安社	承父母	32
	黄仁昌号妻	承典者	明乡社		
执赎词	裴氏花、女儿陈氏安	立契人	会安社	承父母	36
	黄得利妻	承典者	广东帮		
执赎词	黄巨昌妻	立契人	广东帮	承父母	40
	蔡合胜妻	承典者	福建帮		
执赎词	李氏景	出典者	福建帮		46
	王明合妻	承典者	潮州帮		
绝卖契	蔡谦的母亲	同为立契人	福建帮		50
	蔡柔合号妻	买主	潮州帮		
断卖契	蔡柔合陈氏祯	同为立契人	潮州帮	承夫	54
分家书	庄氏胜	同为立分家书	明乡社	承母	60
	王氏太、王氏和	继承人	明乡社		
断卖契	王氏太、王氏和	立契人	明乡社	承父亲	68
	王珠仁妻	买主	明乡社		

类型	名字	与契约关系	籍贯	权利	页码
绝卖词	马氏议、王氏安、王氏意、王氏□、王氏瑶、王氏叔、王氏苑、王氏犹	内族知见人	明乡社	承祖父	72
绝卖契	阮氏好、女儿张氏遂、张氏芳、张氏勤	同为立契人	明乡社	承夫	80
绝卖契	阮氏连,女儿蔡氏宝	同为立契人	福建帮	自置	90
绝卖契	氏禹	同为立契人	安长洲	自置	94
绝卖契	武文年夫妻	买主	安美社		94
绝留契	裴氏桃	同为立契人	安美社	自置	98
绝留契	阮超夫妻	买主	罗寿社		98
领钱词	施氏惠	债执主			108
执赎词	李氏茶,女儿吕氏美	同为立契人	广东帮	承夫	118
断卖契	顺胜号蔡芝荣夫妻	买主	福建帮		122
借银契	黎氏余	同为立契人	福建帮		126
断卖契	陈氏柳	同为立契人	花铺社	同夫造买	134
典执词	氏正	同为立契人	明乡社	承祖父	138
典执词	胡氏科、氏生、氏廉	同为立契人	会安社	承父母	143
典执词	氏武	承典者	会安社		143
执照词	潘氏科、氏好、氏事、氏清	同为立契人	会安社	承父母	146
执照词	潘氏合	内族知见人	会安社		146
执赎词	谢氏兰	承典者	福建帮		154
执赎词	潘氏好、氏清、氏事、氏宜、氏科、曾氏芳	同为知见人	会安社		154
执赎词	蔡顺隆号夫妻	同为承典者	福建帮		162
断卖词	徐氏和	同为立契人	明乡社	承母	168
断卖契	邱氏祯、媳妇陈氏统	同为立契人	明乡社	自置	176
绝卖契	氏安	承典者			180

类型	名字	与契约关系	籍贯	权利	页码
断卖契	柴讲夫妻	同为买主	会安社		190
	女某诱	债主			
断卖契	兴氏道	同为立契人	会安社	自置	196
	女美骄夫妻	买主			
断卖契	女美娇、范氏息	同为立契人	㮍杨社	自置	200
	范氏鲜	买主			
单开契	范氏鲜	立单人	会安社	自置	204
	范氏记	内族知见人			
断卖契	范氏鲜	立契人	会安社	自置	208
单开词	梁氏往	同为立词人	会安社	自置	212
断卖契	名金	买主	明乡社		216
	名女某然	知见人			
单开契	名女某金、吴氏盛	立单人	明香社	自置	220
断卖契	张氏杏	同为立契人	明香社	承母	224
	林成娘妻	买主	明香社		
绝卖词	吴氏峻、林氏荼、林氏□	同为立契人	明香社	自置	230
	张至讲妻	买主	明香社		
典执词	氏李女儿氏厚	承典者			234
断卖契	夫妻署日	买主			238
执赎契	名盛妻	承典者			254
	氏祯、氏琬、氏贵、氏美、氏璧、氏燕、氏柳、氏执、氏寿、氏瑞	内族知见人			
断卖契	陈氏柳	立契人	茂材社	承祖	258
	曾盛娘妻	买主	明乡社		

二、分家继承与女性均分

在以父系为主的越南社会里，妇女在整个社会中居于从属地位，男尊女卑的身份格局仍为主体，但女性在财产分割中的独立地位一直得到律法的保护。15世纪末颁布的《黎朝刑律》（或称《洪德律》）第三七三条至第三七四条规定：妇女具有财产所有权；夫妻在分财产时，法律承认妇女对在出嫁时父母分拾的财产有所有权；对夫妻共同经营所得的财产，妇女享有平分权；第三八七条规定：在分家财时，女儿与男儿同样拥有分配权；第三九〇条规定：没有男儿的家寝，长女享有财产继承权。1835年，风飘至越南的蔡廷兰也指出了越南女子财产继承的习俗①。

1927年，法国东方语言大学的法学博士塔韦尼耶（Emile Tavernier）的学位论文《安南人的家庭》中指出，越南寡妇有继承权，她们的财政权利受到族长的管理和保护。越南妇女的继承权影响到在越华人女性的财产权利。嗣德二十七年（1874年）的一件典执契说明华人女性同样享有继承权，其内容如下：

> 明乡社林春淑为立典执词事。缘前年忝岳父主□张大人嘱分土庸一顷，坐落在会安社地分。其东西四近依如单开内。自东半分许忝妻；自西半分许忝妻妹氏李。兹忝妻不幸物故，其送葬欠需。兹忝应将忝妻之土庸半分典执与氏李女氏厚，取钱一千四百贯将回需用，随立词日交领足。所执之土并家交氏厚一用居住，后日有钱，据本来赎。或有颓弊修补若干，忝则甘受。恐口无凭，立词留照。兹典执词。
>
> 嗣德二十七年二日初十日
> 林春淑手记
> 写词人本字记②

立契约人是林春淑，因其典押的房屋是其妻从父亲处继承而来的，充分说明前文已述分家文书注意到女性与男性同样的均分地位。这种平等权利表现在包括掌管祭祀产业上，如果没有长男，将由长女承担监守之职。阮朝

---

① （清）蔡廷兰：《海南杂著·越南纪略》，台北：台湾银行经济研究室，1959年，第38页。

② 马克畅（Mark Chang）编：《会安町家文书》，东京：昭和女子大学国际文化研究所，2007年，第234～236页。

时期会安妇女在家产分割时享有着诸多权利,然也包括夫死之后,妇女掌管家庭财产,主持家庭遗产分割等等。会安契约文书中有一份由女性签订分家书:

奠盘府延福县富沾下总会安社女市妹潘氏科、氏好、氏姪、氏事、氏清等为立词执照事。缘前彼等父母有造买桑根土一所并瓦庯五屋并瓦厨一屋。兹彼父母有增构作新瓦庯,大小该十屋,坐落在明乡社香定邑地分。兹彼等同应顺分置:

一、置所买之土庯一分五屋并厨家一屋,为祠堂。由东近阮氏利土庯今居;西近盛发号土庯今居;南至井,又近氏科已分;北近大路。

一、置一分土,新构作瓦家五屋,为潘氏科已分由。东近阮氏利土庯今居;西近原新祀私土庯,今居;南近小路;北至井,近本族祠堂土庯。

一、置一分土,新构作瓦家五屋,为潘有义已分由。东近阮氏利土庯今居;西近顺安号土庯今居;南近江;北近小路。东西四近依如分书内。

第念这土系是一本单开,兹分置为三分。则东西四近至有不合如单开内,故彼等同立词,交与潘有信管守、奉事先人。再立东西,将回管业,留后执照颇。彼等相顺,业已均分。若后日何人反言何理,甘受不睦之罪。兹执照词。

> 嗣德二十九年三月二十日
> 内族人潘氏合视诚点指
> 氏科、氏好、氏事、氏清点指
> 陈有诚、高文品、潘有叔手记
> 写执照词黄金声字记[1]

上述文书可以看到,在海洋经济环境之下,会安华人女性获得了在父权结构中的经济资本和文化资本,拥有诸多经济自主权,因此在财产的继承和分配上也拥有了更多的发言权和主导权。

---

① 马克畅(Mark Chang)编:《会安町家文书》,东京:昭和女子大学国际文化研究所,2007年,第148~150页。

三、田宅典卖与女性地位

在契约签订的过程中，会安女性是主要立契约人，负责完成契约的合法过程；或是主立契人以外的契约关系人地位。具体而言，在 45 件契约中，女性以主要立契者身份出现的比率居多，为 33 件，占总数 70％以上。女性在会安契约文书所出现身份具有多样性，其中以妻的身份生活率涉范围最广泛。虽然妻子在房地产处理过程当中属于被动的身份，对于契约的签订效力没有决定性及法定作用存在，但在契约的条文里，可以见到实际的交易内容，已考虑到家庭生活中夫、妻原本一体。可见，妻在家庭事务里的工作分量及其重要性。在会安地区，大部分女性为家中的主妇或主母，由于男性在外经商，妻子有代管权甚至处分房产的权利。如果家中发生缺钱使用的紧急状况，主妇必须采取典卖房地产救济因应对策，这是女性签订契约的原因之一。

如果丈夫去世，女性守寡孀居，家中的男子俱幼，女性可以代子行使房产经营管理权。这也是女性在契约买卖交际中担任契约主要身份的原因所在。为了体现财产属性，一般多采用同子女、或兄弟姐妹等同的方式立契，尤其是为了减免事后的纠纷不断，多会要求卖方的儿女以知见人的身份连署。这点见诸于会安契约文书里。已婚妇女在家族中没有其他男性尊长的情形下，面临典卖物业之类的大事，也得要参与交易全程，详知契约内容。签署契约时通常采取母子共同签订卖契等形式。母子共同签立的契约数量较个人单独签订契约的为多。成泰二年由阮氏好所立的一张契约里，立契人如下：

> 明乡社香胜邑妇人阮氏好、亲女张氏递、张氏芳、张氏勤、亲子张怀璪、张怀卓等为立词绝卖土瓦家事。原前氏夫业有造买土四尺七寸并瓦家叁屋，坐落在本社香定邑地分。东西四近依如旧契。兹因氏夫不幸物故，送终欠需。氏等同应将此土、瓦家绝卖与萃精诗社本社价钱一千五百贯，随立词日领取此钱足讫。若后日何人反言何理，则氏等甘受赔偿。兹绝卖词。
>
> 由交旧契六张，又绝 二张共八张。兹由。
>
> 成泰二年七月初四日
妇人阮氏好点指

亲女张氏遂、张氏芳点指①

　　以上契约可视作妻子行使代管权的例证，立契原因多半是生活无助，只好典卖土房过活，可见女性尊长在男主人过世以后，维持家庭生计的辛苦谈尽在契约文书内倾吐无遗。夫或男性尊长不在家时，家中的女性尊长则有权限做主当家，但生计上出面或不出面打理都是问题。下面的一件文契记载了福建帮顺胜号孀妇潘氏余经商的困难：

　　　　福建帮顺胜号孀妇潘氏余并亲子蔡开镜、金锭等为立词陆续事。缘前忝号夫妻有买药材在均胜宝号存结欠银一千五百八十四元。不图天数使然，忝夫逝世。母子商买财疏，办还未及，乞展分为八年，每一年乞还十二期，每一月来艮十六元八毛，起自丁巳年至甲子年满限。又接本年月日该水□母子切认已分银回唐。忝母子有增暂借银二百五十元，这银期至来年八月交还充数。存这药材银抵欠。由寄单开一张，共六张，照期办还清款。另认单开文契，尚若八年内或有不测，办还不及清妥，则订明交该瓦家与债主，任从租以抵利息。为此兹陆续词。

　　　　　　　　　　　　　　　　　　维新九年一月二十一日
　　　　　　　　　　　　　　　　　　蔡水□手记
　　　　　　　　　　　　　　　　　　孀妇潘氏余点指
　　　　　　　　　　　　　　　　　子　蔡开镜、蔡金锭手记
　　　　　　　　　　　　　　　　　　写词潘亲字记②

　　在越南商业活动中，妇人作买卖营生的情形并不罕见，女性参与买卖生意除非是家传渊源，或夫传生意。万一夫亡子又幼小，则需由主妇亲自打理。但没有男性可依靠，经商还是存在着风险和难度。但仔细考察契约记载内容，我们不难看出女性参与社会经济活动的足迹。许多女性因应时势需要，从事金融放贷活动等工作。放款生息的生意，应属坐贾性质，开店营生，无须四处奔波。这类生意不需要到处走动，一般女性业主也能够胜任。女性涉入的金融放贷行为足以说明会安女性与社会经济活动关系紧密，也可以说会安妇女并没有被孤立于社会之外。而她们在契约中所呈现的高度主动性，又源于当地社会经济环境上的需要。众所周知，自16世纪开始，会

---

　　①　马克畅（Mark Chang）编：《会安町家文书》，东京：昭和女子大学国际文化研究所，2007年，第80～82页。
　　②　马克畅（Mark Chang）编：《会安町家文书》，东京：昭和女子大学国际文化研究所，2007年，第126～128页。

安地区贸易商业开始起步，到 17—18 世纪已迈入繁荣发展时期。因为社会商品经济的发达，已经有许多女性投入社会经济活动。女性涉及社会金融运作，银钱放贷生息的情况屡见契约银钱胎借、典当契约里。她们可能代替丈夫出面放贷收租作息，成为女性债权人。嗣德十一年（1858 年）的一件文契记载如下：

> 广南省明乡社李长正，亲弟李克讲，亲子李国懿、李国心等为立词先领取钱事。缘嗣德十年六月二十日彼等有债执归东私土庸一所在夫妻施氏惠，出本钱一千五百贯，限四年回赎交，每年现还利钱二百二十五贯，常年□得少欠利钱。兹彼等同应将归东此土庸一所，由前人有造买私土庸，归东有构作瓦家、前后二屋并东厨一所，坐落在本社香定处地分。东有砖墙，近前许氏宁、前许氏智砖墙；西近彼土庸砖墙；南近大路；北近前吴氏和砖墙，兹已留与陈氏禄居。东西回近依如词内颇。彼等情应断卖与清人吕润垣价钱二千二百贯，然彼亲弟克诗欠面未便立契。第属在亲家恳求先领取此钱二千二百贯，将回赎此土庸在施氏惠。限以明年正月，亲家吕廷辉南来，彼等一齐会面立断卖契。恐口无凭，立词为照。兹词由有权执单开一张，内连络二所。立契□情，收回此单开。
>
> 嗣德十一年七月初四日
> 立词人李长正手记
> 亲弟李克讲手记
> 亲子李国懿、李国心手记
> 写词人李长正字记①

　　契约文书是民间文献集中反映经济生活的主体文类，其中以涉及田宅买卖与家产流转等问题为大宗，因此也成为社会经济史的重要议题，中外学界对中国契约研究已有大量成果。可以说，契约文书作为中国人生活方式以及配置社会资源、确定产权归属以及社会身份的文字性证据，在一定程度说那个呈现了国家制度与民众生活的互动，同时也展现了民间经济伦理在

---

① 马克畅（Mark Chang）编：《会安町家文书》，东京：昭和女子大学国际文化研究所，2007 年，第 108～110 页。

日常生活的实践。

契约文书并未一成不变,其区域性特征极为明显,格式虽然统一,但是书写方式却千差万别。契约文书在帝国拓殖边疆、海外移民中也发挥了作用,有力地支持了近代早期中国人的贸易和垦殖,而且也影响到国界之外或者周边族群的文化系统,使得这些地区形成契约制度,这是契约文书演进的另一面貌。由此余欣的看法值得注意:(1)从不同时代契约形制的变化去把握整个中国契约发展史;(2)从不同地域的契约文书和文献记载的异同去理解中国契约形态的多元性;(3)从中国和周边国家契约制度的比较去透视东亚律令体系的互动性;(4)从中国与同时代分属不同法系的国家观照中去探索中外比较法学的新理路;(5)从汉文契约与少数民族契约的联系去梳理中国文明的形成过程;(6)从中国与世界各国(尤其是欧洲)契约观念差异去思考中国为何未能产生"社会契约"思想的问题,建构"中国契约思想史",并以此作为建立文明间对话的新纽带。[①]

余欣的上述观点指向比较明确,即关注契约文书的文本形态以及内涵,并以此展现中国如何与周边族群或者国家发生多元互动。如果将契约文书所指向的社会经济活动以及由此而产生的书写形态视之为契约文化,那么,其变迁可视之为一个文化运动,具有迁移和模仿的过程,既表现有"趋异""分化",也表现为"融合"和"同化"。

越南的文字系统受中华文化影响很深。13世纪,他们借用或仿照汉字创造了汉喃字,用于书写地名、人名、告示等。喃字是按照汉字的构字方式,并以汉字表音表义创造而成,书写比汉字复杂,表音也相当困难,笔划也较为繁琐,使用范围限于少数群体,因此未能取代汉字在社会各阶层的普及。明代大批华人移居越南,他们带来了越南上层精英喜好的中华典籍,四书五经等经典得以广泛流传,普遍使用的民间文献也渗透到了日常生活。《会安华人文书》数量不多,其格式较为固定,主要由立契人姓名、所卖土房名称、面积、土地坐落四址、买主姓名、土地价格、付款方式、买主享受的权利、土地权属的转移、交易的时间、见证人、契约文书书写人等十多个部分组成。文书格式与《国朝契式》基本一致,是当地民间社会种种权利关系在转移过程中形成的凭证性文书。时间上也贯穿了黎朝末年、西山政权和整个阮朝

---

① 余欣:《胡天汉月——海外中国古代契约研究史略》,《国际汉学》第7辑,郑州:大象出版社,2000年,第384页。

200余年，种类相当丰富，用途各不相同，既包括典卖、借贷等契约，还包括土地单开文书、分家书等。

不过，任何一种物权交易形式都依托在政治、法律制度以及社会、经济模式和民间习惯的大背景。会安契约文书作为土地流转的法律证据，是法权观念的一种体现。从而可以看出，在会安土地私有化的发展过程中，法律对田宅等不动产典卖契约有着具体规定，形成了一整套关于土房典卖的特别程序，包括书立买卖契约成交、赴官纳税过割等几个步骤。当地土地典卖频繁发生的现象也证明了当时土地交易活动已受市场经济的影响。从这点而言，《会安华人文书》与民众的生活形态紧密相联，具有较为浓郁的地域经济、文化特色。与中国传统契约文书所展现社会历史相比，《会安华人文书》还有两点值得关注：

第一，妇女在田地买卖和契约活动中具有相当突出的地位，她们具有财产处置权，这与中国的传统契约文本格式有较为明显的不同。在越南的家庭中，女性具有比较高的地位，她们不但是家庭主妇，还有一定的家长权力。她们有资格参加家族祭祀，家中重大事件也要丈夫与妻子一起商量，《国朝契式》契约格式注明"某（或色）某并妻某"，说明了夫妻子财产占有的平等权利，是越南社会经济的真实反映，明乡社华人虽然带有中国移居社会的特点，但也要按照地方经济习俗和被改造文本行事。与中国传统社会经济活动不同的是，越南妇女不少人从事商业，家庭经济一般由妇女打理。会安属于商业社会，流动性强，妇女的作用就更为突出，拥有比农村妇女更大的不动产处置权，田产买卖往往由女性家长主持，晚辈男性附属其后，属于配角身份。

第二，明乡社和清商是代表不同时期进入会安进行商业活动的华人，他们作为契约活动的主角，显示了华侨在海外的社会经济形态。王赓武先生曾分析东南亚华人网络的历史作用，他认为东南亚侨居的华人以高度特殊化的家族体制和宗族性的村落构成了华人社会小群体的自主性特点。从本章罗列的契约文书看，在会安华人社会特征中，家族体制和宗族村落的迹象并不明显。甚至可以说，家族在会安商业社区所能发挥的作用相当有限，血缘或拟血缘集团在契约文书签订中的作用相当有效，因此担保、见证与中人与中国传统契约实践的诸要素无法等同。在契约文书中发挥作用的是具有相对自治权的明乡社及长老。越南政府将明乡社作为华人自治的基本单元，设立了该社、乡老、乡长、正长、副长、通事和甲首等职位进行综合管理，他们介入了契约文书实施的各个环节。比如证见人通常由乡老、乡长、里长担任,他们见证契约签订过程,具有担保责任的身份。若在明乡社范围内发生土地纷争时,就需要出面担任处理纠纷的责任,显示了乡里权威在确保契约有效性的作用。

第五章

结　　论

一、海外华人民间文献与文化传承

民间文献是相对于官方文献而言的概念，具有非官方属性①。何谓"非官方"？学界尚未有统一认识，因此民间文献的内涵有了不同定义。有学者认为，"民间文献"是指有别于正史、文集、典章等传世文献，是存留于田野乡间的文书散件、未刊稿本或抄本，以及流传范围甚小的刊本②。也有学者认为，民间文献的特点在于私家性质和非官方特点，一般是未公开发行，是在民间小范围流通使用的各类文本③。一般而言，民间文献是指民间产生、使用与流传的文本资料，主要文类包括族谱、碑刻、契约文书、诉讼文书、乡规民约、账本、日记、书信、唱本、剧本、宗教科仪书、经文、善书、药方、日用杂书等。由于民间文献具有安德森（Benedict Anderson）分析印刷术与媒介现代性时提出的"日常生活中的普遍性东西"（Quotidian Universals）之属性④，因此揭示了民众生活最为真实的面目。在近年来社会史和文化史带动的新史学潮流中，民间文献得到了普遍关注，被视为开展本土人文社会科学研究的资料宝库。郑振满认为，广泛收集和充分利用民间历史文献，是新史学发

---

① 汪毅夫：《闽南民间文献考释举隅》，《福建师范大学学报（哲学社会科学版）》2005年第2期。

② 王振忠：《民间文献与历史地理研究》，《江汉论坛》2005年第1期。

③ 刘晓莉：《刍议图书馆民间文献资源建设》，《河南图书馆学刊》2008年第2期。

④ Benedict Anderson, *Spectre of Comparisons : Nationalism , Southeast Asia and the World* , 转见刘禾：《帝国的话语政治：从近代中西冲突看现代世界秩序的形成》，北京：三联书店，2009年，第243页。

展的前提条件和必由之路①。陈春声也有类似看法，"在大量收集和整理民间文书、地方文献和口述资料的基础上，建立并发展起有自己特色的民间和地方文献的解读方法和分析工具，是将中国社会史研究建立于更坚实的学术基础之上的关键环节之一"②。

民间文献除了史料价值和学科建设意义外，作为中国社会文化传承的基本载体，其社会功能也极为显著。如郑振满指出的，"近百年来，随着中外文化和现代化进程的不断深入，中国的传统文化受到了激烈的冲击。然而，在基层社会和民间文化中，许多传统因素仍然顽强地延续下来，民间历史文献在其中发挥了重要作用。时至今日，各种民间历史文献仍然具有重要的社会功能，在维系和建构社会文化传统中扮演着重要角色"③。海外华人文化是中国传统文化有机组成部分，虽然二战之后的海外华人从"落叶归根"出现了"落地生根"的深刻变化，但他们在语言、文化和信仰等方面仍保持着中国文化传统，并与祖籍国仍保持着密切联系，并成为他们与周边人划出族群边界与构建身份认同的基础。文化研究者将这种形态定义为"中华性"或"华人性"（chineseness）④，由于"中华性"、"华人性"是从英文世界转译而来，进入华语世界后，学界对其内涵的看法存在分歧，有些讨论就溢出概念的语境脉络，派生出了"中华性"和"中国性"的对立关系。其实，"中华性"并非本质主义的单一性概念，它是归纳海外华人在漫长的历史积淀上而不断变化的文化特性的开行概念，因此海外华人的"中华性"就是文化传承的社会结果。在此基础上，可以追问的是，民间文献作为海外华人文化传承的重要载体之一，它们在"中华性"的形成和维系上扮演了怎样的角色？发挥了怎样的作用？形成了怎样的机制？

从历史演变轨迹和现实社会实际看，海外华人面对各种不同的政府、各种不同的族群环境和社会经济制度，他们必须适应当时当地的社会环境，这不仅是海外华人研究的课题，也是全球化时代地方文化研究的课题。因此将海外华人文化特征化约为或本质化为"中华性"，缺乏事实解释力和理论说服力。韩明方研究马来西亚华人则予以变通，他对"华人两重性"的概念

① 郑振满：《民间历史文献与文化传承研究》，《东南学术》2004年增刊。
② 陈春声：《走向历史现场》，《读书》2006年第9期。
③ 郑振满：《民间历史文献与文化传承研究》，《东南学术》2004年增刊。
④ 张颐武、张法、王一川：《从"现代性"到"中华性"》，《文艺争鸣》1994年第2期。

进行反思，阐述了"华人三重性"——中华性、本地性和国际性概念体系，具有一定的借鉴意义。① 从民间文献考察海外华人的文化传承，也呈现出了这种"华人三重性"的特征。由此可以追问的是，海外华人的民间文献是如何应对不同的社会历史环境产生的？其文献形态与原乡文献存在怎样的继承与变迁关系？它们是如何与侨居地的社会文化进行互动？呈现了怎样的发展策略和文化模式？展现出的各种力量怎样的相互抗衡、协商与接合？

二、民间文献与会安华人的整体史

海外华人研究离不开海洋史视野，近年来的海洋史研究已经从中西交通史、海外交通史或者中外关系史的范式转变为整体史的追求②。西方新史学的脉络中，整体史也被称之为"总体史"，这是法国年鉴学派首先提倡的史学观，如马克·布洛赫(Marc Bloch)说："真正的唯一的历史，乃是全部的历史。"③年鉴学派第三代代表人物对此有深刻阐述。如雅克·勒高夫(Jacques Le Goff)在说明社会史的整体性时说："这里所要求的历史不仅是政治史、军事史和外交史，而且还是经济史、人口史、技术史和习俗史；不仅是君主和大人物的历史，而且还是所有人的历史；这是结构的历史，而不仅仅是事件的历史；这是有演进的、变革的运动着的历史，不是停滞的、描述性的历史；是有分析的、有说明的历史，而不再是纯叙述性的历史。总之是一种总体的历史。"④安德烈·比尔吉埃尔(André Burguière)指出："年鉴学派的更为深刻之处，是将历史研究建立在一种从多种范围研究社会现实的观念之上。社会现实的每一个范围，或者更确切地说每一个层次，都既表现着特定的历史，同时也通过一种联接模式而与其他层次相结合，从而显示了一个社

① 韩方明：《华人与马来西亚现代化进程》，北京：商务印书馆，2002年。

② 张丽、任灵兰：《近五年来中国的海洋史研究》，《世界历史》2011年第1期；王潞：《探索整体史视野下的海洋区域史研究——"澳门、广东与亚太海域交流史"国际研讨会综述》，《海洋史研究》第6辑，北京：社会科学文献出版社，2014年；杨国桢：《从涉海历史到海洋整体史的思考》，《南方文物》2005年第3期。

③ ［法］布洛赫：《为史学而辩护》，何兆武、陈启能主编：《当代西方史学理论》，上海：上海社会科学院出版社，2003年。

④ ［法］雅克·勒高夫：《新史学》，［法］雅克·勒高夫、诺拉等主编：《新史学》，姚蒙编译，上海：上海译文出版社，1989年，第19页。

会的运动。"①西方社会史学家对整体史的认识比较相似,如姜芃对英国新社会史的总结,"以研究整个社会为目标,其方向是建立一种总体的'社会的历史',强调把社会作为一个有机的整体的历史来研究"②。所谓的"有机的整体",就在于关注考察多元的日常要素之间动态关联,这样的看法与恩格斯在《致约·布洛赫的信》中所言基本一致,"历史是这样创造的:最终的结果总是在许多单个的意志的互相冲突中产生出来的,而其中每一个意志,又由于许多特殊的生活条件,才成为它所成为的那样。这样就有无数相互交错的力量,有无数个力的平行四边形,而由此就产生了一个总的结果,即历史事变。而这个结果又可以看作一个作为整体的、不自觉地和不自主地起着作用的力量的产物"③。从这层意义而言,整体史或总体史也可视同为唯物史观中的"普遍联系"观念,即关注普遍联系的各种关系及互动。

16—17世纪,亚洲海洋世界显示了越来越强的开放性,长距离交易的活跃和人口的流动,使海洋世界不再是一个海平面的水上世界,而是民间与官方、大海与陆地进行政治、经济和文化交流的立体"场域"。不同地域的人群以港口城市为媒介,与世界有了密切联系。形形色色的人群在港口城市聚集在一起,多元的文化、语言和宗教得到交融,各种不同文字且带有惯习的经济被移用、传承以及改造,呈现了以海洋史为主体的整体史内涵,即呈现了以海洋活动为枢纽的各种社会关系及互动。虽然众多的港口城市构建了亚洲海洋世界的基本格局,但以"关系"为着眼点的整体史视野依然依托于"个体"的切入角度。犹如彼得·伯克(Peter Burke)指出的,"在力图将特定的问题、群体、地方和时期视为某个更加巨大的整体的一个部分这个意义上,我确实相信布罗代尔'总体史'的理想"④。

会安是华人较早开展商业贸易活动的港口城市,1613—1618年,华人聚居在秋盆河北岸经商,形成了颇具规模的唐人街,而逐渐华人成为了会安

---

① [法]安德烈·比尔吉埃尔:《历史人类学》,[法]雅克·勒高夫、诺拉等主编:《新史学》,姚蒙编译,上海:上海译文出版社,1989年,第235页。

② 姜芃:《中国社会史的发展与英国新社会史:若干比较与思考》,《史学理论》1994年第1期。

③ [德]恩格斯:《致约·布洛赫的信》,《马克思恩格斯全集》第37卷,北京:人民出版社,1971年,第462页。

④ [英]玛丽亚·露西娅·帕拉蕾丝—伯克编:《新史学:自白与对话》,彭刚译,北京:北京大学出版社,2006年,第178页。

城市经济人口的主体,大约达到了 6000 人[1]。华人群体虽然遭受各种战乱和政治更替,却一直扮演会安商业活动的主角,其社区构造和人群互动就是亚洲海洋整体的有机组成。陈荆和将会安华人分为几种不同的类型,"住蕃"或"住冬"的中国人,自愿永久定居或半永久定居的中国人,客栈、饭馆、杂货铺、药店、裁缝店的业主,以及逃兵、难民、流浪汉、僧侣、占卜者、草药医生、中越混血儿等等。正是不同华人群体的整体性互动,构成了会安华人社区的基本形态[2]。

那么如何理解会安华人社区的整体性互动的历史进程？碑铭、谱牒、契约等民间文献作为记载社区日常生活的资料,直接揭示了不同层次的社会网络的形成和维系。具体而言,碑铭作为公共权力的象征物,以留存于社区的公共场所居多,既在碑文形式叙述有关社区公共事务的各类事项,又以刻录立碑人、撰碑人、捐赠人等题名说明社区内民众或社会组织的关系。会安碑铭所在的庙宇或会馆常常举行的各种庆典与仪式,它们被记载在碑文中,也在一定程度上集中反映会安华人社区的公共意识与内在关联,并且也显示了华人社区与越人社区之间的关系,以及它们与国家体制的互动,甚至于不同文明体系之间的文化交错。家谱从属性而言,与碑铭的公共性有所不同,作为家族内部文献,是介于公共生活和私生活之间资料,既有集体性,又有私密性。其体现为两方面内容,一是血缘关系或拟血缘关系的成员的族内秩序约定及其整合;二是作为调整本族与外族、本族与社区、本族国家关系的工具。契约文书与前两者文献属性又有不同,它虽然也经过公证程序,涉及国家、社区、家族的纵向权利关系,但主要作为涉及个体或家庭的经济利益或权利关系的私密之物而存在,仍以个体权益为主,显示出私文书的重要特点,也是最能体现日常生活的文类。会安文书以土地田宅为主,均是未经人为润饰的直接史料,也较为翔实地揭示了会安华人的日常经济关系,诸如分家析产、物权转移等。因此,以碑铭、谱牒、契约三类民间文献为主,可以建构出社区—家族—个体等社会单元组成的会安华人社会的整体史形态以其互动机制。

---

[1]　陈荆和:《十七、十八世纪之会安唐人街及其商业》,《新亚学报》第 3 卷第 1 期,1957年,第 281 页。

[2]　陈荆和:《会安历史》,王璐译,《海洋史研究》第 9 辑,北京:社会科学文献出版社,2016 年,第 148 页。

三、会安华人社会变迁的若干特点

以碑铭、谱牒、契约等三类民间文献为主论述会安华人社会变迁的各方面内容，大致可以归纳若干特点。毫无疑问，华人移居海外后，在不同语言、不同文化的接触过程中，不仅被视为"他者"，而且自身也会萌生"他者"的身份意识。需要建构联络乡谊、排解乡愁、寻求精神慰藉的场所，也是华人群体适应异乡陌生环境、实现内部整合、开展商业合作的桥梁和纽带，这是会安华人形成宗族、庙宇、会馆等社会组织的观念源头，也是会安市仍保存着较为完整的明乡村落、华人街区及各种中式建筑的原因所在。由此可见，会安华人尊崇中华传统文化的价值取向，保留传统的民俗民风并关注祖籍渊源。尽管有代际和地域的差异，尽管一些显象的东西在与所在国的文化融合过程中有所消失，但根植于华人群体精神内核的中华文化是长期保持的，并且为了生存与发展，还在不同的情境之下强化自身的文化传统和文化认同。

但海外华人社会的形成是跨国行动中的多元因素和多重网络互动的结果，犹如王赓武在分析华人身份认同之际使用的"历史流动性"视野，即华人在地化为华人社会，需要关注三个主题，即东西方文明的融合，族群身份的不确定性与离散意识，以及保持族群文化与同化之间的紧张关系[1]。而麻国庆则更为具体地论及华南与东南亚互动关系之际的"调适机制"：

> 华南汉族社会结构在不同的文化情境中会体现出自身的特殊性和普遍性，如果将其置于全球化和国际移民的大背景下进行比较和研究，讨论在当地文化脉络中，为适应居住地生态和社会文化环境，汉族社会结构在其中的延续、变异和调适的动态过程，有着重要的意义。海外华人社会中，经常在一个"中国文化的理想范式"之下，隐藏有许多不同的具有地方性特征的文化范式。这些范式在特殊时期能适应不同的情况并做适当的调整。因此，模式越多，适应不同情况的可能性也就越大，这是我们所理解的华人社会结构的关键。[2]

① Wang Gungwu, *The Chinese Overseas : From Earthbound China to the Quest for Autonomy*, Cambridge : Harvard University Press, 2002.

② 麻国庆：《作为方法的华南：中心与周边的时空转换》，麻国庆主编：《山海之间：从华南到东南亚》，北京：社会科学文献出版社，2014年，第30页。

与之相类似的是，孔飞力（Philip A. Kuhn）以"生态"为核心概念揭示华人社会演进的人与人、人与社会之间的互动关系。"'生态'在这里的意思是'人群适应环境的方式'。在尽可能的范围内，我试着描述华人移民经历中的不同变化和特点，因为这些移民者的生活环境各具特点，生活的历史时段也有所不同。这些变化以时间和空间为坐标生活在特定的自然、社会和经济环境中的人群会发展出一套移民生活的生态：谋生方式、技术类型和代代相传下来的社会机构。总的来说，移民的世界性要求我们探索不同的生态环境在情况各异的时间、地点、环境中怎样自我发展并且塑造了移民生活的特点的。"①以上述思路审视会安华人社会的历史变迁，可以看到会安华人在不同历史时期进行"文化调适"的各种行迹。也就是说，会安华人社会并非原乡社会的"移殖"，而是海外华人得以生存的"生态系统"在长期历史时期内的"流动"和"重组"的再建构过程，大致呈现出如下特点：

第一，越南国家政策对会安华人的生存与发展有着决定性影响。17世纪以来，南方阮氏政权采取积极的海上贸易政策，对会安华人实施自治措施，鼓励华人融入当地社会。华人可以自由选择居住地，甚至可在越人村社里交错杂居。阮氏政权尊重华人的生活风俗习惯，华人依照自身宗教信仰而举行祭祀活动和民间节日活动等。与此同时，华人其他合法权益也得到了妥善的保护，如华人的私有财产、土地所有权及自由买卖转让权也以法律文件的形式进行保护。在此前提下，会安华人社区才得以形成。也可以说，华人群体在会安贸易活动中取得的成功，不仅是因为他们的商业竞争力，而更重要的是当地政府创造了较为便利的商业环境。因此，在越南华商发展史上，中越两国政府的政策直接影响着越南华商群体经济事业的兴衰起落乃至个体命运的变迁，而越南内部不同政权的政策则成为影响华商地域分布的重要因素。

第二，会安华人的在地化进程存在"族群化"和"阶层化"的路径分类。17世纪中期来到会安的华人被称为"明香人"，作为群体身份的标识与区分。到19世纪初，明香人逐渐从华人社群向介于华人和越南土著的混血族群演化。明命八年（1827年）七月，"明香社"改名为"明乡社"，明乡人正式视为本国人，并得到了阮朝赋予越南民众的同等权利。明乡人成为阮朝的

---

① ［美］孔飞力：《他者中的华人：中国近现代移民史》，序言，李明欢译，南京：江苏人民出版社，2016年。

"编户齐民",也意味完成了从越南侨民向本土居民身份转化。而从年号标识、家谱编纂等文化形态看,他们也已主动或被动地改变文化传统,接受越南本土文化,融入本土社会,成为越南文化的新成份。随着时间的推移,会安明乡社的人口规模逐渐扩大、经济实力不断壮大,并与当地社会融合在一起。学界曾以"离散族裔"的视野分析东南亚华人在地化进程,认为华人身份的离散流动呈现的历史内容为:商人、汉人、唐人、明乡人、华商、华工、华侨、华人到华族或华裔、新华人的变迁过程[①],因此沿着"离散族裔"的概念,可以将"明乡人"纳入越南华人"族群化"的一个层面。当然,"族群化"或"种族化"是文化实践和历史演变的结果,因此也可以用"关系架构"来理解族群化过程。"关系架构"就是"族群化"进程不只是结构了自我与他者的二元差异,同时衍生了多种的族群阶序,这是一个"阶层化"的进程。会安华人社会的各个群体因迁移时间和迁入条件不同,社会身份也有差异,由此在地化进程也呈现"阶层化"状态,比如"明乡"与"清人"的界限就是直接证据,比如帮群组织的出现也是"阶层化"的重要内容。"阶层化"之所以产生,一方面来自于华人个体或群体与中国、越南的关系演变,即在历史的各个阶段和节点上,它们之间的关系存在延续、疏远、断绝的现象,认同也存在强化、稀释、消逝的过程,因此它们之间关系的强弱影响着国家体制赋予的权利与资源的分配。另一方面,来自于会安华人内部区隔的需求,身份区隔是社会秩序再产生的基础,按照社会学家布迪尔的阶层理论,阶层再产生的展开,决定了经济资本、文化资本、社会资本与象征资本的控制与博弈。因此区分明乡华人或各帮华商,并以明乡社管理税收和土地买卖、转让、抵押房地产等,就在于确定经济利益和社会权力的等级层次。

第三,妇女群体在会安华人社会中具有相对独立的社会地位与经济权利。在中国传统家庭中,妇女很少有自己的独立地位。但在越南家庭生活中,女性具有比较高的地位,夫妻在财产占有上享有平等权利。妇女不但是家庭主妇,而且还有一定的家长权力,有资格参加家族祭祀。会安作为对外贸易经济发达的港口,一方面,女性参与经济活动的机会大增;另一方面,妇女来自家族和社区的束缚减弱。大部分华人家庭尽管仍有男尊女卑、男外女内等观念,但是面对商业社会的实际情形,沿袭了越南的社会习俗,妇女

---

① 庄国土等:《二战以后东南亚华族社会地位的变化》,厦门:厦门大学出版社,2003年。

逐渐成为社会经济活动的主角。也正因为此,会安华人民间文献书写也带有明显的女性色彩,如妇女在田地买卖和契约活动具有相当突出的地位,她们具有财产处置权,这与中国的传统契约文本格式有较为明显的不同。与此同时,家谱书写对女性成员也有较多记载,祖先崇拜仪式也会注重祖姑祭祀。

附录一 碑铭拓片

附图 1-1

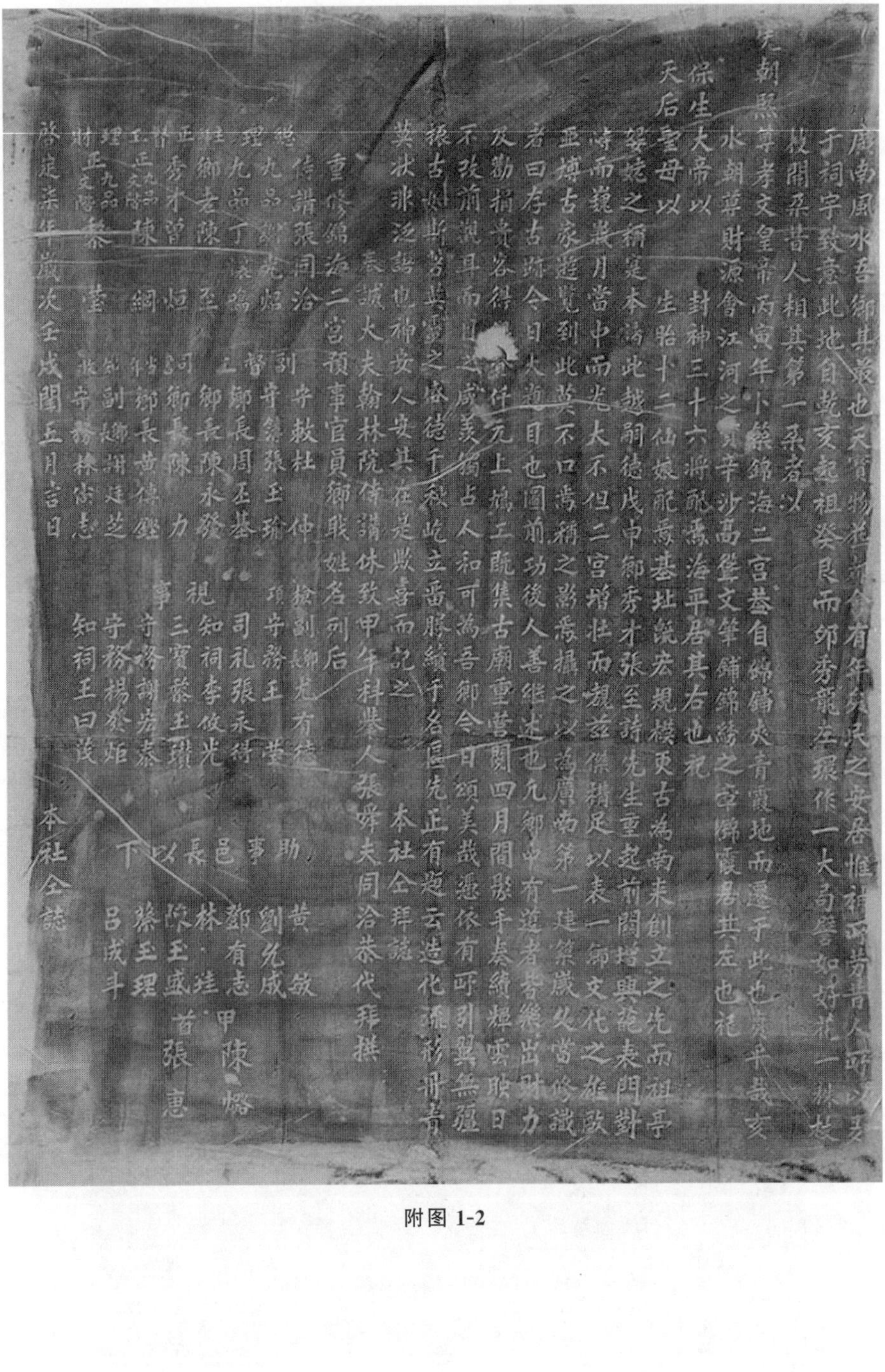

附图 1-2

附图 1-3

附图 1-4

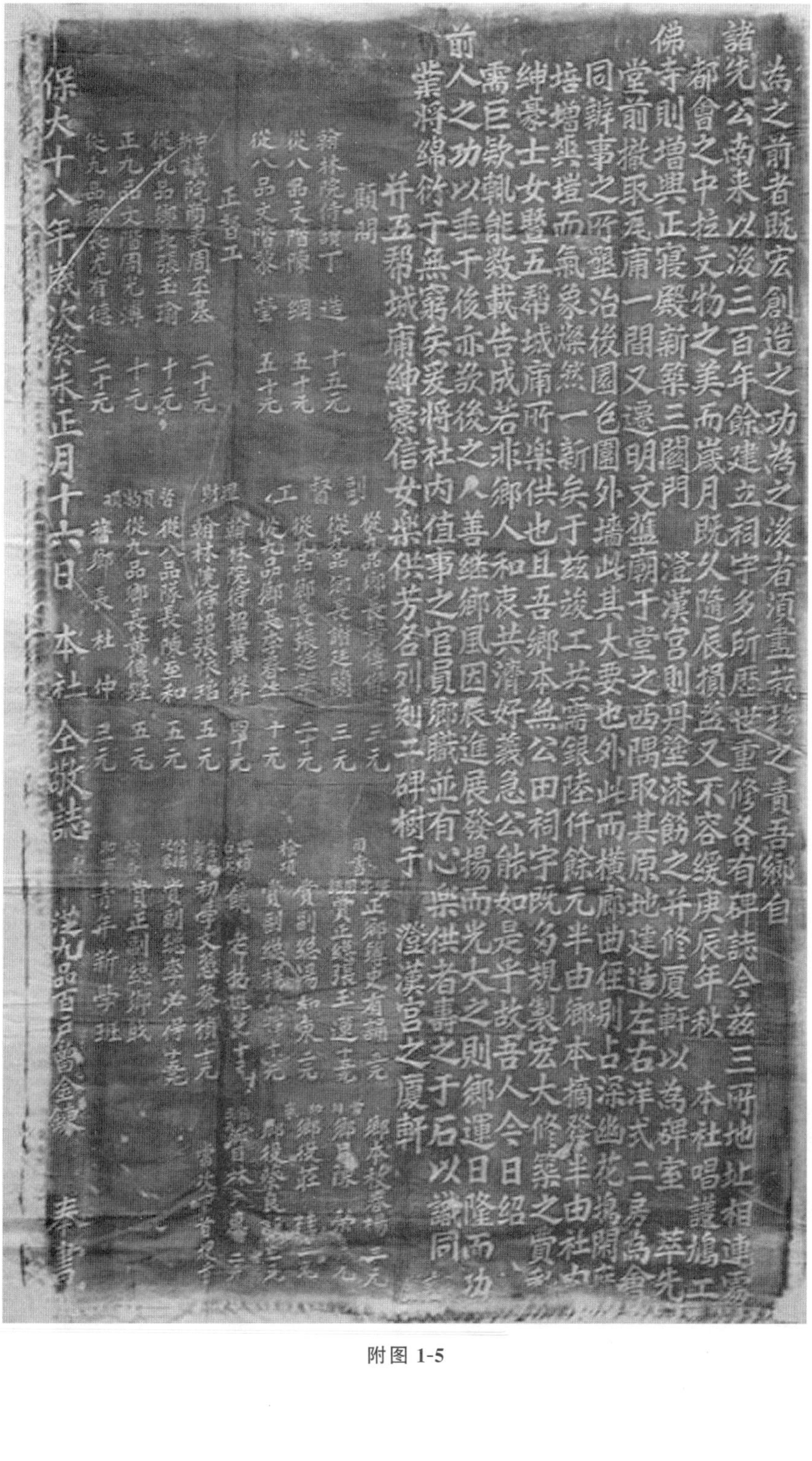

保大十八年歲次癸未正月十六日　本社仝敬誌

為之前者既宏創造之功為之後者須重兹葺孩之責吾鄉自
諸先公南來以後三百年餘建立祠宇多所歷世重修各有碑誌今兹三所地址相連
佛寺則增興正文物之美而歲月既久隨辰損益又不容緩庚辰年秋
同堂前撤取舊而塑一殿又遠三間文
堂前撤取舊而塑一殿色圍外牆
培增輿塈五氣燦然所樂供兵于
紳墨士女塈治梭圍新...
需巨欵以垂于無窮後亦欵告成若鄉
人之功績于五幫城庸紳豪將信女
紫將綿竹于五幫城庸紳豪將信女樂供
前
人之功績并五幫城庸紳豪將信女樂各列

翰林院侍讀丁造　十五元
從八品文階陳細　五十元
從八品文陪彔堂　五元

顏間
正酉工

翰林孝行招黃斲　四十元
翰林凜俸詔張汝昭　五元
從九品鄉長黃德珽　五元

工佐
督

附圖 1-5

339

附图 1-6

附图 1-7

附图 1-8

附图 1-9

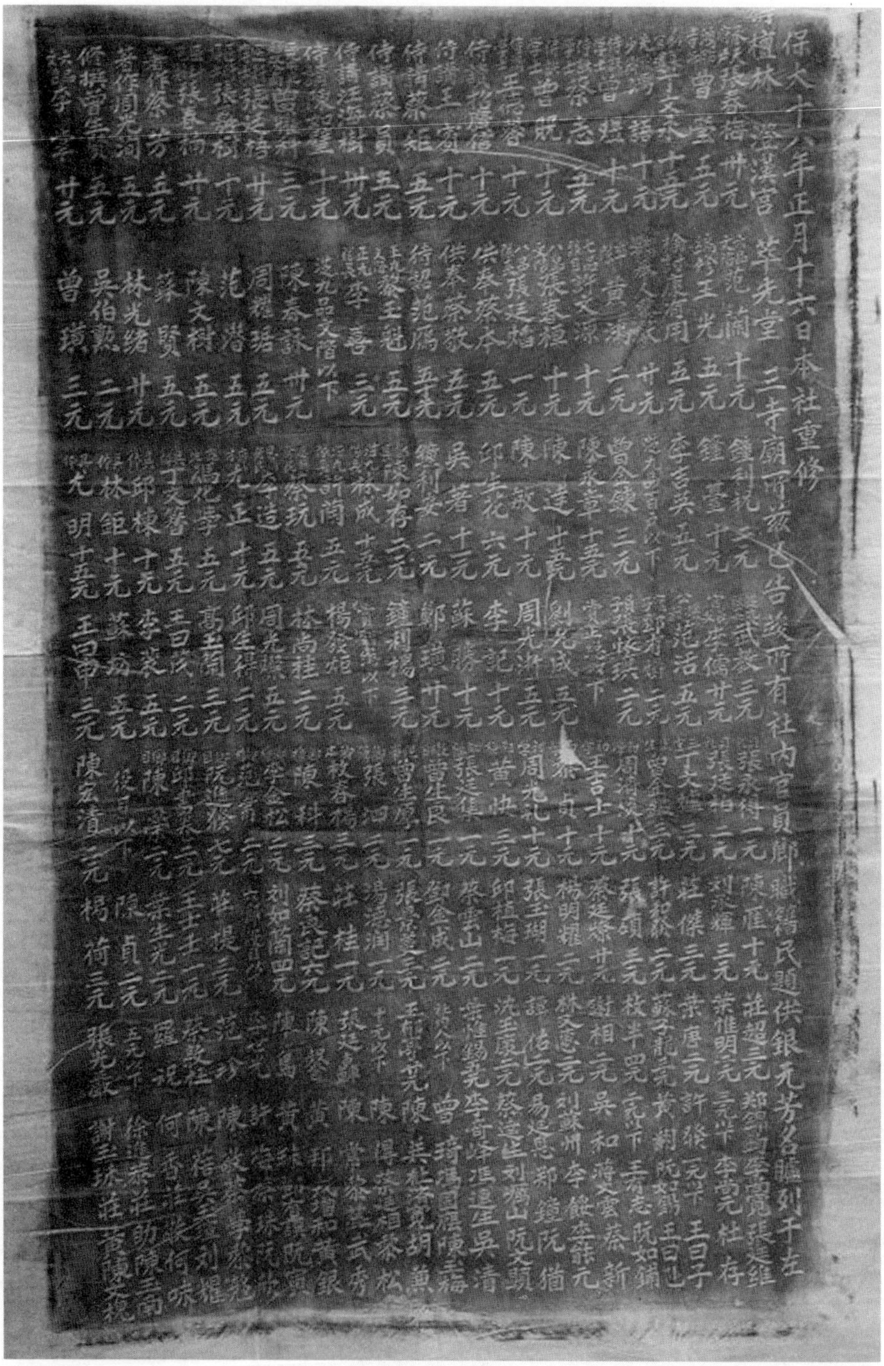

附图 1-10

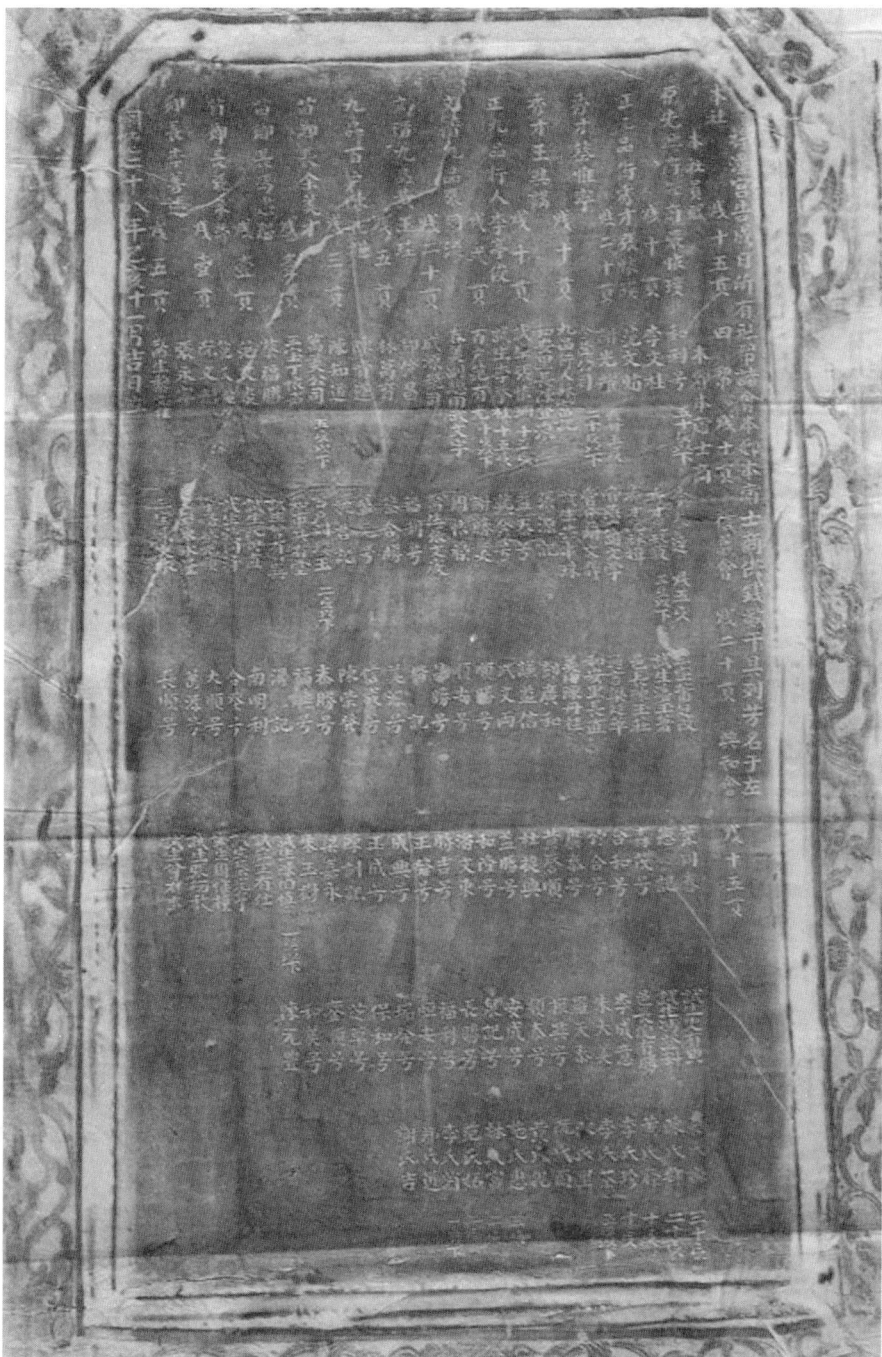

附图 1-11

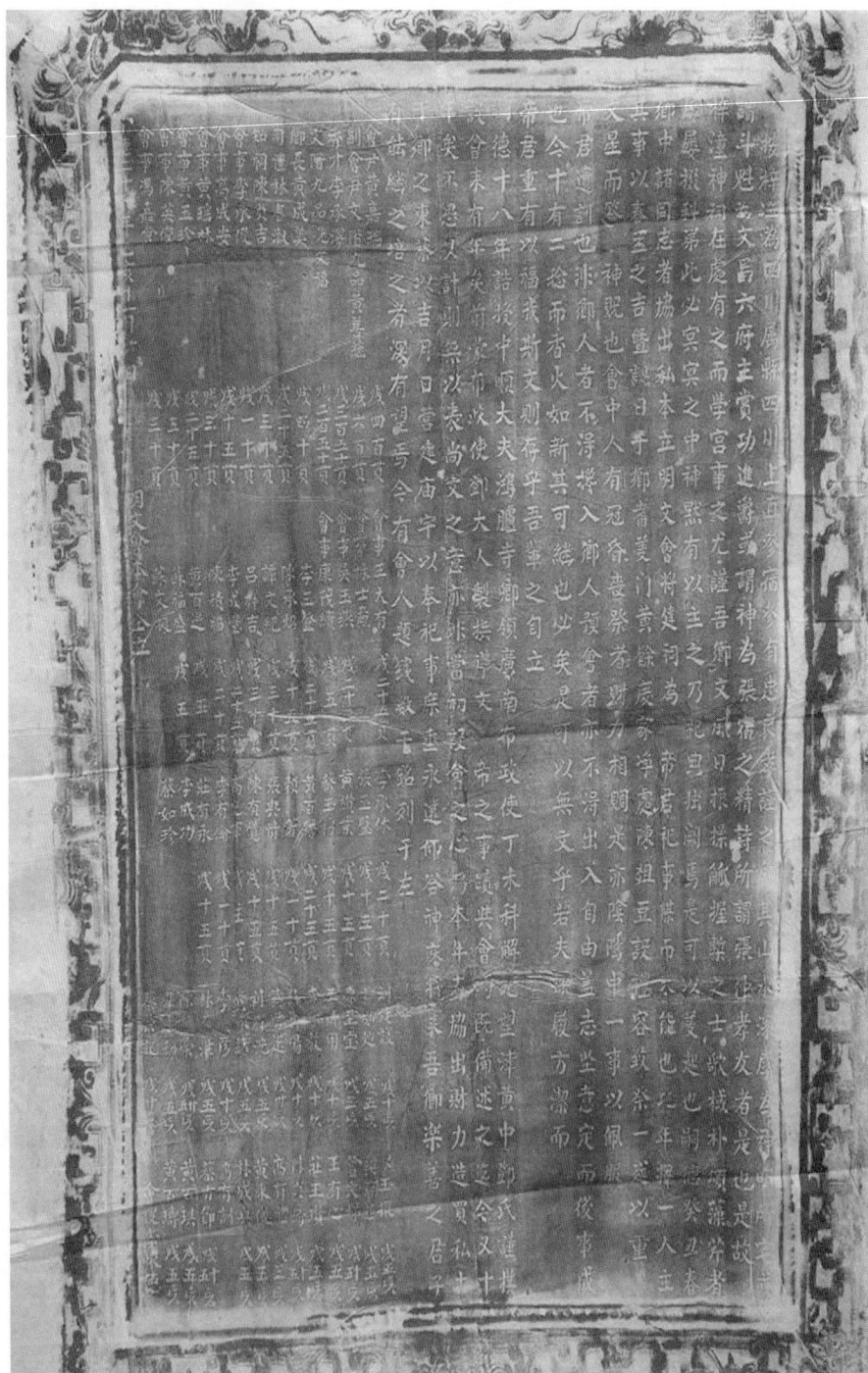

附图 1-12

瓊府會館碑記

試用鹽大使□貢生謝承宣謹撰書

我瓊郡

百有八人其盐前懷諧獨出千古沒後英靈亦獨出千古以忠厚長者而海益

証遭劫被戮抱奇禍於難言□後崇裒

義烈憤塞滄溟素車白馬英風奕奕瓊人之□通商歐亞往來諸島息波清逝呵

故其眾矣以故無地無廟而越南為公作客慶驪觀无戀戀於此都光

緒初年會安瓊府商吳廷昌陳呈輝今眾商等毅烈集服相其陰陽顧其流泉

諜建

義烈之□享殊典圃應雨也獨嘉諸君慷慨竭金刀以從事格列捐題至再至

義烈九弟廟於會之束偏拔地　崇祠鴋馨報德夫以

三即旅宣如洗弗顧也其好義真出自肺腑矣壬寅冬余乘槎來游斯土

入　廟升堂辨香肅拜懍然感靈莊井也詢悉譜　廟貌巍巍也詢悉諸

君贊盡丹心撐起大廈圖一埠之精神仗　諸霛之福氣經始於其年

落成於其日後之商斯埠者正當恪寧成規維持不懈得皆履靈光鼎

然千載庶乎食　神福於無疆矣

附图 1-13

附图 1-15

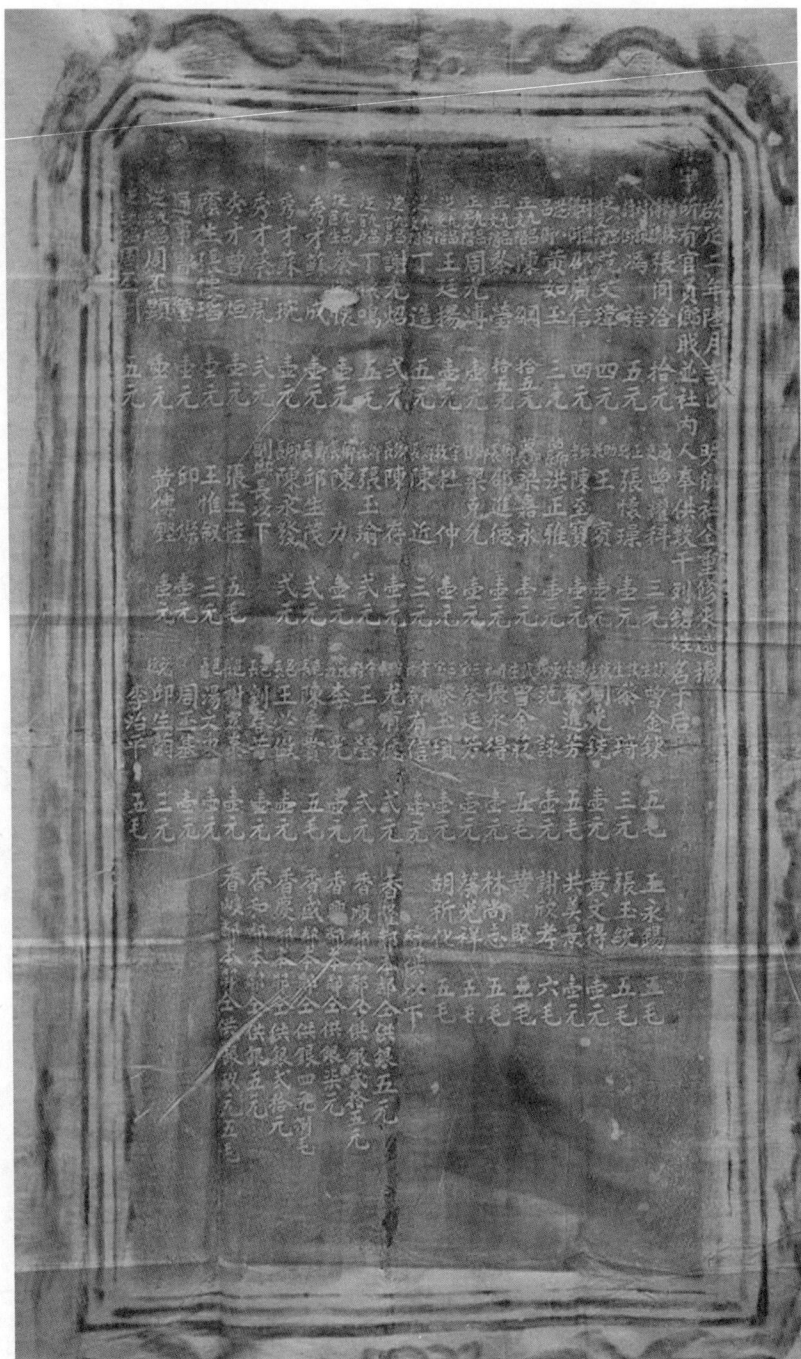

附图 1-16

附图 1-17

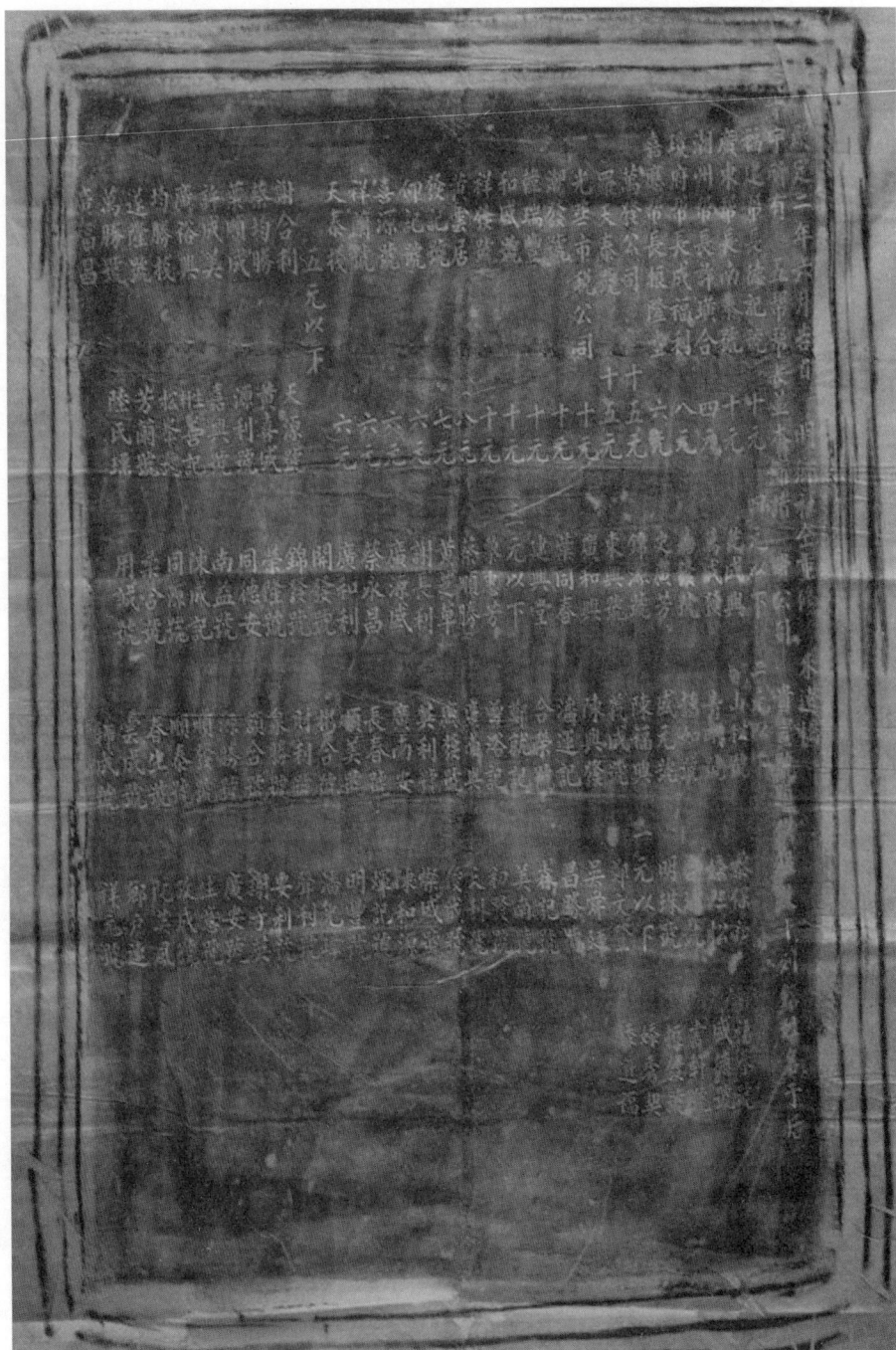

附图 1-18

附图 1-19

附图 1-20

附图 1-21

附录二 谱牒文献

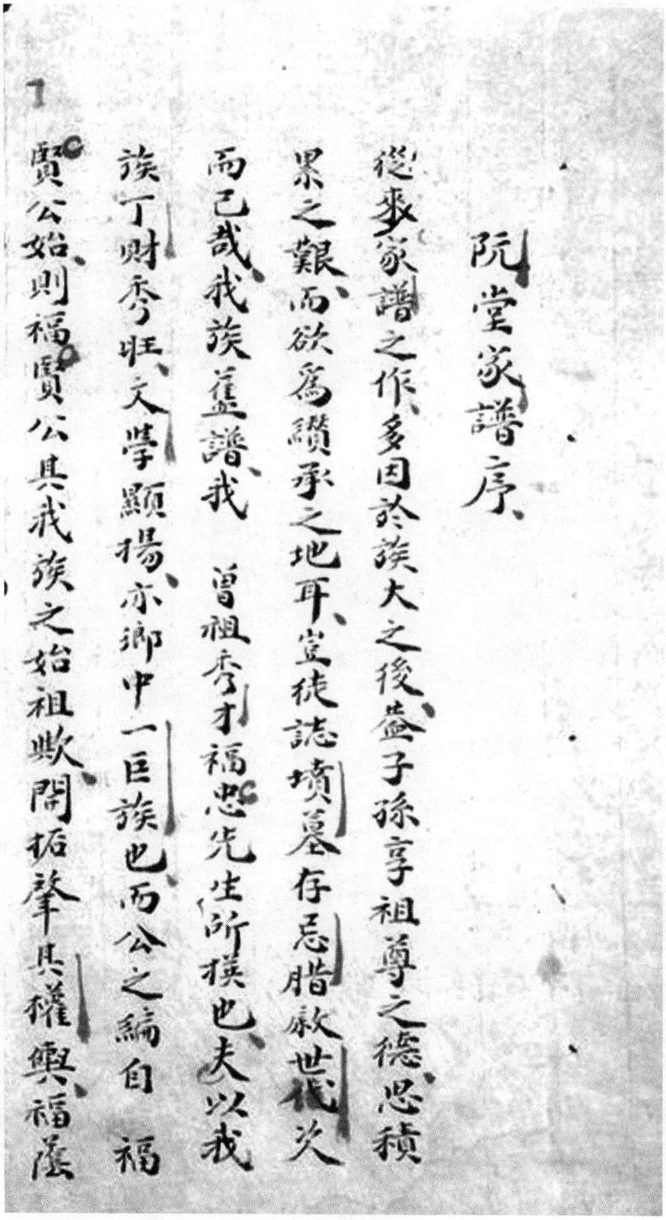

阮堂家譜序

從來家譜之作多因於族大之後蓋子孫享祖尊之德思積
累之艱而欲爲纘承之地耳豈徒誌墳墓存忌腊叙世代次
而已哉我族舊譜我
曾祖秀才福忠先生所撰也夫以我
族丁财秀旺文學顯揚亦鄉中一巨族也而公之編自福
賢公始則福賢公其我族之始祖歟開拓肇其權輿福蔭

厚其培植此福之所由始也、

二代仁和公以純良受外家眷注、

三代福來公以賢孝膺外家托嗣、

四代福真公始進而爲顯官此譜之所由以詳也、

五代豪敏公篤生令子連中二科此譜之所由以編也、

六代福忠公豪敏公之季男也祇躬勵行敬業樂群、

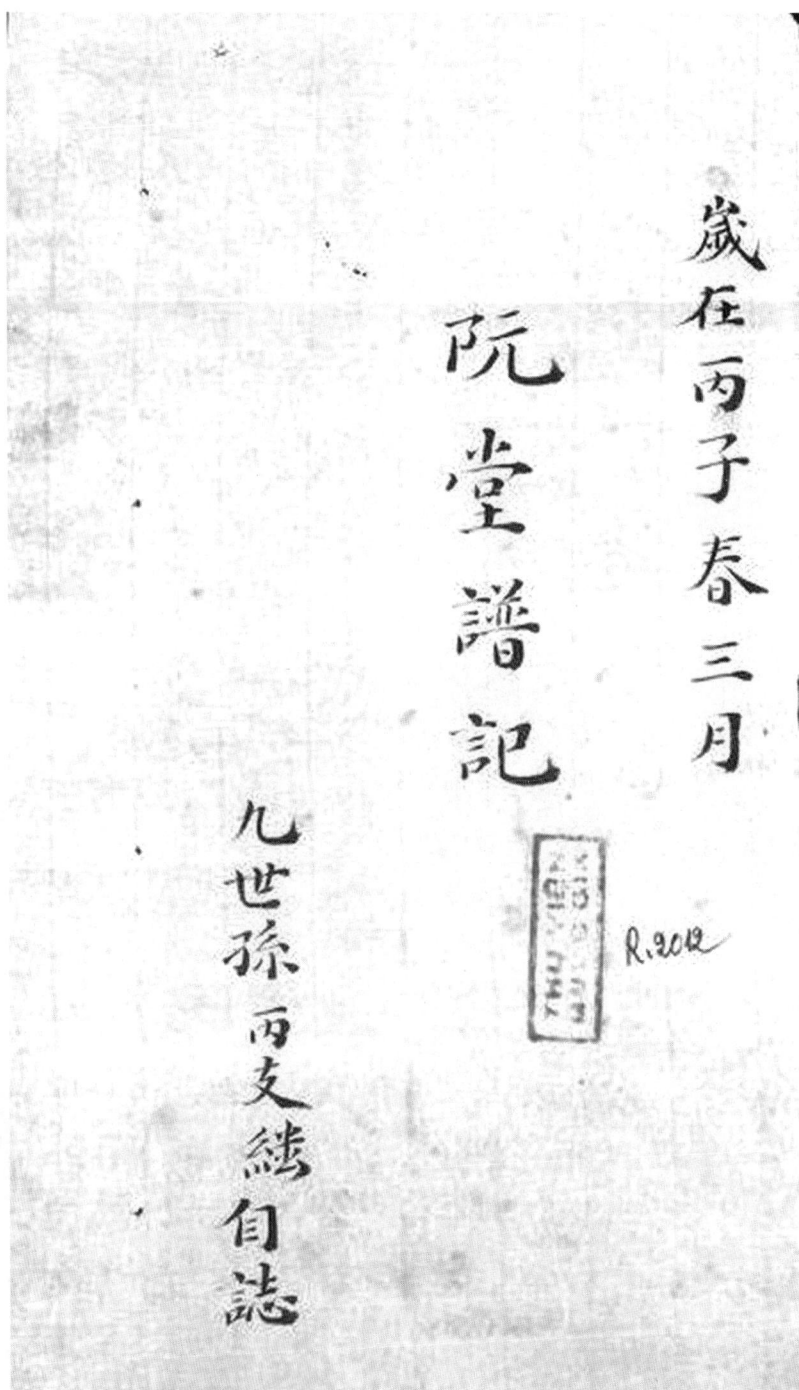

岁在丙子春三月

阮堂谱记

九世孙丙支缵自誌

附图 2-1

江氏家譜序

族之有譜猶國之有史所以誌其世系之自所出與夫

祖宗積慶之所從來使世世子孫由此考証以無毋墜

其香火也夫水之流必有源不可不知其所自出人之生本

乎祖不可不知其所由來我江之有姓十世于兹矣

始祖黎朝神武衛尉號德駢公二世祖秀林曷號

介翁公三世祖儒生中式號潤甫先生積功累仁篤

生四世祖探花公始以吾族大公令胤歃刑司郎中公父

安宪察使公支派日以昌大遂瀹甲乙二支世代愈速

支業愈蕃苟不總其世系則同姓之所出親從何以

辨是故族之有譜焉百世百之上百世之下視之有如指

掌世系明而彝倫正我祖宗之慶澤其傳於無窮

矣仍擴歷代首編上自始祖下逮諸支派列先名諡

位號與諸忌日墳墓塋厲腳註詳白盆將各支苗

保大五年歲次庚午五月十五日

許尊家譜

許玉和 許玉廢 合奉錄

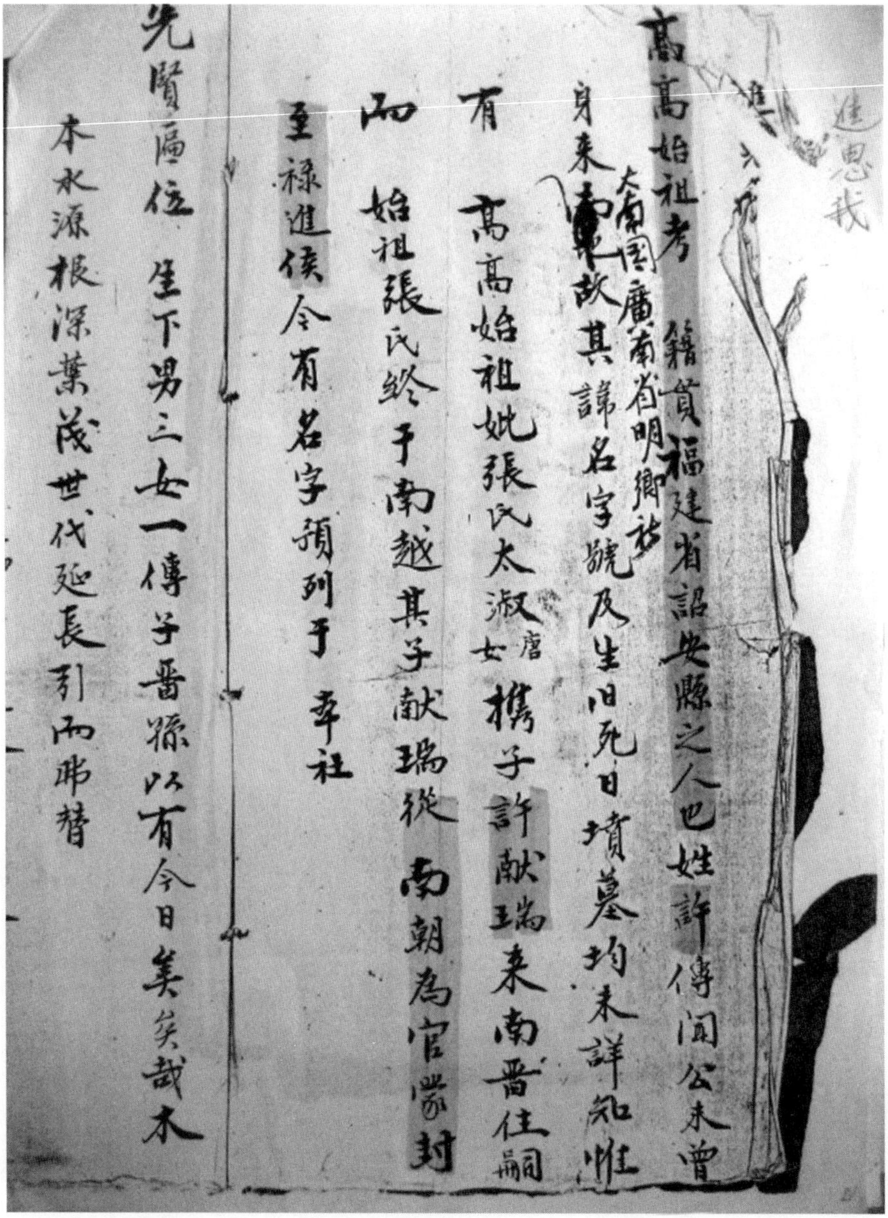

高高始祖考 籍貫福建省詔安縣之人巴姓許傳聞公未曾

大南國廣葡省明鄉社

身來南中故其諱名字號及生卒死日墳墓均未詳知惟

有

高高始祖妣張氏太淑女唐攜子許獻瑞來南晉住嗣

而

始祖張氏終于南越其子獻瑞從南朝為官當封

童祿進侯今有名字預列于平社

先賢牌位 生下男三女一傳孑番猻以有今日美矣哉本

本水源根深葉茂世代延長引兩邦替

附图 2-3

阮族世譜·後附明鄉曾家譜

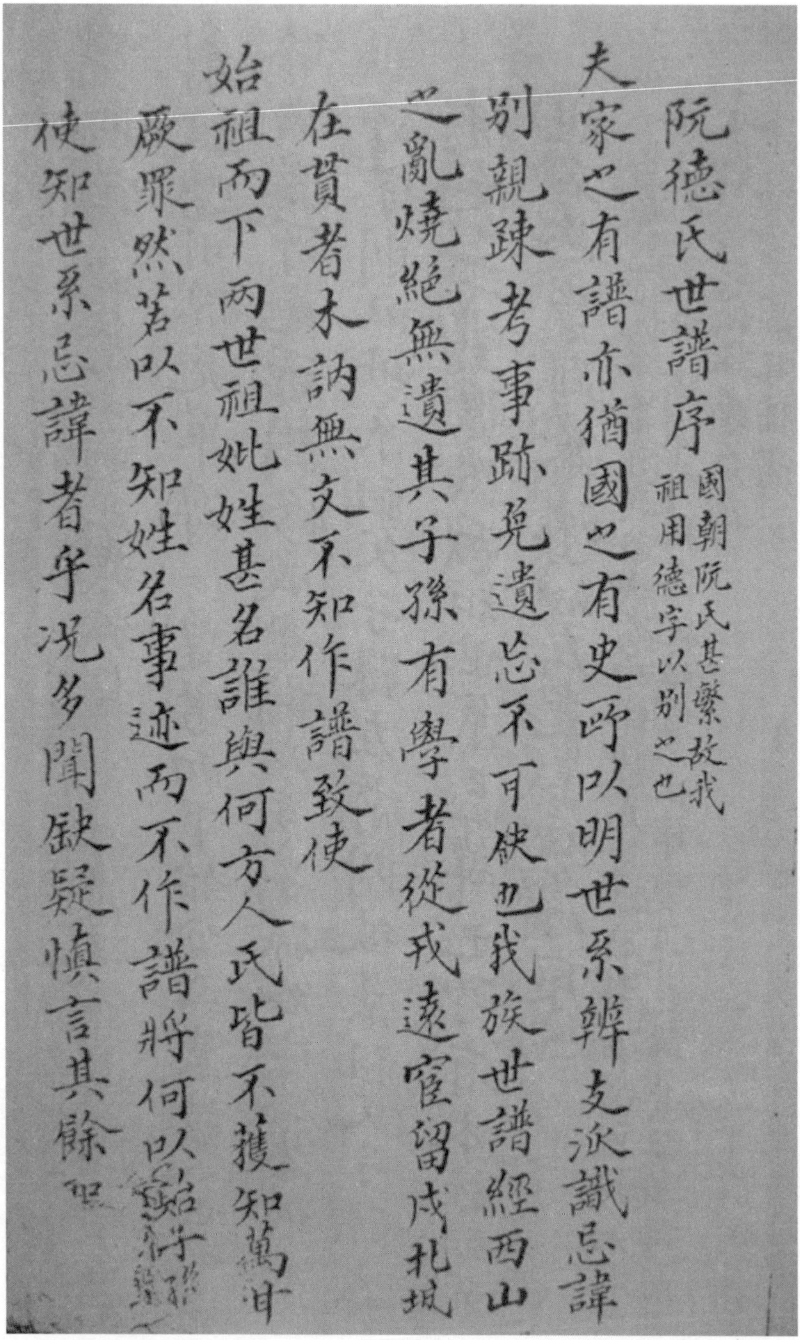

阮德氏世譜序 國朝阮氏甚繁故我祖用德字以別之也

夫家之有譜亦猶國之有史所以明世系辨支派識忌諱

別親踈考事跡免遺忘不可缺也我族世譜經西山

之亂燒絕無遺其子孫有學者從我遠窜留戌孔城

在賢者木訥無文不知作譜致使

厥罪然茗以不知姓名事迹而不作譜將何以詒行孫

始祖而下兩世祖妣姓甚名誰與何方人民皆不獲知萬甘

使知世系忌諱者乎況多聞缺疑慎言其餘則

附图 2-4

364

序

乙巳之秋余得假留貫禮部員外郎銑江段春韶攜所

撰族譜見亦仍以文屬之余薰鹽披閱登譜者蓋已十

有一代矣世次之先後支派之系屬與夫言行事業墳

墓忌諱靡不備載孝哉春韶之裒本敘倫以有是譜而世

德族系相與為無窮也盍哉段氏之積功累行以有春韶

而因有是譜以傳于不朽也段氏之先青歲右青歲人也

始祖福山公而下奕葉相承兒寫其慶傳及馳感將軍

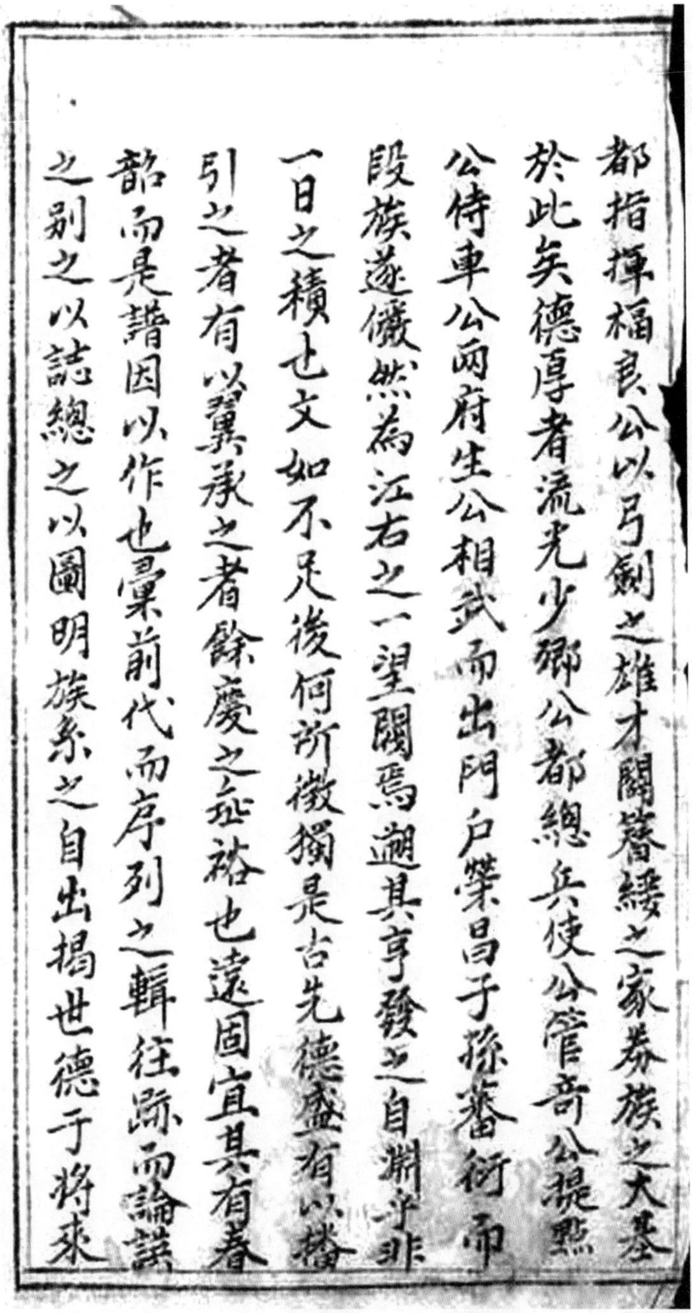

都指揮福良公以弓劍之雄才關簪纓之家券族之大墓
於此矣德厚者流光少鄉公都總兵使公管奇公提點
公侍車公兩府生公相武而出門戶簟昌子孫蕃衍而
段族遂儼然為江右之一望閥焉遡其享發之自淵孚非
一日之積也文如不足後何所徵獨是吉先德盛有以播
引之者有以翼承之者餘慶之延裕也遠固宜其有蕃
韶而是譜因以作也彙前代而序列之輯往跡而論譔
之別之以誌總之以圖明族系之自出揭世德于將來

附图 2-5

曾祖考欽差蔡知禮侯

公諱泉知生於壬戌年二月十五日卒於己未年八月二十八日墓延在仙朶社仙春邑碑誌欽差該奇知禮侯諡曰貞善蔡侯之墓男善蔡公之墓齋金駒事治兑台論爲生金立石

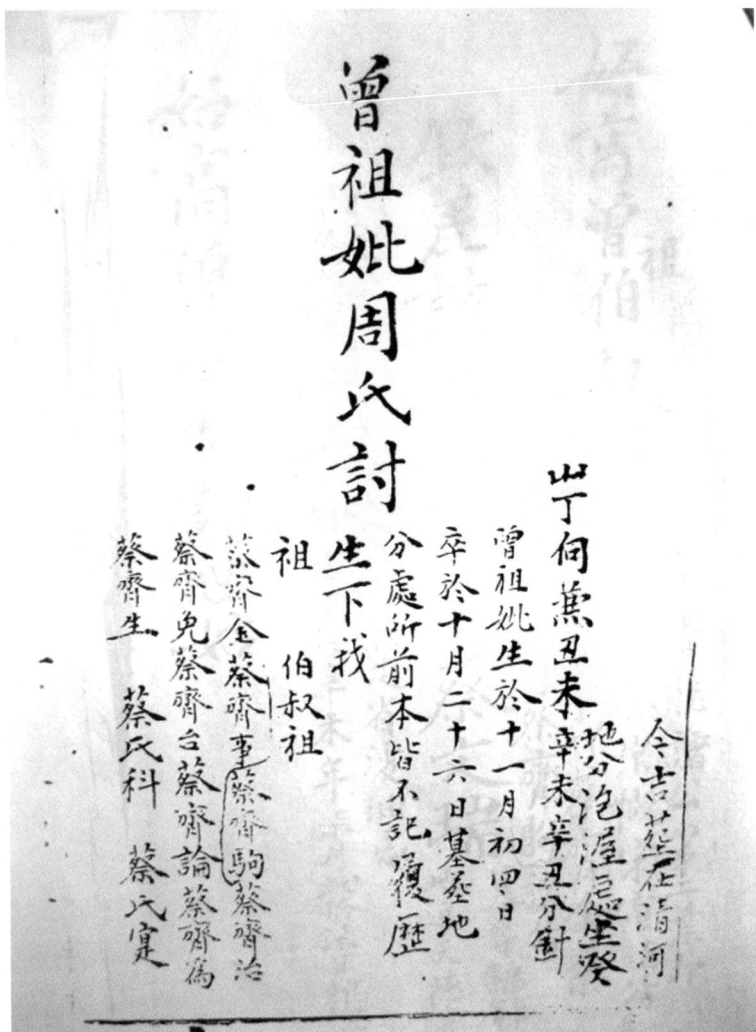

曾祖妣周氏討生下我

令吉葬在清河

出丁何燕丑未辛未辛丑分針
地分泡湿忌塞癸
曾祖妣生於十一月初四日
卒於十月二十六日某基地
分處所前本皆不記覆歴

祖　　伯叔祖
蔡齋金　蔡齋軍蔡齋駒蔡齋治
蔡齋免蔡齋台蔡齋諭蔡齋偽
蔡齋生　蔡氏科　蔡氏宜

附图 2-6

明鄉曾族外家世譜

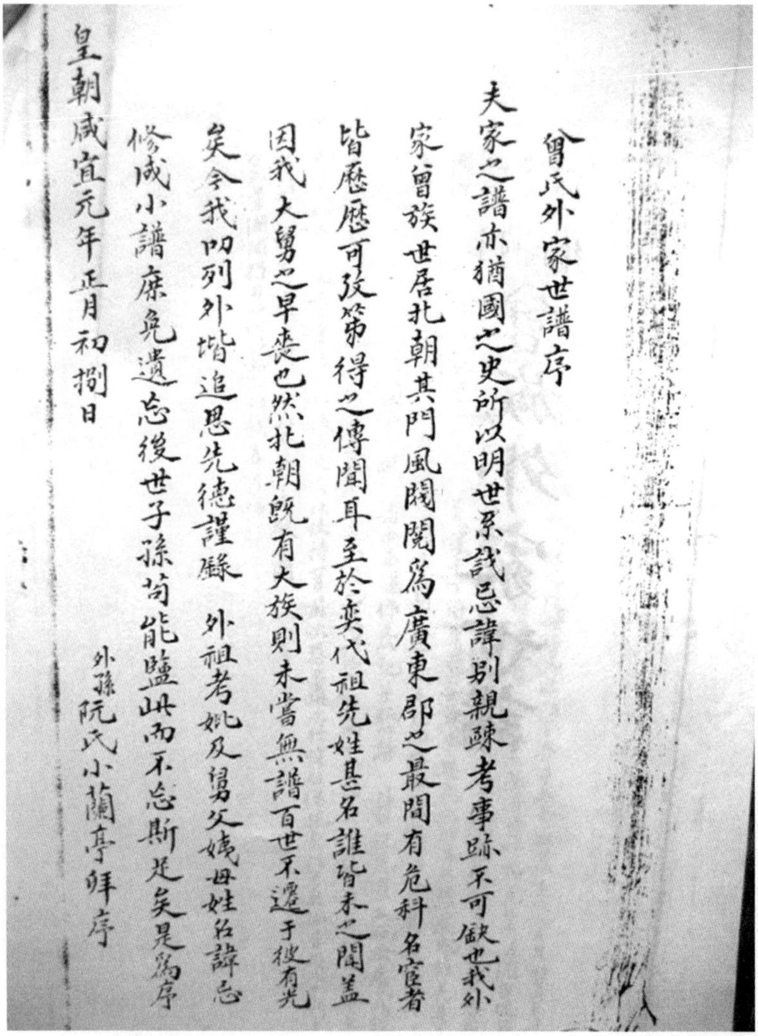

曾氏外家世譜序

夫家之譜亦猶國之史所以明世系誌忌諱別親疎考事跡不可缺也我外

家曾族世居北朝其門風閥閱爲廣東郡之最間有危科名宦者

皆歷歷可攷第得之傳聞耳至於奕代祖先姓甚名誰皆未之間盖

因我大舅之早喪巳然北朝既有大族則未嘗無譜百世不遷于彼有光

矣今我叨列外垳追思先德謹歷　外祖考妣及舅父姨母姓名諱忘

修成小譜庶免遺忘後世子孫苟能臨此而不忘斯足矣是爲序

皇朝咸宜元年正月初捌日

外孫阮氏小蘭亭拜序

附图 2-7

嗣孫謝文彩窃念物本乎原人本

乎祖倘祀事不虔何以答生成之德

彩自髫年于茲將近冠也問諸望

母彩之先祖從何而來弟母謂彩曰茲

先祖福建人也泉洲府晉江縣十四都蔡江鄉

自彩父南遊營商得美搆立家堂生

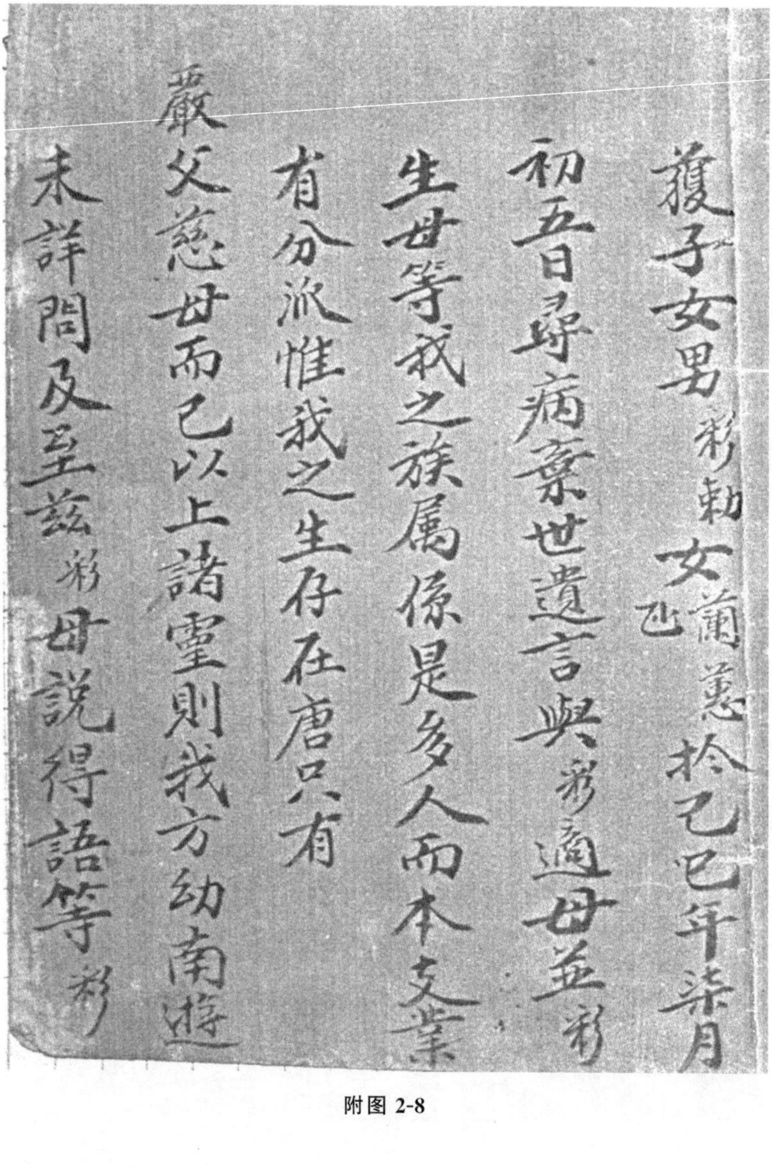
獲子女男彩勅女也蘭蕙於乙巳年柒月
初五日尋病棄世遺言與彩適母並彩
生母等我之族屬係是多人而本支業
有分派惟我之生存在唐只有
嚴父慈母而已以上諸靈則我方幼南遊
未詳問及至茲彩母說得語等彩

附图 2-8

会安華羅氏老譜

鈺古曰横砂房譜中所載

金紫光祿大夫琴軒太初祖南遷故事

船真元年有一宮妃蘇氏貌美性嗜貪私無忌一夕皇進宮

調雅樂 皇上怒面斥之即點禁冷宮蘇妃私懟倍加變詐

於夜宿騎牛田坊有一富民黃貯萬備船運糧上京回至溮

地方灣泊宰豬酬福至敘福之際忽然見一女子下船求

入原係 皇上蘇妃黃貯萬不知但觀衣則破貌則美矣

人誘相謔言挑語噙遂匿于船中密載回家後 皇上彭

不知蘇妃出逃矣 皇上怒敕兵部尚書張英貴欽遵

各司道 縣嚴查訪緝經年無蹤乃復奏 皇上催歐

附图 2-9

明珍公吾祖父也。姓周諱寶字惟善籍貫中國廣東省廣州府新會

瀧江門華下步。明豐社人於道光年間同諸友誼賈樺南逰發陶

公之遺跡別葉五湖步晏子之高風遂家四海雖百年佳偶早已結

于家鄉而子里長緣合父歸于客地乃娶吾祖母貫山庯祉匡族阮

氏女也。迨後生下六男三女長曰明泰次曰維楨三曰維□四維

翰女曰彩燦存二男一女早亡不知名氏退而在塵摘子百就

隨後南来省探吾祖父母寫往潘切有投寓生涯吾祖父仍從妻

賈住寫营商幸得餘資多置田宅重营舊鎗相地束遷□

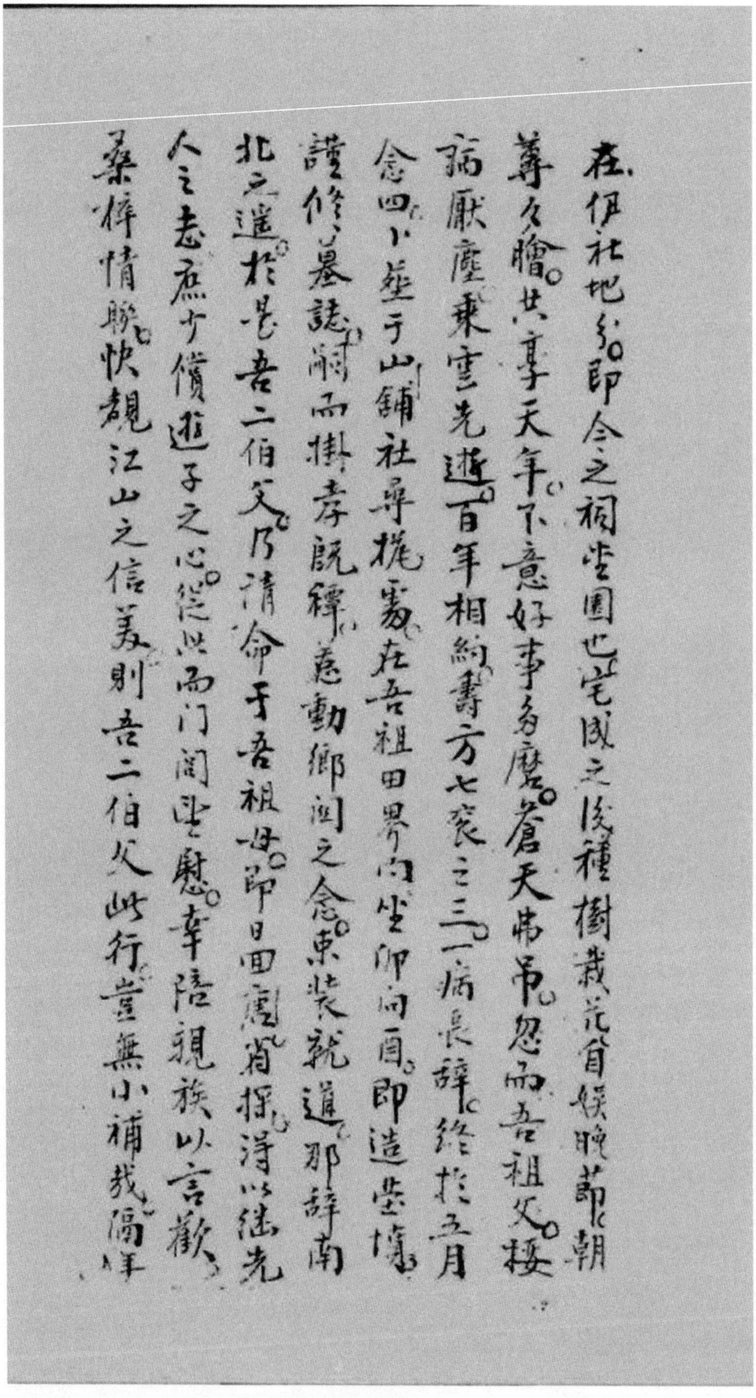

在伊社地分即今之祠堂園也宅國之後種樹栽花昔候晚節朝
壽多瞻共享天年不意好事多磨蒼天弗吊忽而吾祖父
祜厭塵乘雲遊百年相約壽方七袠之三一病長辭終於五月
念四日延于山鋪社尋揀冢在吾祖田界內坐卯向酉即造坐墳
謹修墓誌嗣而掛孝飲釋意動鄉閭之念東裝就道邪辭南
北之遷於長吾二伯父乃清命于吾祖母即日田廬省探得以繼先
人之志焉少償遊子之心從此兩門間坐慰幸陪親族以言歡
桑梓情聯快覩江山之信美別吾二伯父此行豈無小補我偶筆

附图 2-10

附录三　契约文书

国際文化研究所叢書——會云町家文書——

目　次

明香社香主劉通娘劉達娘及親於王氏春寺由內祖妣前保祀有香來土庫壹項

住地海本社坐落香主處差子資羨無間奉祀志賺祖先乃母此土庫壹項東有磚墻

近小百西有磚墻近林與炊傳墻南近大茶光有磚墻近煤本土東西畔近人烟如契內分

賣與共內社人烟承東宙炊池西百依價頃戒百揆拾賣彼寺回頃此我母回西边

買他國番為奉祀此除戒父少若干權積奉祀志賺祖先遍立契日文頃若此所斬賣

之土庫一任唐傳中番探求憑已拘老彼寺賺賺假託有用報壽無干主買之事

國有濟凌故全文契為照用者

父亡故惠劉女達張汝并单申弍殿

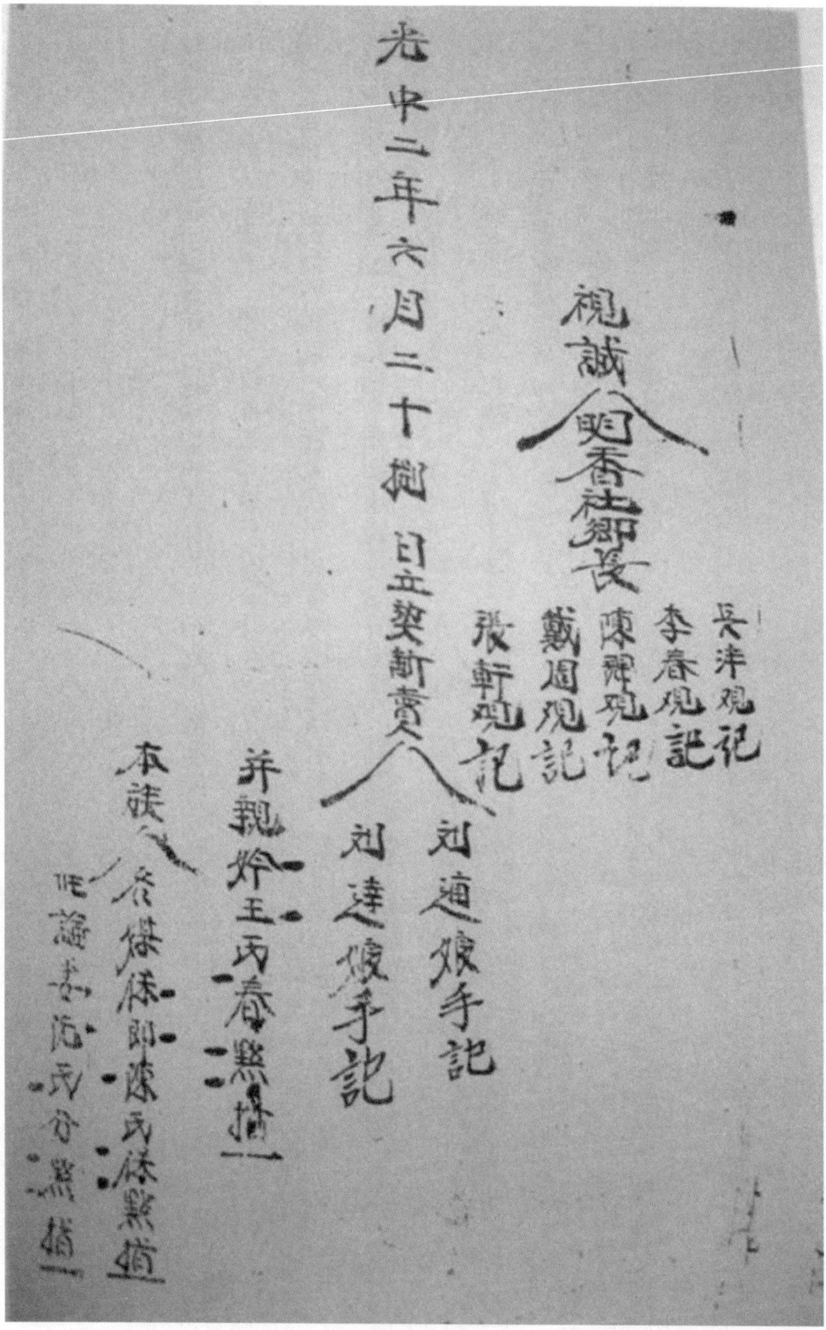
視誠
明香社鄉長
吳洋观記
李春观記
陳理观記
戴周观記
張軒观記
光中二年六月二十捌日立契斷賣人
劉適娘手記
劉達娘手記
并親妗王氏春點指
本族香保保郎陳氏[illegible]點指
侄[illegible]氏[illegible]點指

附图 3-1

敢有違悖妄起紛爭端完坐不孝之罪
奪其本外國有常法故立囑書于道付
諸子各執壹道為照用者
一長男某官誠某分田土干貳高世壇
田坐落其處西至近某尾屋干間厦奴婢
干人財物其件飽槽俜傶無一次男子
做前　　　一長女及次女分前敦
。繼做男女分　　　　坐落其處
一叅田分田土干武　　　坐落其處
四至粒與媎長男其監守以供祭祀
如嗅堵殉之　一叅酤烟於交是家監細
勞掤　之無長女

統元某年月日父某官銜某某押點指

隨筆。萬姓各不諱字留生艮左壹

于以防久弊毋某氏某點指

鄉長某館某押點指

某館某押點指　代書某館某押點指

父囑書母囑書亦同

某府縣州坊社村開庄父某官銜某緣

妻么先已病故自念行年衰老旦夕靡

賞娀輙遘羸疾遺下田產未有定分

恐於身後或起爭端所有祖業及新買

士壃池奴婢房屋財物預造囑書分為

逐分留與親生男女千人及繼嗣男女

于人觑觎永为产业其田土等物委是
夫妻已物业内外亲属之人别无开涉
瞒昧及重叠交易等事遗属之后男女
照依本务各勤生业以奉祭祀敢有远
悖妄起纷争定坐不孝之罪夺其本分
国有常法故立嘱普于道付诸子各执
壹道为照用者
　一长男某官讫某某分如前　一诸子分前
统元某年月日父某押黥指或某色抑黥指
　一乡长某官某押黥指　一觅人本社
谋押黥指　一任书本社或某色埋黥指
兄弟交书　　姊妹交书同普请族长乡长

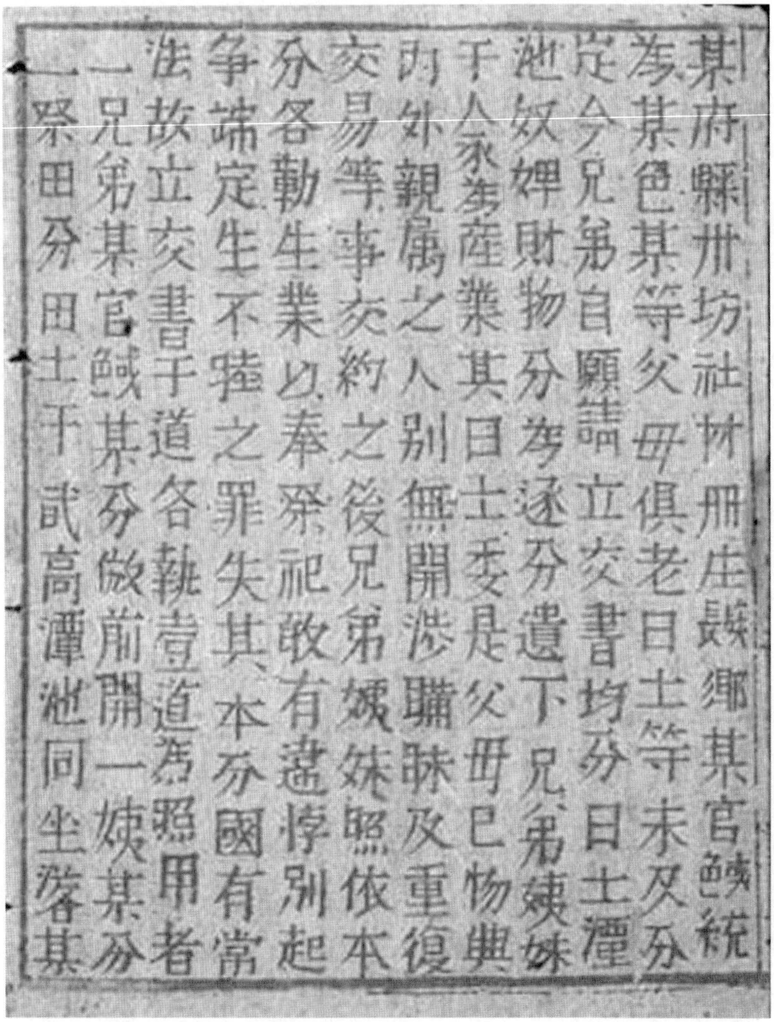

某府縣州坊社村冊庄䦝鄉某官甝統
為某色某等父母俱老田土等未及分
定今兄弟自願請立交書均分田土潭
池奴婢財物分為逐分遺下兄弟姨妹
于人家為産業其田土委是父母已物典
買外親属之人別無關涉贖賍及重復
交易等事交約之後兄弟姨妹照依本
分各勤生業以奉祭祀敢有違悖別起
争端定生不𢭏之罪失其本分國有常
法故立交書于道各執壹道為照用者
一兄弟某官甝某分做前開一姨某分
一祭田分田土于武高潭池同坐落某

附图 3-2

附录四　村社文书

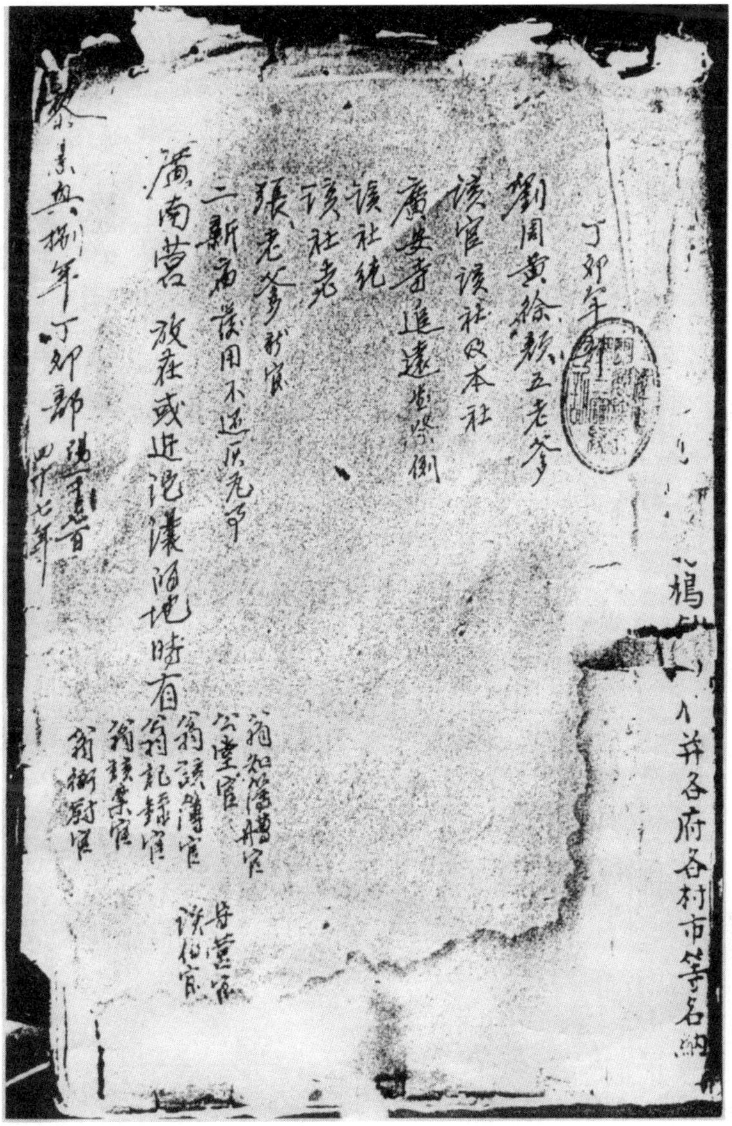

附图 4-1

一年梁史觀孫道槻代理社孫楊劍本庸并各府各村市等名納

禮錢開列于后

計

戶 每名應出錢武貢

柯㖿娘　　　　　納錢壹貫

張順娘 由田唐　納錢壹貫

張南娘　　　　　納錢壹貫

余安娘　　　　　納錢壹貫

徐春娘　　　　　納錢壹貫

林忠使　　　　　納錢壹貫

陳梅娘　　　　　納錢壹貫

等注娘　　　　　納錢壹貫

題吾　　　　納我壹貫
媟漢　　　　納我壹貫
媂罚龍　　　納我伍阡
姊罚福　　　納我壹貫
陳瑶宜妻弟　納我壹貫
姊拱　　　　納我剧佰
姑善　　　　納我伍阡
姊罡宇家　　納我伍阡
尾邮論　　　納我壹貫
姊邮長
小宝家居 每名應出我伍阡
姊邮檢
姊俊　　　　納我　　納我
婬莊　　　　納我伍阡

衣本庯英得钱壹百拾捌贵叁陌三十文中許田首二人金金三廠钱指置暫

婀妙　　　　　　　　　　钱伍陌

劉貴官妻　　　　　　　　钱伍陌

金蓬洲　　　　　存實钱壹百零陸贵叁陌三十文

吳薩娘　　　　　　　　　钱伍陌

張分娘　　　　　　　　　钱壹貴

吳貞娘　　　　　　　　　钱伍陌

吳魏娘　　　　　　　　　钱伍陌

林覺娘　　　　　　　　　钱柒陌

吳笙娘　　　　　　　　　钱壹貴

張脈娘　　　　　　　　　钱壹貴

钱壹貴

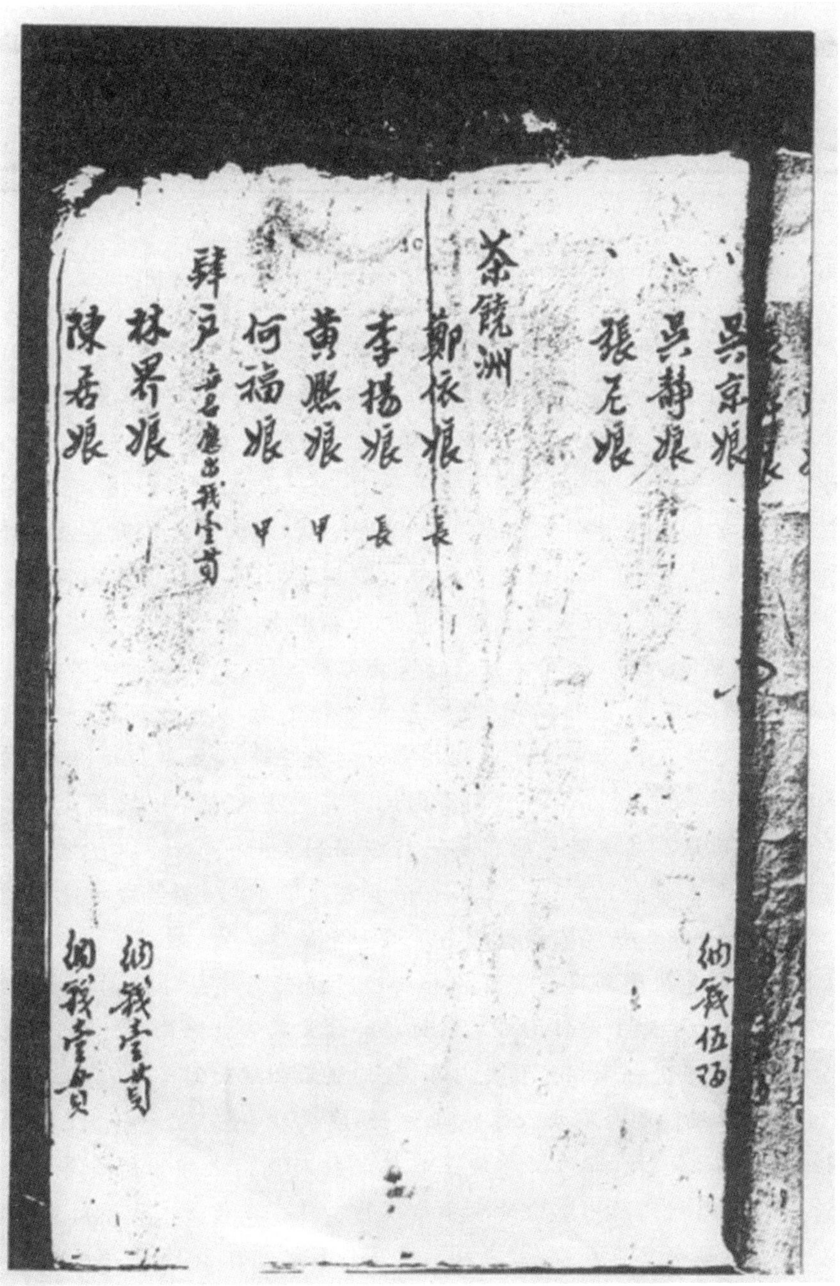

吳京娘
吳靜娘
張尼娘
納錢伍陌
茶饒洲
鄭依娘 長
李揚娘 長
黃照娘 甲
何福娘 甲
肆戶 亭名處出錢壹貫
林畀娘
陳吾娘
納錢壹貫
納錢壹貫

附图 4-2

后　记

　　1999 年，越南古城会安（Hoi An）被联合国教科文组织载入"世界文化遗产名录"。会安的社会文化变迁浓缩着华人海外发展的历史轨迹，同时也展现华人走向世界的文化适应机制。以陈荆和、李庆新等为代表的前辈学者对会安华人已有卓有成效的研究成绩，应该说留给后人研究余地并不大。本研究之所以继续展开，主要来自两个机缘。一是 2009 年 9 月，来自越南河内国家大学的壬氏青李（Nham Thi Thanh Ly）到厦门大学历史系攻读博士学位，二是厦门大学民间历史文献中心成立后，对东南亚华人民间文献也有所关注。于是，我建议壬氏青李从民间文献收集、整理和研究入手，到越南各地开展田野工作。她在会安进行实地考察之际，获取一批碑铭拓片、谱牒文献、契约文书、村社文书等。整理这批资料之后，我们意识到，前辈学者虽然利用了各类民间历史文献中某些部分对会安华人社会展开研究，但是收集资料并不系统，存在推展空间。因此我指导壬氏青李以民间历史文献学的视野先对这些各具特性的文类进行分门别类研究，然后以整体史的眼光讨论会安华人社会。2013 年，壬氏青李完成了 10 万字左右的博士论文《阮朝时期会安华人研究》，获得历史学博士学位。

　　由于外籍学生受到跨语言写作和研修时间仓促等条件限制，总有不如意之处，壬氏青李博士学位论文也以简要解读文献和就事论事为主，缺乏深度与广度。为了进一步拓宽相关内容，我们随后相继改写多篇专题论文，其中《17—19 世纪越南会安华人家庭与妇女》发表在《全球史评论》2014 年第 2 期。2016 年，厦门大学人文学院王日根教授与厦门大学出版社筹划出版"海上丝绸之路研究丛书"，邀请我参与撰写工作。我与壬氏青李商议后，同意以《阮朝时期会安华人研究》为基础撰写新书稿。自 2016 年年底开始，我对原稿的内容、章节、结论进行全面调整。经过一年半的深度研究和再度撰稿，现呈交给出版社的书稿名为《华文越风：17—19 世纪民间文献与会安华人社会》。

舒满君博士参与书稿文字校对,本书稿的完成,离不开厦门大学出版社薛鹏志先生的大力支持和积极促进,特此一并表示诚挚的感谢!由于条件限制,会安的田野工作展开不足,民间文献解读有待深入,书稿仍存在诸多疏漏和不足,恳请学界同仁批评指正。

张　侃

2018 年 5 月 1 日